河北省社会科学重要学术著作出版资助项目

河北科技师范学院学术著作出版基金资助

2011年度河北省社会科学发展项目(立项编号201103328):
自然会话中的叙事: 话语标记语, 叙事结构与叙事认知

2013年度河北省社会科学基金项目(立项编号HB13YY017):
自然会话叙事中经验意义的故事化与认知理解

日常自发性会话中叙事活动的三维分析

赵玉荣◇著

中国社会科学出版社

图书在版编目（CIP）数据

日常自发性会话中叙事活动的三维分析/赵玉荣著．—北京：中国社会科学出版社，2015.5

ISBN 978－7－5161－6160－9

Ⅰ.①日…　Ⅱ.①赵　Ⅲ.①会话—叙述学—研究　Ⅳ.①H09

中国版本图书馆 CIP 数据核字（2015）第 110836 号

出 版 人　赵剑英
责任编辑　刘晓红
责任校对　周晓东
责任印制　戴　宽

出　　版　中国社会科学出版社
社　　址　北京鼓楼西大街甲 158 号
邮　　编　100720
网　　址　http：//www.csspw.cn
发 行 部　010－84083685
门 市 部　010－84029450
经　　销　新华书店及其他书店

印　　装　北京君升印刷有限公司
版　　次　2015 年 5 月第 1 版
印　　次　2015 年 5 月第 1 次印刷

开　　本　710×1000　1/16
印　　张　24
插　　页　2
字　　数　409 千字
定　　价　86.00 元

凡购买中国社会科学出版社图书，如有质量问题请与本社发行部联系调换
电话：010－84083683

前　言

本书着力研究日常自发性会话中自然产生的故事讲述活动，即自发性会话叙事。自发性会话叙事兼具交际性会话与个人经验叙事的双重特性，处于话语分析、叙事学研究以及社会语言学等研究的交叉地带，是一个尚未得到国内学界重视的领域。本书是国内第一部关于会话叙事的专著，希望能够借此拓宽国内传统的叙事与话语分析的研究领域，抛砖引玉，吸引更多学者展开这方面的探索。

综合近些年国外会话分析、社会语言学、叙事学等领域对会话叙事的多角度研究，我们发现，目前学者们在叙事话语的结构特征、受述者在叙事活动中的积极作用以及故事的可述性等问题上取得了一些有价值的成果，但关于交际语境对叙事结构和叙事话语的影响以及交际双方在叙事中的互动协作方面，仍需要更广泛、更深入的研究；部分叙事话语研究中涉及了一些交际问题，包括叙事者身份和社会交往实践等方面，但已有研究还比较零散，还有很多问题亟待更深入的探索。更加值得注意的是，迄今为止，国外针对自然会话叙事认知维度的研究极为缺乏，对会话叙事意义建构和识解中的个体认知和社会认知过程，我们都知之甚少，只停留在理论假设层面，罕有经验性分析。

基于此，本书借鉴系统功能语言学、认知叙事学、修辞叙事学、会话分析等相关理论，提出自发性会话叙事是叙事、交际和认知三维活动的复合结构体；主张会话叙事中存在着五个层次上的意义空间，即处于交际时空的故事话语、元叙事话语、会话交际与处于交际者心智空间的经验世界和故事世界；并在此基础上通过修订 Ochs 和 Capps（2001）的会话叙事活动的叙事分析框架，构建了自发性会话叙事的叙事—交际—认知三维活动分析模式。

本书通过现场录音采集了自然交际语境下，前后共 24 人参与的、总时长为 25 小时 47 分钟的日常会话叙事语料，并从中截取出 473 个相关叙事片段。基于这些自然真实的语料，应用新的分析模式，采用定性分析为主、定量和准实验手段为辅的研究方法，本书对自发性会话叙事活动的三维特征进行了详细的描述和阐释。语料分析显示，自发性会话叙事中叙事、交际和认知三个维度的活动相互渗透、相互影响，呈现出互动叙事、复调交际和社会认知的突出特征。

全书共计七章。第一章导论介绍相关基本概念，讨论研究背景、研究目的和意义，介绍研究方法和语料以及本书结构安排。第二章论证会话叙事的三维活动观，解析会话叙事中的框架与层次，构建会话叙事的三维分析模式。本书的主体分析部分为第三章至第六章。第三章描述叙事维度上叙事话语序列、故事时间和逻辑序列、交际语境框架、可述性、叙事者身份几方面的特征。第四章讨论会话叙事中的多层次交流模型、话语角色、叙事交际自我及其与他者的关系建构以及交际背后的社会文化实践，着力把握交际维度的特征。第五章和第六章解析会话叙事中认知维度的活动特征。前者着重认知维度的意义建构部分，探究经验意义的故事化过程、内部故事外化的过程以及其间社会认知的建构过程；后者着重意义识解部分，考察受述者识解故事意义的概念融合和压缩过程、受述者将外部故事内化时的主体加工问题。第七章回顾、总结全文的研究，并对未来研究进行展望。

鉴于国内外基于汉语语料对会话叙事基本特征的全面分析还非常少见，可供借鉴的资料很少，本研究属于基于语料的探索性研究，所提出的观点和分析模式还很不成熟，亟待大家的批评和指正。

本书是在笔者清华大学博士学位论文基础上删节、修订而成的。在此笔者衷心感谢4年期间导师范文芳教授的悉心指导！从确定题目到完成论文的每一个关键环节，导师的点拨总是可以使我有拨云见日之感，少走了很多弯路。

论文研究过程中笔者曾有幸得到胡壮麟、蓝纯、彭宣维、宁一中、董启明、田贵森、刘世生、封宗信、张文霞等各位校内外专家的热心指导与帮助，对他们笔者内心深怀无限的敬意和感激！

笔者攻读博士学位期间，也承蒙河北科技师范学院外国语学院邵丽君等各位领导对笔者学习和工作各方面的鼎力支持，并得到清华大学外文系柳君丽、张之俊、郭红伟、李利敏、黄静、辛继红等诸位好友，河北科技师范学院孙秋月等同事以及北京语言大学刘宇、北京大学王付娇、河北科技师范学院唐丹丹、肖琪、刘恋、心语等同学在语料搜集与转写方面的无私帮助，在此也一并致以深深的谢意！

在论文研究和修改过程中，笔者经历无数的艰辛与痛苦，而支撑我走过这些的是家人始终如一的爱护、信任与支持，借此机会我也对他们表示由衷的谢意！

最后，本书的出版承蒙河北省社会科学重要学术著作出版基金、河北科技师范学院学术著作出版基金的资助和中国社会科学出版社的支持与合作，在此向基金委员会和刘晓红编辑致以诚挚的谢意！

序　一

2013—2014 年，清华大学外文系多次邀请我参加该系多名博士生的中期交流会、预答辩会和答辩会。我印象最深的就是 2014 年 1 月参加当时还在清华大学攻读博士学位的赵玉荣的中期交流会。我和评审小组其他成员都给予很高评价，虽然她只是做了一个对自己博士学位论文进展情况的中期报告，汇报的内容却比那些已进入预答辩阶段的同学准备得还充分；汇报时能侃侃而谈，说理清楚。如今赵玉荣已完成她的学业，获得了博士学位，回原单位河北科技师范学院任教，边教学边科研。此书著便是她在博士学位论文的基础上整理完成的。谨在此表示祝贺。

本专著《日常自发性会话中叙事活动的三维分析》最能说明当时评审小组对赵玉荣和她的期中报告为什么会有如此深刻的印象和肯定的评价。具体有以下几点：

赵玉荣能意识到近数十年来兴起的叙述学离不开对各种叙事活动的研究，但学术界一般关注小说叙事、戏剧叙事、电影叙事、教育叙事、新闻叙事等的研究，唯独对自发性叙事研究不是很多。因此，她决定研究这个课题，以弥补这方面的空缺。我认为这个认识具有深远意义，因为她抓住了叙事研究的源头，所有叙事都是从日常叙事发展起来的。从语言功能的视角，它既包括了交际性会话——语言是社会人相互之间的交际活动，也包括了个人经验叙事——叙事者对在一定环境下的事物和发生过程的认识。这里，作者试图在社会语言学和心理语言学、功能主义语言学和认知科学之间搭建一个对话的桥梁，奔向一个共同的目标——回答叙事的本质和规律。

笔者的深刻认识在于她对认知叙事学、修辞叙事学、会话分析、社会语言学，以至系统功能语言学等有关理论掌握比较全面。难能可贵的是，笔者也能对某些理论的不足之处，能提出个人见解。例如，她发现关于会话叙事承担的人际和社会交往的研究比较零碎，有待深入系统研究；现有的叙事身份研究主要是针对访谈中的互动叙事，很少涉及自发性会话中的身份构建问题及其间牵涉的交际活动；关于会话叙事中的认知活动没有任何经验性的分析；会话叙事研究尚未成为独立的研究领域，未能全面探讨这一活动的基本性质，也未能全面解析会话叙事特征的分析模式；等等。

正是在发现问题、查找缺陷的基础上，本书作者构建了进行创新思维的平台。作者提出了5个层次的意义空间观，即意义自上而下源自处于交际时空的故事话语、元叙事话语、会话交际与处于交际者心智空间的经验世界和故事世界。此观点修订了 Ochs 和 Capps 2001 年的会话叙事活动的叙事分析框架，提出自发性会话叙事是叙事、交际和认知三维活动的复合结构体。它也发展了 Fludemik 1996 年立足于文学叙事自然化过程的原型观，新的研究理论可呈现所有叙事类型的叙事、交际与认知的三维特性。赵玉荣的这些认识和研究工作为其他叙事类型的研究开启了新的思路。

从上述讨论不难发现贯穿全书红线的是作者倡导的三维观。叙事维度显示了互动性、变异性和建构性特征，或可概括为非线性特征；交际维度显示了复调性、建构性和社会实践性特征。认知维度的意义建构和认知理解活动则充分反映交际双方经验主义和主体性认识的交融，体现了社会性交互认知特征。这三个维度相互渗透、相互影响、相互依赖、相互交融，说明它们既有差异，也有共性。

在研究方法上，笔者能做到定性与定量的结合，以来自实际的语料来论证自己的观点，具有相当的说服力。特别值得一提的是，作者的语料较多地来自周围的同学，有人情味，便于理解，可信度高。这些语料也可成为汉语自发性会话叙事的小型语料库。

最后，作者趁本书出版之际能冷静思索本项研究的不足之处，如语料不够全面，局限于大学师生，特别是女性；英汉对比注意不够等。我之所以谈这一点，在于指出作者没有把本书作为自己学术人生的句号，而是在找差距的基础上，正在为自己搭建新的平台，寻找新的研究目标，攀登新的高峰！最近，在一些高校中流传一种怪论，认为高校老师主要搞教学，不要搞科研，企图让我国正在向国际一流大学迈进的种种努力半途而废，让中国重新回到20世纪50年代把科研与教学分家的错误做法，对那些在校老师搞科研较为突出的则“拔白旗”，狠批“走白专道路”，如北大的朱光潜、李赋宁等。愿赵玉荣老师以自己的行动表明一个好老师应当是两者兼具，书教得好，科研也搞得好！

胡壮麟

北京大学蓝旗营

2015 年 1 月

序 二

经常有学生问我，怎么样才能做好博士学位论文研究的选题工作。我的回答通常是，兴趣是学术研究选题的关键密码，正所谓“知之者不如好之者，好之者不如乐之者。”学术研究需要投入大量的时间和精力，如果选题不是自己真正感兴趣的，不是真正适合自己的，研究工作往往很难做下去，更谈不上做出什么优秀成果。

玉荣博士论文的研究选题便是基于其对课题的浓厚兴趣。在考入清华大学外文系攻读博士学位之前，她已经参加工作多年，具有一定的科研经验。她的选题工作进展得非常顺利。记得在其攻读博士学位的第二个学期初，她约我汇报选题。她说那学期选修了我的《话语分析》和封宗信教授的《叙事学》两门课程，深受启发，对处于这两门学科交叉点的“会话叙事”研究产生了浓厚的兴趣，想把会话叙事作为其研究方向。由于当时国内还没有人发表这方面的文章，我说你可以先尝试着做做看。于是，她便全力以赴地开始相关文献资料的搜集和阅读，跑遍了清华、北大、国图等多家图书馆，查阅了很多相关在线研究。

会话叙事的研究涉及叙事学、话语分析、社会语言学、认知语言学等多个学科。正是基于其对会话叙事的浓厚研究兴趣，玉荣能够勤奋地进行各个学科文献的研读、整理和评价。在充分了解前人相关研究的基础上，她逐渐理清了自己的研究思路，提出了独到的见解，构建了自己的理论框架，即自发性会话叙事的叙事—交际—认知三维分析模式，并以大量汉语自发性会话叙事实例验证了其观点和该分析模式的科学性。

同样难能可贵的是，在做博士学位论文期间，玉荣以会话叙事为研究方向，先后申请到了两项省级社会科学研究课题。这样，博士学位论文研究和科研课题研究齐头并进，使其博士学位论文的开题、中期、预答辩、答辩各个环节都进行得十分顺利，以优异的成绩为其博士研究画上了一个完美的句号。

现在，玉荣的博士学位论文即将出版，我感到十分欣慰。我衷心地希望这部专著的出版能够促发我国叙事分析、话语分析等领域学者关注并进一步深入探讨会话叙事这一交叉研究领域，推动国内会话叙事研究传统的确立。

范文芳

2015 年 4 月 30 日　清华园

目录

第一章　导论

日常自发性会话中的叙事活动，简称自发性会话叙事，兼具交际性会话与个人经验叙事的双重特性，处于会话分析、社会语言学研究以及叙事学研究的交叉地带。由于其交叉性和边缘性，自发性会话叙事是一个尚未得到国内外学界充分重视的领域。本书探究这一特殊叙事类型的基本特征，着力解析自发性会话叙事进程中交际双方如何同时完成叙事、交际和认知三个维度的实践活动。本章介绍研究相关的基本概念、前人研究、研究目的和方法以及本书的结构安排。

第一节　基本概念

一　叙事

叙事随时随地在发生，是人类基本的意义表征方式。人们日常工作、生活中的一切活动似乎都离不开叙事。叙事借助于各种媒介——口语、书面语、图像、手势存在于神话、传奇、故事、短篇小说、史诗、历史、戏剧、绘画、电影、新闻、日常会话等各种形式中（Barthes，1975）。

叙事是人类基本的交际方式。人们通过对自我经历、见闻、想象的不断讲述，通过不断倾听、阅读、阐释他人的故事，建构自我与他人、与世界的关系。

叙事也是一种基本的认知方式。正是从叙事中我们获得表征时间、过程、变化等概念的基本策略，获得识解、组构经验片段的基本工具（Herman，2003）。

20 世纪 60 年代以来，叙事研究已引起文学、语言学、社会学、传播学、认知科学等诸多领域学者的研究兴趣。而由于对上述叙事特征关注角度的不同，不同学者对叙事的确切含义持有不同的看法。Labov（1972）

关注叙事的深层结构，认为叙事试图“用一系列叙事小句构成的话语序列与实际发生的事件序列相匹配”，是“对过去经验进行扼要重述的一种方法”。Prince（2003）注意到叙事的交际性，将叙事定义为“在交流中由一个或多个叙述者对一个或多个接受者所作的关于一个或多个真实或虚构事件的叙述”。Fludernik（2009）则注意到叙事的心理表征和非语言叙事手段，将叙事定义为：“以语言和（或）视觉媒介对可能世界的表征，其核心是一个或几个主人公（或拟人化的主人公）处于某个时空位置上实施一系列有目的的行为。”Abbott（2002）的定义又有不同，他接受 Chatman（1980）等对故事（story）和话语（discourse）的区分，认为“叙述是对事件的表征，包括故事（指事件或一系列事件）与叙事话语（对事件的表述）”。Herman（2009）则未区分故事与话语，将叙事定义为对特定的情形之下发生在特定的人身上的事件和结果以及主人公对事件的心理感受的叙述。

我们认为，借鉴 Genette（1980）的叙事含义“三分说”，可以厘清上述叙事概念的歧义性。Genette 指出大家通用的“叙事”（narrative）一词有三种不同的含义：最常用的首先是“叙述陈述”（narrative statement），即用口语或书面语所作的关于事件的讲述；其次是被叙述的“接连发生的事件”（succession of events）；最后是“叙述行为”（the act of narrating），即叙述者实施叙事的行为。比较而言，上述 Labov 和 Fludernik 的定义较多偏重叙述陈述，Prince 的定义较多偏重叙事行为，而 Herman 的定义较多偏重被叙述的事件，Abbott 的定义则试图包容被叙述的事件（即故事）与叙述陈述。

为避免混淆，我们在下文对会话叙事的讨论中将分别采用叙事话语、故事和叙事指称其话语表达、被表征的事件序列和叙述行为三个侧面。参照上面的几项定义，本书对这些术语的界定如下：

叙事话语：是对事件的表述，是指以语言、图像或其他媒介对可能世界或个人直接或间接经历的表征。

故事：是指在某些特定的时空环境、发生在某些特定的人身上的事件和结果以及当事者对事件的心理感受。

叙事：是指叙述者和受述者在相互交流中完成的针对真实或虚构事件的叙述行为。

不过，我们要强调的是，三个侧面彼此之间是相互依存的，而不是非此即彼的关系。也就是说，三个侧面共同构成叙事整体。不论是在真实还是在虚构的故事讲述活动中，叙事既是区分于议论、描述、说明等体裁的意义表达方式——叙事话语，也是区分于隐喻、类比等认知思维方式的经验意义的组织和建构方式——故事，同时也是区分于讨论、演讲等交流活动的交际要素——叙事行为。

二　自发性会话

会话是“语言的最中心或者说最基本用法”（Levinson，1983）。一般来说，会话是指有别于商务会谈、法庭会话、课堂会话等专业话语类型的，日常生活中自发出现的话语交际活动。也就是说，如果没有特别说明，会话是指无标记的日常口语交际，具有原型性。基于此，Warren（2006）将会话（conversation）定义为“非机构性场景中两位或两位以上的参与者对交际进程和成果共同负责的、临时发生的、无标记的、不止于程式化寒暄派对的口语交际”。Warren（2006）强调自然性（naturalness）是会话的基本属性，体现在多源性、话语连贯的协商性、语言施为性、合作性、生成性、开放性、产品完整性、非明确性和责任共享性九个方面。

不过，为了避免混淆，我们认为还是应该把不同于机构性会话，具有自然性的会话单独命名。Tsui（1994）将日常会话直接称为“自然会话”（natural conversation），并将其定义为“自发出现的、无预先计划和暗示的会话交际”。Eggins 和 Slade（1997）则将这种无标记性会话称为随意会话（casual conversation），将其定义为“非以明确的实用目的为动因的会话交际”，以区分于具有实际目的的机构性会话。我们认为“自然”一词所指范围还是很广，比如，对人工智能研究学者来说，包括小说、戏剧中的对话在内的所有非人机交互对话都是“自然会话”。“随意”一词的意义又有些模糊，未能准确概括非标记性会话的特征。其实，与按照约定的社会程序进行的机构性会话相比，日常会话最突出的特点就是非计划性，即自发性，并因此在语言形式上具有多停顿、口误、打断、修正、重复、话轮重叠等形式上的特点。因此，本书主张将无标记会话称为自发性会话（spontaneous conversation）。

综合以上说法，自发性会话是指日常生活中自发出现，无明确实用目的，无固定程序，允许停顿、口误、修正等出现的，面对面进行的话语交际活动。需要强调的是，所谓“无明确实用目的”和“无固定程序”是指无外加的、人为设计的目的和程序，并不等于说自发性会话就是漫无目的、没有内在秩序。实际上，日常生活中的自发性会话负载着交际者的社会交际目的，并且以内在的序列性为关键特征，是了解人们借助会话的内在秩序性建立社会秩序，建构社会身份和社会现实的重要资源（Sacks，1984）。而鉴于自发性会话是最基本的互动交际方式，具有原初性和包容性，自发性会话中常常会嵌入一些次级的交际活动。自发性会话叙事便是自发性会话的一个重要的次级活动类型。[①]

三 自发性会话叙事

作为自发性会话的次级活动类型，自发性会话叙事自 20 世纪 70 年代起开始受到会话分析、话语分析领域学者 Sacks（1974、1992）、Jefferson（1978）、Tannen（1989）等的关注。其最突出的特征就是由自然交际语境随机促发，反映真实交际需要，是自发性会话的一部分。

自发性会话叙事作为叙事的子类型引起叙事学领域的关注却是近些年的事情。20 世纪 90 年代中期以来，在新兴的后经典叙事学研究逐渐将叙事研究领域拓展到非虚构叙事类型的背景下，Fludernik（1996）等学者注意到自发性会话叙事的研究价值。不过，关于会话叙事，Fludernik（1996）并未给出一个严格的定义，她采用“自然叙事”（natural narrative）这一术语来指称自发性会话中出现的故事讲述，并将自然叙事分为经验性会话叙事、叙事报道、笑话或轶事等次级活动类型，强调经验性会话叙事，即针对叙述者个人直接或间接经验的故事讲述是自然叙事以及其他一切叙事的原型。

Norrick（2000）是最早明确采用“会话叙事”这一术语的学者，他将会话叙事定义为“出现于日常自然会话中的叙事，具有面对面互动交际，话题动态发展，话轮转接没有固定次序和长度限制，听话人不断给出倾听信号等特点”。Norrick 所说的“会话叙事”基本相当于 Fludernik（1996）所说的经验性会话叙事。

Ochs 和 Capps（2001）将会话叙事称为“生活叙事”（living narrative），即在日常社会交往中无预先设计、未经任何修饰的生活事件的叙述，指出这类叙事中叙事话语的意义是随着谈话进程由交际双方合作建构的，体现双方的互动成果。Ochs 和 Capps 强调这类叙事的结构不像 Labov

① Eggins 和 Slade（1997）在其录制的随意会话语料中，识别出 5 种次级活动类型，按照出现频率高低依次为：故事、观察/评论、议论、闲话和笑话。

模式中通过访谈获得的口语叙事那样结构完善，连贯性也不够充分，但这类叙事是人们理解生活、建立社会交往社区和维护日常生活的方式，是认知和交际的方式。

Georgakopoulou（2007）赞同 Ochs 和 Capps 的说法，指出在日常会话中，特别是在熟人群体中，由于所叙述事件可能指向刚发生不久或即将发生的事情，或者事情本身尚未完成，或者事情本身是双方都熟悉的故事，故事结构常常不那么完整。她将这类故事称为“小故事”（small stories）。

参照本节上述各项定义，并结合前面对叙事和自发性会话的工作定义，我们对自发性会话叙事的工作定义是：日常自发性会话交际中自然产生的、交谈双方合作建构的、具有经验性和反思性的故事讲述行为。这样的叙事可能没有完整的叙事结构，却是人们日常社会交往的方式，是识解经验、建构和认知现实世界的方式。

第二节　研究背景

自发性会话叙事研究发端于 20 世纪六七十年代社会语言学者 Labov（1972）等对口语经历叙事的结构要素分析和会话分析学派 Sacks、Schegloff 和 Jefferson 等（Sack，1974；Schegloff，1982；Jefferson，1978）对叙事话语序列结构的分析。近些年，叙事学学者对会话叙事认知价值的关注，叙事心理学、言语交际民俗学和社会学等领域学者对叙事者身份、叙事的社会文化因素等的研究也在很大程度上丰富、拓展了会话叙事的研究成果。

社会语言学家 Labov 等（Labov & Waletzky，1967；Labov，1972）在对黑人英语方言的社会调查中采用了让被调查者讲述个人危险经历的方法，由此开创了个人口语叙事的研究传统。在结构主义叙事学的影响下，Labov（1972）讨论了叙事的普遍深层语义结构，指出最基本的叙事模式至少包括两个具有时间序列性的叙事小句，而一个完整的叙事结构包括六个功能要素，即概述、发端、进展、评议、结局和结束语。Labov 的叙事结构模式产生了重大影响，激发了社会语言学和言语交际民俗领域的学者对口语叙事与社会文化变量之间关系的研究兴趣（Chafe，1980；Scollon & Scollon，1981；Heath，1983）。但这类叙事结构研究主要集中于被调查者的独白叙事，忽略口语叙事的互动性，还不是真正的会话叙事研究。Norrick于2000年发表的专著《会话叙事》应用微观语境和参与者的互动交际分析补充了Labov范式叙事结构分析的不足，强调日常会话叙事是交际双方互动合作的结果，由于故事讲述服务于特定的语境需要，讲述者的同一经历会因交际需要、交际语境的不同而呈现不同特征。2001年Ochs和Capps合著的《生活叙事》进一步拓展了会话叙事的结构分析方法，提出从叙事者身份、可述性、结构内嵌性、线性序列和道义立场五个维度研究会话叙事的结构和功能。这一分析模式除叙事因素外，还关注交际语境的影响，是目前影响较大的口语叙事分析模式。

除叙事结构分析外，Labov等（Labov & Waletzky，1967；Labov，1972）还注意到个人经历叙事者往往会强调其经历的奇特和不寻常的性质，特别是在叙事中随时运用评述性话语强调所述事件的意义和相关性，由此提出了可述性（tellablity）概念，并引发了很多后续研究。其中，Polanyi（1985）、Norrick（2000）和Karatsu（2012）等将其应用于会话交际中的叙事分析，发现日常会话中故事的可述性并不单纯是事件的内在性质，而是在很大程度上取决于会话交际语境的动态变化以及受述者与叙事者的交际互动。总体来看，Labov范式的结构分析和可述性分析在解析互动充分的会话叙事的结构特征中，仍具有一定的适用性，但关于叙事的深层逻辑语义结构和可述性如何在互动交际语境下经由交际双方的合作来完成，仍需其他的分析框架来辅助。

会话分析学派Sacks（1974）等对故事讲述话语的序列性分析为会话叙事的互动性研究提供了重要的描述框架。Sacks（1974）指出，日常会话中的故事是建立在话轮结构之上的有顺序的话语，包括前言、讲述、反馈三个毗邻序列；前言序列中交际双方协商故事讲述的恰当性；讲述序列中，讲述者优先控制话轮；在讲述序列有结束迹象的时候，听话者则会给予反馈，表述对故事的理解。Sacks创立的研究范式得到了会话分析阵营Jefferson（1978）、Schegloff（1982、1992、2007）、Mandelbaum（1987）等的大力支持和言语交际民俗研究者C. Goodwin（1986）、M. H. Goodwin（1990）、Ochs和Capps（2001）等的积极响应。

Jefferson（1978）进一步强调交际活动对叙事的影响，主张将会话叙事看作一个会话事件，故事讲述活动是由一段相关联的故事导入会话所引导的，而故事讲述结束后交际双方会继续原来谈论的话题。Jefferson

（1978）还特别指出促发故事讲述活动的交际语境对故事的结构具有重要的影响，而讲述者导入、讲述和结束故事讲述的每一个环节都需要参与者的共同努力。Schegloff（2007）进一步总结互动条件下话语序列构成的复杂性。他指出，不是所有的叙事都有清晰的前言序列，有的故事仅仅是为了回答对方的问题，或者仅仅是讲述者在会话交际中随机插入的一段与谈话主题无关的轶事，而故事讲述序列也可能会在交际双方的互动中被修改、调整或重组。

Goodwin（1986）、Mandelbaum（1987）、Ochs 和 Capps（2001）、Koike（2009）等的研究表明受述者在会话叙事进程中发挥着积极作用。Goodwin（1986）指出，故事讲述中听话人不是被动的参与者，而是积极参与讲述活动，并常常影响到讲述者对故事意义的阐释。Mandelbaum（1987）认为在有些会话叙事中，从故事讲述的开始、持续到结束的各环节中受述者都有可能占据较多话语控制权，并将这类叙事命名为"受述者导向叙事"（Recipient - driven storytelling）。她强调在这类叙事中，受述者是否识别、认同讲述者的讲述愿望，是否与讲述者持有相同的意义阐释立场对故事讲述的进程和意义的最终确立具有重要作用。在 Mandelbaum 肯定受述者积极作用的基础上，Koike（2009）主张所有会话叙事都是受述者导向的，而受述者在所有叙事进程中起着与讲述者同样重要的作用。Ochs 和 Capps 则更多强调会话叙事是由交际双方合作完成的，指出受述者通过要求对方提供更多细节、更多解释，通过表述赞同或反对的意见与讲述者合作完成故事讲述，共同梳理讲述者过去的经历。

比较而言，会话分析研究范式在解析叙事话语的互动交际特征方面具有先天的优势，在关于互动交际条件下叙事话语的序列性、受述者的作用等方面取得了一些重要的研究成果。但这一研究范式对叙事的深层结构和互动背后的社会交际问题缺乏关注。而且，特别值得注意的是，已有研究主要以英语、德语、日语的会话叙事为例，很少涉及汉语会话叙事。关于汉语会话叙事的叙事话语特征，我们还知之甚少。①

20 世纪 90 年代以来，后经典叙事学研究的兴起为会话叙事的研究带来了新的研究思路。20 世纪 90 年代中期，在历史学、社会学、心理学、

① 文献中仅有一篇 Xiao（2010）的博士论文以汉语会话叙事为语料。该文着重研究了话语标记如何标示讲述者追求故事真实性和连贯性的叙事心理，标示故事的可述性和讲述者的道义立场，几乎未涉及叙事话语在序列构成上的互动性、合作性。

人类学等学科接连发生叙事转向的冲击下，于20世纪80年代后期走向没落的叙事学研究在美国、德国等地又出现了小规模的复兴（申丹、王丽亚，2010；Fludernik，2005）。不同于专注于文学文本的内在形式和结构的经典叙事学，新兴的后经典叙事学将叙事研究与语境分析、心理分析、话语分析、社会文化研究、认知科学、女性主义、巴赫金对话理论，以及修辞学等众多方法论相结合，研究对象上从文学文本拓展到电影、传记、绘画、戏剧、会话等多种媒介，从作为静态产品的叙事拓展到作为动态过程的叙事（Herman，1999；唐伟胜，2003；申丹，2005；Alber & Fludernik，2010）。在这样的背景下，会话叙事研究进入了快速发展时期。会话叙事的认知价值、会话叙事中叙事自我的身份建构问题以及会话叙事活动背后的社会交往实践问题开始得到学者们的关注。

Fludernik率先注意到会话叙事的认知研究价值，主张自发性会话叙事为更加复杂、微妙的文学创作提供各种“胚胎性、类型化的资源”（Fludernik，1996）；自然叙事的认知框架适用于所有的叙事，读者基于日常会话叙事获得的行动、讲述、体验、观察和思考等叙事结构框架是其将复杂的文学文本叙事化、自然化的基础（Fludernik，2003；Fludernik，1996）。Herman（2002）赞同Fludernik（1996）关于会话叙事是读者识解复杂叙事的原型的看法，指出读者借助会话中故事结构的认知经验参数来理解文学叙事的微观构建层面（行动、行为序列、框架、参与者角色和关系等）和宏观构建层面（时间、空间、视角、语境的宏观配置），从而构建文本的故事世界。Herman（2007）又以来自社会语言学田野调查的一则口语（幽灵）叙事为例，指出未来认知叙事学研究应借鉴话语心理学的基本概念——“身份定位”、“具身体验”、“意识的散播”、“情感话语”、“心理感受性”来研究叙事与心智的关系，特别是关注叙事工作如何在交际语境中跨越个体和时空的界限借由交际双方的认知协作来完成。

叙事学家Fludernik（1996、2003）和Herman（2002、2007）对会话叙事作为叙事原型价值的理论探讨提升了会话叙事的认知研究地位，促使会话叙事研究被接纳为后经典叙事研究领域的一个分支。像Herman、Jahn和Ryan（2005）编撰的《Routledge叙事理论百科全书》以及Hühn等（2009）等编辑的《叙事学手册》都收入了会话叙事、互动叙事等词条。不过，关于会话叙事中的认知活动本身，比如，会话中的故事讲述究竟包含什么样的经验认知参数，交际双方又如何合作完成故事意义的建构和识解至今还罕有任何专门的经验性研究。

与此同时，叙事研究与语境分析、心理分析、话语分析、社会文化研究等的结合也使叙事活动牵涉中的社会交际工作成为重要的研究课题。而且，近些年学者们的研究兴趣逐渐跨越自传叙事、文学叙事的界限，开始探究口语叙事中的自我身份建构和社会交往实践工作。

Ochs 和 Capps（1996）指出叙事自我反映讲述者“对于自身当前存在以及自己的过去、未来状况的自觉意识”。Johnstone（1996）强调叙事自我也客观反映讲述者的社会文化特征，她比较分析了一位中产的白人男性的喜剧故事（会话中的互动叙事）和一位贫穷黑人女性的悲剧故事（独白叙事），发现两位性别、社会、文化背景不同的个体在叙述自我经历故事时会依赖不同的语言资源来创建自我形象，而他们所采用的语言手段为受述者识别他们的不同社会身份留下重要线索。Schiffrin（1996）比较分析了会话交际中两位美籍犹太裔母亲对年青一代言行的叙述和阐释，指出二者在叙事中建构的身份是在其宗教、社会文化影响下针对交际语境的动态身份，是其多元自我中的一个侧面。值得注意的是，Bamberg（1997、2003、2011）将话语心理学中的关系“定位”（positioning）理论应用于互动叙事中讲述者身份动态建构的研究中，主张定位分析包括三个层次的工作：故事世界中人物关系的建构；故事讲述中说话人对自己与听话人之间关系的设定问题；讲述者如何给出线索，展现自己期待被理解、被认同的方向。该理论可以较好地描述讲述者所承担的话语角色和交际任务，引发了一定数量的后续研究，比如，Bamberg、De Fina 和 Schiffrin（2007）主编的《叙事与话语中的自我与身份》和 Schiffrin、De Fina 和 Nylund（2010）主编的《讲述故事：语言、叙事与社会生活》两部论文集中都不乏该理论的应用性研究。不过，上述叙事身份研究仍主要是针对访谈中的互动叙事，关于自发性会话中所包含的故事讲述活动中的身份建构问题以及其间牵涉的交际活动，我们仍缺乏足够的了解。

在会话交际中，交际双方共同完成的故事讲述活动显然是为了满足语境中人际交往或者说社会交往实践的需要。Mandelbaum（1993）认为会话叙事可以解决生活中真实的矛盾、冲突问题，指出当讲述者完成故事讲述之后，交际双方会达成对事件责任的重新界定和分配。Ochs 和 Capps（1996）也指出故事讲述会被讲述者用来论证自己的观点，解决交际双方之间的意见冲突与分歧。Tannen（2007）和 Karatsu（2012）等注意到日常会话叙事具有加强交际双方情感联系的功能。Tannen（2007）注意到在会话叙事中重复性话语、引述对话、省略等话语策略以及故事讲述活动本身都可以表达讲述者对所述事件以及交际对象的情感和态度，并因而吸引听话人的注意力，甚至引导受述者产生相似的情感、态度，高度投入到与讲述者的话语交际中。Karatsu 进一步指出故事讲述为人际关系调整提供空间，强调受述者可以通过重复讲述者话语以及发出笑声等表明赞同讲述者的立场，并愿意与之建立情感同盟。De Fina 和 Georgakopoulou 则主张会话叙事在完成人际交往工作的同时，也是交际社区社会交往实践的一部分，体现社区的文化观念，反映参与者的社会身份和团体身份（Georgakopoulou，2007；De Fina & Georgakopoulou，2012）。不过，综合来看，关于会话叙事所承担的人际和社会交往工作，已有研究还比较零散，仍有待深入、系统的研究。

综合上述讨论，我们可以看到应用 Labov 结构分析或是 Sacks 等的会话分析范式，学者们对会话叙事的结构特征，叙事话语的序列性特征、受述者在叙事活动中的积极作用以及故事的可述性等问题上取得了一些有价值的成果，但关于交际语境对叙事结构和叙事话语的影响以及交际双方在叙事中的互动协作方面，仍需更广泛、更深入的研究。除了会话叙事中的叙事活动之外，学者们对会话叙事的认知价值和牵涉的交际活动也已开始进行关注。不过，关于会话叙事中的认知活动本身，还罕有任何经验性分析，而关于会话叙事中的交际活动，还有很多问题亟待更深入的探究，比如，交际活动如何在社会文化实践背景下在会话、叙事和故事的不同层面展开，叙事自我如何采取策略建构自我身份，建构与他者的关系？

特别值得注意的是，由于会话叙事活动的复杂性和交叉性，迄今为止会话叙事研究尚未发展成为独立的研究领域，不同研究背景的学者或偏重叙事结构，或偏重会话交际活动，或偏重社会文化特征，或强调其原型价值，罕有人全面探讨这一活动的基本性质，也罕有人提出全面解析会话叙事特征的分析模式。而且，与国外会话叙事研究渐成规模的情况不匹配的是，国内除笔者（2013、2014）对会话叙事认知活动的尝试性研究外，尚无人对自发性会话叙事进行系统研究。一部分电视访谈话语研究讨论了叙事类谈话节目的话语角色、主持风格等（代树兰，2010；曹莉，2010），但着眼点和侧重点与上述会话叙事分析的各研究路径不同。

第三节　研究目的和意义

参照前面对叙事的定义，叙事包含叙事话语、故事和叙事行为三个侧面。本书认为，叙事话语偏重反映叙事本体特征，故事指向叙事话语深层的逻辑序列，集中反映叙事的认知特征，而叙事行为则更多反映叙事的交际功能。基于此，我们假定所有叙事类型兼具叙事、交际与认知三维特性。对于一般的书面叙事文本而言，叙事中蕴含的交际与认知活动是指借助于阅读活动在读者对叙事话语意义的识解过程中所实现的读者与作者之间的隐性的交际和意义协商建构活动。而在自发性会话叙事活动中，叙事的交际性和意义的协商建构性得以显性呈现，会话交际双方在显性互动条件下清晰展现故事结构和意义的协商建构过程。借此，本书认为会话叙事的原初性不单在于 Fludernik（1996）所说的复杂叙事的自然化过程，还在于自发性会话叙事显性呈现所有叙事类型的叙事、交际与认知的三维特性。在文学叙事阅读或其他叙事活动中，其参与者参照日常会话中故事讲述话语的特征不单实现对叙事文本的完善，也实现与交际对象的人际交流与交互认知工作。

围绕上述假设，本书将尝试融合与会话叙事中叙事、交际和认知活动相关的各交叉领域的研究成果，建立自发性会话叙事的三维活动分析框架，并以汉语自发性会话叙事为例，深入解析自发性会话叙事以及整个叙事类型的三维活动特征。

具体研究目标包括：

（1）建立会话叙事三维活动分析模式；

（2）探究自发性会话叙事中叙事、交际、认知三个维度的活动是如何完成的，各有哪些具体特征；

（3）解析三个维度的活动是否相互影响、相互渗透。

通过上述研究工作，本书可弥补当前国内外会话叙事研究的不足，全面解析日常自发性会话叙事在叙事、交际、认知三个维度的基本特征，推动自发性会话叙事研究的深入发展；特别是引领国内叙事学、会话分析等领域的学者关注会话中的叙事这一交叉研究领域，从而推动国内会话叙事研究传统的确立。

同时，如果我们可以把自发性会话叙事中显性互动交际条件下叙事话语意义的建构与认知过程视作整个叙事类型中三维活动过程的一个窗口，那么，本书对自发性会话叙事三维活动特征的研究可为整个后经典叙事学研究探索新的研究路径，而我们对自发性会话叙事研究模式的构建可对传播叙事的实践研究和文学叙事的阅读研究具有一定的应用价值。

此外，正如 Van Dijk（1975）所注意到的，人工智能叙事研究的突破有赖于人们对日常会话中真实故事讲述方式研究的深入发展。按照叙事的方式组织经验，是人类的基本智能，是我们从童年时代就掌握的基本能力。这也是为什么很多人工智能研究学者将人机互动研究的重点放在故事的生成上面（Schank & Abelson，1977；Mateas & Sengers，1999；Singh & Barry，2003；Wan & Kerstin，2008）。本书对会话叙事三维活动的研究可对人工智能叙事研究有所启发。

第四节　研究方法及语料

一　研究方法

本书采用定性为主、定量及准实验手段为辅的混合式方法。

Labov（1997）曾指出，语篇层次上口语叙事的分析从根本上讲应该是一种“阐释性研究”，以解释说话人和听话人如何通过这一活动交换信息和经验，如何加深对语言和真实世界的理解为宗旨。本研究的目的正是在于阐释自发性会话叙事活动中叙事、交际与认知三个维度的特征。因此，本书主要采用了定性研究手段，将描写与解释有机地结合起来。首先，运用录音设备搜集真实的自发性会话叙事语料。其次，采用会话分析的基本方法，反复播放录音语料，对语料进行“无动机观察”，即不带任何先入之见、以语料自身的实际特征为依据观察会话特点（Liddicoat，2007）。之后，对会话叙事典型实例的交际语境和社会交往语境进行调查，再结合笔者参与会话叙事活动的经验反思，对所观察到的自发性会话叙事的多维特征进行详细的描述和阐释。

考虑到上述定性分析方法主要依赖分析者的直觉和经验，难免会受到分析者主观看法的局限，缺乏精确性，本书也对开场序列类型、会话叙事的子类型、叙事视角等可量化的因素，利用软件 AntConc 3.2.1 进行了一些初步的定量统计和分析。

为深入了解叙事建构和理解中主体性经验和意识的影响，本书采用准实验方法分别考察了原始人群在较为自然的情况下对相同经验原料进行故事化加工处理和对同一段外界输入的完整故事进行内化理解的情况。两次准实验的参与者均为笔者正常授课的学生，实验内容均是作为教学内容的一部分布置完成的，两组参与者对于本书的实验目的均不知情，在准实验实施前也未有其他途径接触实验材料。第一次准实验的材料是 Chafe（1980）团队设计拍摄的故事素材——《梨的故事》，参与者在课堂上观看该视频，并用方言讲述故事内容。第二次准实验的材料是一段名为《兄弟》的微电影，参与者作为一个课程研究小组，被布置观看该微电影，进行故事传播活动，并比较各自语言风格的研究任务。关于两次准实验的详细情况将在第五章和第六章相关章节进行介绍。

二 语料的搜集和整理

Sacks 等会话分析学派研究者一直反对采用社会语言学调查依赖的随机抽样和诱导性访谈的办法获得会话语料，他们强调语料的真实性和自发性是会话分析的基础原则（Liddicoat，2007）。参照 Wolfson（1982）、Norrick（2000）、Tannen（2005）、Koike（2009）、Karatsu（2012）等的研究，自发性会话叙事往往涉及一些个人私密的生活经历，通常发生在彼此熟悉和亲密的人之间的谈话中。因此，本书未采用随机抽样的办法选择受试，而是选择了彼此熟悉的同学、同事、家人、朋友及师生作为研究的参与者。

本书选择的是以汉语为母语的受试，录制的语料为这些受试的母语日常会话。受试者共 24 人，主要由本人日常社交活动圈中的同学、同事、家人、朋友以及这些人熟悉、亲密的交往者构成。其中，男性 4 人，女性 20 人。这些参与者均受过或正在接受高等教育，绝大部分参与者的年龄在 27 岁至 45 岁之间。但有个例情况，最小的一位参加者 18 岁，最大的一位参加者 65 岁。除两人目前担任行政管理工作，1 人为在读大学生外，其余皆为在校研究生或大学老师。

选择这样的群体作为受试，有以下三点便利之处：一是这些参与会话录音的受试日常生活中经常聚在一起畅聊彼此的工作、生活情况，不会为了参与录音而特意改变交流的内容和方式；二是这一知识分子群体的日常工作、生活为笔者所熟悉，他（她）们的措辞以及谈话内容不会对笔者在对叙事部分进行描述和阐释时造成理解上的困难；三是这一群体均受过良好教育，具有较好的逻辑思维能力和语言表达能力，其参与会话叙事时的叙事和交际策略能够大体代表会话叙事的理想状态。

本书研究语料录音场景为学校餐厅、宿舍、校园、咖啡厅、办公室等日常生活情景，会话均在自然环境中自发产生。主要录音工作由作者及作者的朋友和同事采用数码录音笔在 2011 年 4 月至 2013 年 6 月完成。

为确保会话交际的自然进行，并避免携带录音设备的外来观察者的人为影响，录音者一般为会话的参与者之一。笔者及其他协助笔者录音的人员通常是一有时间和人聊天就打开录音笔，对谈话的内容和进程没有任何人为的干预。而由于参与录音的交际双方都是经常在一起聊天的同学、同事、朋友等，谈话的内容也都是日常的学习、工作、生活，谈话的状态十分放松，一般会忽视录音笔的存在。在录音完成后录音者会马上请求谈话对象填写参与者同意书以及个人基本信息参见附录 1。如谈话对象不同意，即当场删除录音语料。鉴于录音者与其他参与者之间彼此熟悉，在知晓语料只为研究所用，不会泄露个人隐私之后，绝大部分参与者都表示同意其会话作为本书分析所用。

此外，由于协助本书作者进行录音工作的人员录音前只知道本书是关于会话分析的研究，对具体的研究目标、研究内容并不了解，而且，本书主要分析模式在录音完成后确定，笔者本人在录音前也对论文中要重点关注、考察的变量缺乏清晰概念，因此，录音中作者本人及其他语料采集者均未采取任何措施人为诱导所期待的话语方式。

本项研究共搜集了 62 段自然会话语料，会话语料的时长随自然环境中交际者闲谈时间的长短和交际目的不同而不同，最短的会话仅两分多钟，而最长的会话却持续两个多小时。这些自发性会话中包含明显叙事特征的有 50 段，该部分的时长约 25 小时 47 分钟。所用语料的详细信息及故事分布参见附录 2。

从上述自发性会话中，叙事片段被一一节取出来。节取会话叙事的标准如下：

（1）会话中出现叙事小句。所谓叙事小句是指与真实世界的事件顺序相匹配的两个具有时间关联的小句（Labov，1997）。比如："昨天我在图书馆遇上一个老同学，我很开心。"两个并列小句构成叙述的核心要素：a 然后 b，表明了两个事件之间的时间和因果联系；而下列表达"昨天我在图书馆遇上老同学的时候，我很开心。”则是两个具有内嵌关系的小句，只描述了一个核心事件，不构成叙事小句。

（2）会话中出现从当前话语时间到过去或将来故事时间转换的指示语，如“昨天”、“前天”、“那时候”等指向过去的时间指示语，或“到时候”、“到那天”、“等……的时候”等指向将来的时间指示语，并且出现“然后”、“后来”、“完了之后”等表示时间顺序的连接词语。

（3）出现表示过去动作的完成体标记助词（“了”、“过”）或者表示假设性将来动作的副词（“就”、“就要”）。

（4）出现故事开场的程式化套语，如“你知道吗”，“我和你说过吗”，“我有件事告诉你”，“我记得”等。这些程式化套语在自然会话中由单纯交际性会话向叙事性会话转换时，出现频率很高，可视作叙事开始的标记。

在本书搜集的25小时47分钟的自然会话叙事语料中，共有473个故事讲述片段，其中主故事373个，内嵌故事33个，回应故事67个。这里所说的主故事是指在交际语境刺激下，会话一方产生叙事愿望并进而讲述的个人经历或见闻，即会话叙事的主体部分。但在故事的讲述过程中，为交代某些背景信息，叙述者可能会讲述一个子故事，这个子故事是主要叙事的一部分，内嵌在主故事之中，本书将其简称为内嵌故事。同时，叙述者讲述的主故事可能会刺激听话人联想到一段相似的经历或见闻并产生叙事愿望，或在讲述者与听话人对故事进行互动评述的过程中又联想到另一段相似或相关经历或见闻并产生叙事愿望，这时发生的叙事是在回应上一段叙事，在叙事主题、结构上都与上一段相似，本书称之为回应故事。

为了解会话中叙事出现的语境及叙事对后续会话的影响，本书采用人工转写的办法将会话叙事及与其主题密切相关的叙事前后的会话一同转写下来。转写工作仍由作者及其他录音者完成。这主要是由于这些人亲身参与了会话，能够回忆录音时的交际情景，了解自己及对方的语言表达习惯，可以避免转写的一些困难。为保护语料提供者的个人隐私，转写中人名、地名一般用英文字母代替。

在转写中，本书尽力保留口语交际的特征，对口误、口头语和俚俗表达未加修改，对重叠话语、笑声、插话、语调变化等进行了标注。关于本书采用的转写符号体例参见附录3。此外，本书对会话叙事的子类型、叙事视角、开场序列的类型等作了简单的标注，以便于进行初步的自动检索和统计分析。

第五节　本书结构安排

论文共计七章，分为导论、理论框架、讨论和分析、结论四个部分。第一章导论介绍相关基本概念、研究背景、研究目的和意义、研究方法和语料以及本书章节安排。第二章讨论本书的基本假设，建构自发性会话叙事的理论分析框架。基于语料的讨论和分析部分包括第三章至第六章。第三章讨论会话叙事中叙事维度的活动，包括对叙事话语序列、故事时间和逻辑序列、交际语境框架、可述性、叙事者身份四个特征的分析。第四章讨论会话叙事中交际维度的活动，包括会话叙事中的多层次交流模型、参与者承担的话语角色、叙事交际自我及其与他者的关系以及社会文化实践四个方面的分析。第五章着重认知维度的意义建构部分，探究内部经验故事构建以及内部故事向外部故事转化的过程，并总结意义构建中双方的认知分工与协作过程。第六章着重认知理解部分，考察外部故事建构中的个体认知过程、外部故事的内化过程，并总结受述者在会话叙事中进行认知识解的工作路线。第七章回顾全文的研究，对研究发现进行概括总结，讨论本书的贡献，指出研究的局限性，并对未来研究进行展望。

第二章　理论分析模式

如前所述（第一章第二节），会话叙事研究处于多学科的交叉地带，而不同研究背景的学者或偏重其叙事维度，或偏重其交际维度，或偏重其社会文化意义和认知意义，未能从全局上把握这一体裁的特殊性，建立全面描述这一活动的分析模式。我们认为，自发性会话叙事具有独特的体裁价值：作为叙事的原初类型，自发性会话叙事显性呈现所有叙事类型的叙事、交际与认知的三维特性；自发性会话叙事承担着交际双方组织经验、人际交往、从真实经验中提炼社会性经验知识等多重任务，其间存在着多层次的意义空间和多维度的实践活动。

本章综合系统功能语言学关于语言元功能的基本理念以及会话叙事学、认知叙事学、修辞叙事学等相关研究，基于社会阐释性框架概念，构建自发性会话叙事的叙事—交际—认知三维活动分析模式。

第一节　自发性会话叙事的三维活动观

本节对前面提出的自发性会话叙事以及所有叙事体现为叙事、交际与认知三维活动的假设从理论上进一步加以讨论和阐释。

首先，基于系统功能语言学的基本哲学思想，我们赖以完成交际活动的语言本身是一个多功能结构体。系统功能语言学的核心思想之一就是语言是同时实现概念、人际和语篇三大元功能的聚合体（Halliday，1994；胡壮麟等，2005）。其中，概念功能是指语言反映我们在客观物质世界和主观心智世界的行为和思维经验；人际功能是指语言反映我们作为社会人对人际关系的平衡与调整；而语篇功能是指语言可以表达我们完整、连贯并与语境一致的意义。基于这样的功能观，说话人在语言层面的每一次选择无不体现其在语言表征经验、社会人际关系和意义连贯性上的选择。

三大元功能高度概括了语言识解经验，完成人际交往，并赋予话语信息和意义以连贯性结构的多维功能，产生了深远的影响。不过，也有一些学者，如 van Dijk（2008a）主张三大元功能中缺乏对认知因素的关注。本书不同意 van Dijk 的说法。概念功能反映说话人对物质和思维活动经验的认识，本身就是主观意识活动的结果。根据系统功能语言学一贯秉持的语言意义的社会建构观，说话人选择语言形式表征经验时，本身就是在进行经验意义的识解和认知建构。这也正是 Halliday 和 Matthiessen（1999）倡导的功能认知研究一直在探索的领域。因此，我们认为，系统功能语言学并非不关心语言认知的问题，只是选择了与主流认知研究不同的工作方向而已。而且，系统功能语言学定义的语篇功能关注的不仅是语言单位之间的衔接和连贯手段如何使语篇成为意义连贯的整体，也包括语言如何提供方式使说话人在主位和述位的转换、推进中实现话语信息状态由已知向未知的流动，并使听话人识别话语新旧信息之间的更替。这也就是说，语言的语篇功能也间接反映语言交流中交际双方的信息认知加工过程（彭宣维，2002）。这样，我们可以把语言的三大元功能理解为语言在表征经验意义识解、社会人际互动和信息组织、加工与传递方面的作用。其中，经验意义的识解和信息的加工处理中都包含着认知过程。

因此，相对于叙事话语来说，三大元功能在其叙事、交际、认知三个维度获得充分体现。叙事维度和认知维度的活动都以语言概念基块上对经验意义的识解为基础，体现语言的概念功能；交际维度的活动体现语言的人际功能，即：完成社会人际互动工作；认知维度的活动还同时体现语言的语篇功能，即：将零散的经验意义组织为具有连贯性的故事，并在故事讲述中实现交际双方对信息的加工、处理与传递。而且，正如语言中三方面的元功能是同时、重叠实现的，在叙事话语中，三个维度的活动也是彼此重叠、渗透的——叙事话语在交叉实现语言的三大元功能的过程中，也交叉完成着叙事、交际和认知三个维度的活动。

其次，认知心理学和叙事学研究中也有很多学者认同叙事内在的认知和交际价值。Bruner 曾明确指出，叙事是我们组织经验和记忆的主要方式（Bruner，1991）；与演绎论证方式一样，叙事是人类基本的认知思维模式（Bruner，1986），人们借由叙事方式理解并创建社会现实。Herman（2003）在“作为思维工具的故事”一文中强调叙事就是一个认知资源库，是人类建构和更新自己对世界认知的方式。Fisher（1984）更是强调叙事理性、叙事思维在交际活动中的认知价值，主张人类所有的社会交际活动都遵循叙事理性。由此，我们可以说，叙述思维是人类基本的认知工具，是我们理解生活经验、理解社会现实以及组织日常话语交际活动的基本原则。

而作为认知方式的叙事，本质上是一种交际活动。Coste（1989）主张叙事学是交际理论的重要组成部分，将叙事直接称为交际活动，指出叙事交际是传递关于世界变化、行动过程的信息的过程。与 Coste 的理论异曲同工，Reid（1992）提出“叙事交换”理论，强调故事讲述从本质上看是一种索取与给予的交换行为，是社会交往过程：叙事者提供具有“趣味性”的故事，并以此换取听话人或读者的注意力。而 Booth（1983）和 Phelan（1996）的修辞叙事学理论也同样以叙事的交际价值为基本理念。Booth 的小说修辞学强调小说是作者与读者进行交流的艺术，是作者采用各种修辞手段，借以控制读者、影响读者，使其接受自己的虚构世界的方式。Phelan 则提出叙事具有一种修辞维度，每一篇故事都承载着作者与读者的交流意图，都是针对交流语境和交际对象的叙事。

本书赞同这些学者对叙事活动内在认知和交际意义的看法。叙事话语是作者实现于文本中的交际意义的反映，也凝结着作者对经验意义认知识解的成果。既然叙事活动本身就蕴含着叙事文本或话语的创作者和接受者对经验意义的认知建构和理解活动，也蕴含着叙事文本或话语的创作者和接受者之间的人际交流活动，那么，我们可以说语言交流中叙事、交际和认知活动在很大程度上具有一体性和重叠性。

自发性会话叙事，作为嵌入会话交际中的叙事，显性呈现叙事、交际和认知活动的一体性和重叠性。一方面，自发性会话叙事既是借助交际的叙事活动，又是借助叙事的交际活动；另一方面，叙事者对经验意义的认知是叙事和交际的前提，而叙事为经验意义的认知组构提供模型、工具，交际又为社会性经验知识的协商、确立提供通道。简言之，在自发性会话叙事中故事讲述、交际和认知活动在三个维度上交叉、重叠进行。自发性会话叙事是我们深入理解话语交流中叙事、交际和认知活动的一体性的窗口。

第二节 自发性会话叙事中的框架与层次

如果说在会话叙事的进程中，参与者交叉、重叠完成叙事、交际、认知三个维度的活动，那么参与者之间的交际性会话、讲述者的叙事话语、讲述者和受述者关于故事意义的互动话语之间也必然存在着千丝万缕的联系。借鉴 Goffman（1974）的社会阐释性框架概念及其他相关研究，本节讨论自发性会话叙事中的层次切分问题。

一 意义阐释的互动交际框架

框架（frame）以及与其密切相关的图式（schema）、脚本（script）等概念近些年在心理学、人工智能、语言学、社会学、人类学等研究中频繁出现。比较而言，图式或脚本概念多用于心理学、人工智能、认知语言学研究领域，指过去经验留在我们记忆中的知识结构。框架概念更多用在社会学、人类学等研究领域，指在互动交际过程中人们对事件结构和意义结构的期待，更多指向意义的阐释角度。①

这一意义阐释性框架的概念可以追溯到人类学家 Bateson 对游戏框架下话语交际的分析。Bateson（1972）认为框架是一种“元交际”（meta－communication），即关于交际的交际。比如，当我们说“这是一场游戏”时，我们约定了双方的交际将在游戏框架下进行。社会学家 Goffman（1974）将这一概念拓展到社会组织活动层面，指出框架所包含的元交际信息不仅规定着活动的性质、规则以及活动进展的预期方向，同时也制约着参与者需承担的不同社会角色和观察、体验活动的不同立场和态度。Goffman 的这一框架概念揭示了事件意义、话语角色和社会现实的建构性。本书所用的框架是这一背景下的概念。

概括而言，意义阐释性框架是经验的组织方式，为人们提供将无意义的、混沌的场景、事件进行切分、识别、界定的工具（Goffman，1974）；它标示着意义的阐释方向，是“关于交际意图的宏观纲领”（Tannen，2005）。根据 Goffman 在著作中的零散讨论，框架具有如下基本属性：

---

① 不过，Minsky（1975）用框架（frame）来指所有表述原型情景的数据结构（对场景、事物、事件的期待图景）。他所用的框架概念强调认知基础，与图式或脚本概念只是术语不同，没有大的区别。

首先，框架具有社会文化属性，社会文化语境对框架的指向具有重要意义。框架并非人为有意识制定的规则，而是由社会文化规范等确定，由交际者在交流过程中默认并无意识中遵守的规则。

其次，框架具有主观建构性，是建构社会现实的工具。Goffman 采用戏剧舞台的意象来比拟人们日常生活的交际行为，强调自然会话中的经历叙述具有表演性——说话人实际上是在重新扮演原来的自己，而其所述故事只是其真实经历的一种版本，提供的只是意义阐释方式的一种类型。

再次，框架体现交际者对社会交际活动的组织原则和话语意义阐释方向的共识，具有主体间性的特点，体现双方互动协商的结果。

最后，也是最重要的一点，框架是开放性结构，是可以转换的，一个基本框架中可以嵌入另一个具有不同特征的次级框架。比如，互动交际的双方可以从会话框架转换到故事讲述框架，或者说故事的讲述框架可以嵌入到闲聊会话框架中。

值得注意的是，在话语交际中，由基本框架向非基本框架的转换是常见的，而且可以发生多次的转换。每一次转换为处于核心的活动增加一重框架，而嵌套的各个框架构成“同心结构”（Davis，1975）。这时，从核心到边缘的框架都会发挥作用，最核心的框架确定活动的性质，而外围的基本框架则确定核心活动在真实世界的位置。此外，框架具有“双向性”（Young，1987），事件框架不是单纯地将事件与外围的活动切分开来，而是同时表明嵌入部分与外围部分的紧密关系。

二　自发性会话叙事中的层次切分

自发性会话叙事是以会话交际为语境，以叙事为核心，以经验意义的交流和建构为目标的社会活动。其内部的层次切分是我们解析其特性的关键环节。上述 Goffman（1974）等的意义阐释性框架理论为解决自发性会话叙事的层次切分问题提供了工具。自发性会话叙事中，故事的讲述框架嵌入到闲聊会话框架中，这时，故事的讲述活动除了受自身框架序列规则的制约，还要受其外围会话框架的影响，保留会话交际的互动性和建构性特征。然而，会话叙事中的故事讲述活动仍具有复杂性，其中还应有一个内嵌的故事结构。那么，如何界定内嵌于叙事话语中的“故事”呢？

Young（1987）的民俗口语叙事研究将“故事”界定为故事的内容。Young 采用现象学及社会学框架分析的方法研究了英国达特穆尔高地的民俗故事，她由中心向外围将口语叙事分为故事世界（taleworld）、叙事话语领域（storyrealm）和会话领域（realm of conversation）三个层次，主张故事世界由会话时空之外的、想象中的、描述过往经历的系列事件构成，故事世界中的事件受到叙事框架的制约，而叙事话语又受到其外围的会话交际的制约。而参照经典叙事学的研究成果（Chatman，1980），故事既可指具有完整结构的“事件链”（story），或者说故事世界，也可指表述故事的语言手段——故事话语（discourse）。那么，Young 所说的叙述话语中除包含故事世界外，还应该包含表述故事世界的故事话语层次。而且，本书认为与 Young 关注的民俗口语叙事不同，在自发性会话叙事中，交际双方的互动十分频繁，表述故事内容的故事话语与故事讲述话语并不等同。讲述话语中还包括很多针对叙事框架的元交际话语，比如“You know”，“Have you heard of...?”“That's how it goes”等。本书尝试将这种单纯针对讲述活动的互动交际话语与表述故事内容的话语区分开来，将前者称为元叙事话语。这样，叙事话语就拆分为元叙事话语和故事话语两个层次。二者的关键区别是前者将交际者注意力指向讲述活动本身，后者将交际者的注意力指向交际时空之外的、抽象的故事世界。

最后，参照功能语言学的看法，经验是意义的潜在资源，故事世界中的行动序列由不同类型的经验过程（及物性系统）组成（Halliday & Matthiessen，1999）。这些经验过程构成的经验世界是故事世界的基础。①

那么，我们可以将会话叙事视为五个层次上的同心框架结构（见图 2－1）。最核心的是经验意义的来源：经验世界；经验基础上的序列化、结构化的情节构成抽象的故事世界；故事世界由故事话语表述；故事话语内嵌入元叙事话语中；元叙事话语内嵌入会话交际中。其中，处于交际时空中、为会话交际框架直接限制的是后面三个层次；前两个层次是故事话语在交际者心智世界中的心理表征。

而如果说自发性会话叙事的话语中存在会话交际、元叙事话语、故事话语三类框架，那么每个框架的界限在哪里呢？Labov 提出的叙事的六个要素又分别属于哪个层次呢？概述是叙述者在讲述故事之前对故事的简要概括，结束语是讲述者对故事讲述完成的声明，这两项显然属于元叙事的框架范围，而不是故事本身的内容。而发端、进展和结局能够回答何时、

---

① Schiffrin（2006）采用框架分析的方法对口述故事进行分析时，也曾指出经验世界构成故事世界的基础。

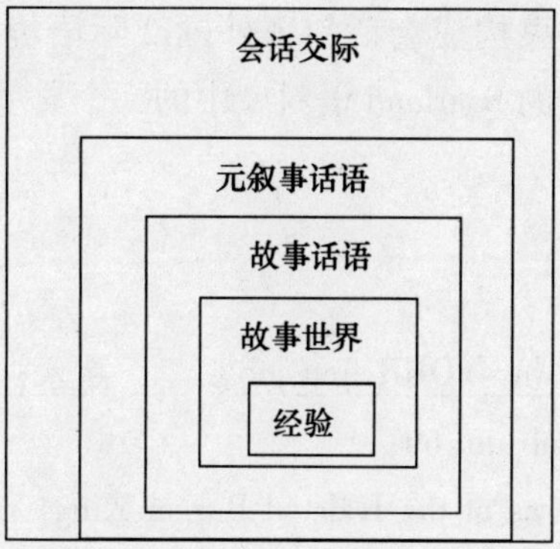

图 2-1　自发性会话叙事中的框架结构与层次切分

何地、何人、做了何事，有何结果等基本问题，属于故事话语的框架。不过，根据笔者对 Norrick（2000）所建立的 Saarland 语料库中会话叙事语料的初步观察，概述不一定出现在每一段叙事中，清晰的结束语也不一定出现。但在故事讲述开始前，不管是否出现概述，为提醒听话人注意交际由单纯会话框架向元叙事（讲述）框架的转换，叙述者往往使用下列程式性套语："Guess what?"，"I remember..."，"Remember the time...?"等。在故事内容讲述结束后，除清晰明示的结束语外，交际双方对故事整体的评价和对有趣的、关键性的故事片段的重复、释疑等，可以看作元叙事交际的结束部分。

那么，构成会话叙事最外围的会话交际框架的界限在哪里呢？从 Saarland 语料库中的会话叙事语料来看，直接构成故事讲述触发语境的互动交际部分，即与故事同主题的会话交际的开始部分，一般以体现主题的关键名词的出现为标志来区分会话交际框架和其他与故事主题无关的会话。当整段会话叙事活动进入尾声阶段，元叙事层面的互动讨论也已结束时，交际双方会围绕关键词，围绕故事主题进一步引申、讨论故事的情感和社会意义，之后通过降低语速、语调或者启动新的主题会话等手段向彼此示意这一主题交际的结束。不过，在很多会话叙事中，元叙事结束后，同主题会话也随之结束，两者的结束框架会有所重叠。

简言之，故事发端和结局构成故事话语框架的两端；故事讲述前的套语和/或故事概述与故事结束套语以及关键环节的重复和讨论构成元叙事（讲述）框架的两端；与叙事部分同主题会话交际的开始以及故事讲述完成后同主题讨论的结束构成会话叙事外围交际语境框架的两端。下文以Norrick（2000）所建的Saarland语料库中的一个典型案例为例，对此进行简要的解析：

例2-1

1 Ellen: what was YOUR first job? 导入：同主题交际框架启动
2 April: first job um oh:
that was at the Halsted Burger King
in Halsted Illinois.
3 Ellen: that near your house?
4 April: about six miles away.
5 Ellen: m-hm.
6 April: and they - they built it brand new
and I was one of the FIRST employees
and because of that
we ah - um we had a head hancho woman
from International Burger King
come and train everybody in.
because there was like thirty of us?
7 Ellen: wow. Yeah?
8 April: and uh we had about a week of training
→ and I remember 元叙事框架嵌入：示意预备讲述故事
the most embarrassing moment of my LIFE
happened then. ((laughs))
9 Ellen: ((laughing)) what does that MEAN? ((laughing))
10 April: ((laughing)) um no this is just -
I can't believe I did this
but - um I was really nerv -
well it was my first JOB
→ and I was nervous 故事发端：故事话语框架嵌入
and there's so much to learn
I mean y'know there's so many things at Burger King

you have to [make an uh –]

11 Ellen:　[how old were you?]

12 April:　I was like a sophomore in high school.

13 Ellen:　okay.

14 April:　yeah, [the summer after my sophomore year.]

15 Ellen:　[you were young.] okay.

16 April:　and um we were learning the drive – through
and just the thought of speaking on –
into that microphone
and y' know into outside –

17 Ellen:　yes.

18 April:　and you have to pretend to take orders
and and I was so embarrassed.
and the FIRST time I had to do it
I said "welcome to MacDonald's
[may I take your order?"]

19 Ellen:　[oh NO::] ((laughing))

→20 April:　and everybody just LAUGHED at me. ((laughing)) 故事结局：故事话语框架关闭

→21 Ellen:　((laughing)) did you try and pull it off like a joke　元叙事框架重新启动
like you meant to say that?

→22 April:　no. ((laughing))　元叙事框架关闭

23 Ellen:　no.

→　((laughing)) good job.　同主题交际框架重新启动

→24 April:　yeah, that was my first job.　同主题交际框架关闭

这则会话叙事的主题是 April 在假期做第一份工作时发生的最尴尬的一件事。最外围的是会话交际，包括与故事同主题交际的导入（话轮 1—7）和退场部分（话轮 23—24）。导入部分，Ellen 向 April 询问其所做的第一次工作的情况（话轮 1），April 回应她的请求，开始介绍第一次工作开始的背景，之后，双方针对工作地点和入职培训情况进行初步的交流

(话轮 2—7)。双方关于入职培训的会话激发了 April 对自己在培训期间一件十分尴尬事情的记忆，在话轮 8 的后半部分尝试开始故事的讲述活动。这时，关于第一次工作的元叙事框架嵌入到关于第一次工作的互动交际之中，程式套语“and I remember”是框架转换的提示语，在话轮 9 和话轮 10 的前半部分，双方对故事的概述进行评价，并且 April 重新阐述了故事的概述：“I was really nerv – well it was my first JOB”，话轮 10 的后半部分，故事的讲述真正开始，故事话语框架嵌入进来，故事的开端“and I was nervous and there’s so much to learn”以及令人尴尬事件发生的原因、场景等具体背景在双方的互动中（话轮 10—17）慢慢展开。之后，故事的主要事件——第一次演练向顾客提供点餐服务（话轮 18）被详细叙述出来。最后，April 讲述了故事的结局“and everybody just LAUGHED at me”(话轮 20)。这时，故事话语框架关闭，双方回到元叙事框架，对故事整体进行评价（话轮 21—22)。而当整体评价结束，交际双方从元叙事框架回到同主题交际框架，进入整段会话叙事活动的尾声阶段（话轮 23—24)，彼此协商结束了这一主题的交际活动。

第三节　构建自发性会话叙事的三维活动分析模式

一　Ochs 和 Capps 的五维叙事分析模式及其修正

如前所述（参见第一章第二节)，Labov 的叙事结构分析模式针对的是社会访谈获得的口语叙事语料，关注的是从发端到结局构成典型故事结构的功能要素，忽略了听话人的贡献，把口语叙事当作静态的、理想化的故事文本，不足以描述日常会话交际中的互动性很强的叙事活动。而会话分析学派 Sacks、Schegloff 和 Jefferson 等引领的叙事话语的序列性范式强调会话叙事的互动特征，主张故事讲述活动的序列性是在交际双方的互动合作中建立的，但又忽视了叙事的宏观结构和交际的社会语境，局限于微观的话轮转换分析和上下文语境分析。

Ochs 和 Capps 的五维叙事分析模式在一定程度上涵盖了上述将会话叙事“作为文本结构和叙事活动”两方面的探索。Ochs 和 Capps 认为会话叙事作为叙事文本或者叙事活动，没有固定一致的标准模式，而是在线性序列、可述性、讲述者身份、道义立场和语境内嵌性五个维度上存在多种可能性：讲述者身份在一位活跃的讲述者到多个讲述者参与的维度上变化；故事的可述性在由低至高的维度上变化；故事的讲述在依存与独立于语境之间的维度上变化；叙事要素的时间和因果序列性可以是封闭的，也可以是开放的；道义立场可以是确定的、清晰的，也可以是不明确的、变化的。

本书认为这五个叙事维度的变量除界定会话叙事作为叙事方式的结构特征外，也涵盖了叙事活动的一些交际特征，可以据此分为两类：体现时间和因果序列特征的“线性序列”、体现故事意义的“可述性”和描述叙事话语与语境关联的“语境内嵌性”主要反映会话叙事作为叙事文本的结构特征；而体现讲述者伦理道义述求的“道义立场”更多体现的是会话叙事作为社会交际活动的特征；描述会话参与者在故事讲述中参与程度的“讲述者身份”其实不单反映讲述者在叙事维度承担的工作，也体现其在交际维度承担的工作，可以拆分为叙事者身份和讲述者话语角色两个变量，分别指称其在叙事和交际维度的作用。这样，稍加调整后，这一分析模式基本适用于本书关注的会话叙事的叙事和交际活动两方面特征的考察。

然而，该叙事分析模式无法涵盖会话叙事中认知活动的特征。Ochs 和 Capps 在讨论线性序列特征时提及会话叙事是一个意义建构过程（sense – making process），在这个过程中讲述者把事件组成情节，情节组成有连贯性的故事，而在讲述过程中，受述者也会参与到故事意义的建构中，但并未进一步从认知角度分析这个过程。本研究将尝试结合认知叙事学、系统功能语言学等方面的研究成果，完善 Ochs 和 Capps 的叙事分析模式，增加认知角度的分析工具。

那么，会话叙事中的认知活动到底是如何完成的呢？

认知叙事学自 20 世纪 90 年代以来发展迅速，汇集了从不同角度、针对叙事知识、记忆、感知、理解的大量研究（Herman，2012）。比较有影响的理论框架包括：Jahn（1997）的“框架与文本互动模式”、Emmott（1997）的“语境框架模式”、Fludernik（1996）的“自然叙事模式”、Herman（2002）的“故事世界模式”、Werth（1999）的“文本世界模式”、Jahn（2003）的“外部故事和内部故事的转换模式”等。其中，Jahn 的叙事认知模式可以给我们很大启发。Jahn 在“‘醒来吧，睁开眼睛'：外部故事和内部故事的认知逻辑”一文中主张将“内部故事”（即回忆、想象、梦想中出现的故事）纳入后经典叙事学的研究范畴，强调内部故事和外部故事（即小说、轶事、电影及戏剧中有形的故事）在叙事的心理建构中可以相互转换：内部故事经过外化过程可以变成外部故事，或再次成为感知对象，成为更新的内部故事；而外部故事通过读者或观众的感知，可以进入内化过程成为内部故事。

这一认知叙事分析模式为我们探究会话叙事中故事的建构和理解过程提供了非常重要的视角。从讲述者将自身经验加工成故事再到讲述给受述者，从受述者感知对方的讲述再到将对方故事存储在记忆中似乎也有内部、外部故事的转化因素在起作用。基于此，关于会话叙事中的认知活动，我们的基本假设是讲述前讲述者在记忆中存储的经历故事是一个在真实经验基础上构建的内部故事，在受述者配合下讲述者对故事的讲述是一个由内部故事到外部故事的转化过程，而受述者对讲述者故事的理解是一个由外部故事到内部故事的转化过程。这样，认知活动涉及三个关键的变量，即内部故事的构建、内部故事外化和外部故事内化①。本书将结合认知叙事学、社会认知建构理论、系统功能语言学等相关理论假设对这三个变量进行解析，进而透视自发性会话叙事认知活动的特征。

二 自发性会话叙事的叙事—交际—认知三维活动分析模式

综合上述对自发性会话叙事三维活动观和会话叙事的框架与层次的讨论以及对五维叙事分析模式的修订，本小节总结提炼叙事—交际—认知三维活动分析模式。

本书主张的三维活动分析模式是基于以下两个理论前提：

（1）自发性会话叙事是叙事、交际、认知三维活动的结合体，三个方面的活动构成一个整体，每个维度的活动呼应着、体现着其他维度活动的意义。故事讲述活动随时体现双方交际、认知活动的进展，认知活动综合叙事、交际双方面的信息，而互动交际是叙事和认知活动的动态语境和意义来源。

（2）在会话叙事中存在五个层次上的意义空间，处于交际时空中并为会话交际框架限制的是故事话语、元叙事话语和会话交际，其中故事话

---

① 严格来说，在会话叙事进行过程中完成的主要工作是后面两个过程，但记忆中储存的内部故事构建虽然其主要工作发生在会话叙事之前，却是理解后面两个过程不可分割的基础，所以本书对认知维度的分析也涵盖这一过程。

语内嵌于元叙事话语中，元叙事话语内嵌于会话交际中。经验世界和故事世界是故事话语在交际者心智世界中的心理表征。经验世界构成意义的初始来源，而由故事话语投射在交际者心智世界、反映经验意义的情节结构组成故事世界。

叙事、交际和认知三个不同维度的活动会对五个空间各有侧重，但基本上每个维度的活动都反映各层次意义空间的作用。而五个意义空间的存在可以理解为各维度活动彼此影响、投射的结果。经验世界和故事世界主要体现认知维度的信息，故事话语主要体现叙事维度的信息，而元叙事话语和会话交际主要体现交际维度的信息。

本书的分析模式概括如下（见图2－2）：

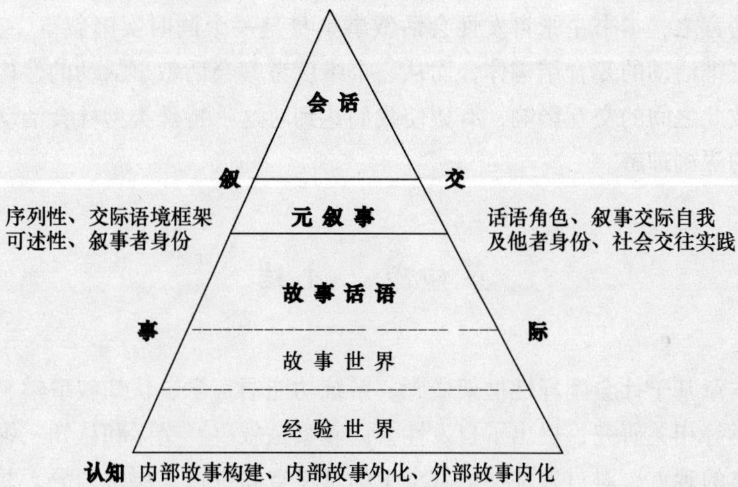

图2－2　自发性会话叙事的叙事—交际—认知三维活动分析模式

在叙事维度，我们关注的关键变量是Ochs和Capps所说的线性序列、语境内嵌性、可述性和叙事者身份（讲述者身份的叙事侧面）。不过，为全面了解叙事维度的特征，关于序列性特征，本书除关注Ochs和Capps所说的线性序列，即故事时间和逻辑序列外，也将考察Sacks（1974）等所概括的叙事话语的序列性。同时，基于会话叙事作为互动交际的一部分，我们将着重分析会话叙事进行过程中这几个方面是否呈现动态建构过程。

在交际维度，我们关注的关键变量是 Ochs 和 Capps 所说的讲述者话语角色（讲述者身份的交际侧面）和道义立场。但基于本研究对会话叙事中存在多层次意义空间的假设，我们的分析将从讲述者话语角色拓展到包括叙事、会话、故事各层次参与者在内的多层次交际活动，涉及其中讲述者和受述者承担的各种话语角色、叙事交际自我及其与他者的关系。而参照 Georgakopouou（2007）等的研究（参见第一章第二节），会话叙事中的人际活动是宏观社会交往实践的一部分，我们将反映社会文化因素的道义立场变量拓展为社会交往实践变量。

在认知维度，我们着重分析意义建构和认知理解过程的三个环节：讲述者基于经验意义构建内部故事的过程、交际互动中讲述者内部故事的外化过程、受述者将外部故事理解、内化的过程。

简言之，本书主张自发性会话叙事本身是一个同时实施叙事、交际、认知三维活动的复合结构体，而从三个维度考察会话叙事活动的建构过程以及彼此之间的交互影响，有望使我们达到对这一特殊类型社会活动基本性质的深刻理解。

第四节 小结

本章基于社会阐释性框架概念、系统功能语言学、认知叙事学、修辞叙事学等相关研究，提出了自发性会话叙事是叙事、交际和认知三维复合结构体的观点，对自发性会话叙事中的意义空间进行了层次切分，并在修正 Ochs 和 Capps 会话叙事分析模式的基础上，构建了自发性会话叙事的叙事—交际—认知三维活动分析模式。

第三章　自发性会话叙事中的叙事活动

从叙事维度看，自发性会话叙事是以会话交际为框架、由会话双方合作建构的故事讲述活动。本章进行语料分析，考察自发性会话叙事中叙事活动的特征，涉及故事世界、故事话语、元叙事话语及会话交际四个层次，重点考察的变量包括叙事话语序列、时间和逻辑序列、交际语境框架、可述性和叙事者身份。

第一节　叙事话语序列

序列性是会话叙事活动中叙事话语的最基本特征。如前所述，Sacks（1974、1992）指出会话交际中故事讲述话语一般包括前言、讲述、反馈三个连续的话语序列。Sacks 的序列三分说概括了会话叙事活动进行的理想模态：叙事话语呈现清晰完整的单线型结构，主体讲述前有清晰的铺垫和导入，主体叙述中叙述者可以牢牢地占有话轮，顺畅地完成故事的讲述，而故事讲述后双方有深入的讨论和反馈活动。

不过，上述三段式区分说只是 Sacks 对会话叙事的一般性趋势所做的概括性描述，而在具体故事讲述活动中，正如 Jefferson（1978）和 Schegloff（2007）所注意到的（参见第一章第二节），故事讲述话语的序列性并非总是那么清晰、那么完整。在本书搜集的汉语会话叙事实例中，我们发现故事讲述活动总体趋势的确呈现序列性特征，但其序列结构随语境和交际双方关系的不同又呈现诸多复杂性、变异性特征。

鉴于序列之间的界限不是非常明确，而每个序列中又可能有偏离故事讲述主线的、连贯性不足的话语交际部分，我们认为把话语序列按照其功能分为前言、讲述和反馈，不如直接按照会话交际活动的结构顺序称为开场、主体和退场。此外，本研究也注意到在一些交际活动中，当会话叙事的主体讲述结束，双方也对故事的意义进行了或简短、或深入的讨论之后，听话人或讲述者还会进一步拓展该叙事活动，讲述一段与之前故事主题、结构相呼应的回应故事，我们将这部分称为拓展序列。接下来本节详细分析会话叙事中各叙事话语序列的结构特征。

一 开场序列

Sacks（1974）强调前言序列至少包括两个话轮，在前一个话轮中故事的讲述者提出或请求讲述故事，在后一个话轮中受述者接受讲述者的提议或请求。然而，根据本书搜集的语料，会话叙事的开场情况比较复杂。

首先，会话叙事的开场并不总是那么顺利，有时会出现叙事者的导入性话语被听话人忽视，并因此经过多次努力才获得讲述话轮的情况。可能的情况是：

1. 当多人闲聊，其中之一试图讲述一个与话题相关的故事，却未能获得其他人的注意和赞同，于是放弃故事的讲述。参见例 3 – 1：

例 3 – 1（语境：Y、X、G 等几位女性研究生参加某论坛，午间休息时几个人在一起闲聊）

29Y：我孩子就是不跟我亲近。

30X：对，我也不跟她说。我也爱她，可是就是不跟她说，就是没有那个亲近感。

→31G：[我小时候，

32X：所以你] 现在一定要做到 –

在这段会话中，G（31G）听到 Y 和 X 的话语，想到自己的相似经历，试图讲述自己的故事，但未能引起大家注意，最后选择放弃讲述故事的机会。

2. 听话人试图在叙述者讲述过程中插入回应叙事时，有时需要多次尝试，才能从原来的叙述者手中赢得讲述话轮。参见例 3 – 2：

例 3 – 2（语境：在咖啡馆闲聊中，A 向研究生同学 B 讲述自己在国外访学的经历）

11A：他就评价非常高，后来美国那个教授也特别喜欢我，给我那

个%Norton Anthology%，知道吗？［%American literature%，我全有，

12B：啊，诺顿那个］ =

13A：=%British%那个我也有，我都有，你看两个不同教授都给我 -

14B：哦↑

15A：那是一种荣耀，真的。你要是什么时候想用的话，我都可以 - 然后 =

→16B：=其实，［我以前上 -

17A：那个%American］professor% =

→18B：=呃，我以前上大学的时候 -

19A：嗯，

→20B：我以前上大学的时候，我们那个外教送给我一本，美国文学史那个，诺顿那个，最后（.）让我给弄丢了。

在话轮 11A—15A 中 A 讲述了自己受到外教欣赏并获赠《诺顿文选》的经历，而 B 联想到了自己的相似经历，在对方尚未结束叙事时就插话："其实，我以前上 -"（16B），试图开启自己的讲述话轮，但未获得成功，A 继续自己的叙述（17A），B 不甘心，继续尝试，又一次插话"呃，我以前上大学的时候 -"（18B），这时，A 表示同意接受 B 的插入性叙述（19A），B 终于在话轮 20B 获得了讲述机会。

以上两个案例说明故事讲述活动的开场不单纯取决于讲述者的讲述愿望，更关键的是交际对象的认可和配合。因此，为避免叙事的开场时受到对方的忽视，叙事者常常在试图获得讲述话轮时采取下面的一种或多种措施以吸引对方的注意力：

（1）使用感叹词，如：

①**呃**，我以前上大学的时候 -

②**哎**，我觉得一个宿舍就是一个文化，你知道吗？

（2）使用交互主观式话语标记，如：

③**我跟你说**，我有一次居然在 B 大门口遇上了我外甥女。

④**你看**我儿子这事儿 -

（3）使用程式套语，如：

⑤我给你爆料啊！

⑥我跟你说过吧？

⑦我有事跟你说 -

（4）直接唤对方的名字，如：

⑧H，你知道吗？

（5）停顿、加重语气，如：

⑨你说，那个，上幼儿园？

概括起来，成功开启故事讲述活动的话语序列主要包括以下五种情形：

（1）讲述者启动的双话轮（或多话轮）模式（Entrance - T - 2）：讲述者请求或提出讲述故事，受述者给予肯定回应。

这是文献中讨论最多、最为典型的开场序列类型。在这类情形中，讲述者提出或请求叙事，听话人表示接受，开场序列与主体序列之间的界限较为清晰，参见例 3 - 3、例 3 - 4：

例 3 - 3（语境：上课前 S 在办公室遇到同事 Q，向她讲述前一天被学生惹恼的经历）

1S：昨天，我可给那啥了，昨天，这家伙，我生气了！昨天上课，学生把我给气得够呛。

2Q：咋了？

3S：唉，有个同学，他那个，他挂科了！

例 3 - 3 中，叙述者 S 直接提出要讲述她如何“被学生气到”这一事件的意愿（1S），而受述者 Q 即刻表述了她的关切和倾听兴趣，说“咋了？”（2Q），于是，S 在下一话轮展开故事的讲述（3S）。

例 3 - 4（语境：在咖啡馆闲聊中，A 向研究生同学 B 说起自己早年对英语学习的痴迷）

11A：我这个% enjoy% 是怎么练出来的？

12B：啊，

13A：以前我跟你说过，我原来是自学（英语）的吗？

14B：没，没。

15A：% I never told you that?%

16B:% No, no. %

17A：我从来没告诉你↑我原来是自学的?

18B：你自学的↑英语?

19A：我是:: 我是怎么回事呢，(…)

例3-4中，A在和B聊天中谈到自己早年非常喜欢学英语，11A中A提到“我这个% enjoy% 是怎么练出来的-”，表述讲述这段经历的愿望，B很快做出了回应（12B），之后，在13A—18B双方多个话轮的交涉中，讲述者A明确了对方的已知信息，确定了故事讲述的起点后，在19A中开始故事的讲述。

但上述讲述者启动的双话轮或多话轮模式也常以下列经济简约的方式来实施：

（2）讲述者启动的单话轮模式（Entrance-T-1）：讲述者请求或提出讲述故事，但未等受述者给予肯定回应，即已开始讲述。

这类开场序列的语境一般是：讲述者与听话人十分熟悉，确信听话人会对其预备叙述事件感兴趣。因此，讲述者表示叙事愿望后随即展开叙事，并在话语陈述中没有停顿，不给听话人表示回应的机会。听话人一般要在故事的讲述告一段落后，才有机会做出回馈。在这类情形中，开场序列与主体讲述序列之间的界限不清晰。参见例3-5：

例3-5（语境：H与Y为博士生同学，并且是室友，H在宿舍向Y讲述自己带孩子去系里时发生的一件事）

1H：你看（·）我儿子刚才这事儿，我带我儿子去系里，那个保安说：“那个，你来干什么？不准进去，不准进这个楼里↓。”

2Y：嗯，嗯。

这里，讲述者H与听话人Y为室友，二人均为已婚育的母亲，平时经常聊到教育孩子的问题。所以，在这段叙事中，H确信对方会对该话题有兴趣，在邀请Y关注“她儿子刚才这事”之后，即直接展开了故事的讲述，未在任何话轮转接位置留给听话人转换话轮的机会（1H），在讲述完故事的主人公（我儿子）面临的主要问题（不被准许进楼）之后（1H），Y才获得了发话表示回馈的机会（2Y）。这样，第一个话轮里既包括开场序列，“你看（·）我儿子刚才这事儿”，也包括主体讲述序列，“我带我儿子去系里，(…)”。

讲述者启动的开场序列中还有一种特殊的情形：

(3) 讲述者在会话中受到某种因素的激励随机开始讲述故事，无明显的导入序列（Entrance - T - 0）。

这类情形出现的语境一般是：在随意会话中，讲述者会由自己或对方提及的某人、某物激发关于某段过往经历的记忆，并随机展开故事的叙述；或者是讲述某段故事中，临时想起一段相关经历，而插入一段叙述。这类故事讲述的主题与之前的会话在主题上不一定是一致的，但一般具有一些内在的关联性。参见例3-6、例3-7：

例3-6（语境：A和B为研究生同学，在某次下课后一同去咖啡馆聊天。）

1A：人生就是故事，但是，就你用的非常：：要不我怎么说你要把这些都放在%circle%里来表述特别好。

2B：呃呃。

3A：一目了然。

→4B：其实，我这种世界的划分是受别人一篇文章的启发，他那个就是一个圈套一个圈的，然后呢，但我不是-**就你昨天打电话那时候，**我就刚写一个%outline%，啥也没弄呢。

5A：那你告诉我不弄，我可%relieved%。

在这一案例中，研究生同学A和B在闲聊。话轮1A—4B的前半部分二人在讨论刚才课上B发言介绍自己研究选题的情形。4B中B在回应A对自己发言的评论时，应该是突然想起前一天A给自己打电话询问是否要做正式的演示文稿的情形，在二人关于B的研究框架的讨论尚未结束的情况下，没有任何预示，B仅以过去时间短语“就你昨天打电话那时候”为话题转换标记，将交际情景从学术探讨转变为经历叙事，开始讲述自己上课前临时准备发言文稿的情形。这段故事的开场显然没有清晰的导入语列，但可能是由于新的故事话题与原来的讨论关联紧密，从听话人A在5A中的回应来看，A对于B的话题转换完全适应。

例3-7（语境：在咖啡馆闲聊中，A向研究生同学B讲述完自己早年的自学经历后，接着讲述自己准备考研的情况）

81A：因为你（知道），%I was so eager to，to be directed or guided by professors% -

82B：嗯嗯。

→83A：我渴望老师那程度，你们谁也感受不到，**所以现在的学生，我告诉他们，说你们只要想学，今天晚上我陪你们一夜我都去，帮你们，所以下课之后，我记得……上次有个学生，让我说得不好意思，主动过来找我，读东西、让我帮他纠音什么的。**

84B：啊。

与例3-7的情况相似，83A中A在描述自己非常渴望考研成功，得到老师指导的心情时，应该是自然联想到现在自己作为老师热心指导学生的情形，在毫无预兆的情况下，转而叙述自己目前的工作情形（83A粗体部分）。有趣的是，这类日常会话中逻辑上不一致但又有符合自然联想的故事嵌入情况，似乎有点像文学叙事中的意识流作品。

除讲述者自主启动的故事开场之外，语料中也不乏听话人率先启动讲述活动的情形：

（4）非知情听话人就叙事者经历提问或请求讲述，叙事者给出积极回应（Entrance - UKH - 2）。

在这类情形中，非知情听话人对故事讲述适宜性和交际双方熟悉程度的判断是会话叙事顺利进行的关键。参见例3-8：

例3-8（Y与X为研究生同学，彼此十分熟悉，校园散步时聊到以前同事的恋爱问题）

3Y：唉，我能问那啥吧？你跟你老公是怎么：：是同学，是吧？

4X：没有，就那时候，我就不想再读外院的研究生了嘛！（…）

这一案例中，由于交际双方彼此间是较为亲密的同学兼朋友关系，而这段会话之前双方刚说到X同事的恋爱问题，所以，Y直接请求X讲述她的恋爱故事（3Y），而X对问题做出积极回应，开始讲述故事（4X）。

最后一种情况是较为特殊的由知情听话人邀约讲述者讲述故事的情形：

（5）知情听话人给出讲述者经历事件的概述，邀请讲述者向在场的不知情听话人讲述故事（Entrance－KH－2）。

这类开场序列在语料中虽然出现频率不高，但在其他语言会话叙事文献中未见有人提及，或许是汉语会话叙事中的特有情形。这类开场序列的语境一般是：多人参与会话，其中包括未来叙述者故事的知情听话者，也包括不知情听话者。参见例3－9：

例3－9（语境：H、Y和X为研究生同学，H和Y为室友，三人在H和Y的宿舍闲聊）

3H：（to X）我给你爆料↑啊，Y跟她老公（.）那是师生恋，老浪漫了。

4Y：（to X）哪有↑，陈年旧事，早都忘了那段了。你别说，那时候（…）

这一案例中，H作为Y恋爱经历的知情者，向X（二人共同的朋友）宣称Y的恋爱故事很浪漫（3H），从而邀请在场的Y讲述自己的故事，而Y接受邀请，即刻开始她的故事的叙述（4Y）。像这样的知情听话人代为宣布概要，要求故事亲历者讲述故事的情形有很明显的强加意味，这或许是由于在中国文化语境下人们对负面子心理需求不是很强，才会在熟人群体间的会话中出现这样的故事开场情形。

为进一步了解以上开场序列情形在语料中的分布情况，我们对以上五种情形进行了量化统计，结果见表3－1：

表3－1　开场序列的类型分布

类型	Entrance－T－2	Entrance－T－1	Entrance－T－0	Entrance－UKH－2	Entrance－KH－2
数量	124	115	189	36	9
比例（%）	26.2	24.3	40	7.6	1.9

如表3－1所示，故事讲述开场的最常见情况是第三种，即无清晰的

故事导入话语的情形，这一类型所占比例高达40%。省略受述者回应的单话轮模式也占据24.3%的比例，听话人导入故事讲述的两种情形加起来也占到近1/10的比例，而Sacks（1974）等分析讨论最多的讲述者导入的双话轮（多话轮）模式只占到26.2%的比例。这充分说明Sacks等描述的故事讲述的序列性只是一种大致趋势，而不是严格的话语规则。在本书所关注的这类熟人群体日常会话中，故事讲述话语的序列性呈现的是随语境而变异的多样性。

二　主体序列

会话叙事的主体是指故事的讲述序列。Sacks指出在讲述序列“讲述者可以径直讲述故事直到故事结束”，受述者则被期待倾听并理解故事的内容，只在必要的情况下插话。在本书搜集语料中，大多数主体序列中讲述者和听话人的作用基本符合Sacks的描述。如例3－10所示：

例3－10（语境：接续例3－8，Y与X为研究生同学，校园散步时闲聊）

6X：但读J大的研究生，也得去溜达一下吧，从外院到J大坐个公交车－

→7Y：然后呢↑？公交车上怎么了？(hhh)

→8X：没有，坐公交车到了，就在校园溜达，然后，正好碰到他，那时候他是本科，他是本科毕业之后工作了三年又来考研究生，他就在，那个，教室里复习，就在外边草坪上溜达呢，我说：“这个同学，我就问一下外语系从哪个地方，哪栋楼?”然后他就说，他就说不知道，帮你问问，然后，我俩就聊，聊开了，一聊呢，他是H的，我也是H的，所以，就挺亲密的。不↑是，就挺亲密的？哎呀，用错词了！＝

→9Y：＝就感觉（.）挺熟悉的，你俩就是一见钟情。

→10X：没，没。我那时候丑小鸭，他那时候也不咋样，谁也看不上谁－

的确，这段讲述话语中，X作为新信息的拥有者，拥有更大的话语权。其话轮长度明显高于听话人。8X是一个典型的长话轮，其中X详细叙述了当年她与爱人如何相遇、相识以及聊天的过程。在此期间，听话人Y一直耐心倾听，直到讲述者X的故事告一段落，在X试图修正自己的讲述话语时才给予回应（9Y）。

不过，在这段会话叙事中，听话人的贡献超出 Sacks 的描述。在 7Y 和 9Y 中听话人用提问和评述的方式插话，使得叙事者不得不调整故事的讲述内容，在 8X 和 10X 中对听话人的预期和猜测给予回应并澄清事实。也就是说，讲述活动并不是在叙事者的绝对支配和控制下，听话人对故事发展的贡献也是十分重要的。另外，更加值得注意的是，主体序列的话语结构并不是单纯一致的，而是具有变异性和兼容性。主体讲述中常常可以嵌入相关讨论性话语序列或子故事话语序列。

首先，故事的讲述过程中，交际双方可能会一时间偏离故事主线，致使故事的讲述悬置。这时，双方就某个刚提到的人物、地点等展开讨论，交换看法，直到多个话轮之后，双方讨论完毕，故事的讲述活动才会继续。例 3 - 11 是一则典型的案例：

例 3 - 11（语境：A 与研究生同学 B 闲聊，A 在讲述当年的求职经历）

→12A：漂泊，这种日子。对吧？但就是调研，我觉得我特别感谢我那个华裔的导师，(…)

13B：哦 -

14A：他想一个人，不是说做山中老虎，就是在当地做一个更棒的，他在 DBSD 是一个博导。

15B：哦，

16A：其实，就是没有太大缘分，如果是在东北的话，我肯定是考他的，

17B：哦。

18A：他那个% linguistic philosophy of language%，或者说做学问的态度，是非常棒的。

19B：你刚才说那个老师叫什么？

20A：叫 CXG。

21B：CXG，听过这个名字，不熟。

22A：他是搞什么教学心理呀 -

23B：见过他的文章。

→24A：挺厉害，然后，他告诉我，他说你要调研，(…)

在这则会话叙事中，A 故事的主题是他如何偶然获得某大学的工作机会。然而，在 12A 中讲述者提及自己的导师在其毕业前给予很大帮助时，双方对这个人物展开讨论。经过关于这位导师背景情况的多个话轮的讨论之后，A 才恢复了故事的讲述："然后，他告诉我……" 这里，"然后" 起到叙事持续的标记作用。

其次，故事的讲述过程中提到的人物、地点、事件等激励讲述者关于某段相关经历的记忆。这时，叙事者可能会暂停故事主线的叙述，而与听话人分享这段插曲故事。插曲故事内嵌在故事主线的讲述中，成为子故事。例 3 - 12 下是一则典型的例子：

例 3 - 12（语境：A 与同学 B 闲聊中讲述自己的求学经历）

117A：（…）我自己去买、借书，读那些文学作品，我早上五点起床，别人还在睡觉，我就下来读，我也不赶什么考研什么的，我每天看一个% chapter%，（…）

118B：那你是个很有毅力的一个人呢。我一般就是，还不会那么踏踏实实地坚持一件事情 =

119A：= 就是% enjoyment%，你知道我放假的时候，我记得，我现在都记得，那个夏天真的很热，当然跟北京比，肯定北京更热，因为你在 DL 待惯了，再回我家里边相对来说就会更热一点，

120B：啊。

→121A：我读了一个，我想是谁写的，我想想啊，反正那个名字叫什么% The Man under the Ground%，就是在那个地下室，不是地下室，下水道里边的一个黑人，（…）

（122B—124B 略）

125A：把所有的钱都贴到墙上啊，然后去欣赏什么的。

126B：哎哟！

→127A：我现在都记得我看那个东西都着迷了，

→128B：看你那么入迷，现在还能记得。

这一段会话叙事中，A 在讲述自己学生时代热爱阅读的经历，在主体序列开始后在 117A 和 119A 中 A 叙述了自己每天坚持阅读的故事，这时，A 记起一段自己当年所读故事的内容，并从话轮 121A 开始插入了这一段

经历的讲述（121A—125A）。故事讲述完成后，双方又回到主故事的讲述和评价部分（127A、128B）。

三 退场序列

在主体序列结束之后，叙述者和听话人对讲述中的人物和事件进行集中的评价和讨论，并为结束这段会话叙事做好准备。鉴于这部分对主故事的评议与讲述主体前的开场序列相呼应，我们将其称为退场序列。在当前语料中，退场序列长短不一，有的只是在几个话轮间双方简单交换对事件的看法，有的却引发长时间的讨论，或由退场序列拓展出去，发展出回应性故事（参见四）。

一般来说，如果故事的主题是一则趣事，或者交际双方都是故事的知情者，故事的意义简单、明确，退场序列会比较简短。参见例 3 – 13：

例 3 – 13（语境：L 在宿舍与同学 Y 闲聊，其间讲述到小妹的经历）

15L：那男的啪就跑了，再也不敢了。

→16Y：你妹妹挺有，挺有决断力的嘛，也不慌，一下把人吓跑了。

17L：你想我小妹小学就有人追，她慌啥？

18Y：哦，屡经沙场了啊。

19L：嗯。我就觉得她在我们家长得比较丑的，大脸，我就经常纳闷，我说你是咱们三人中脸最大的，意思是最难看的，怎么，还追你的人最多呀？

20Y：啊（hhhh）

21L：比较活泼吧，性格好。

22Y：加上身材好，是吧？

→23L：就是，也比较白。

在这一案例中，15L 前的主体序列中 L 讲述了其小妹如何喝退不认识的、不合意的男生的追求的故事。自 16Y 起，Y 对故事的结局展开评论，赞赏小妹处事果敢，故事讲述进入到退场序列，L 在简短表示赞同意见后（17L），双方对小妹的外貌进行了评论（19L—23L），这段会话叙事就完全结束了。在这类会话叙事中，退场序列简短，而且退场序列与主体序列之间界限相对清晰。

例 3－14（语境：Z 在咖啡馆与很久未见的老同学 S 和 G 聊天）

25S：然后，女生宿舍也不让 LXF 进，结果赶上夏天嘛下雨，BJ 下雨，蒙蒙细雨，LXF 在凉亭待了半宿，

→26G、Z：hhhhhh

27Z：哎，LXF 没带身份证，在凉亭待一晚的时候正赶上你也在呢，是吗？

28S：你不记得我在那儿住着吗？

29Z：啊，我记得你住，我也记得 LXF 在凉亭，但没把这两个，两个情节融合在一块儿去。

30S：完了那时候，我一下就觉得特失落，人家都有老公在这儿追，我－hhhhh

→31Z：hhhhh，一晃多少年的事情。(…)

在这一案例中，S 在 25S 前讲述了其看望同学 Z 时遇到其男友同时来访的趣事，在场的听话人包括故事角色之一 Z 和另一位知情听话人 G，因此，这一案例中故事并未包含多少新信息，交际双方实际上是在共同回忆、叙述这段共同经历的事件，对故事意义的阐释并无不一致意见。话轮 26 中 G 和 Z 以笑声回应了 S 的叙述。之后，Z 与 S 核对了故事的情节，这段叙事的退场序列很快即在主人公之一 Z 的感慨（31Z）中结束。

而在其他案例中，当故事的意义并不是十分清晰，或者交际双方对故事的意义阐释并非完全一致时，退场序列的意义商讨部分自然要经过很多话轮。而且，这时故事的主体讲述与退场序列之间的界限常常不是那么清晰。一般来说，结束序列中的评议与前面的主体序列中的评议在语言形式上并无差异，只是主体序列结束后在话轮分配方面讲述者不再拥有优先权，双方对故事意义的讨论拥有平等权利。这时，听话人占据的话轮一般明显长于其在主体序列中的话轮。下面是几个典型的案例。

例 3－15（语境：接续例 3－5，H 在向室友 Y 讲述自己带孩子去系里时发生的一件事）

→11H：就这中间（.）当时，是我鼓励了他，有点儿，他眼睛稍微那啥（0.2）我就鼓励他，然后，进去了，进去（.）后来出来的时候，他说："那，叔叔为啥不让我进哪？"我说："他逗你玩↓。"他说："妈妈，

‘逗’是啥意思呀?”

12Y：嗯，

→13H：“我不明白‘逗’是啥意思。”

14Y：啊－

15H：我说：“‘逗’就是（.）他要和你做游戏。”对，他说：“为什么要逗我呀?”他先说：“为什么要逗我呀?”我说：“因为他喜欢你。”然后，他说：“那，‘逗’是什么意思?”

16Y：啊，

17H：我说：“‘逗’是跟你做游戏，就是，这种说的不是真的，是看看你能不能那个，就是＝”

→18Y：＝应付这件事情，是吧？遇到一件小麻烦，能够应付。

→19H：我说：“你当时做得挺好的，你应付，就是－你做得挺好的。你那个，没有被他所吓倒。”就是那个，大概是这样的。所以，我觉得就是（.）父母对孩子的这个（0.2）细致的，那个交流－

→20Y：你看，你就是很敏锐。这就是对孩子是个很好的影响，对吧？要是孩子吓哭了，没准你也－也有这种年轻的父母，然后，孩子被吓哭了，结果，他妈妈本来知道这个，人家是逗他，但她倒恼了，那就很麻烦了，是吧?

21H：他有那一瞬间，我就看出来了。我看到了他有点那个（.）憋屈那种－

22Y：啊－

23H：怯了、虚了那种，那，我就说，你叫叔叔，你大声，再大声，他就都叫了。

24Y：那，这就是个经验，再有人逗孩子，他就知道咋回事了－

25H：所以，我说，孩子真的是大人给塑造的，

26Y：嗯，

27H：被各种各样的大人来塑造，当然，这个塑造的能力，父母的能力是最主要的↓，

28Y：[是。

29H：好的]、坏的↓

30Y：就是。

这则会话叙事的主要内容是H带孩子去办公楼，保安逗孩子说，不喊叔叔不让进楼，孩子有些害怕，但在妈妈鼓励下，孩子大声喊叔叔，并被允许进到楼里。在这一叙事案例中，大致以19H为退场序列的开始，在19H中讲述者对故事进行整体评价："所以，我觉得就是（.）父母对孩子的这个（0.2）细致的，那个交流十分重要。"自20Y开始，听话人开始与叙述者在占有话轮长度和数量方面势均力敌。但讲述主体与退场中的回应讨论部分是自然过渡，界限不是那么绝对、那么清晰。实际上，故事的主要情节到话轮11H为止已基本讲述完整。13H开始故事情节的发展已逐渐让位于故事意义的讨论。13H—17H中讲述者复述自己如何向孩子解释"逗"的意思，18Y中听话人积极加入对大人"逗"孩子这件事的意义阐释。之后，双方的话题自然过渡到大人该如何对孩子进行引导教育的问题。经过自19H—30Y11个话轮的进一步讨论，双方达成一致意见：父母的能力好坏对孩子的塑造是十分重要的。

例3－16（语境：接续例3－10，与同学Y散步闲聊时，X向Y讲述自己的恋爱故事）

36X：然后，他就拉我，把我紧张得（hhhh）

→37Y：（hhh）他是你第一个？

38X：第一个。

39Y：第一个，所以你才这么紧张。

40X：他也两手出汗，我也两手出汗。

41Y：你也是他第一个？

42X：嗯，

43Y：那太好了，那时候你们都还小着呢，你是在上大四吧？还是大三呢？

44X：大三。

45Y：他呢，他大几呀？

46X：他？

47Y：啊，他研究生？

48X：毕业了嘛。毕业三年了，他比我大四岁，他毕业了。

→49Y：啊，准备考研究生，你原来说过。他好幸运啊，就问个路，然后，他就拣着一个女朋友，多↑好！

50X：然后，就在城墙上拉手，我也紧张，他也紧张。

→51Y：他也没给你送个像样的礼物，就让他拉手了？

52X：没有↓，傻嘛！

→53Y：我比你还实在 -

54X：hhh =

55Y：= hhhh

→56X：你给我讲讲你 -

57Y：我们那时候（…）

在这一则会话叙事中，X 向 Y 讲述自己与爱人当年相识、相恋的过程。在 36X 中叙述者讲到了故事发展的高潮——两位主人公拉手，这里可以看作是主体讲述的结束部分。之后，听话人为验证自己对故事的理解开始对故事结局的细节进行询问："他是你第一个"（交往的男朋友），（37Y）"你也是他第一个?"（41Y）并作出评价："第一个，所以你才这么紧张。"（39Y）"那太好了。"（43Y）这样，会话叙事自然过渡到退场序列的反馈活动。43Y 后半部分到 48X 双方进一步讨论故事的背景信息，49Y 中听话人对故事内容进行了概括总结，而 50X 中故事的结局得以再次重申和强调。这一案例中，从 37Y 开始会话双方开始改变话轮长度不均衡的情况，可以看作是退场序列的开始。不过，37Y 开始至 48X 双方都是在澄清故事情节的细节问题，49Y 才是针对 X 整个的恋爱故事的评价，亦可看作退场序列的开始。

从退场序列到后面的拓展序列之间也是自然过渡的。51Y 中听话人开始从新的角度评价 X 的恋爱故事，52X 中叙述者也对自己的故事给出了新的评价。而这时，听话人联想到自己的类似经历，53Y 中听话人的评论"我比你还实在 -"促使 X 请求 Y 讲述她的恋爱故事（56X），最终 Y 在 57Y 中开始讲述。这样，会话叙事从对 X 恋爱故事的评价、回应扩展到 Y 的恋爱故事讲述。这一案例中，退场序列与扩展序列之间的界限不够清晰，难以界定是 51Y、53Y 还是 56X? 由于会话本身是自然流畅、持续发展的，本书不主张硬性切分。

四　拓展序列

当会话叙事的主体讲述结束，会话双方对故事的意义也完成了评价和讨论之后，有时会为了强化故事的主题意义，或为了增加故事讲述的趣味性而进一步拓展该叙事活动，讲述一段与之前故事主题一致的回应故事，我们将这部分称为拓展序列。例 3－17 是接续上述例 3－16 退场序列的拓展故事：

例 3－17（语境：接续例 3－16）

56X：你给我讲讲你－

→57Y：我们那时候好像啥礼物都没有。

58X：嗯，嗯。

59Y：然后：：我也想不起来了，好像：：我上大一，呃，然后呢？寒假去看他去。

60X：嗯。

61Y：然后，就给他看一看我的日记。

62X：嗯，嗯嗯。

63Y：[日记里边有写到他。

64X：日记里边有没有他对你］的相思？

65Y：不，是我的日记给他看，然后写到当时对他的一些好感，他就特感动。

66X：[嗯嗯。

67Y：这样子］。

68X：然后呢？

69Y：然后，也没什么呀？！

70X：感动，那感动之后，有啥变化啊？

71Y：就（是）很感动，之后就继续通信哪，通信，原来我上大一，一学期我们一直通信，第一学期我一直称他 L 老师，

72X：啊。

73Y：他称 Y 同学，或什么什么的，

74X：嗯。

75Y：后来不知怎么，突然，谁开始的，通信的称呼就变了，

76X：嗯。

77Y：是吧？我就（是）称他：：对，一开始，我还选了一个模棱两可的称呼方法，

78X：嗯。

79Y：称他为先生，因为先生不是既可以指什么，又可以指那个嘛！然后他称呼我，慢慢地，就叫什么：：就是那种：：我的名字后面加点儿化那样的－就（是）那种挺亲密的那种叫法－

80X：嗯。

81Y：然后，就觉得，哎呀，两人慢慢地，说话的时候，就是，以前总是鼓励学习呀，现在就开始聊聊你怎么样，我怎么样。（hhh）就这样。

82X：相思之苦，是吧？

→83Y：对呀，但是，当然后来慢慢就是－讲到这些了，但是，真的是一点礼物都没有，什么都没给我买过。也没说约我去玩过，（hhh）就连场电影都没有看。

84X：多浪漫呀，你们那才是实实在在的！

在这一案例中，作为对 X 恋爱故事的回应，Y 响应 X（56X）的请求，在 57Y 中开始讲述自己的恋爱故事。这一回应故事开场序列中的概述“我们那时候好像啥礼物都没有”（57Y）和退场序列中结束语“真的是一点礼物都没有，什么都没给我买过。也没说约我去玩过，就连场电影都没有看”（83Y），都在呼应着前述 X 恋爱故事的主题——单纯浪漫、没有礼物、不掺杂物质因素、有点“傻”的恋爱。讲述主体中读日记和书信往来的情节与 X 故事中的聊天、去城墙约会等情节彼此映衬，反映着 X 与 Y 相似的、“没有礼物”但纯真的恋爱经过。实际上，前述故事与回应故事之间存在着类似互文的关系，第二则故事是前述故事主体的再度语境化，表明听话人对叙述者故事的深刻理解和赞同，并重新激活交际双方对前述故事的理解，加深交际双方对前后故事共享意义的挖掘。

此外，在某些情况下，回应故事也可能仍由讲述者完成。讲述者在结束主要故事的叙述之后，可能会联想到其他相似经历，在短暂的评述之后继续讲述第二个故事。参见例 3－18：

例 3－18（语境：X 与同学 Y 饭后散步时，偶遇 Alice）

1Y：我刚才打招呼那个老外叫 Alice，你说可好玩呢！我们一起修那个 L 的课嘛，每周上课见一次。

2X：L 现在开啥课？

3Y：YD 嘛。然后上周最后一次课 L 请我们喝茶，临走大家告别时

Alice 说下学期要去 ST 了，以后就见不着了，我说："你不还参加夏令营吗？我暑假不走，不定啥时候就在校园碰上呢！"结果，我前天在芝兰园碰上她，刚才这又碰上她。要不你看她挺兴奋，一直笑嘛！

4X：啊，够巧的。

5Y：其实，我们这学期除了上课，就没在校园碰上过。这两天（.）不知咋了。世界很小的，有时候。我跟你说，我有一次居然在 B 大门口遇上了我外甥女。

6X：啊↑？

7Y：她们学校组织来 B 大参观，(…) 当时，我正要去 B 大借书，我骑着车正没意思，左看右看呢，哎，看见路边一队队学生怎么穿的校服这面熟呢？(…)

在这一案例中，讲述者首先讲述了自己与一位外国交换生 Alice 在校园里接连巧遇的故事（3Y），在故事讲述主体完成后，来自听话人的评价"啊，够巧的。"（4X）引发了讲述者的进一步阐述："其实，我们这学期除了上课，就没在校园碰上过。这两天不知咋了。"（5Y）强调事件的不同寻常性，并总结说"世界很小的，有时候。"（5Y）这时，讲述者又临时回忆起一则更加不寻常的巧合事件——讲述者在 B 大门口遇到了从外地来游玩的外甥女（5Y），并在引起听话人注意后（6X），展开第二则故事的叙述（7X）。在讲述者对第一段故事的评述和拓展序列中的回应故事之间无清晰过渡，只有程式套语"我跟你说"提醒听话人注意新故事的开始。

讲述者 Y 讲述的第二个故事"B 大门口偶遇外地来旅游的亲人"可以看作对第一个校园偶遇故事主题的深度拓展，巧遇的有趣、意外等概念在第二个故事中得以再度阐释。有趣的是，当讲述者把这两个故事分享给听话人后，听话人关于巧遇见闻的记忆被唤起，听话人评价说"还有比这更巧的呢"，并随即开启了另一个回应故事的开场序列"我一大学同学跟我说在洛杉矶街头居然碰上了一个同学"。(10X)

10X：还有比这更巧的呢。我一大学同学跟我说在洛杉矶街头居然碰上了一个同学。她去洛杉矶出差，那同学也是。她在街上走着走着，看迎面那人这面熟呢（0.2）一看居然是同学。

11Y：怎么跑美国居然碰上同学了，这也太巧了吧?!

12X：是啊，她俩都在北京，都一年多没见了，跑那儿见去了。

13Y：真也太巧了吧。

听话人贡献的相同主题故事表明她对讲述者之前故事意义的完全理解和认同。值得注意的是，在这一案例中听话人故事甚至在语言表达上都在不断回应着前述故事，开场序列“我一大学同学跟我说在洛杉矶街头居然碰上了一个同学”（10X）与前述“我有一次居然在B大门口遇上了我外甥女”（5Y）是非常对称的平行结构。总体来看，三个同样关于巧遇的故事互相映衬，彼此具有一定程度的互文关系。而且，三个故事所包含的巧遇事件的主题意义呈现越来越清晰、强化的趋势。

在本研究语料中，回应故事的数量（总计67）不是很大，但在结构和表达上特征比较鲜明。在回应故事开场前，讲述者使用的唤起对方注意力的手段与第三章第一节，中讨论的相同，只是常用的程式套语有所不同，包括“说说你怎么……”，“还有比这更……的呢!”，“我比你还……”，“那×××更……”等。

综合以上本节的讨论，我们认为会话叙事的讲述活动具有明显的序列性趋势，由开场序列向主体序列和退场序列依次进行，有些退场序列还会得到进一步引申，延续到拓展序列。但是，各个序列之间随会话的进程自然过渡，不一定有清晰的界限。开场序列有多种类型，不同语境条件下开场序列可在单一话轮中完成，也可需要多个话轮；可由讲述者，亦可由受述者驱动。主体序列中讲述者话轮长度明显高于听话人，但听话人对故事发展的贡献也是不容忽视的；讲述主体中可嵌入讨论序列或子故事话语序列。退场序列长短不一，可引发长时间的讨论，亦可由退场序列拓展出听话人的回应故事。拓展序列中的回应故事与前述故事在主题和结构上具有平行性。总体来看，叙事话语的序列性是一个交际双方依据语境变化动态建构的过程，其间每个环节听话人都发挥积极作用。

第二节　会话叙事的时间和逻辑序列

与会话分析学派探究表层讲述话语的序列性有所不同，Ochs 和 Capps

的线性序列概念关注的是故事世界的情节结构本身，认为生活叙事（即会话叙事）的结构序列性体现为时间序列性和解释序列性。其时间序列性主要指链接故事情节的时间标记。本节除分析汉语会话叙事中的时序标记外，还将借鉴经典叙事学的时间性概念尝试拓展时间序列性的分析。其解释序列性概念是从听话人阐释角度来定义的，强调听话人在参与故事讲述时将讲述者故事阐释为逻辑序列。本书认同听话人对故事逻辑序列建构的作用，但认为将其限定为阐释序列有些片面。会话叙事中故事的逻辑序列是由叙述者和受述者在故事讲述过程中协同构建的，在参与故事的讲述中受述者的理解、阐释角度为讲述者所吸取并融合进自己的故事中。为此，我们将 Ochs 和 Capps 所说的阐释序列性改称为逻辑（语义）序列性。本节将分析汉语会话叙事在时序标记和逻辑序列上的特殊性。

一　会话叙事的时间序列

（一）　会话叙事中故事时间序列的标识手段

在叙事中，“当时间按照叙事的方式来组织，时间就成为人类活动的时间；叙事的意义在于它能描述时间的存在性”（Ricoeur，1984）。Currie 认为叙事就是“对时间体验的预演、开发和表达”（2007），而阅读叙事时我们对故事中时间流动的体验和预期是我们理解叙事性的关键（2013）。正是基于此，Ochs 和 Capps 强调时间维度是叙事的突出特性，当叙事赋予了形形色色的经验片段以时间标记时，就同时赋予了经验以“不可逆的秩序性”。Ochs 和 Capps 指出时间性往往依据言语社区成员共享的语言文化规范，特别是固化在语言表达中的语法形态来表示；时间维度的语法形态可以反映时间距离、界限、持续等。

本书赞同 Ochs 和 Capps 对叙事时间性的分析。的确，叙事中所有行动都在时间架构的框架内进行，时间指示语是经验性故事讲述话语中最突出的特征。但是，与英语中时态、语气等作为重要的时间指示转换标记不同，汉语是缺乏屈折变化的语法标记的语言，主要依靠助动词、副词等词汇手段标识故事的时间性。

首先，典型的指向过去经历的英语会话叙事中，过去时、历史现在时以及表示过去时间的副词短语等的使用标志着故事的时间发生在叙事时间之前。而汉语会话叙事中对过去时间的标识由完成体标记“了”、“过”以及指向过去时间的副词短语充当。参见例 3－19：

例3－19（语境：A与同学B闲聊，讲述其之前在美国波士顿游玩的情景）

13A：**刚一**照相，那个相机**就坏了**，**刚一**到那儿，**就**（hhh），**完了**，还下雨，**然后**他**就**开始想象，他**就**说，哦，这个地方怎么怎么地（.）**然后**，特别特别逗（hhh），他越说越是↑这样的，**然后**（.）我们特别冷**嘛**，我就**穿了**个短袖，**五月份**那头儿还挺冷的－

14B：嗯，

15A：我**买了**一件衣服，买衣服，**然后**，付钱**嘛**，它，付钱**嘛**要用那个卡付，那卡突然**掉下来了**，你知道，我们谁也没找到＝

这一案例中，叙述者在向同学讲述他和一位学长一年前参观波士顿七角阁楼时的情景。13A和15A讲述了参观时发生的主要事件。这里，故事的过去时间特征主要是由“坏了”、穿了、“买了”和“掉下来了”这些含有完成体标记“了”的动词和指向过去的时间短语“五月份”来体现的。而连接词语“刚一……就……”，“然后”，“然后……就”，“然后……嘛”，“完了”标志着行动的先后顺序：照相→相机坏了→下雨→想象（这个地方怎么怎么地）→越说越是这样→（觉得）特别冷→买衣服→付钱→卡掉了。

其次，Ochs和Capps注意到除指向过去经历的叙事外，故事时间也可能与叙述时间非常接近或重合；这时，现在时态会作为英语中的主要语言手段来标识刚刚发生或正在进行的事件。本书搜集的汉语会话叙事语料中，未发现典型的指向正在进行事件的完整叙事，但在对刚发生事件的叙述中常常会夹杂一些对目前仍在进行的行动的描述，参见例3－20：

例3－20（语境：A和B为一对夫妻，二人之前都曾给女儿打过电话）

1A：你打通了？她干吗**呢**？

2B：她班里聚会**呢**，正吃烧烤**呢**。她说看你打电话了，但是太乱，就没回。

在这一案例中，二人对女儿的情况的叙述中包含指向当下的行为描述。显然，副词1A和2B中出现的“呢”是汉语中叙述现在时间行动的语言标记。

最后，英语中对虚拟时空的叙事也都有明显的时态、语气或词汇标记。如对所期待、预计、计划未来可能发生事件的叙述一般以表示将来时间的 be going to 和 will 等助动词或现在时加将来时间为标识，对现在可能发生事件的假设性叙述会以 be supposed to 等句式来组织，对过去可能发生事件的假设性叙述会以虚拟过去时来表示（Ochs & Capps，2001）。在本书语料中，也有相当数量指向虚拟时空事件的叙事，其中指向未来时间的叙事数量较大，如：

例 3－21（语境：研究生 Y 和同学 L 闲聊，话轮 1—11 中 L 讲述了之前 XF 师兄学业上如何优秀以及其如何照顾同门师妹、师弟）

12Y：像 XF 这样的，人家都博后了嘛！**将来**肯定能进一个很好的高校，搞不好**将来**就当上系主任什么的，**将来**说实话，当然你这个（毕业）还离得近点，差个两三年，像以前的小硕士什么的，搞不好**将来**读博士，**完了**上他那儿应聘就可以了。或者人家**将来**成个学术主编什么的，你们不也可以：：哈？反正就是个学术资源呗。

13L：嗯，也是。

14Y：不一定那么实际，但至少人家比咱学问深，人家总能指点咱们。

例 3－22（语境：Y 和同学 L 聊天中讨论未来论文研究的计划）

42Y：你算啊，咱们比如说，你**四月份**开了，考完**之后呢**，你中期什么时候中啊，是吧？

43L：你必须得**明年年底**。

44Y：那**十二月份**得中期。比如说你四月份开，开完肯定得有一个月缓冲，休息，按我的这个节奏啊，**完了就**暑假了，暑假你拼命拼命地写，**然后**你十二月份中期了，**然后**你十二月份中期**之后**－

如上面两个实例所示，汉语中对将来可能或计划完成事情的叙述的时间线索可以由副词“将来”或者由指向未来时间的名词“四月份”、“明年年底”、“十二月份”以及时间连词“之后呢”、“完了”、“完了就”、“然后”等来标识。

语料中指向过去的假设性叙事一般十分简短，内嵌在真实时空叙事之中。参见例 3－23：

例 3－23（语境：L 与同学 R 闲聊中说起自己参加团队学术讨论的情况）

5L：像我**原来上学期来的时候**，**刚开始的时候**来% Seminar%，我不知道，我第一次参加，我都不懂，没人跟我讲过呀，是吧？

6R：嗯。

7L：**过去了之后**，人家都用英语，就到我那儿，说着说着，不会说了，我说我用汉语说，就啪啪**说了**一堆。(hhh) L 老师最后笑着说，初生牛犊不怕虎。真不知道啥意思，我就**走了**。

8R：嗯。

9L：**后来了**也没有人提。好像**几次了**，两个月**过去了**（之后），大家才说，师妹呀，L 老师一直倡导用英语，你来了把这个给**打破了**，你竟然用汉语也敢说，(hhh) **然后就**－不知道**嘛**！

10R：嗯－

11L：就等于我**从刚开始**用汉语，**后来了**－

→12R：这也就是 L 老师，**要是** Y 老师，早把你骂得狗血淋头**了**。

→13L：嗯！

→14R："干吗呢你?! 怎么回事？一点素质都没有啊？"

→15L：一下子**就**打击**完了**。

→16R：嗯－

→17L：一砖我**就死了**，绝对的。因为本身就没有太大自信，你**来了之后**，战战兢兢地，这一拍，我绝对死定。

这里 5L—11L 中 L 讲述了自己最初参加导师的论坛用中文而非大家期待的英文发言的情景。12R 中 R 启动虚拟过去叙事。由于汉语语法中无虚拟语气形态标记，12R—17L 的虚拟叙事与 5L—11L 的真实经历叙事在语法特征上并无明显差别。自此至 17L 的虚拟叙事中，讲述者主要利用词汇手段——副词"要是"、"就"标记虚拟性，并与真实过去经历叙事一样依靠完成体标记"了"和时间连词"后来了"、"之后"来标记动作的过去时间性和序列性。

指向现在的虚拟叙事在本研究语料中数量较小，在语法手段上也没有明显特征。参见例 3－24：

例3－24（语境：Y与同学L在闲聊中讨论起科研团队的问题）

1Y：那我们这个就没有这个团队，没有这个团队其实就没有一个－你说，这个指导吧，你说学生跟导师，**估计**都是这样的，W老师**没准儿哪天**想起来Y咋样了，**哪天**问问她，可她一忙也就**忘了**，**然后**我**可能**就是老在鼓足勇气，要不要跟老师说说呀，哎，想法不成熟，不**说了**。其实，不说了呢，你可能就要**懒了**。是吧？

2L：嗯。

3Y：**如果说**你要有个%Seminar%，你**就**想着无论如何得把想法**理顺了**，像比如说，我上次选课那期末要做%presentation%，其实想法根本就没成熟，但你必须要说嘛－

1Y和3Y中Y对假设情况的叙述已经与讨论活动的特征非常接近了，但完成体标记“了”的大量使用以及“哪天”、“然后”、“一……就”等时间连词的使用还是表明其作为叙事活动的特征。这类叙事与指向现在真实时间维度的叙事的差别在于表示假设的关联词语“如果”以及表示概然率的副词“没准儿”、“可能”和动词“估计”等的使用。

此外，本书语料中还有一定数量的未被Ochs和Capps及其他学者注意的描述睡梦中经历的会话叙事。这类叙事的经验和认知意义很小，但仍具有不可忽视的交际价值。我们发现，这类叙事的时间标记性与上述指向过去的虚拟叙事相似，但这类叙事常常是独立的交际主题，一般不会像例3－23中指向过去的虚拟叙事一样依附于真实过去经历叙事。参见例3－25：

例3－25（语境：A和B为母女关系，A在向B讲述自己的梦境）

1A：妈，我做了一个梦，有好多我初、高中同学，不知道为什么会都出现在一个地方。

2B：是原来十中的？

3A：嗯，是十中的，我初中不就在十中吗？

4B：我就问你那地方是十中不？

5A：不是，我也不知道是什么地方。

6B：嗯。

7A：有CYD、WYN她们，**好像**还有我哥，挺混乱的，**然后**，走着走着**好像**突然来到一个地方。**之后**，那个WYN她们又**过来了**，**然后**我又**躲**

开了，就不想看到她们。

8B：嗯。

9A：**然后**，走到一个电梯旁，不知道为什么会有电梯，**然后** GYD 和 CYD 一起**上来了**，**然后** GYD **好像**没有戴眼镜，**好像**戴的隐形，**然后**我没认出来。又有点像，我说："GYD?" 她说："是啊!"，**然后**和她**说了**会儿，不想过去怎么怎么地。

在这类叙事中的虚拟时间性在语法上没有体现，动词词尾的完成体标记"了"表明叙述的是曾经在梦幻中发生的事情，"之后"、"然后"等连接词的使用标志着行动的时间序列性。不过，副词"好像"等的频繁使用对梦幻叙事的不确定意义有所提示，而且，这类叙事中连接词语所标识的时间顺序对应的是虚拟世界混乱、不确定的行动顺序。

（二）叙事的顺序

参照经典叙事学（Genette，1980）对叙事时间性的分析，与上述故事时间序列性关联紧密的概念还有宏观维度叙事的顺序问题。Genette（1980）在《叙事话语·新叙事话语》中提到，"研究叙事的时间顺序，就是对照事件或时间段在叙述话语中的排列顺序和这些事件或时间段在故事中的接续顺序。"基于本书的语料，会话叙事中故事情节的讲述顺序不像文学叙事那样复杂和精细，但有些情境中讲述者也会在叙述事实的来龙去脉时设计叙事的先后次序。

顺时间叙述（正叙），即按照事件发生的本来顺序一一道来，是会话叙事中最基本的叙事方法。参见例 3－26：

例 3－26（语境：F 老师在一次学术研讨会后与几位学生一起吃饭，饭后 F 老师和大家聊起自己的经历故事）

1F：**第二年 5 月份**，NYZ 在 B 大贴了第一份大字报，B 大－"文化大革命"从 B 大开始的，她贴了，贴了第一张大字报，过了::: 我看，她是 **5 月 25 号**贴的大字报吧！我们 **6 月初**－**6 月 3 号**还是 **6 月**:: **4 号**，我们听说:: 就听说了 B 大闹起来了，好像是，到处大字报，**然后就**，**过一两天**，B 大的人一块儿回来－**然后**回来，就回来了，给我们拉回来，拉回来以后，叫我们吓一大跳，吓出一身冷汗，全是大字报！满院的，B 大完全就变了。

2A：就，那个，那个，用什么纸，毛笔？

3F：用纸，那个红纸、黄纸，到处弄得都是。用棚子竖起来，满院的都是大字报，我们系的 MZ 楼、MZ 楼那个墙上全是大字报。**然后呢**，我一个学生给我贴了一张大字报。(hhh)

在这一案例中，一位年长的教授 F 在向学生 A、B、C 讲述自己在“文化大革命”期间的经历和见闻，叙述者完全是按照事件的先后顺序，讲述了 5 月 25 日、6 月 3 日或 4 日以及其后一两天发生的事情，未采用任何时间扭曲变形的叙事技巧。这类原原本本由事件的发端开始讲述的叙事是日常会话交际中的故事讲述最常使用的方法。

除正叙外，插叙是日常会话叙事中较常使用的辅助手段。叙述者在顺时间讲述过程中，有时为帮助听话人的理解，会主动或在听话人的要求下叙述相关背景信息，形成插叙。参见例 3－27：

例 3－27（语境：接续上例，F 老师与学生闲聊中说起自己的经历故事）

3F：（…）然后呢，我一个学生给我贴了一张大字报。(hhh)

4A：(hhhh)

5B：啊？为什么呢？

6F：我当时是班主任，为什么呢？他，那个，这个孩子是干部子弟，

7A/B/C：哦：

→8F：我批评**过**他，

9B：哦，(hhh)

→10F：为什么呢？他偷人家东西！我是班主任。

11C：[批评他**了**－

→12F：我批评他**了**。]查谁偷了东西嘛！那，这个保卫部查了他偷人家东西，而且是他亲戚家的东西，他们亲戚告到 B 大来。我就找他谈话，我说是不是有这个问题，他承认了。承认了以后呢，到“文化大革命”，他报复，所以“文化大革命”当中有一部分他是报复心理。

13A/B/C：哦，哦。

14F：他贴了大字报说：“FL!”，因为我刚回来，坐着就是，那个卡车，回来的，困，我就睡觉，他就跑到那儿，一开门儿，我在那儿睡觉

呢。“FL，你还在睡觉，‘文化大革命’你不积极参加，FL你在干什么，做什么梦！”什么的。

接续上例中F对自己在“文化大革命”期间的经历和见闻的讲述，F提到“我一个学生给我贴了一张大字报”（3F），这时B的疑问“啊？为什么呢？”（5B）激发F插入了一段关于该学生偷东西挨批评的背景故事的叙述（8F、10F、12F）。8F中完成体标记“过”和12F中完成体标记“了”表明“批评他”这个插曲故事发生在主体故事时间之前，这段插叙之后，F又回到了对“文化大革命”期间经历主线故事的叙述（14F）。

除顺序和插叙外，语料中也不乏倒叙的案例。特别是在时闻故事的叙述中，倒叙的情形较多。例3－28是一则典型案例：

例3－28（语境：S在办公室向同事Q抱怨一位前一天惹她生气的学生）

1S：昨天，我可给那啥了，昨天这家伙，我生气了！昨天上课，学生把我给气得够呛。

2Q：咋了？

→3S：唉，有个同学，他那个，他挂科了。

4Q：嗯－

→5S：上我那个语言学－原因是啥呀，完了呢，我还挺－我觉得（0.2）你说因为他答的实在是特别不好。我班一般总评成绩最后是60分的，都是我给，就是，他最起码卷面成绩达到45分，完了我给他平时成绩高一点，90多那种哈，能让他及格。

6Q：嗯，

→7S：唉，他呢：：卷面成绩可能也就30分，还是我硬，就是＝

8Q：＝强＝

→9S：＝强给他弄30分。完（了）我就说，呀，我说：“你看，你这个没办法啊，你这个就得……那个，没办法啊。”我还一再跟他说，我说：“你看，老师也实在是没办法，你，你看卷面成绩实在太差了啊！”（…）

在这一案例中，叙述者S首先讲述了事件的结果：“昨天，我可给那啥了，昨天这家伙，我生气了。昨天上课，学生把我给气得够呛。”（1S）之后3S中讲述者开始回顾事件发生的背景：“有个学生挂科了”，5S和

7S 又补叙自己的打分情况，9S 中 S 才开始具体讲述我如何被学生气到的经过。这种倒序的方式可以很好地吸引听话人的兴趣。

预叙是一种特别的叙述方式，是指在确定事件真实时序基础上将某些细节提前告知的手段。在偏重平实顺叙的会话叙事这一体裁中，有意设计的预叙出现的频率较低。本书语料中倒是有不少像例 3－29 这种近似于预叙的情况：

例 3－29（语境：A 在向同学 B 讲述自己早年的学习经历）

73A：学校是不错，然后那个时候，嗯，我毕业的时候四级八级全拿到了，学位也拿到了，就是这个毕业证，但这个对我不重要，为什么？因为% my ultimate goal% －

74B：嗯，嗯。

75A：就是说，当然做学者是谈不上啊。

→76B：那时候，你知道自己将来要读研吗？

→77A：我肯定是要读研，我去那儿就是考研。

→91A：% OK% 然后，我就毕业之后嘛，我就那个，嗯，就是在那儿读了三年，

→92B：你就直接在 DL 读的硕士？

在这一案例中，A 向 B 讲述自己自中学到现在的求学经历，在叙述者 A 讲述自己专接本时期的学习经历时，听话人基于对方现在攻读博士学位的事实，猜测对方一定还有一段读研的经历，因而提前询问故事的下一步发展“那时候你知道自己将来要读研吗？”（76B）A 作出肯定回答“我肯定是要读研，我去那儿就是考研。”（77A）之后，A 继续讲述自己如何渴望老师指导以及现在自己如何热心指导学生的情况（参见例 3－7）。在多个话轮之后，A 才接着讲述自己考研、读研的经历（91A、92B）。但 A 之前预先所做的针对读研的肯定性陈述对听话人理解其下文所述渴望老师指导以及现在自己如何热心指导学生的情况起到预示作用。

二　故事逻辑序列

单单时间序列性不足以标记会话叙事所具有的故事性的全部特征。显然，个人履历表、日程安排表等也同样包含时间序列。故事性的构成还有一个更加重要的标记——逻辑语义序列。本节讨论会话叙事的一般逻辑序

列的构成，会话叙事不同子类型中逻辑序列构成方式和呈现方式的不同以及复杂嵌套叙事中逻辑序列的构成特点。

（一）会话叙事的故事要素及逻辑序列

Ochs 和 Capps 以典型叙事为例，把会话叙事中故事的基本要素概括为：背景、意外事件、非计划行为、有意解决问题的行为、心理或生理反应、客体状态变化和结局，将故事的基本逻辑序列描述为：a. 背景 + 意外的问题事件→客体（人/物）的状态变化/非计划行为；b. 背景 + 意外的问题事件→有意解决问题的行为，并指出序列 a 中的非计划行为或序列 b 中的有意解决问题行为又可能成为下一个行动的诱因，引出下一轮行动序列；c. 背景 + 意外的问题事件→客体状态变化/非计划行为，或者背景 + 意外的问题事件→有意解决问题的行为。

Ochs 和 Capps 的上述分析是以故事性较强、逻辑结构完整的典型叙事为例的。但正如她们所强调的，日常会话中结构完整的典型叙事并不多见。而基于本书语料，我们注意到日常会话叙事中，交际双方的话题不一定是故事性强的、令人意外的问题事件，也常常是日常生活的平常事件；而双方的交际目的除分享意外事件带来的新奇体验外，也常常是为了分享对日常事件的意见和看法，或者建立、改善彼此的人际关系；而且，故事讲述主体序列中还可能会插入子故事，甚至非叙事活动——讨论等（参见第三章第一节二）。因此，为使 Ochs 和 Capps 的上述模式适应不同的类型，本研究将她们概括的逻辑序列简化、修订为：

（背景） + 初始行动 a^后续行动或状态变化 b1（^回应行动或状态 c1^心理或生理反应 d1^后续行动或状态变化 b2^回应行动或状态 c2^心理或生理反应 d2^子故事 e^讨论 f^……^结局 g)。

其中，括号里各因素为可选择因素。最基本的故事逻辑结构是叙事子句：行动 a^行动或变化 b（回应行动或状态 c/心理或生理反应 d），即行动 a 诱发行动式变化 b，或者引发回应行动或状态 c 或者带来心理或生理反应 d。

值得注意的是，由于会话叙事是在实时交际语境下进行的，讲述者所述故事的逻辑序列不是完全由讲述者事先规划的，叙事进程中听话人可以起到引导或辅助讲述者提供故事要素的作用，故事的逻辑序列也因而具有一定程度的建构性。参见例3－30、例3－31：

例3－30（语境：A向同学B讲述参观波士顿女巫镇七角阁楼的经历故事）

7A：%Hawthorn%那个地方，它属于一个叫%Witch City%，就是，那种感觉像＝

→8B：＝我觉得%Hawthorn%那地方应该比较阴［森的吧，

9A：阴森森的］，

8B中B试图补全7A对七角阁楼的描述，引导对方提供自己所期待的背景信息要素。

例3－31（语境：H、Y和X为研究生同学，在宿舍闲聊）

→3H：（to X）我给你爆料↑啊，Y跟她老公（.）那是师生恋，老浪漫了。

4Y：（to X）哪有↑，陈年旧事，早都忘了那段了。你别说，那时候真有好几个学生喜欢他呢。我也是后来知道的。有一个老装病，好让他到宿舍去看她，不过，他没感觉，没往那儿想。

→5X：那Y姐，你怎么能－

6Y：不就是学习好嘛，上大学之后和老师通信，慢慢才－

3H中受述者H的话语引导讲述者开始讲述故事，提供故事的背景和初始行动要素，而5X则引导讲述者给予受述者所期待的后续行动信息。

正是由于会话叙事的逻辑顺序是在互动交际中确定的，交际语境和交际目的上的差异会直接影响到故事逻辑序列的构成因素和构成方式。根据本书语料，我们发现会话叙事的逻辑序列在必选和可选因素的配置上随着交际语境因素的差异呈现不同的次级类型特征。接下来，本书将深入探讨会话叙事的各次级类型中逻辑序列的构成要素。

（二）不同类型会话叙事中的逻辑序列结构的差异

鉴于会话中故事讲述主要是为了满足会话参与者在当前语境的交际需要，根据会话叙事中交际语境和交际目的上的差异，结合实际语料特征和前人相关研究，我们将会话叙事分为五类：

（1）典型叙事：叙述者讲述意外发生事件带来的问题以及问题的发展和解决过程。讲述的目的是双方共享故事本身矛盾冲突发展的新奇性和趣味性。

（2）时闻叙事：叙述者讲述自己最近经历或见闻中一件引人注目的或带来困扰的事件，与受述者分享自己对事件的反应和感受。

（3）例示叙事：叙述的核心是对受述者已知或未知事件的判断和解释，叙述者将故事作为论述的佐证，目的在于阐释某种观点，与听者达成对事件或对人物的共识。

（4）生平经历叙事：叙述者讲述自己（或家人）的学习、工作、生活经历，目的是通过与受述者分享自己（或家人）的经历建立或维护彼此的亲密关系。

（5）虚拟叙事：叙事者讲述并讨论想象中的事件，包括预测或希望即将发生的事件以及叙述者认为过去本来可能发生的事件或自己睡梦中经历的事件，目的在于规划未来的工作、生活，或者讨论虚拟事件的意义。①

综合本研究语料中的会话叙事，各类故事按所占比例由小到大依次为典型叙事、时闻叙事、例示叙事、生平经历叙事、虚拟叙事。具体分布比例参见表 3－2：

表 3－2　　不同类型会话叙事的分布比例

类别	典型叙事	时闻叙事	例示叙事	生平经历叙事	虚拟叙事
数量	7	152	40	223	51
比例（%）	1.5	32.1	8.5	47.1	10.8

不同类型会话叙事中故事的逻辑序列会在故事的必选和可选因素配置上有不同的倾向，比如，是否包含意外新奇的问题事件？后续行动是有意

① 这里所说的典型叙事、例示叙事、生平经历叙事基本相当于 Eggins 和 Slade（1997）所定义的叙事（Narratives）、例示（Exemplas）和讲述（Recountings），时闻叙事大体相当于 Eggins 和 Slade（1997）所定义的趣事（Anecdotes）和 Georgakopoulou（2007）所说的时闻故事（Breaking－news）——二者的共同点都是在于事件带给人的心理反应，虚拟叙事既包括 Georgakopoulou（2007）所定义的指向预计要发生事件的预期故事（Projections），也包括叙述者针对过去的假设性事件或自己睡梦中经历的事件的叙述。

还是无意的？后续因素是以行动还是心理/生理反应为主？故事发展是否有清晰的结局？接下来我们将结合语料中的典型实例对不同类型会话叙事中逻辑序列结构的差异进行具体的讨论和分析。

1. 典型叙事

典型叙事，即典型的有矛盾冲突和情节发展的故事。这类叙事是围绕 Ochs 和 Capps 所说的“意外的、有待解决的问题事件”进行的，相当于 Labov（1972）所定义的结构完整、规范的故事。

由于日常会话中人们谈论的往往是彼此日常学习和工作的进展和见闻，本书语料中典型叙事仅有 1.5% 的比例。语料中仅有的 7 则关于主人公如何设法解决所遇到的意外问题的典型叙事中，中心事件也大多是一些生活中的小麻烦，只是讲述者选择采用冲突叙事的策略来讲述，强调矛盾的发展、变化。一般在这类故事中，主人公采取一系列行动并最终解决问题，作为其困难或障碍的对手（人或者物）或随之采取回应行动，或呈现状态变化。其中，后续行动和结局是必选因素，叙述者或主人公的心理、生理反应是可选择因素。这类叙事的突出特点是因果逻辑关系清晰，可以简化为一句话：某人意外地遇到某个问题，之后设法解决了问题。其基本逻辑序列是：

背景 + 初始［意外］行动 a^后续行动［有意解决问题的行为］b1^回应行动或状态 c1（^心理\生理反应 d1）^后续行动［有意解决问题的行为］b2^回应行动或状态 c2（心理\生理反应 d2）^……^结局［解决问题的行为］（^心理\生理反应 d3）。

参见例 3 – 32：

例 3 – 32（语境：L 和同学 Y 在闲聊中聊到 ST 和 P 师兄间的一次小冲突）

6L：希望咱毕业的时候，千万不是 ST 还当那个啥，那叫啥？

7Y：党支书是吧？

8L：可别找他盖章啥的，麻烦死了。P 师兄说那天可生气了，那天把他都气躁了，

18L：师兄说找他挺麻烦的，好像签字还是干吗 –

19Y：嗯。

20L：都约好了，说是::: 都约好了，早上九点啊，说是师兄和 LY 一块儿找他签个字，在门口敲门，听他在里面打电话，就又敲了一下门，在里面的还不回答，还打电话，完了我师兄说等了十分钟，他还在打，然后师兄就急了，又敲他的门。约好的嘛！是吧？我约好的第二天早上九点，写个东西，你说能花多长时间？

21Y：就是啊。

22L：而且，人家敲门，就给你暗示了嘛！

23Y：你就快点结束呗，对呀！

24L：那啥，十分钟以后，我师兄又敲门，然后又等了五分钟，

25Y：啊?!

26L：师兄生气了，就推门进去，把他噼里啪啦骂了一顿。

27Y：谁骂了谁了？

28L：P 师兄骂了 ST。

29Y：他反正年龄比他大，资格比他老。

30L：嗯，P 师兄以前也是当支书嘛！

31Y：嗯。

32L：我觉得就应该 -

由于听话人也在故事讲述中积极参与故事的构建，我们可以首先借鉴 Polanyi（1985）所提倡的“充分改述”技术（即综合讲述者和听话人的贡献，将构成故事的核心功能要素全部列出来，构成基本故事），将上述会话叙事的核心故事转写如下：

P 师兄说找党支书 ST 签字挺麻烦的。二人都约好了，说是早上九点 P 师兄和 LY 一块找他签个字。师兄在门口敲门，听他在里面打电话，就又敲了一下门，在里面的还不回答，还打电话。师兄等了十分钟，他还在打。然后，师兄就急了，又敲他的门。然后，又等了五分钟，师兄生气了，就推门进去，把 ST 噼里啪啦骂了一顿。反正师兄年龄比 ST 大，资格比他老。我觉得就应该这样。

其核心逻辑序列大致如下：

背景：二人都约好了，说是早上九点师兄和LY一块找他签个字。

初始行动（意外问题事件）a：师兄在门口敲门，听他在里面打电话，

后续行动（有意解决问题的行为）b1：又敲他的门。

回应行动（有意或无意）c1：在里面的还不回答，还打电话。

后续行动（有意解决问题的行为）b2：师兄等了十分钟。

回应行动（有意或无意）c2：他还在打。

心理反应d1：师兄就急了，

后续行动（有意解决问题的行为）b3：又敲他的门。

后续行动（有意解决问题的行为）b4：又等了五分钟，

回应行动（有意或无意）c3：（仍无反应）

心理反应d2：师兄生气了，

结局g（解决问题的行为）：推门进去，把ST噼里啪啦骂了一顿。

心理\生理反应d3：反正师兄年龄比ST大，资格比他老。我觉得就应该这样。

显然，在上述故事中，主题是P师兄找ST签字遇到了麻烦，其矛盾冲突比较明显：主人公师兄要进屋找ST签字，而ST忘了约定，对敲门声一直无反应，一直打电话（c1—c3）。主人公有意解决问题，采取的行动包括等待、敲门示意（b1—b4），而对方未给予有效回应，主人公在尝试无果的情况下，采取最终解决问题的措施：推门而入，骂了对方一顿（g），由此解决障碍问题。整个故事情节发展的脉络十分清晰，先后行动间存在清晰的因果逻辑关系：ST忘记约定之事，一直打电话致使师兄敲门、等待、再等待，因此，师兄生气，推门而入并训斥ST。整个故事的讲述过程是描述问题、解决问题的过程。主人公的行动始终是有意图的、积极解决问题的，对方的行动可能有意也可能无意，叙述者未给予明确交代，但事件的背景是对方忘记约定，一直未采取被期待的行动，应该是被主人公视作了有意地冒犯。

这则故事的叙述者很有技巧，把一件小事讲述得充满悬念，冲突明显，情节发展充分，体现了典型故事的发展格局。

2. 时闻叙事

自发性会话叙事的主题常常围绕人们日常生活中的感受和见闻。在本

书会话叙事语料中时闻叙事占有32.1%的比例。

时闻叙事是指围绕一件引人注目的、刚发生（或过去发生但从未披露）的意外事件的讲述。叙述者会通过描述自身对事件或开心，或气愤，或激动的心理感受，与听话人建立情感共鸣，为听话人带来愉悦或向听话人求得安慰和同情。这类叙事中有一小部分与典型叙事较为接近，讲述主人公如何因为某些遭遇而烦恼、气愤等，叙事中会揭示较为清晰的因果逻辑关系。但与典型叙事明显不同的是，这类叙事一般不会详述事件的发展过程，不交代主人公如何设法解决问题，而着重描述主人公或叙事者因为该事件的发生而产生的心理、生理反应。这类叙事中不一定有明显的矛盾冲突，回应行动或状态为选择因素。而且，叙事者为了宣泄情感或使听话人感同身受，可能会采用重复叙事，重复讲述关键的、触动情感的细节。这类故事可以简化为一句话：某件事情发生，某人由此具有某种强烈的感受。其基本逻辑序列是：

背景+初始［意外］行动a^后续行动b1^（回应行动或状态c1）^心理\生理反应d1^后续行动b2^（回应行动或状态c2）^心理\生理反应d2^…^［后续行动b1^（回应行动或状态c1）^心理\生理反应d1^后续行动b2^（回应行动或状态c2）^心理\生理反应d2］

例3-33是一则典型的时闻叙事（故事较长，一些非关键的会话和评论片段以及重复叙述略掉）：

例3-33（语境：S向同事Q讲述某学生令自己气愤的一件事）

1S：昨天，我可给那啥了，昨天这家伙，我生气了！昨天上课，学生把我给气得够呛。

2Q：咋了？

3S：唉，有个同学，他那个，他挂科了！

4Q：嗯-

5S：上我那个语言学-原因是啥呀，完了呢，我还挺-我觉得(0.2)你说因为他答得实在是特别不好。(…)

9S：=强给他弄30分。完（了）我就说，呀，我说：“你看，你这个没办法啊，你这个就得……那个，没办法啊”。我还一再跟他说，我说

“你看，老师也实在是没办法，你，你看卷面成绩实在太差了啊!”，我说“没办法，你看别的同学一般能差不多的，我都让他及格了。”你看（0.2）哎↑这学生吧，还埋怨上我了。他怨上我了，他说－他说啥，他说：“那，老师，你不说不让我们照抄吗？要不让我们照抄，就能让我们及格”。我说：“我真那么－”我说，我就跟他说：“我当时说，不是这么说的。”我说（…）

16Q：[是。

17S：唉]忘恩负义。给我气↓的呀。当时，我就是上到课间的时候，跟他说的。我一看他这个态度，完我觉得特别惊讶。

18Q：啊，啊。

19S：我想你咋能这个态度跟我啊，是吧？这属于，特出乎我的意料啊！完（了）第二节上课的时候，我就是::: 这个气啊，压着，就是－没发出（去），我咋也得把这个课上完了啊。

20Q：嗯。

21S：上完了，就，就，那个，那个下课了，我就把他给叫住了。我说那个“谁谁谁”，完了还有两个，我寻思得有证人啊，（…）。我就开始说那个男生，我说：“你怎么能怨老师啊?”。我说（…）

28Q：这种学生吧，你越对他好了，就越＝

29S：＝就越不行！你说，给我气↓的呀，给我气得不行了，我跟他说，给他说哭了！

30Q：把男生给说[哭了？

33S：哎，给我气的呀！后来，我跟他说：“你自己琢磨去吧！”我说：“今天这话，我都敞明白地说”，我说：“我跟你说，你别对我有怨气，我告诉你，我得让你知道我心里咋想的。”

34Q：唉，这种学生，你也别太－

35S：给我气的，你说我不生气，不生气的。你说，我发完火拉倒了，晚上，哎呀醒了，就感觉还是挺那个，那个气，好像是－

36Q：hhh

37S：反正就，反正还是挺生气的。后来，我想这学生啊，你不能对他太好了。适可而止。

这段会话叙事中事件本身不复杂，但叙述者反复渲染事件发生时的心理状态，并复述当时她和学生的对话，如果我们对其进行“充分改述”，其核心故事大致如下：

昨天上课，学生把我给气得够呛。有个同学，他挂科了！因为他答的实在是特别不好。课间的时候，我跟他说：“你看，你这个没办法啊，你这个就得（补考）”。我还一再跟他说：“你看，老师也实在是没办法给你（及格），你看卷面成绩实在太差了啊！”结果，这学生还埋怨上我了。他说：“那，老师，你不说不让我们照抄吗？要不让我们照抄，就能让我们及格”。我就跟他说：“我当时说，不是这么说的。”唉，忘恩负义给我气的呀！我一看他这个态度，觉得特别惊讶。我想你咋能这个态度跟我啊，是吧？这属于，特出乎我的意料啊！第二节上课的时候，我压着气。下课了，我就把他给叫住了。完了还有两个，我寻思得有证人啊。我就开始说那个男生，我说：“你怎么能怨老师啊？”他说：“啊，我，我主要还是怪我自己，我就是稍微有一点，那个有埋怨”。我说：“你对我，一点，都不应该有埋怨”。给我气得不行了，我给他说哭了！晚上，醒了，就感觉还是挺生气的。后来，我想这学生啊，你不能对他太好了。

其核心逻辑序列大致如下：

背景：有个同学，他挂科了！因为他答得实在是特别不好。

课间的时候，我跟他说：“你看，你这个没办法啊，你这个就得（补考）”。我还一再跟他说“你看，老师也实在是没办法给你（及格），你看卷面成绩实在太差了啊！”

初始［意外］行动 a：这学生还埋怨上我了。他说：“那，老师，你不说不让我们照抄吗？要不让我们照抄，就能让我们及格”。

回应行动 c1：我就跟他说：“我当时说，不是这么说的。”

心理反应 d1：唉，忘恩负义。给我气↓的呀！

心理反应 d2：我一看他这个态度，完我觉得特别惊讶。我想你咋能这个态度跟我啊，是吧？这属于，特出乎我的意料啊！

回应行动 c2：第二节上课的时候，我压着气。

回应行动 c3：下课了，我就把他给叫住了。完了还有两个，我寻思

得有证人啊，

回应行动 c4：我就开始说那个男生。我说："你怎么能怨老师啊？"

后续行动 b1：他说："啊，我，我主要还是怪我自己，我就是稍微有一点，那个有埋怨。"

回应行动 c5：我说："你对我，一点，都不应该有埋怨。"

心理反应 d1：给我气得不行了，

回应行动 c6：我给他说哭了！

心理反应 d1：晚上，醒了，就感觉还是挺生气的。

心理反应 d3：后来，我想这学生啊，你不能对他太好了。

上述故事的讲述者即是故事的主人公，她由于意外地受到考试失败的学生的埋怨（a1）而气愤不已（d1），并向同事叙述自己为何生气的经过和缘由（c1—c6）。事情本身很简单，但给主人公的心理振动较大。从以上逻辑序列可以看到，心理反应是这类叙事的关键因素，主人公因为学生的埋怨而气愤（d1）、惊讶（d2），并认识到"对学生不能太好了"（d3）。对关键因素的重复叙述是其明显特点，像讲述者因学生的埋怨而产生的气愤这一心理反应（d1），就被重复叙述了多次。而且，上述叙事对事件本身的发展，对矛盾冲突的解决与否不关注。尽管叙事中也涉及老师和学生对考试理解的不一致，学生和老师之间有相互的语言冲突，但该叙事并未涉及最终冲突是否得以解决，未交代学生是否道了歉，是否通过了补考，老师是否原谅了学生。叙事的核心始终是这位老师，也就是叙事者本人的感受和反思。

3. 例示叙事

与时闻叙事相比，例示叙事在结构上相对于典型叙事的距离更远一些。在本研究语料中例示叙事占有近十分之一的比例（8.5%），也是不可忽视的一类。这类叙事的中心不是任何的意外事件，也不是某种强烈的感受，而是对一系列先后发生的日常事件的判断和解释。叙述者为说明某个人生经验或某种观点而展开故事讲述，目标在于与交际对象分享经验，并达成对系列事件或相关人物的共识。这类叙事的突出特点是无贯穿始终的中心事件，其间可插入子故事/回应故事或讨论，叙述的基本逻辑不是行动间的因果序列关系：a^b，而是命题 a 与系列事件的论证关系以及系列事件与其带给交际双方心理反应、判断的因果关系。但其中的具体事件会遵循自己的故事逻辑，包含具有因果关系的叙事子句。这类故事可以简化为一句话：某个观点可由一系列事件带来的心理反应作为例证。其基本逻辑序列是：

命题 a［事件 b1（^回应行动或状态 c1）^心理反应 d1，后续事件 b2（^回应行动或状态 c2）^心理反应 d2，后续事件 b3（^回应行动或状态 c3）^心理反应 d3，^子故事/回应故事 e^讨论 f……］

事件［（背景+）初始行动 a^（后续行动 b1^回应行动或状态 c1^……^结局）］

参见例 3-34：

例 3-34（语境：A 与同学 B 闲聊自己在美国访学的情况）

6B：啊，那你说（.）你口语好，是你上美国之后呢，还是以前就很好？

7A：以前就很好。

8B：上大学时候就很好？

9A：对，以前也行，我跟你说，我刚去的时候我是属于% Third Fulbright%，就是富布莱特那个，第三个学者，完了他们说（.）哎，你好像来这儿好多年了，什么（.）什么（.）怎么样。

10B：对呀。

11A：他们就评价非常高，后来美国那个教授也特别喜欢我，给我那个% Norton Anthology% 知道吗？［% American literature%，我<u>全有</u>，

12B：啊，诺顿那个］=

13A：=% British% 那个我也有，我都有，你看两个不同教授都给我 -

14B：哦↑。

15A：那是一种荣耀，真的。你要是什么时候想用的话，我都可以 - 然后 =

16B：=<u>其实，</u>［我以前上 -

17A：那个% American］professor% =

18B：=呃，我以前上大学的时候 -

19A：嗯，

20B：我以前上大学的时候，我们那个外教送给我一本，美国文学史那个，诺顿那个，最后（.）让我给弄丢了。

21A：但现在有很多% new editions%。然后这个教授，他就主动，开车带着我玩儿。他是耶鲁大学毕业的（0.2）他妻子也特别好，他妻子在另外一个学校，然后（0.2）最后走的时候呢，请我到了一个非常% traditional% 的% American house%，它那种% traditional%，你知道那种墙，不经过修饰，% very classical%。

22B：啊啊。

23A：然后，他给我讲这个打仗的，因为% Virginia% 本身就是一个内战啊，那个，地方，

24B：那块儿很有历史呢。

25A：他后来上车的时候（··）他说："呃，你知道我们评价一个人英语的好坏，当然他语音语调这是必须要考虑的"，说："这些先不谈，就是" =

26B：= 嗯 =

27A：= "要看你这个人讲话是否是% idiolectal% 的音"，

28B：啊，

29A：非常非常重要↓。他说："你是来我们美国这些人里面，我知道说得最好的，"所以（.）他给我评价非常非常的高。你知道，他对我特别特别的好。(…)

经过充分改述，这段会话叙事的核心故事转写如下：

我的口语去美国以前就很好。我跟你说，我刚去的时候属于富布莱特（项目）第三个学者，完了他们说，哎，你好像来这儿好多年了，就评价非常高。后来美国那个教授也特别喜欢我，给我那个 *Norton Anthology*，British 那个我也有，你看两个不同教授都给我（*Norton Anthology*），那是一种荣耀。[子故事：（受述者）我以前上大学的时候，我们那个外教送给我一本，最后让我给弄丢了。但现在有很多 new editions。] 然后这个教授，他就主动开车带着我玩。然后，最后走的时候呢，请我到了一个非常 traditional 的 American house，然后，他给我讲这个打仗的，因为 Virginia

本身就是内战那个地方，他后来上车的时候，他说："你是来我们美国这些人里面，我知道说得最好的"，所以，他给我评价非常非常的高。你知道，他对我特别特别的好。

其核心逻辑序列大致如下：

命题 a：我上美国之前口语就很好。

事件 b1：我刚去的时候，属于富布莱特（项目）第三个学者（因口语好，获得称赞）。

[背景 + 初始行动 a：我刚去的时候属于富布莱特（项目）第三个学者，

回应行动 c1：他们说，哎，你好像来这儿好多年了，]

心理反应 d1：他们就评价非常高。

后续事件 b2：后来美国那个教授也特别喜欢我。

[背景 + 初始行动 a：后来美国那个教授也特别喜欢我，

后续行动 b1：给我那个 *Norton Anthology*，

后续行动 b2：British 那个我也有。]

心理反应 d2：你看两个不同教授都给我，那是一种荣耀。

子故事/回应故事 e1：（受述者）我以前上大学的时候，我们那个外教也送给我一本。

[背景 + 初始行动 a：我以前上大学的时候，我们那个外教也送给我一本。

后续行动 b1：最后让我给弄丢了。]

心理反应 d1：但现在有很多 new editions。

后续事件 b3：然后这个教授，他就主动开车带着我玩。

[背景 + 初始行动 a：最后走的时候呢，请我到了一个非常 traditional 的 American house，

后续行动 b1：他给我讲这个打仗的，

后续行动 b2：他后来上车的时候，他说："你是来我们美国这些人里面，我知道说得最好的。"]

心理反应 d3：他给我评价非常非常的高。他对我特别特别的好。

上述会话叙事与前两类明显不同，叙事无关任何矛盾冲突，没有令人意外、需要解决的问题，甚至没有从始至终、具有情节发展一致性的中心事件，其间甚至还插入了一段受述者的回应叙事 e1。在初始事件 b1 中，“我”被“他们”夸赞口语好，但“他们”是谁，叙述者未交代，“他们”也未在后面的事件出现，而且获得称赞这件事没有进一步的情节发展；事件 b2 中，“我”被两位文学教授喜爱，并获赠图书与初始事件没有内在关联；事件 b3 中的美国教授与第二件事中的美国文学教授为同一人，但教授带“我”出去玩儿与之前的赠书没有情节上的进一步发展，只是进一步证明教授喜欢“我”，甚至这件事与整段会话叙事的主题——“我”的口语好也没有直接的关联。只是讲述者在故事结尾特别提到旅行结束时教授给予他口语好的评价，这才回到会话叙事的主题。也就是说，在这段会话叙事中，叙述者讲述的是接连发生的、主题相似、相关的三个事件：刚到美国即获称赞；获得两位文学教授喜爱并获赠《诺顿文选》；教授主动带我出去玩儿，并在临别时对我的英语口语给予非常高的评价。三个事件的讲述都是为了给主人公的英语口语在出国前就很好提供直接或间接的例证，而每个事件的讲述遵循自己的故事逻辑。

有趣的是，这段会话叙事体现了口语例示叙事与书面语例示叙事的不同。一般书面语例示叙事中，叙述会紧紧围绕主题，不会横生枝节；但在这段口语例示叙事中，讲述者在讲述“教授带我出去玩”这第三个事例时，交代了教授的背景：“他是耶鲁大学毕业的，他妻子也特别好，他妻子在另外一个学校”（21A），描述了他们参观的景点：“traditional 的 American house，它那种 traditional，你知道那种墙，不经过修饰，very classical”（21A），复述了教授对这个景点历史背景的介绍“然后，他给我讲这个打仗的，因为 Virginia 本身就是一个内战啊，那个，地方”（23A）。这些显然都与主题无直接关联，讲述者或许是有意通过细节讲述使听话人意识到事件以及叙述者将要引用的教授对其评价话语的真实性，或许更大的可能，是讲述者沉浸在事件叙述中，偏离了主题，在叙述结束后才意识到这一点，又回到故事主题。在本研究语料中的其他例示叙事中也不乏暂时偏离主题的叙述。

4. 生平经历叙事

生平经历叙事在本研究语料中占有最引人注目的比例（47.1%），将近一半的会话叙事属于这一类型。这个结果并不令人意外。显然，日常会话中，人们最频繁谈论的正是日常的学习、工作经历，或者是自己早年的生平经历。通过对生活经历的叙述，熟悉的同学、朋友、同事，追踪了解彼此的工作、生活进展情况，了解彼此的历史故事，巩固彼此之间的情感纽带。

这类故事一般不包含意外事件，也没有明显的矛盾冲突和集中的情节发展，而是由一系列前后关联的事件组成，结构较为松散。每段事件的讲述常伴有针对其合理性、背景或意义的讨论，也可能包含嵌入故事或回应故事。每个事件的叙述中一般都包含对主人公行动的心理反应要素和事件的最终结果。与例示叙事相比，这类叙事中前后事件的时间线索更加清晰，并且事件的可预期性更高。这类叙事的基本逻辑是主人公过去经历的一系列事件的累积促成主人公实现了人生某一目标。其基本逻辑序列是：

（背景+）事件 b1（^子故事/回应故事 e1^讨论 f1）^事件 b2（^子故事/回应故事 e2^讨论 f2）^……^（结局 g）

事件［（背景+）初始行动 a^（后续行动 b1^回应行动或状态 c1^）心理反应 d1……^（结局 g）］

下文是一则典型的生平经历叙事（故事很长，为了阅读方便，分段加了小标题，一些非关键的讨论部分略掉）：

例 3－35（语境：A 与 B 为同学，二人在咖啡馆闲聊 A 的求学经历）

17A：我从来没告诉你↑我原来是自学的？

18B：你自学↑的英语?!

事件 b1：初中毕业时考上中师

19A：我是：：我是怎么回事呢，我是，初中的时候（.）那一年，也挺巧，我们家那头儿是（0.2），当时不是那个初中吗，然后 95 年的时候，噼里啪啦工人都下岗了，

20B：啊，

21A：然后，我妈妈是老师，我妈妈的意思是说，你也考一个中等师范，然后，这样子小学你就可以当老师，也不会那个%lay off%。

22B：啊，知道知道，

25A：然后，你后来可能是从高中走的，我是从初中那种，就是

% you are deprived of the opportunity to take the entrance examination%。然后我这不就这样嘛，这样之后我还真挺争气的，就考上了。

26B：啊。

27A：考上了那时候，其实那时候我的% major% 就是% English% -

讨论 f1 考中师的合理性（28B—38B，略）

39A：特别巧，然后，我这不就是考上了，考上之后的话（0.2）然后，专业还真是英语，那时候就是学% grammar% 这些东西，

40B：啊。

41A：就是在初中基础上拔高，但是我比较幸运，我们那个老师在授课当中，就是，他可能是经过一些训练吧，就是用% paraphrase% 呀，就英语授课，

42B：啊啊。

43A：我感觉也非常好，考试是全市考了五次，我拿了三次第一，两次第二。

44B：噢。

讨论 f2：我对英语的喜欢、痴迷（45A—48B，略）

事件 b2：中师毕业后停职，通过自考获得专科和本科学历

49A：然后就觉得，哎，我对英语这么有感觉，我觉得我好好学，我将来可就能够，不一定在那小学里待着吧？

50B：对呀。

51A：我就是，毕业了嘛，我就分配，那时候还处了一个女朋友，她分配的话也分配到那个小学里边，

55A：对对，然后那个时候不就是，呃，就是，我是 98 年毕业的，97 年的时候，那家学校为了赚钱，就鼓励我们学生都学个文秘呀，大专什么的，我没有，我学的是英语专业，自学，

56B：啊，

57A：我用了一年半拿到了专科，一年半（0.2），对。

58B：噢。

59A：对，非常快，拿那个专科，为什么拿那个专科？拿到专科的时候意味着，因为那时候我要考那个专升本，

60B：嗯。

讨论 f3：自考专科的合理性（61A—64B，略）

65A：两年% quit my job% 拿到大专，然后我考的是那个成人的专升本。但是我 -

66B：你这样一步一步，基本上你把中国各教育的门槛都迈完了。

67A：但，我非常幸运的是什么，我在这两年当中，专升本当中，就是说（0.2），因为我非常幸运，因为，那时候他（们）很多教授，正牌的教授过来给我们上课，然后，我还去他们那儿听那个% literature%，都是那种特别、特别好，然后是 =

73A：学校是不错，然后那个时候，嗯，我毕业的时候四级、八级全拿到了，学位也拿到了，就是这个毕业证，但这个对我不重要，为什么？因为% my ultimate goal% -

76B：那时候，你知道自己将来要读研吗？

77A：我肯定是要读研，我去那儿就是考研。

81A：因为你（知道），% I was so eager to，to be directed or guided by professors%。

82B：嗯，嗯。

子故事/回应故事 e1：下课后辅导学生

83A：我渴望老师那程度，你们谁也感受不到，所以现在的学生，我告诉他们，说你们只要想学，今天晚上我陪你们一夜我都去，帮你们，(…)

87B：你自己的求学经历让你特别理解……

事件 b3：获得本科学历后考研、读研

91A：% OK% 然后（0.3）我就毕业之后嘛，我就那个，嗯，就是在那儿读了三年 -

92B：你就直接在 DL 读的硕士？

讨论 f4 在 DL 而非北京、上海读研的原因（93A—100B，略）

101A：这样呢：：我就是考的这个。

105A：考上，我读了三年，三年之后的话（0.2）然后就选择的是% Linguistics%。其实，我比较喜欢% Literature%，我今天上课的时候 -

讨论 f5 文学的价值（106B—115A，略）

116B：你这样讲也对啊，没错，其实，文学里面包含很多，哲学、美学的一些东西。

子故事/回应故事 e2：读书时，坚持阅读文学作品

117A：是是，所以我曾经有一度在读书的时候，也问过我们老师，特别喜欢诗歌，我自己去买，借书，读那些文学作品，我早上五点起床，别人还在睡觉，我就下来读，我也不赶什么考研什么的，我每天看一个%chapter%，这故事然后就停到那儿，然后我去食堂吃饭，然后开始上课，第二天仍然坚持读，这一本书这一礼拜下来就可以读完。

118B：那你是个很有毅力的一个人呢。我一般就是，还不会那么踏踏实实地坚持一件事情＝

子故事/回应故事 e3：我现在都记得我看那个东西都着迷了（内嵌故事中的再度内嵌故事）

119A：＝就是%enjoyment%，你知道我放假的时候，我记得，我现在都记得，那个夏天真的很热，当然跟北京比，肯定北京更热，因为你在DL待惯了，再回我家里边相对来说就会更热一点，

120B：啊，

121A：我读了一个，我想是谁写的，我想想啊，反正那个名字叫什么%The Man under the Ground%，（…）

127A：我现在都记得我看那个东西都着迷了，

128B：看你那么入迷，现在还能记得。

讨论 f6 学习是一种习惯（129A—133A，略）

以上这段学习经历叙事非常长，时间跨度从叙事者的初中毕业时期一直到研究生阶段。如果我们对其进行充分改述，其核心故事大致如下：

我原来是自学的英语。初中（毕业）的时候，那一年，我们家那头儿工人都下岗了，然后，我妈妈的意思是说，你也考一个中等师范，然后，这样子小学你就可以当老师，也不会那个下岗，然后我就考上了。那时候我的 major 就是 English，那时候就是学 grammar 这些东西，但是我比较幸运，我们那个老师在授课当中用英语授课，我感觉也非常好，考试是全市考了五次，我拿了三次第一，两次第二。然后就觉得，哎，我对英语这么有感觉，我觉得我好好学，我将来可就能够，不一定在那小学里待着吧？98 年毕业了嘛，我就分配到那个小学里边。97 年的时候，那家学校就鼓励我们学生都学个大专什么的，我学的是英语专业，自学。我停了职，我用了一年半拿到了专科，非常快，因为拿到专科意味着可以升本，

然后我考的是那个成人的专升本。就这样一步一步把中国各教育的门槛都迈完了。但是我非常幸运的是在专升本当中，很多教授，正牌的教授过来给我们上课。然后，我毕业的时候四级、八级全拿到了，学位也拿到了，就是这个毕业证，但这个对我不重要，因为我肯定是要读研，我去那儿就是考研。毕业之后，我考上 DL，我直接在 DL 读的硕士，我读了三年，三年之后的话，然后就选择的是 Linguistics。其实，我比较喜欢 Literature，我读书的时候坚持阅读文学作品，我现在都记得我看那个东西都着迷了。

这类叙事的时间线索非常清晰，但叙事并非围绕集中的矛盾冲突，结构较为松散，事件与事件之间，甚至在每段叙述之间，都可能出现内嵌的讨论或叙事。这段会话叙事的基本序列是：

事件 b1：初中毕业时考上中师

[背景+初始行动 a1：初中（毕业）的时候，那一年，我们家那头儿工人都下岗了，然后，我妈妈的意思是说，你也考一个中等师范，然后，这样子小学你就可以当老师，也不会那个下岗。

后续行动 b1：然后我就考上了。

背景 a2：那时候我的 major 就是 English，

内嵌讨论 f1 考中师的合理性

那时候就是学 grammar 这些东西，

心理反应 d1：但是我比较幸运，我们那个老师在授课当中用英语授课。

心理反应 d2：我感觉也非常好。

结局 g：（考试是全市考了五次）我拿了三次第一，两次第二。]

讨论 f2：我对英语的喜欢、痴迷

事件 b2：中师毕业后停职，通过自考获得专科和本科学历

[背景+初始行动 a1：然后就觉得，哎，我对英语这么有感觉，我觉得我好好学，将来可就能够，不一定在那小学里待着吧？98 年毕业了嘛，我就分配到那个小学里边。97 年的时候，那家学校就鼓励我们学生都学个大专什么的，我

学的是英语专业，自学。

后续行动 b1：我停了职。

后续行动 b2：我用了一年半拿到了专科。

心理反应 d1：非常快，因为拿到专科意味着可以升本

内嵌讨论 f3：自考专科的合理性

后续行动 b3：然后我考的是那个成人的专升本。

心理反应 d1：你就这样一步一步把中国各教育的门槛都迈完了。

心理反应 d2：但是我非常幸运的是在专升本当中，很多教授，正牌的教授过来给我们上课。

结局 g：我毕业的时候四级、八级全拿到了，学位也拿到了]

讨论 f4：在 DL 而非北京、上海读研的原因

[子故事/回应故事 e1：下课后辅导学生]（行动分析，略）

事件 b3：获得本科学位后考研、读研

[初始行动 a1：毕业之后，我直接考上 DL。

后续行动 b1：在 DL 读的硕士，我读了三年。

心理反应 d1：你直接在 DL 读的硕士？

内嵌讨论 f4：在 DL 而非北京、上海读研的原因

结局 g：三年之后的话，然后就选择的是 Linguistics。

心理反应 d2：其实，我比较喜欢 Literature]

讨论 f5：文学的价值

[子故事/回应故事 e2：读书时坚持阅读文学作品（行动分析，略）

[[子故事/回应故事 e3：我现在都记得我看那个东西都着迷了]]]（行动分析，略）

讨论 f6：学习是一种习惯

这段经历叙事的讲述主题是叙述者的自考经历，但为了交代自己选择自考而非正规高考道路的背景，又追加了自己在初中毕业时考中师的经历事件，之后叙述者讲述了自己如何在中师毕业后完成自考专科及升本阶段的学习经历，而为了进一步让听话人了解自己在完成自考阶段后的发展，

叙述者又简略叙述了自己的考研、读研经历。概括说来，几个事件之间的逻辑关系是：关于中师阶段的事件 b1 构成关于自考大专及升本阶段的事件 b2 的背景，而关于研究生阶段的事件 b3 是在自学经历事件讲述基础上的拓展。嵌入故事 e1 所述讲述者辅导学生的经历间接反映讲述者当年自考阶段对获得教师指导的渴望，构成事件 b2 与 b3 之间的过渡，嵌入故事 e2 和嵌入故事 e3 补充说明事件 b3 中讲述者所述自己喜欢文学的细节。

由此例可以看出，经历叙事常常不是单一线性的叙事活动，而是结构较为松散、包容性非常强的复合性叙事活动。这一案例中在主要阶段叙事 b1 与 b2 以及 b2 与 b3 之间都有讨论活动的嵌入，而在每个阶段叙事中间也都有内嵌的讨论活动。除讨论活动外，这段经历叙事中还包含着一些嵌入叙事。特别是嵌入故事 e3，是嵌入故事 e2 中的再度内嵌故事。

5. 虚拟叙事

虚拟叙事是比其他类型与典型叙事特征相去甚远，处于边缘地带的会话叙事类型。但在本研究语料中的比例却不低（10.8%），超过例示叙事。这可能与日常会话交际中人们经常规划未来的工作或者谈论一些睡梦中经历的事情有关。

这类叙事的突出特点是叙述围绕一个中心事件展开，包含明显的后续行动因素，但前后行动间无确定的因果序列关系，而且叙述后往往会有相关讨论，论证这件事可实现的可能性和现实意义。虚拟叙事中一般没有明显的矛盾冲突，没有必然的结局，但一般具有清晰的时间序列和空间转换指示。这类故事可以概括为：某件事情可能但不确定会按下列顺序发生（现在和未来时间虚拟叙事），或某件事本来可能发生（过去时间虚拟叙事），或者某件事在虚拟时空中按下列顺序发生了（梦幻经历叙事）。这类叙事的逻辑序列大致如下：

（背景）+初始行动 a（^回应行动或状态 c1^心理反应 d1）^/，后续行动 b1（^回应行动或状态 c2^心理反应 d2）^/，后续行动 b2（^回应行动或状态 c3^心理反应 d3）……（^讨论 f1）

例 3－36 （语境：Y 和同学 L 讨论未来的论文研究工作）

42Y：你算啊，咱们比如说，你四月份开了，考完之后呢，你中期什么时候中啊，是吧？

43L：你必须得明年年底。

44Y：那十二月份得中期。比如说你四月份开，开完肯定得有一个月缓冲、休息，按我的这个节奏啊，完了就暑假了，暑假你拼命拼命地写，然后你十二月份中期了，然后你十二月份中期之后 =

45L：= 三月份 -

46Y：说是说六月份毕业，其实三月份就要写完。按道理说，你十二月份就要写完，然后修改完善吧，你知道那个盲审多重要啊！

47L：嗯。

48Y：你看那个如果你匆匆忙忙，比如说你十二月份只是写到一半上 -

讨论 f1：师兄、师姐的经验

49L：我给你讲啊，就我对师兄、师姐他们的了解，他们基本上中期的时候已经写完三分之二了，至少三分之二。

50Y：对，不能是一半。

51L：绝对不能是一半，像我 L 师姐，其实最后一章她也写完了，她没拿出来。

52Y：啊。

上述是一段针对未来工作计划的叙事，两位博士研究生在讨论从开题到中期到完成论文的时间安排。双方是在合作完成叙事，双方都在说“你”要如何安排，这个“你”是个虚拟的人物，其实和 42Y 中的“咱们”是等价的，包括听话人和说话人自己。经过充分转述，这段叙事可以概括为：

你四月份开（题），之后肯定得有一个月缓冲、休息，完了就暑假了，暑假你拼命拼命地写，然后你十二月份中期了，（来年）三月份就要写完。按道理说，你十二月份就要写完，然后修改完善吧，你知道那个盲审多重要啊！

其基本逻辑序列是：

初始行动 a：你四月份开（题），

后续行动 b1：开完肯定得有一个月缓冲、休息，

后续行动 b2：完了就暑假了，暑假你拼命拼命地写，

后续行动 b3：然后你十二月份中期了，

后续行动 b4：三月份就要写完。

心理反应 d1：按道理说，你十二月份就要写完，然后修改完善吧，你知道那个盲审多重要啊！

讨论 f1：师兄、师姐的经验

由以上虚拟叙事实例可以看到，这类叙事一般比较简短，语言表述上介于故事话语与讨论之间。叙事之后也多伴有讨论活动。叙事的逻辑不是基于前后行动间的因果关系，而是诸行动加起来距目标任务要求的差距。

例 3－37 是一则关于梦中经历的叙事，逻辑关系还要更加模糊一些。

例 3－37（语境：A 和 B 为母女，闲聊中 A 向 B 讲述自己的梦境）

1A：妈，我做了一个梦，有好多我初、高中同学，不知道为什么会都出现在一个地方。

2B：是原来十中的？

3A：嗯，是十中的，我初中不就在十中吗？

4B：我就问你那地方是十中不？

5A：不是，我也不知道是什么地方。

6B：嗯。

7A：有 CYD、WYN 她们，好像还有我哥，挺混乱的，然后，走着走着好像突然来到一个地方，之后，那个 WYN 她们又过来了，然后我又躲开了，就不想看到她们。

8B：嗯。

9A：然后，走到一个电梯旁，不知道为什么会有电梯，然后 GYD 和 CYD 一起上来了，然后 GYD 好像没有戴眼镜，好像戴的隐形，然后我没认出来。又有点像，我说："GYD?" 她说："是啊。" 然后和她说了会儿，不想过去怎么怎么地的。

讨论 f1：做梦的现实依据

10B：你最近和 GYD 有联系吗？

11A：没有啊。

12B：然后就没了？然后梦就结束了？

13A：嗯。

14B：啊，那也没有啥啊，就你们碰到了，碰到很多人，

15A：有几个初中同学

16B：你可能想他们了，最近跟谁联系想起他们了。

17A：没有。

显然，这段梦中经历叙事中没有中心事讲。经过充分改述，其核心故事可以转写如下：

我做了一个梦。有好多我初、高中同学，不知道为什么会都出现在一个地方，我也不知道是什么地方，挺混乱的。然后，走着走着好像突然来到一个地方，之后，那个 WYN 她们又过来了，然后我又躲开了，就不想看到她们。然后，走到一个电梯旁，不知道为什么会有电梯，然后 GYD 和 CYD 一起上来了，然后 GYD 好像没有戴眼镜，好像带的隐形，然后我没认出来。又（觉得）有点像：我说"GYD?"她说："是啊。"然后和她说了会儿，不想过去怎么怎么地的。

其基本逻辑序列如下：

背景＋初始行动 a1：有好多我初、高中同学，不知道为什么会都出现在一个地方

心理反应 d1：我也不知道是什么地方，挺混乱的

后续行动 b1：然后，走着走着好像突然来到一个地方，

回应行动 c1：之后，那个 WYN 她们又过来了，

后续行动 b2：然后我又躲开了，

心理反应 d2：就不想看到她们。

后续行动 b3：然后，走到一个电梯旁，

心理反应 d3：不知道为什么会有电梯，

回应行动 c2：然后 GYD 和 CYD 一起上来了，

背景 a2：然后 GYD 好像没有戴眼镜，好像戴的隐形，

后续行动 b4：然后我没认出来。

心理反应 d4：又（觉得）有点像，

后续行动 b5：我说："GYD?"

回应行动 c3：她说："是啊。"

后续行动 b6：然后和她说了会儿，

心理反应 d5：不想过去怎么怎么地的。

讨论 f1：做梦的现实依据

上述关于睡梦中经历叙事的具有清晰的时间序列标记，但行动间的因果逻辑较为模糊。比如，初始行动 a1 与后续行动 b1 及回应行动 c1 之间没有任何因果逻辑关系。之后，回应行动 c1、后续行动 b2、心理反应 d2、后续行动 b3 之间存在一定的因果逻辑关系，但并不清晰。只有故事讲述的后半部分，从背景 a2 和后续行动 b4 到后续行动 b5、回应行动 c3 以及后续行动 b6 之间，相对来说，事件的因果逻辑较为清晰。

比较典型叙事与这类虚拟叙事，我们可以看到会话叙事的多样性。如果说典型叙事与经典小说中的叙事一样具有清晰逻辑的话，这类叙事与意识流小说相近，体现的是我们最简单、却又最玄妙的跳跃性思维活动。

（三）不同类型会话叙事中逻辑序列呈现方式的不同

除了在上述逻辑序列结构上的差异外，会话叙事的五个子类型在逻辑序列的呈现方式上也存在一定的差异。比如，在叙事视角方面，不同类型叙事具有不同的倾向性（见表 3 –3）。

表 3 –3　　　　不同类型会话叙事中的叙事视角选择频率差异

类别	典型叙事（%）	虚拟叙事（%）	时闻故事（%）	例示故事（%）	生活经历叙事（%）
第一人称	71.4	45.1	49.3	52.5	65
第三人称	28.6	13.7	47.4	37.5	32.7
第二人称	0	17.6	1.3	2.5	1
包含人称	0	23.5	2	7.5	1.3

如表 3 –3 所示，虚拟叙事是所有会话叙事类型中使用叙事视角最为广泛的一类，除第一人称视角外，虚拟叙事也较多依赖包含人称（听话人和讲述者共同审视事件发展的视角）和第二人称。这是由于这类叙事中的未来规划叙事经常涉及关于交际双方未来共同工作或者受述者未来工作的讨论和叙事。时闻叙事兼重第一人称和第三人称视角，这恰好符合时闻叙事出现的交际语境的要求，当讲述者着重讲述自己对亲身经历事件的

心理感受，偏重第一人称，而当讲述者意欲报告自己所听闻、见闻的他者的新奇故事，则依赖第三人称视角。例示叙事中除经常从第一或第三人称视角以自身经历或见闻的事件论证说理外，也偶尔使用包含人称或第二人称，直接激发听话人参与对事件的思考和论证。生活经历叙事较多依赖第一人称视角来完成对讲述者自身经历故事的叙述。语料中所包含的第三人称视角的生平经历叙事主要是关于讲述者家人或非常亲密的朋友的经历故事。

需要说明的是，上述表格中的数据统计是按照故事讲述中的主要角度来分类的，实际上很多会话叙事中的故事讲述也会交叉使用不同视角，给予听话人多方位的事实陈述。参见例3－38：

例3－38（语境：A和B为同学，闲聊中说到二人共同认识的一位“严厉的”同学）

→11A：然后，她，特别严厉，她，我觉得就跟你给人的感觉不一样。

12B：对，对，你这么说，是对的。

13A：（hh）她是不是严厉？

14B：嗯。

→15A：就那天我那个同学，他在录像，那个同学已经跟L老师说了，说你看我可不可以录个像，然后L老师那意思是，说你要录，我还可以给你，那个，系里拿些钱什么的。对，当然系里面肯定也有录的，然后这个同学就出去上德语课了，我正好上完二外回来，就帮他录，结果她就看到我在那咔咔……

16A：hhhh

→17A：她说：“你不许录！”后来就调查我，说外面的人不许录。后来，我说我们经过同意的，说好的，就感觉她，唉，有时候特别严厉。

18B：啊，她就是那样子的，很严厉的。

19A：她跟你一年，是吧？

20B：对，我俩是一年的，而且我们两个吧，之前就认识。

21A：她导师是谁呀？

22B：她是那个，硕士的时候是S，现在是X。

这一案例中，讲述者主要是讲述自己在和某位同学“她”偶然接触和了解中对这位同学形成的印象，讲述者主要采用第一人称视角讲述自己的所见、所感（11A、17A），但15A中－所述的讲述者“上完二外回来”之前“我那个同学”与“L老师”的对话部分应该是讲述者间接了解的，讲述者使用第三人称视角转述了这部分内容。这里，第三人称视角叙事补充完善了第一人称视角的局限。

（四）会话叙事中嵌套叙事结构的逻辑序列

会话叙事中的故事逻辑线索一般是较为简单、清晰的，但会话叙事的讲述中也存在少许嵌套的故事结构，呈现复杂的逻辑序列特征。大致来看，嵌套结构可分为两类：

1. 依附于主故事的插曲故事

例3－35中提到的讲述主体中嵌入的子故事属于这一类，择其一重新示意参见例3－39：

例3－39（语境：A在向同学B讲述自己的求学经历）

83A：我渴望老师那程度，你们谁也感受不到，所以现在的学生，我告诉他们，说你们只要想学，今天晚上我陪你们一夜，我都去，帮你们。所以，下课之后，我记得……上次有个学生，让我说得不好意思，主动过来找我，读东西、让我帮他纠音什么的。

84B：啊。

85A：但，我没什么抱怨，其实，我已经很饿了。

86B：嗯。

87A：那，这样我不就拿完了这些嘛！

其中83A—85A所讲述的嵌入故事是关于讲述者目前如何热心辅导自己的学生的，这一子故事是为了服务于主故事中讲述者对自身求学经历的叙述，用来说明讲述者当年十分渴望获得老师的指导。这一嵌入故事与主故事的主人公和叙述视角都是一致的，但它仅仅是对主故事话语信息的补充说明，是一段依附于主故事的插曲。如果去掉这一插曲故事，主故事的事件序列仍是完整的（讲述者初中毕业时考上中师^通过自考获得专科和本科学历^获得本科学位后考研、读研，参见例3－35）。这一案例中，插曲故事结束后，87A中A的话语：“那，这样我不就拿完了这些嘛！”是在呼应前面关于主人公一路辛苦求学经历的叙述，与插曲故事并无任何直接的关联。

2. 核心与外围故事

第二类嵌套叙事更复杂一些，其中主故事和内嵌故事的连接也更为紧密。参见例 3 – 40：

例 3 – 40（语境：研究生 A 和同学 C 闲聊中聊到专业课老师 S）

1A：S 老师今天讲到教育，就是说怎么培养学生，就是，一定得非常优秀，要不然学生不服你，这一点我挺服 S 老师的，然后第二点是对学生的那种奉献，就相当于学徒似的，就像以前，比如，老铁匠教小铁匠怎么打铁 –

2C：啊，对，所以，我真的是我特别钦佩 S 老师的就是她这一点，我当时，真的，她在说，你听她给你们讲没有？讲一个研二学生给发改委做翻译的时候。一个研二的学生给发改委做［翻译的时候

3A：没讲过啊。］

4C：嗯，翻得不好，被人家当场把译文给撕了。然后，当时，那个学生回来以后，就跟 SSQ 老师，就跟 SSQ 老师可能就哭诉吧，然后老师就，当时就说，当时就，老师也是恨铁不成钢，老师当时就说："我的感觉就是我的学生就像自己的孩子一样，就是我可以自己骂，自己打自己骂都可以，但是别人来说，我就受不了。但是，当时，我看到她跟我这样说的时候，我就说：'你活该，你，谁让你那么笨'"，她就那样说，她当时也心里特别难过。

5A：哎，不让你出错的办法就是用拳头砸你一次。

6C：对，我当时就特别感动，我真的被这个老师的那种，那种 – 她说："所以说我现在要对你们一再地要求严格，以防你们以后再去被别人这样。"

7A：所以，我一定好好写一篇翻译日志，我今天终于知道翻译日志是干吗用的。

8C：嗯嗯。

9A：再不胡乱搞。

10C：hhhh

11A：哎，人最讨厌的事情就是悔之晚矣，什么什么的。

12C：不晚，不晚，我们现在都不晚。

在这段会话叙事中，C 讲述的重点是她听到 S 老师讲述研二的一个学生因文稿翻译质量不佳而被人当场撕毁的故事时，老师的一番评价性话语让她很感动。因此，这里有多重嵌套的故事逻辑：

最核心事件：研二的学生翻译失败的故事（给发改委做翻译的时候，翻得不好^被人家当场把译文给撕了）。其中，讲述者兼主人公为那个研二的学生，受述者为 S 老师。

外围 1：S 老师恨铁不成钢的故事（研二的学生向 S 老师哭诉自己译文被撕^S 老师心里恨铁不成钢^很难过）。其中，讲述者为 S 老师，主人公为 S 老师，受述者为学生 C。

外围 2：C 听到 S 老师恨铁不成钢的故事后很感动（S 老师讲述了某研二学生不争气的故事，说学生就像自己的孩子，不能任他人批评^C 很感动）。其中，讲述者为 C，主人公为 C，受述者为当前与 C 会话的 A。

在这一会话叙事中，外围 2 的叙事为第一人称视角，外围 1 的叙事为第三人称视角，核心事件的叙事为第三人称转述。从逻辑结构上这几重叙事属于同心结构，几重叙事之间彼此映衬。如果内嵌叙事切割出去，外面一层故事的意义就难以理解。外围 2 包含讲述者要交流给受述者 A 的信息重点，而若理解这一故事，需要受述者关注外围 1 的故事进而关注核心事件的信息。受述者只有把握了由核心至外围的故事线索：研二学生翻译失败→S 老师说学生就像自己的孩子，恨铁不成钢→C 很感动，才能正确理解讲述者 C 的叙事意图。因此，这样的内嵌故事恰如洋葱圈的内环，虽然其意义本身不重要，但其外围的主故事却要依托它的逻辑来建构，如果去掉内嵌故事，主故事是不完整的。

第三节　会话叙事中的交际语境框架

会话叙事具有语境内嵌性。会话叙事的故事话语和元叙事话语不同程度地嵌入到具体的交际语境中，并在讲述过程中顺应动态交际语境的要求。本节探讨会话叙事中会话交际语境是如何起到故事意义的框架作用的。

一　会话叙事对交际语境的依附

Ochs 和 Capps 注意到不同的个人经验叙事对语境的依赖程度是不同

的：有的会相对独立于交际语境，“与之前、之后及正在进行的交际活动呈分离状态”，具有与会话交际不同的“话轮组织、主题内容和修辞结构”，有的则没有“与前后会话交际活动明显不同的话轮形式”，并且与会话交际具有“相关的主题内容和相近的修辞结构”。

在本书所搜集的熟人群体自发性会话叙事中，我们发现完全独立的会话叙事很少，大部分叙事活动对其出现前后的交际语境具有一定的依附性，但不同类型会话叙事对交际语境的依附程度有所不同。

一般来说，时闻故事对交际语境的依赖性最小。当叙事者对某事具有强烈的心理感受，可能会在会话一开始，不用任何铺垫，直接展开故事的讲述。如前述分析的那则时闻故事中（重新陈述如例 3－41），S 由于不被学生理解而十分气恼，而谈话对象是讲述者十分熟悉的同事，因此 S 对自己被学生气到的故事的讲述是直截了当的。

例 3－41（语境：教师 S 在向同事 Q 抱怨一位惹其生气的学生）

1S：昨天，我可给那啥了，昨天这家伙，我生气了！昨天上课，学生把我给气得够呛。

2Q：咋了？

在这类叙事的叙述过程中，听话人一般会满足叙述者情感倾诉的心理需求，对叙述的打断较少，交际双方的讨论活动也比较少。再看一下该案例的主体讲述部分：

3S：唉，有个同学，他那个，他挂科了！

4Q：嗯－

5S：上我那个语言学－原因是啥呀，完了呢，我还挺－我觉得（0.2）你说因为他答得实在是特别不好。我班一般总评成绩最后是 60 分的，都是我给，就是，他最起码卷面成绩达到 45 分，完了我给他平时成绩高一点，90 多那种哈，能让他及格。

6Q：嗯。

显然，这里听话人除做出积极回馈外（4Q、6Q）外，未对叙述者的工作作出任何实质性的干涉，叙述者在话轮长度方面占据明显优势（3S、

5S)。

一般，在时闻故事的主体讲述结束后，听话人主要是表述同情和理解，叙述者则常常重复、强调自己的感受，很少有深入的讨论或论证。以下是上例的结尾部分：

34Q：唉，这种学生你也别太 -

35S：给我气的，你说我不生气，不生气的。你说，我发完火拉倒了，晚上，哎呀醒了，就感觉还是挺那个，那个气，好像是 -

36Q：hhh

37S：反正就，反正还是挺生气的。后来，我想这学生啊，你不能对他太好了。适可而止。

38Q：你觉得跟他关系挺不错的 - 到点了，上课去吧？

这一案例中，故事讲述结束后，双方后续的语言交际活动非常简短，并未产生进一步的讨论。相对来说，时闻故事的讲述话语与其前后语境的交际或其他活动较为疏离。

与时闻故事相比，其他类型会话叙事均具有较高的语境依赖性。很多故事讲述的启动就是语境促发的，是为了满足叙事者说理、论证、讨论或建构自我形象的需要。而在故事讲述结束后，交际双方一般还会回到原来的讨论之中。请看前面分析的那段例示故事出现的前后语境：

例 3 - 42（语境：研究生 A 在与同学 B 的闲聊中讲述自己在国外的访学经历）

1A：是这种，所以我觉得他那个%Stand - up Comedy%非常好，你可以%google%优酷里面有一个人叫%Letterman%，好多，好多，他们那些人都 PK 呢 -

2B：啊，就是属于脱口秀那种吧？

3A：对↓，脱口秀%talk - show%。

4B：啊，

5A：然后他口语那个英音，效果非常好。

6B：啊，那你说（.）你口语好，是你上美国之后呢，还是以前就很好？

7A：以前就很好。

8B：上大学时候就很好?

9A：对，以前也行，我跟你说，我刚去的时候我是属于% Third Fulbright%，就是富布莱特那个，第三个学者，完了他们说（.）哎，你好像来这儿好多年了，什么（.）什么（.）怎么样。

在这一案例中，故事讲述与交际语境在主题上是一脉相承的。1A—5B 中，A 向 B 请教如何提高口语，A 介绍说听“Stand - up Comedy”会很有帮助。这时，B 好奇 A 的口语是什么时候达到较好的水平的。6B 和 8B 中 B 的问题激励 A 从 9A 开始讲述自己在美访学的经历，讲述自己如何一到那儿就很获认可，借此证明自己的确在去美国前口语就好。

在这类故事的讲述过程中，听话人的回应一般要比时闻故事中的听话人更为积极主动，故事的讲述是在双方充分互动交流的过程中完成的。以下是上述故事主体讲述的一部分：

11A：他们就评价非常高，后来美国那个教授也特别喜欢我，给我那个% Norton Anthology%，知道吗？[% American Literature%，我<u>全有</u>，

12B：啊，诺顿那个] =

13A：= % British% 那个我也有，我都有，你看两个不同教授都给我 -

14B：哦↑。

15A：那是一种荣耀，真的。你要是什么时候想用的话，我都可以 - 然后 =

16B：= <u>其实，</u>[我以前上 -

20B：我以前上大学的时候，我们那个外教送给我一本，美国文学史那个，诺顿那个，最后（.）让我给弄丢了。

这段叙事进程中，B 积极示意对 A 讲述内容的理解（12B），并在 16B 和 20B 中试图插入一段个人相似经历的叙述，表明自己对 A 的经历感同身受。在这类故事中，叙述者对讲述话轮不如时闻故事中的控制力那么强，叙述者表现出来的也不是强烈的情绪和倾诉的愿望，而更多是一种与对方交流对人、对事看法的心理需求。这种情况下，叙述者愿意给予听

话人插话的机会，以期不断获得对方的认同。

这类例示故事的讲述结束时，一般会话双方会接续新的故事或讨论，双方的交流不会随一段故事的讲述而结束。以下是例 3－42 的结束部分：

29A：非常非常重要↓。他说："你是来我们美国这些人里面，我知道说得最好的。"所以（.）他给我评价非常非常的高。你知道，他对我特别特别的好。我跟你说，人有的时候就是第一印象。

30B：嗯？

31A：我参加的那个% American Literature% 的那个% class%，你知道吗？当时，他们所有的学生－你知道吧？(…)

在叙事者对自己如何在访学中获得教授欣赏的事例讲述结束时（29A），叙事者总结说"所以，他给我评价非常非常的高。你知道，他对我特别特别的好"。这时，叙事者为使听话人更好地理解他如何获得外教的赏识，又补充了一段关于他第一次上这位教授课就被教授发现英语水平高的故事，借此说明他的又一观点"我跟你说，人有的时候就是第一印象"。并从 31A 开始，讲述者继续新的故事讲述。显然，第二个故事是对之前叙事的补充和发展。也就是说，6B—29A 这段会话交际中包含的故事讲述活动与其前后的会话交际以及其他主题的叙事活动具有逻辑上的连贯性。这样的叙事与其所在语境是不可分离的。

生平经历叙事本身是由多段叙事夹杂针对每段叙事的讨论构成，与语境的关联十分紧密，而且最初叙事的展开一般是由语境促发的。像前例 3－35 中所讨论的 A 的求学经历故事就是由下列讨论所促发的：

例 3－43（语境：研究生 A 在向同学 B 讲述自己在国外访学的情况）

1A：我明白，但你知道有一点很重要，你知道是什么吧？我太喜欢英语了！

2B：噢。

3A：就是我喜欢英语的程度% overwhelms，you know，my nostalgia for my family，for my homeland%。

4B：哇。

5A：就是，你肯定会有思念家乡的情况，

6B：对，对。

7A：看什么月亮啊，什么过中国% Chinese New Year% 什么的，就会::（hh）但是，你一跟这些人讲英语的时候，% you forget about everything%，我就这种感觉。

8B：啊，

9A：就是喜欢

10B：那你就是% enjoy%。

11A：我这个% enjoy% 是怎么练出来的？

12B：啊，

13A：以前我跟你说过，我原来是自学（英语）的吗？

14B：没，没。

这段对话之前，A 讲述了自己在美访学时如何由于口语好受到教授们赞赏的经历（见例 3－42），这里，1A—12B 之间，交际双方在讨论 A 口语好的原因，A 强调关键原因是自己对英语的热爱，因此，从 13A 开始的 A 的大段求学经历叙事是交际双方的会话交际临时促发的。而在接下来的叙事进程中，如前所述，故事的叙述是与双方的讨论相伴进行的。叙事结束之后，A 与听话人 B 又讨论起自己是如何将学习发展成习惯的，试图为自己长期以来热爱、坚持英语学习和研究的经历故事的意义进行总结和提炼。

133A：一般我要是这个东西我不会，必须要查，你知道为什么吗？因为，我经常跟学生说的这句话是，学习是一种生活习惯。

134B：嗯。

135A：因为你学习的时候，就这么偷懒，你其实做别的事情的时候，也是这样。

136B：嗯。

137A：算了吧，就这样想。其实在学习的时候，我不会我就必须要查，为什么？因为它会影响你做事－其他方面，

138B：嗯。

139A：所以我觉得也是一种好事。这我觉得，我不知道这句话有没有人说过啊，我觉得，学习是一种生活习惯（hhh）。

从这一案例来看，整段经历叙事的开场与结束都与前后的会话交际紧密关联、互为一体。

虚拟叙事与语境的依赖程度不能一概而论，像梦幻叙事一般与交际语境关联不是很大，而过去经历假设性叙事和未来经历规划叙事则一般与语境关联紧密。典型叙事与语境之间的依附程度也具有一些内部变异性，取决于交际者的交际意图的不同。偏重于故事趣味性的，与语境之间关联度低，而偏重于经验意义分享的，则与讲述前后的讨论和交流关联度高。

二　会话叙事对交际语境的顺应

语境顺应性是指自发性会话叙事作为动态语境中会话交际活动的一部分，会随着语境的变化而调整叙事的进程和方向。Verschueren（2000）的语言顺应理论认为语言使用的过程就是不断进行有意识或无意识选择的过程，不论是语言的产出者，还是阐释者，都要为意义的最终确定进行恰当的选择；而选择不是机械地将形式与功能匹配的过程，而是在高度弹性化的原则和策略的基础上由交际者进行协商的过程，是交际者与交际语境互相适应，通过顺应性语言选择来满足交际需要，实现其交际目的的过程。

在会话叙事进行过程中，交际双方会依据自己对物理世界、社会世界和心理世界各语境变量变化的认知来选择合适的话语策略讲述故事或理解故事。实际上，在日常会话叙事的进程中，语境本身就可视作是“由交际双方的互动动态生成的”（Verschueren，2000）。这也就是说，叙事会顺应语境而产生，而叙事也会强化或改变语境特征。正是在对语境的调控中，交际者不断进行即时的语言和结构选择。这样，在语境与叙事话语和结构之间存在着一定的交互适应性。参见例3－44：

例3－44（语境：研究生Z、X、G和Y在参加一次学术论坛的间歇聚在一起闲聊）

1X：对。我现在特别感兴趣，就是，我也在想，以后我的孩子大了，我该怎么和他相处。

2Z：呃，但是就是，我女儿－你看那个心理学上不老说男孩跟妈妈亲，女孩跟爸爸亲，是对的。就是，她，女孩子，就是说，你比如像我女儿，跟我既是朋友，又是敌人，就是那种感觉。

10Z：即便说男孩子长大之后，他有些私心话，可能会跟爸爸说，毕

竟同性嘛！但他内心深处，情感的部分，

11X：对，情感部分＝

→12Z：＝他一定是倾向你的。其实我女儿现在是大了，她小的时候，什么话都和我讲，但是呢，如果我和我爱人什么事我俩意见不一致的时候，她会毫不犹豫地和爸爸站一起。（G抬起头）完了，我就和我同事聊，说她们家的小孩呢，也是这样子，就是不论她和她爸爸，就说是，和妈妈有多么的熟，她情感上还是跟爸爸亲。（朝向X以及看着自己的G）你自己觉得呢？

这一案例的语境是Z、X和G以及后来参加进来的Y都是来参加某个语言学论坛的博士研究生，前三位来自同一学校，彼此熟识，Y来自另一所学校，由于之前也曾一起参加会议而结识。四位均为已婚育的女性研究生，午间休息时聊起了与孩子的相处问题。一开始主要是X和Z聊，G有些困倦，坐在一边低头听着，很少插话。起初，大家聊天没有具体的目标，主要是为了打发时间，增加了解、建立共识和友谊。

1X—12Z中，X与Z讨论如何与孩子相处的问题，为顺应当前语境中论证说理的交际需要，Z讲述了一则例示故事（12Z），叙述了自己女儿以及同事的女儿如何情感上偏向父亲的问题。这段叙事强化了当前的语境特征和交际主题。但由于说理而非分享情感故事的交际目的，讲述者只提供了故事的纲要，未讲述细节，未表述任何矛盾冲突和情节发展。

在这段叙事临近结束时，Z注意到物理语境的变化，G（与X一样是位年轻的母亲）已悄悄抬起头，在认真倾听，因此12Z中Z在征求X的看法时，也注视了G，将话语权交给二人自由选择。

→13G：呃－，呃－

→14Z：我反正回想我自己小时候我爸我妈生气的时候，我一定是觉得我爸对。

→15G：我不知道。我从小在我姥姥家长大的，我对爸妈都没有依赖，我是被抛弃的孩子，所以我才性格比较孤僻内向。所以，你这样一问就砸中我内心深处一颗脆弱的身心。

16Z：（朝向G）%Sorry，sorry%，我忘了。（朝向X）对，我觉得是，其实你这样会很幸福，将来你儿子，至少会从情感上特别依赖你。

这时，X仍在思索，未接过话轮，而G又表现迟疑（13G），Z可能是意识到G和X的孩子都还很小，没有相关的与孩子相处的经验，又补充了自己与父母相处的例证（14Z），以期鼓励G或X讲述自己小时候的经历，继续讨论。G这一次接受Z的邀请，但由于自己并无Z所期待的符合其观点的经历可以讲述，可能是为了避免与Z的期待发生直接的冲突，也顺应大家建立共识的交际意图，G选择以最简短的叙述阐明自己的不同观点（15G）：我在姥姥家长大^我对爸妈都没依赖^我才性格比较孤僻内向。这段叙事尽管十分简短，却提出了新的交际主题：祖父母带大的孩子会和父母缺乏亲密的情感，在一定意义上改变了大家的心理期待，重新定义了交际语境。

这时，G的陈述得到了与其经历类似的X的强烈共鸣。G的话语激发了X心理语境的变化，X产生叙述愿望。她顺应交际语境的变化，选择放下Z的话题，呼应G的陈述，讲述了自己小时候缺失父母关怀的经历（17X、19X、21X）。

→17X：嗯。所以这是我为什么我一直要把我的孩子带到我的身边。因为我小时候，呃，其实，呃，也不是跟我父母一起长大的，我爸爸是军人，他原来在西藏，待了十八年。

→18Z：哎呀。

→19X：我妈妈在内地，她是医生，也很忙。然后，我小时候我妈妈就把我放在我外婆家，我一直到了小学，二年级还是三年级的时候，才跟着她。

→20Z：哦。

→21X：从小好像就觉得很缺啥，也不是说他们不爱我，但是就觉得，跟父母［挺有距离的。

22G：不一样。］

→23Z：那种日常的朝夕相处那种亲密感，你可能［就没有。

24X：嗯，没有。］嗯，跟我妈就－我也很爱她，可是总是觉得［好像跟她有距离。

在X讲述的过程中，Z也注意到X和G心理语境的变化，并选择顺应这一变化的语境，对X的讲述做出积极的回馈和认同（18Z、20Z、

23Z)，以期就新的话题与二人达成共识。这时，X 的讲述吸引了旁边座位上无意中听到故事的 Y 的注意，Y 加入到她们的讨论中。

25Y：（从旁边座位挪过来）我的小孩初三了］我的小孩儿现在就是看不上我。

Y 的加入使交际语境又发生了新的变化，Y 目前的苦恼是她的孩子与她不亲近、不交流。X、Z、G 顺应这一变化，选择新的话语交际策略。特别是 X 与 Y 的讨论（27Y—30X）使大家就父母与孩子相处的问题加深了理解。

26X、Z、G：hhhhh。

27Y：我的小孩跟我是什么都不交流。

28X：我就跟我妈什么都不说。我也爱她，就是不跟她，就是没有那个亲近感。

29Y：我孩子就是不跟我亲近。

30X：对，我也不跟她说。我也爱她，可是就是不跟她说就是没有那个亲近感。

31G：［我小时候，

27Y—30X 双方的话语达到彼此呼应、映衬的极致，她们都在讲述各自面临的问题，却又在呼应着彼此的问题，感受着对方的困扰。由于 Y 作为母亲与未成年孩子交流不畅的苦恼更为迫切，接下来大家开始讨论分析 Y 面临的问题和可采取的对策。

32X：所以你］现在一定要做到－

33Z：你就赶紧地去－你要多跟他＝

34X：＝多带他多跟他。

→35Y：他不跟我视频。

36Z：％OK％那就多给他打电话。

→37Y：我现在刚一说话，他就说我不想跟你说话。刚说两句话，他就说不想说话了。

35Y 和 37Y 中 Y 完成了一段极为简短的关于儿子和自己通过视频交流失败的事件的讲述。这一简短叙事很好地强化了当前的语境特征和交际主题：Y 与其儿子难以交流的问题很严重，亟待解决。

接下来 X 与 Y 继续讨论解决办法（38X－41Y）。

38X：比如说，你回去了，你跟他在一起，你会去带他去电影院吗？

39Y：我带他去－

40X：你会带他去吃饭吗？你会带他去游泳、去滑冰吗？

41Y：我带他去这些。

而为了顺应语境要求，论证自己提议“一定要多跟他在一起相处”的合理性和急迫性，这时，X 又补充了自己与妈妈相处时间少，至今有隔阂的故事（42X－49Z）。

42X：哦，一定要多跟他在一起相处。像我妈妈，不是这样。我妈妈，我小时候她不管我也倒罢了，我上了小学，从我长这么大，到现在，我记得我只跟我妈妈看过一场电影。

43Z：你妈妈真那么忙啊？医生是忙－

44X：她就是特别忙。

45Z：节假日也不休息啊！

46X：然后，她现在退休了吧，我说让她跟我住一起帮我照顾孩子。

47Z：哦。

48X：她也不。她还要继续工作，我就说你，你爱你的工作比爱我爱的多。

49Z：（hhh）可不是，啊。

X 这一段的叙事又进一步强化了 X 以及 Y 共同面临的问题的严重性。

总之，以上分析表明会话叙事具有明显的语境顺应性。讲述者基于语境变化选择叙事的主题和叙事的策略，而故事讲述的完成又会重新定义语境，激发交际对象相应地调整叙事或讨论的内容。

三　交际语境框架的形成

鉴于会话叙事内嵌在交际语境中，并顺应语境中互动交际的需要而进行，我们可以说互动交际构成了叙事活动的意义框架。参照本书第二章第二节一的讨论，互动交际框架是通过限制元叙事意义框架，进而由元叙事框架约束故事话语的意义和结构。以前面分析过的典型叙事例3－32为例，该故事的框架结构见例3－45：

例3－45

｛1Y—17Y ［18L—19Y （20L—26L） 27Y—42L］ 43Y—48L｝

同主题会话　元叙事　故事话语　元叙事　同主题会话

触发语境　开始　（开始—结局）　结束　结束语境

在故事讲述前后，双方对XG、ST等人个性的讨论构成叙事活动最外围的会话交际框架。1Y—17Y交际双方由曾担任支书的XG的个性怪异谈到他的继任者ST。这段会话是构成交际双方建构下文叙事话语的意义和结构的基础。

1Y：我们就没有一个那么活跃的人，是吧？然后就是－我倒是有心想热闹，但我也不是像你这么能热闹、张罗事儿的人，不过，我觉得跟XG有关系，换个别人我也能跟他多沟通一下。

2L：我觉得是。

3Y：我觉得他就是挺怪的。

4L：我觉得现在换了个ST，更怪，哎呦。

5Y：嗯。

6L：希望咱毕业的时候，千万不是ST还当那个啥，那叫啥？

7Y：党支书是吧？

8L：可别找他盖章啥的，麻烦死了。P师兄说那天可生气了，那天把他都气躁了，

15Y：咱们不用吧！他是管党员，现在属于党支书那种性质的，

16L：那就好。

17Y：咱也不是党员，不用找他了。

这段会话中8L是故事讲述的虚假开始，叙述者L提到了故事的主旨，但这时双方交际的兴趣点在于是否将来也会有找ST盖章的麻烦，故

事讲述并未真正开始。这段会话的意义在于预期讲述故事的交际者 L 已预先把自己对 ST 的态度和看法传达给 Y，并影响到 Y 对 ST 的看法。

18L—19Y 属于元叙事部分。L 对故事进行概述，表示讲述 P 师兄找 ST 签字遇到麻烦这一故事的意向，并征得 Y 的同意。18L 中 L 也再次强化了其对 ST 的负面评价。

18L：师兄说找他挺麻烦的，好像签字还是干吗 -

19Y：嗯。

20L—26L，L 在与 Y 的互动合作中讲述了 P 师兄找 ST 签字引发的麻烦和最后事情的解决过程。

<u>故事的开始</u>

20L：都约好了，说是::: 都约好了，早上九点啊，说是师兄和 LY 一块儿找他签个字，在门口敲门，听他在里面打电话，就敲了一下门，在里面的还不回答，还打电话，

<u>故事的发展</u>

20L：完了我师兄说等了十分钟，他还在打，然后师兄就急了，又敲他的门。约好的嘛！是吧？我约好的第二天早上九点，写个东西，你说能花多长时间？

21Y：就是啊。

22L：而且，人家敲门，就给你暗示了嘛！

23Y：你就快点结束呗，对呀！

24L：那啥，十分钟以后，我师兄又敲门，然后又等了五分钟，

25Y：啊?!

<u>故事的结局</u>

26L：师兄生气了，就推门进去，把他噼里啪啦骂了一顿。

这一段针对故事发展经过的讲述话语是故事话语的核心。从 L 的讲述话语来看，在会话交际和元叙事部分已显示出来的 L 对 ST 的负面态度和情感影响到其对事件经过的叙述。L 在其叙述中始终未交代 ST 在接谁的电话，ST 是否因为遇到紧急的事情而忽略了与 P 师兄的约定。而从 Y

对 L 故事的回应来看（21Y、23Y、25Y），来自会话交际或者说元叙事部分的信息已影响到 Y 对 L 讲述意义的理解，Y 采取了与 L 一致的立场，同样对 ST 的行为持否定态度。

之后，从 27Y 开始，双方进入关于故事意义的讨论中，重新回到元叙事部分，并基于这个故事的讨论就相关联的人物进一步达成共识。交际双方清晰地阐明了对两位故事人物的态度。27Y－42L 是故事话语到会话交际的过渡阶段。

27Y：谁骂了谁了？

28L：P 师兄骂了 ST。

29Y：他反正年龄比他大，资格比他老。

39Y：人家骂还行

40L：嗯。

41Y：咱不敢。

42L：我就跟 P 师兄说，你看你选的党支书都是啥，一个比一个怪。我师兄说，就是，我就挺怪的吧！结果他俩比我还怪（hhhh）

42L 正式结束元叙事部分的讨论。这里 L 借回顾自己当时听完 P 的讲述时的情景结束了当前对这段故事的讨论。42L 呼应着 18L 对故事的概述，也呼应着 1Y—17Y 双方针对 XG 和 ST 个性的讨论。

43Y—48L，双方继续最初关于这些人个性的讨论，又回到互动的会话交际之中，直到 49Y 中新的故事讲述主题出现。这部分相关主题的会话构成 L 叙事的最外围会话的结束框架。

43Y：P 那怪吧，P 人很宽厚，(…)

45Y：他跟 XG 的怪还不一样。XG 就好像总生活在自己的世界里头那种。是吧？

49Y：说不上，就这次他开题的那次，(…)

以上分析显示，会话叙事中的故事讲述受到外围元叙事以及会话交际框架的影响，交际双方在会话交际和元叙事部分对人物和事件的讨论与故事话语中对人物和事件的讲述在意义和情感上具有一致性。会话叙事中的各个框架的主要作用不是将事件与外围的活动切分开来，而是表明嵌入部分与外围部分的紧密关联。交际活动的主题意义与故事的主题意义是互相映衬、互相补充的。

本节所讨论的会话叙事的语境依赖性、语境顺应性和语境框架性从不同角度反映出会话叙事中会话与叙事水乳交融、彼此渗透、互为映衬的关系。

第四节　会话叙事的可述性

可述性是一个在叙事学界引起广泛讨论的概念，本节对可述性概念进行简要的辨析，进而探讨会话叙事这一独特叙事类型中可述性的建构问题。

一　可述性与叙事性

可述性指的是能够体现故事要旨，使一个故事被判定为有意义、值得讲述或者“值得关注的特性”（Baroni，2013）。一般来说，新奇有趣、违反常规、违反人们心理期待的事件要比日常生活中重复发生、司空见惯的事件具有更大的可述性。可述性与叙事性（narrativity）有着不同的内涵。可述性是指情景和事件构成故事的潜在特质，而叙事性是指故事讲述方式体现的特征。换句话说，“可述性指向事实的组合方式，叙事性指向表述事实的话语序列”（Herman，2002）。

如果按照本书对会话叙事中意义空间的区分，我们可以说可述性主要指向故事世界中事件的特征，叙事性指向故事话语和元叙事话语的特征。然而，几个意义空间的特征本就是互相渗透的。可述性与叙事性之间的壁垒并非不可打破。Labov（1997）注意到糟糕的讲述会毁掉一个具有可述性的故事，而恰当地使用评价性话语会吸引听话人，使本来平常的事件显得值得讲述。Ochs 和 Capps 也赞同这一点，并将会话叙事的可述性定义为“个人叙事表现值得讲述的事件序列，并以有效的修辞方式阐明主旨的幅度”。

的确，故事的可述性并非是与文本无关、完全由事件本身的新奇性构成的特征。叙述者如果仅有好的故事情节，但缺少修辞技巧，故事的可述性难以在讲述中被听话人认可，而较为平常的事件也可借助好的修辞技巧来吸引听话人，获得可述性。就以日常真实生活经验为基础的会话叙事而言，自身新奇性很强、可述性很高的故事并不常见，因此，讲述者能否采用有效的修辞技巧来强化故事话语的叙事性，从而激发受述者对讲述活动的兴趣，就显得尤为重要。同时，本书认为在会话叙事中，故事可述性的价值不单单取决于事件的新奇性，更大程度上取决于事件的交际意义。讲述者对真实经验事件的体验与反思本身因其所具有的重要的交际意义，也是可以吸引受述者的兴趣，构建故事的可述性的。

二　会话叙事中可述性的建构方式

如上所述，会话叙事中故事的可述性是可以在动态交际中协商建构的。会话叙事中故事的可述性价值不限于事件本身的性质，还在于故事话语中包含的针对特定受述者的交际价值。

本节依据会话叙事的实例，探讨讲述者如何挖掘、表现事件本身值得讲述的特征，又如何运用修辞手段、交际策略来调控故事的可述性价值。

在本研究搜集的日常会话叙事语料中，具有新奇性、打破常规性的事件数量不多。但讲述者一般会设法挖掘并彰显事件的不寻常性，至少是事件的私密性和交际性，从而吸引受述者，建构事件的可述性。

首先，讲述者会尽力挖掘、强调事件本身的不寻常因素，包括事件、人物的特定背景等。比如，一些久远的生活经历故事，如果涉及一些重大历史背景，讲述者会有意强化这一点，参见例 3－46：

例 3－46（语境：教师 F 与几位学生聚餐后闲聊）

1F：(…) 我还在 B 大听过**江青**的一个演说。**江青**，7 月 22 号，到 B 大去演说，“小将们！”

2A：hhhhh

3F：我**亲耳**听的。然后，点了我一个学生。我那个学生是:::: 叫什么来着？叫、叫做 SL、ZSL。她的姐姐叫 **ZSH**，**SH** 不是一个少将？她是 **MZD** 的这个－

4C：儿媳妇吧？

5F：对，儿媳妇，她的妹妹叫 ZSL，在我的班上。

6C：哦。

7B：是您的学生吗？

8F：是我的学生。我是她班主任嘛！(…) 那天，**江青**就点了 **ZSH**

的名字。说原来[①]（…）

这段故事讲述的背景是：年龄较长的叙述者 F 因事与学生共进午餐，在午餐后的闲聊中与学生 A、B 和 C 讲起自己在“文化大革命期”间的经历与见闻。这些事件远离年轻学生的日常生活，对他们来讲具有一定的新奇性和趣味性。而讲述者也有意强调这一点，提及曾在那个年代举足轻重的一些人物的名字，并强调那是自己“亲耳”听到的演讲，由此将受述者的兴趣极大地调动起来。

而如果故事的主人公具有一些身份、背景的不寻常之处，尽管与所述事件无关，讲述者仍会着意加以强调，比如，在例 3 –47 中：

例 3 –47（语境：研究生同学 A 和 B 在咖啡馆闲聊）

1A：我怎么讲啊，就是说我不太会争这些东西。不争了，没有什么意义，我觉得有时候也是人的一种运气吧，我记得我从家里面坐火车到北京，遇到了一个，应该是一个**挺厉害的一个老头儿，专门搞有点像什么国内的火箭呀什么的这些东西** –

2B：哦！

3A：就坐我旁边。后来要下车的时候两人聊了起来，他告诉我说：“小伙子，记住：面对利益的时候，能退让就退让 –”

4B：嗯。

5A：其实我也觉得，我也想开了 –

6B：其实是这样的，你说你不争吧，你看你这一路走过来，你不去争，该是你的那个好运，它还是你的。

这一案例中，故事中的事件很简单，只是一位老人曾叮嘱讲述者面对利益时要退让，这样的事件本身没有多少新奇性，但讲述者发现了，并且强调了这样一点：老人具有不一般的身份：“挺厉害的一个老头儿，专门搞有点像什么国内的火箭呀什么的这些东西 –”（1A），由此建构了该事件的可述性价值。

---

① 故事本身是一个转述故事，参与录音的讲述者也无法确定细节的真实性，而故事涉及历史人物，故略掉。

其次，讲述者还会努力挖掘、强化事件本身的冲突性，从而确立故事的可述性。参见例3－48：

例3－48（H与舍友聊天，讲述儿子被保安逗弄的故事）

1H：你看（.）我儿子刚才这事，我带我儿子去系里，那个保安说："那个，你来干什么？不准进去，不准进这个楼里↓。"

3H：他当时有点，就是（0.2）眼泪其实在－

5H：对，然后，我说："你说，为什么不让我进哪？"

7H：他说："你叫我叔叔，我就让你进来"，他就马上叫了叔叔。

9H：（保安说）"你再叫大声点"，他就又叫了一声，大声了点。（保安说）"再叫大声点，"他就又叫了一声，大声了一点，完了，那个，就把那个保安，就是给压过去了。

11H：就这中间（.）当时是我鼓励了他，有点儿，他眼睛稍微那啥（0.2）我就鼓励他，然后，进去了，进去（…）

在这一案例中，虽然这一事件本身一点也不复杂，是日常生活常见的事情，但讲述者注意到，并不断强调的是在拦住孩子不让进门的保安与要追随妈妈进到楼里的孩子之间存在一个需要解决的矛盾（1H、5H），强调事件发展与结局的未知性（7H、9H），从而在受述者心目中建构起对事件发展的心理期待。

再次，讲述者还会通过强调事件的体验性和交际价值，建构故事的可述性。由于熟悉的朋友、同学、同事一般都有彼此沟通了解、加强友谊的心理需要，只要讲述者强调要讲述个人私密生活经历，强调事件的私密性和个人体验性，就会很容易建立故事的可述性。参见例3－49：

例3－49（语境：Y与同学X在散步聊天，之前X讲述了自己的恋爱故事）

53Y：我比你还实在－

54X：hhh＝

55Y：＝hhhh

56X：你给我讲讲你－

在这个案例中，当 Y 在听完 X 的恋爱故事后，在评论对方故事时，提及“我比你还实在”（53Y）。而这句话通过强调双方恋爱经历的共同点和预示自己有交流恋爱故事的意愿，一下子吸引了 X 的兴趣，建构了预述故事的可述性价值。

例 3－50（语境：B 向同学 C 讲述自己当天的经历）

1B：哎，我跟你讲啊，我今天都倒霉死了。

2C：啥事这么倒霉呀（hhh）

这里，B 通过预先强调自己对事件的心理反应和主观感受，彰显了故事的交际意义，建立了故事的可述性价值。

实际上，由于情感因素的作用，个人私密生活经历事件，无关大小，似乎都可以很容易地成为家人、亲密朋友间的话题。像有些家族故事或者交际双方共同经历的故事甚至可以反复讲述，其故事的可述性主要在于确认彼此间共属于小团体间的情感同盟。参见例 3－51：

例 3－51（语境：父亲 XF 与女儿 YY 在家里聊天）

1XF：你爷爷原来学习可好着呢，你知道吧？

→2YY：我知道。

3XF：在当时－

→4YY：考上市一中了。

5XF：当时在县一中，初中是在县一中上的，那时候你爷爷上中学，可不像现在方便（…）

显然，这里的受述者 YY 对故事的内容是全部或部分了解的，事件本身的新奇性和趣味性是极低的，而故事讲述之所以顺利进行是由于情感因素的作用，是由于事件本身的交际意义。在讲述“爷爷”早年如何优秀的过程中，交际双方体验到的是家族认同感、自豪感。

最后，故事的可述性建构是个动态协商的过程，可述性的建构不仅得力于讲述者如何采用各种策略展示事件的可述性，也得力于受述者如何把故事“理解为值得倾听的”（Karatsu，2012）。我们注意到，在会话叙事的进程中，当讲述者发现自己的策略未发生效用时，会不断调整交际策略，采用重复、引用会话、直接评价等手段，以强化故事的可述性价值。参见例 3－52：

例 3－52（语境：Y 与同学 X 饭后散步闲聊）

1Y：我刚才打招呼那个老外叫 Alice，你说可好玩呢！我们一起修那个 L 的课嘛，每周上课见一次。

2X：L 现在开啥课？

3Y：YD 嘛。然后上周最后一次课 L 请我们喝茶，临走大家告别时 Alice 说下学期要去 ST 了，以后就见不着了，我说："你不还参加夏令营吗？我暑假不走，不定啥时候就在校园碰上呢！"结果，我前天在芝兰园碰上她，刚才这又碰上她。要不你看她挺兴奋，一直笑嘛。

4X：啊，够巧的。

5Y：其实，我们这学期除了上课，就没在校园碰上过。这两天（.）不知咋了。世界很小的，有时候。我跟你说，我有一次居然在 B 大门口遇上了我外甥女。

6X：啊↑？

1Y 中 Y 在讲述自己这两天与 Alice 接连巧遇前，强调自己的心理感受"可好玩呢"，但似乎并未充分引起对方对故事的兴趣。从 2X 的回应看，X 的兴趣点反倒在与故事相关的背景信息 L 老师身上。在 3Y 中 Y 采用叙事标记"然后"将交际主题拉回预备讲述的故事，又引述自己与 Alice在告别时的会话"Alice 说下学期要去 ST 了，以后就见不着了，我说你不还参加夏令营吗？（…）"4X 中 X 的回应似乎仍低于 Y 的期待，5Y 中 Y 又直接评价故事的意义，强调"其实，我们这学期除了上课，就没在校园碰上过。这两天（.）不知咋了"，并且明确点出故事的主旨："世界很小的，有时候。"这时，为强化主题，Y 追加了一则同一主题的故事："我跟你说，我有一次居然在 B 大门口遇上了我外甥女。"这一次，讲述者进一步强调事件的亲历性："我"，"我外甥女"，强调事件的意外性："居然"。从 6X 的语调来看，这一次 Y 成功地吸引了 X 的兴趣。

第五节 叙事者身份

关于会话叙事的讲述者维度，Ochs 和 Capps 是这样描述的："讲述者维度是指会话叙事的伙伴在实际的故事讲述中参与的程度和类型"，社会和情景变量的不同会使听话人参与程度不一。依据听话人参与叙事的情况，Ochs 和 Capps 将会话叙事分为较低参与度和较高参与度叙事两类：前者指由一个讲述者在消极配合的听话人面前完成几乎全部讲述任务的情况，后者指由一个主要讲述者和对讲述活动进展做出实质性贡献的听话人合作完成讲述任务的情况。

本书语料中的日常会话叙事是在熟人群体间进行的，谈话中交际双方彼此的配合度较高，罕有低参与度叙事的情形，绝大部分属于较高参与度叙事。本节从叙事者与受述者的交互顺应与协作、叙述者和受述者的角色转化和听话人导向叙事三个方面讨论受述者参与叙事的情况，探究叙事者身份的动态性、建构性问题。

一 叙事者与受述者的交互顺应与协作

日常会话中的叙事活动是动态话语交际的一部分，这一活动的顺利进行通常要求叙事者和听话人的高度配合，故事的讲述过程在很大程度是交际双方彼此顺应、合作的过程。一方面，叙事者会通过各种语言手段积极引导听话人的关注和参与，而听话人也会通过提问、回应等积极参与和配合叙事活动。

（一）叙事者采用的引导参与策略

（1）叙事者会采用一些交互主观性话语标记："你知道"、"你看"、"你说"、"我跟你说"等，或直接提问"我以前跟你说过……吗?""你听说过/你知道……吗?""你猜怎么着?"来唤起听话人对故事讲述开始和讲述进程的注意。参见例 3 - 53：

例 3 - 53

①**我跟你说，**我刚去的时候我是属于% Third Fulbright%，就是富布莱特那个，第三个学者（…）

②我买了一件衣服，买衣服，然后，付钱嘛，它，付钱嘛要用那个卡

付，那卡突然掉下来了，**你知道**，我们谁也没找到。

③给我气的，**你说**我不生气，不生气的。**你说**，我发完火拉倒了，晚上，哎呀醒了，就感觉还是挺那个，那个气，好像是-

④以前**我跟你说过**我原来是自学的吗？

（2）叙事者，特别是女性叙事者，如果发现故事讲述未达到预期效果，或为了渲染气氛，或为了宣泄情感，会重复故事的关键细节，引导听话人感同身受。参见例3-54：

例3-54

⑤1A：昨天，我可给那啥了，昨天这家伙，**我生气了**！（…）

17A：唉，忘恩负义。**给我气↓的呀**。（…）

29A：（…）你说，**给我气↓的呀**，给我气得不行了，我跟他说，给他说哭了！

33A：哎，**给我气的呀**！（…）

35A：**给我气的**，你说我不生气，不生气的。你说，我发完火拉倒了，晚上，哎呀醒了，就感觉还是**挺那个，那个气**，好像是-

⑥36X：**然后**，他就**拉我**，把我**紧张**得（hhhh）。

50X：**然后**，就在城墙上**拉手，我也紧张，他也紧张**。

（3）叙述者直接引述故事人物的话语，甚至采用一些表演性语言策略和非语言手段来吸引听话人的注意。

例3-55

⑦唉呀，你别提了，六点我都醒了，完了我就，我就寻思我先吃口饭，洗个脸啥的。六点半就要走了啊，就就，穿衣服了都要，哎!？家伙，听到**扑通一下地**，明明跑出来了，一看（我要走），（明明大喊）**“妈妈！”**啊哈！我说坏了，行了，今天走不了了。

这一案例中，讲述者通过引述故事人物话语，并模仿故事人物的语调，采用拟声词等手段吸引受述者投入到故事的情境。

⑧（保安说）**“你再叫大声点！”**，他就又叫了一声，大声了点。（保安说）**“再叫大声点！”**，他就又叫了一声，大声了一点，完了，那个，就把那个保安，就是给压过去了。

这一案例中，讲述者引述故事人物话语，并通过省略转述词语使故事的讲述生动逼真。

（二）听话人的积极参与和配合

（1）不时给予回馈性话语，或采用笑声、紧张、叹气等适合语境的非语言手段表示自己对故事的理解和对讲述者的赞同、同情，鼓励讲述继续进行。

例 3－56

①L：另外，还有我妹妹在嘛！我小妹妹干吗，有时候经常会过去看我儿子，我婆婆就想看电视剧呀什么的，我妹妹就给她介绍，前一段给她介绍了一个**“婆婆遇上妈”**，(hhh)

Y：**hhhh**［非语言手段，表示理解］

②L：老二的确不是很孝顺，我也的确也有点比较讨厌他。

Y：**对，对。**［理解、认同］

③L：对，更能理解了，而且，说实话，像我和 YZ，的确还是很辛苦的啊。

Y：**你们俩又都挺优秀的，很勇敢，很努力的。**［认同］

（2）打断或插话，要求提供细节、澄清疑问或者表述对故事发展的预期。

例 3－57

④A：但读 J 大的研究生，也得去溜达一下吧（.）从外院到 J 大坐个公交车－

B：然后呢↑？公交车上怎么了？(hhh)［打断，预测下文］

⑤H：刚才我就问她，说没报上。我就特别惊讶＝

Z：＝啊，为啥呀？［要求细节］

⑥A：他问：“在一个诗歌里面”，他说：“这个词是什么意思啊？”

B：没有人知道？［预测下文，引导故事讲述的方向］

⑦A：但，我非常幸运的是什么，我在这两年当中，专升本当中，就是说（0.2），因为我非常幸运，因为，那时候他（们）很多教授，正牌的教授过来给我们上课，然后，我还去他们那儿听那个% Literature%，都是那种特别、特别好，然后是=

B：=这是在你们家那边吧？不是BJ这边？［澄清疑问］

（3）修正、补全叙事者话语。

例3-58

⑧H：所以就让我想到了，这个社会，人的这个水平，受教育不受教育的生活环境，这种父母对孩子的将来的=

Z：=**影响，是吧？**［补全叙事者话语］

⑨H：我说："逗是跟你做游戏，就是，这种说的不是真的，是看看你能不能那个，就是"=

Z：=**应付这件事情，是吧？遇到一件小麻烦，能够应付。**［补全叙事者话语］

⑩X：（…）所以就挺亲密的，不↑是，就挺亲密的？哎呀，用错词了！=

Y：=**就感觉（·）挺熟悉的**，你俩就是一见钟情，［修正叙事者话语］

（4）重叠话语。

有时，听话人急于表述对故事发展的预期，或急于知道一些细节、背景，或加以评论，会造成自己的表述与叙事者话语的重叠。

例3-59

⑪X：我从小好像就觉得很缺啥，也不是说他们不爱我，但是就觉得，跟父母［**挺有距离的**-

G：**不一样**］

⑫Z：你要告诉人家怎么怎么样，她不爱听现在已经就是，不是像以前［**那么信任的**

X：**她有了这种**］自我身份的一种认定，认定度很高，她觉得我能够处理好自己的事情，不要你，嗯，指手画脚。

二 叙述者和受述者的角色转化

会话叙事中的参与者框架是动态的，叙述者和听话人可以在讲述中交换彼此的角色。例 3－60 是一则典型的角色交换案例：

例 3－60（语境：A 在与同学 B 聊天，讲述自己国外访学经历）

11A：他就评价非常高，后来美国那个教授也特别喜欢我，给我那个％Norton Anthology％，知道吗？［％American literature％，我全有，

16B：＝其实，［我以前上－

17A：那个％American］professor％ ＝

18B：＝呃，我以前上大学的时候－

19A：嗯，

20B：我以前上大学的时候，我们那个外教送给我一本，美国文学史那个，诺顿那个，最后（.）让我给弄丢了。

21A：但现在有很多％new editions％。然后，这个教授，他就主动开车带着我玩。

在这段以 A 为主要叙事者的会话叙事中，嵌入了一小段 B 的回应叙事。11A 中叙述者讲述了自己受到外教欣赏获得诺顿文选的经历，而听话人联想到了自己的相似经历，试图插入自己的经历叙事，并在 20B 获得了讲述机会，成为新故事的叙述者，这时，原来的叙述者成为受述者。而在 21A 中，A 又重新接续被打断的叙事，继续扮演叙述者的角色。

日常会话中，交际双方轮流叙事的情况是很常见的。有时，角色的交换不止一次，双方的整段谈话进程就是以交替讲述生活故事的方式进行。而当听话人开始一段与之前讲述者的故事相关或相似经历的叙述时，双方的角色互换，对话轮长度、数量的控制力也相应地交换。参见例 3－61：

例 3－61（语境：研究生 X 来看望之前的大学老师 Z，二人在一起闲聊）

10X：就是，呃，那一年我姥姥需要照顾＝

11Z：=啊，你们家［就-

12X：对］，我爸跟我妈就过来伺候老太太了=

13Z：=就搬家到QD了。

14X：对对对，就伺候老太太了。

15Z：啊，

16X：然后恰好我姐，要孩子，也需要他俩伺候，等于又忙老的又忙小的了。

17Z：啊，啊。

18X：呃-然后刚好我在QD上学，就这样-

19Z：那挺好，那你上大学这几年还挺好的，爸妈照顾你。

20X：嗯，还行吧，就是，呃，感觉有好也有不好的地方。不好的地方就是，没有锻炼出独立性来。

（21Z—25Z讨论部分略）

26X：嗯，就是无形中的一种依赖感会产生了。

在这段会话叙事中，讲述者X讲到自己大学期间的生活，讲到自己如何因为上大学期间父母搬到同一城市，因而自己未锻炼出独立性来。这时，受述者Z只是偶尔插话评论，讲述者X占据明显的话轮控制优势。但X的故事结束之后，从27Z开始Z讲述了一段回应叙事，这时，双方在叙事中的身份和作用完全互换。

→27Z：对，就跟我女儿，她现在在BY嘛，离我这儿近，有时候嫌我管得多，就说，哎呀，妈妈你什么都管，因为我老是打电话告诉她，我说冷了再加点衣服啊，或吃什么东西什么的。

28X：嗯。

29Z：然后特别烦，烦嘛，她还老过来。然后，前一段就挺苦恼的，呀，妈妈我那个，因为她有时候周末老过来，有时候她赶上不舒服了，

30X：嗯。

31Z：她晚上也跑我这住来，不是周末，平常也跑这来住来，其实这里离BY挺近嘛，

32X：对对对。

33Z：然后她就发现，哎，她现在不是已经开学三个多月了嘛！人家

别人，别人谁都 - 大家固定有那么两三个人做% partner% 的那种的，是吧？

34X：嗯嗯嗯。

35Z：她就觉得她自己很孤单，

36X：因为她把时间都投入到您这儿了。

（37Z—43Z 讨论部分略）

这一段会话进程中，Z 充当叙事者角色，控制着话轮和叙事的进程，X 担任受述者角色，不断给予回馈，表示对故事的理解。在 Z 的故事结束后，X 在评论对方关于女儿的故事时（44X），又联想到自己的相似经历，从 46X 开始又讲述起自己开学以来的类似经历。这时，双方在叙事中的角色和作用再一次互换。

→44X：对，这个东西需要你时间，精力来投入到那种交流上的。

45Z：对对对。

→46X：就跟我刚来，哎，前，哎，就是到十月份，就是前两个月吧，

47Z：嗯，

48X：就是，我们俩就是一到周六、周天我们俩在一块儿，

49Z：嗯，

50X：这是很正常，因为周一到周五就是各上课嘛！

51Z：对对对。

52X：然后就周六、周天在一块儿，就总感觉，嗯，我的重心好像是以他为中心的。然后现在我慢慢地转移到在我自己身上。

（后续部分略）

在最后这段会话中，X 再一次担任叙述者角色，对谈话进程有着更多的控制。而 Z 也再一次将自身角色转换为协助、配合者的位置。

这一案例说明，在会话叙事中，叙事者身份也可能如话轮一般由交际双方轮流占据。叙事者身份不是预先确定的，而是随着双方交流互动的自然进程，根据双方的交际需要由双方协商确定的。

三　受述者导向叙事

有些场合，整段叙事中听话人对故事讲述的开始、持续、结束都起着

关键作用，听话人占据较多话语控制权，可以称作“受述者导向叙事”（Mandalbaum，1987；参见第一章第二节）。本研究语料中有一定数量的受述者导向叙事。比如在下例中，X 与 Y 彼此是研究生同学，双方在散步时很自然地聊起彼此的恋爱经历，而年龄较长的受述者 Y 似乎急切地表达对叙述者 X 的关心、认同和彼此加强了解、巩固友谊的热情。这段叙事中受述者对叙事的“干预”，或者说贡献很明显。

首先，故事讲述的开场是由受述者诱导的。

例 3－62（语境：Y 与 X 为同学，饭后散步闲聊）

3Y：唉，我能问那啥吧？你跟你老公是怎么？是同学是吧？

4X：没有，就那时候，我就不想再读外院的研究生了嘛！我想读 J 大的研究生。

其次，主体序列中受述者除给予“嗯”、“啊”等鼓励性反馈，支持叙事者的讲述外，受述者还通过提问（7Y、21Y）和评述（9Y、13Y、23Y、25Y、29Y）影响着故事讲述活动的方向和深度，作出不可或缺的实质性贡献。

7Y：然后呢↑？公交车上怎么了？(hhh)

9Y：＝就感觉（.）挺熟悉的，你俩就是一见钟情。

13Y：呃，那你咋？他很主动呢，刚头一次认识，就请你吃饭了。

21Y：＝就进一步请你吃饭？

23Y：然后一发现啊，小姑娘不光有外貌的这个秀丽，还有内秀。

25Y：然后呢：：你说，你说，

29Y：可以呀！

最后，在退场序列受述者继续挖掘故事的背景，引导故事评述的方向，这时受述者对话轮数量和长度比讲述者拥有更多的控制。

34X：就（是）在城墙。我感觉他也不错，他也感觉我也不错。

35Y：啊，啊，

36X：然后，他就拉我，把我紧张得（hhhh）

37Y：（hhh）他是你第一个？

38X：第一个。

39Y：第一个，所以你才这么紧张。

40X：他也两手出汗，我也两手出汗。

41Y：你也是他第一个？

42X：嗯，

43Y：那太好了，那时候你们都还小着呢，你是在上大四吧？还是大三呢？

44X：大三。

45Y：他呢，他大几呀？

46X：他？

47Y：啊，他研究生？

48X：毕业了嘛。毕业三年了，他比我大四岁，他毕业了。

49Y：啊，准备考研究生，你原来说过。他好幸运啊，就问个路，然后，他就拣着一个女朋友，多↑好！

50X：然后，就在城墙上拉手，我也紧张，他也紧张。

51Y：他也没给你送个像样的礼物，就让他拉手了？

52X：没有↓，傻嘛！

显然，在这段会话叙事中，受述者提出的问题（37Y、41Y、43Y、45Y、47Y）和作出的评论（39Y、49Y）对谈话的进程和讲述者所述故事的意义阐释的方向起到主导作用。

综合来看，受述者导向叙事中，受述者在会话叙事的开场、退场都起到主导作用，在主体序列也对故事讲述的进程起到积极的导引作用。

简言之，在本书搜集的熟人群体间的会话叙事中，交际双方彼此的配合度较高，受述者在故事进程中的作用不容忽视。故事讲述中叙事者和受述者积极顺应彼此交际意向、配合对方话语策略，最终故事讲述过程中揭示的事件背景、细节、意义等是双方合作的结果。而在交际进程中，叙述者和受述者的身份可以互换，双方可以交替叙事。因此，会话叙事中叙事者身份具有明显的动态性、建构性特质。

第六节　小结

依据对自发性会话叙事的实例分析，我们发现自发性会话叙事在叙事话语序列、故事时间和逻辑序列、交际语境框架、可述性以及叙事者身份诸方面都充分显示互动交际语境的影响。叙事话语呈现序列性发展趋势，但各序列之间一般是随着会话交际的进程自然过渡，常常没有清晰的界限；不同类型会话叙事的逻辑序列因交际目的、交际语境的不同呈现不同特色；会话交际以及元叙事构成故事话语建构的结构和意义框架；会话叙事中叙述者可以通过彰显故事事件的不寻常性和交际意义，与受述者协商建构故事的可述性；而叙事者身份与受述者身份在会话叙事中也不是清晰分割的，叙事工作的完成是双方顺应、合作的结果。

综合来看，叙事维度中这几个变量都充分体现了以下共同特点：动态性、交互性、建构性和变异性。叙事维度的各项工作都是在交际互动中完成的，序列性、可述性、语境框架甚至叙述者身份的形成都是交际双方协商建构的结果，而由于交际语境和交际者意图的差异，各方面的话语特征都是在顺应不同语境、顺应语境变化中确定的，并因此具有不确定性和变异性。

此外，交际双方在叙事维度的工作也显示交际维度活动的渗透和影响，交际双方在合作叙事中彼此间的顺应与配合关系着双方话语角色身份和人际关系的建构与调整；而交际双方在故事的逻辑序列建构和可述性建构方面的合作、配合也显示认知维度工作对叙事活动的渗透和影响。

第四章　自发性会话叙事中的交际活动

系统功能语言学强调文本内在的动态性和建构性，指出每个文本不单是完整的静态产品，更是动态的意义选择过程，是“互动交际事件”和“意义的社会交换过程”（Halliday & Hasan，1985）。语篇语言学家 De Beaugrande 和 Dressler（1981）也主张任何语篇都是具有确定意向性的交际事件。而且，如本书第二章第一节所述，Coste（1989）的叙事交际理论、Reid（1992）的“叙事交换”理论以及 Booth（1983）和 Phelan（1996）等的修辞叙事学更是强调每一篇故事都承载着作者与读者的交流意图。实际上，这些关于宏观维度语言内在交际性以及叙事文本内在交际性的理论探讨都是对真实话语交际条件下意义建构与交流过程的模拟。

本章描述、解析自然会话语境下，当叙事与交际同步进行时真实作者与接受者的叙事交际过程和交际意义，希望能够对上述理论探讨提供可参考的经验依据。本章首先概括会话叙事中的多层次交流模型，之后参照交流模型分析会话叙事参与者的话语角色、叙事自我及他者的身份建构以及交际活动背后的社会交往实践活动。

第一节　会话叙事中的多层次交流模型

Ochs 和 Capps 所说的讲述者身份维度主要是指会话叙事的讲述者及其听话人在实际的故事讲述中参与的程度和类型。她们对这一变量分析主要是从叙事角度展开的，并未将会话叙事视作动态交际活动来展开考察。而且，她们只注意到了叙事讲述中听话人参与程度的变化，并未考虑到叙事讲述者和接受者身份的多重性。其实，叙事活动的参与者也在同时完成交际任务。故事的讲述本身服务于交际目的，而叙事者也可能就是故事中的人物。为了更加深入地解析会话叙事在不同层次上的交际互动性，本节尝试构建包括叙事、会话、故事各层次参与者在内的交际活动模型。

本书注意到，正如 Goffman（1974）指出的，会话中的故事讲述与其说是为了传达关于过去某个事件的信息，还不如说是为了完成社会交往行动而戏剧化地再现过去的事件。在会话叙事中，故事的讲述者会同时完成多个角色。Goffman 曾把日常交际活动直接比作戏剧演出，指出讲述者会在多层次上演出“独角戏”。不过，本研究认为，会话叙事中讲述者在每个层次的工作离不开听话人的配合，因此，或许更恰当的说法是讲述者和听话人会合作上演多层次的“对手戏”。

作为互动交际中的叙事，会话叙事体现着交际双方多层次的交际活动。如前所述，会话叙事包含经验世界、故事世界、故事话语、元叙事话语和会话交际五个层次上的意义空间。其中，前两个层次是故事话语的心理表征，由会话交际框架直接限制的是后面三个层次。会话叙事中的交际活动也主要体现在后面这三个层次。在故事话语层，交际双方进行以故事为载体的信息传输和经验意义交换；[①] 在元叙事层，交际双方进行关于故事可述性、故事意义、叙事自我身份的互动协商；在最外围会话交际层，交际双方进行人际关系的调整与维护，完成社会交往实践任务。此外，在被叙述的故事世界中，也存在一个潜在的、由心理空间映射建立起来的虚拟交际空间，其中存在着人物间的各种话语交流活动。概括而言，会话叙事中的交际活动分层模型大致如下（见图 4－1）：

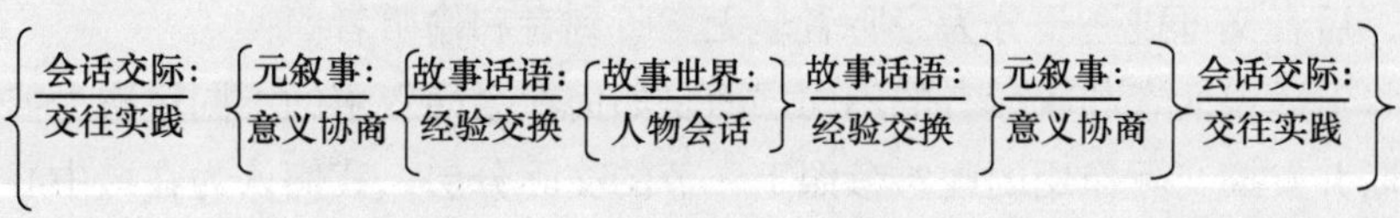

图 4－1　会话叙事中的交流模型

需要特别指出的是，各层次之间是逐层内嵌的，而非独立分割的。基于故事话语的经验交换以及元叙事层关于故事的意义协商都服务于会话交际以及其承载的社会交往实践。故事世界中的话语交际虽然与真实世界中

① 由于会话叙事以真实生活经验为基础，借由会话中叙事活动的完成，交际双方也同时完成经验意义的交换，但这一层次的交流与故事话语层的信息交换重叠，所以未单独分层。

的社会交际没有直接的对应关系，但讲述者所重构的故事世界中人物的会话仍然向故事的受众（也同时是会话交际的对象）间接传达自己对故事中人物、事件的情感和态度。[①] 而且，在故事讲述中，交际双方还常常越过故事话语的讲述框架，直接协商故事的意义，甚至直接进行会话交际。下面第二、三、四节中，本章将结合这一模型从话语角色、叙事自我及其与他者的关系和社会实践方面进一步讨论各层次的交流是如何展开的。

第二节　会话叙事多层次交流中的话语角色

在上述各交际层中，会话叙事的参与者扮演着不同的角色，相互之间形成复杂的角色关系。本节首先从总体上讨论会话叙事中参与各层次交流活动的话语角色关系，之后结合实例详细解析讲述者和受述者分别承担的多重话语角色。

一　会话叙事多层次交流中话语角色的关系和作用总览

我们首先来看会话叙事活动中可能牵涉哪些话语角色。Goffman（1974、1981）的参与者框架（participation framework）及角色定位（Footing）理论可以帮助我们解析话语角色和社会现实的建构性。根据Goffman（1981）的角色参与框架，说话者身份可以分解为代表信息来源的责任者、表述话语信息的说话人（发言者）、设计话语表达方式的作者和说话人扮演的人物；听话者身份可以分解为指称听话人和非指称听话人，后者又可进一步分为旁听者、无意听到者和偷听者。

上述说话者和听话者的不同层面是如何在会话叙事的不同层次上彼此关联并发挥交际作用的呢？参照上一节的交际分层，我们认为在最中心的故事世界讲述者扮演的（或见证过、感受过的）故事人物作为正面或负面角色与他者完成虚拟世界话语交际中信息与情感的交流工作；在其外围的故事话语层讲述者（兼发言者）以及其代言的责任人与各类听话人之间进行以故事为媒介的经验交换工作；而在更外围的元叙事层次，故事的作者与故事受众之间进行关于故事可述性、故事意义、作者身份及与他者

① Labov（1972）指出叙事中故事人物话语的引用是叙事者采用的评价手段之一，体现叙事者对人物和事件的情感。Tannen（2007）将故事讲述中的人物对话称为建构对话（constructed dialogue），指出故事中的人物对话是讲述人的重构，而不是原始对话的复现。

关系的互动协商；在最外围的会话层说话人与听话人通过会话交际完成人际及社会交往实践任务。这样，上述图 4 – 1 交流分层模型中所示的交流活动如果加上话语角色的话，可以重新表述为（见图 4 – 2）：

会话交际：	元叙事：	故事话语：	故事世界：	故事话语：	元叙事：	会话交际：
交往实践	意义协商	经验交换	故事人物会话	经验交换	意义协商	交往实践
（说话人）	（故事作者）	（讲述者）	（故事角色）	（受述者）	（故事受众）	（听话人）

图 4 – 2　会话叙事中的交流层次及话语角色

显然，会话叙事各层次交流工作的话语角色会有很多重叠之处，会话交际双方同时是故事的作者和受众，亦同时是故事的讲述者和受述者。交际双方正是要借助故事讲述服务于交际和交往实践的需要。而且，在很多场合，讲述者甚至可以是故事世界的人物。不过，正如 Goffman（1981）的角色定位理论指出的，在互动交际中说话人和听话人都会选择一个合适的暂时“位置”来观察对方，并对自己的位置不断进行调整。各层次的话语角色都是动态的主观选择的结果，而且各层次间随时存在话语角色越过层次框架发挥作用的可能性。

Bamberg（1997、2003、2011）在分析叙事者身份建构中曾指出各层次间交流活动的相互影响，主张互动叙事中叙述者对自我身份的定位是在叙事者对故事世界人物角色关系的设定和对自己与听话人之间关系设定的基础上建构完成的。由此，我们认为会话叙事中交际双方会在一段话语中以某一类角色为主，然后在前后话语的联结点于说话人 vs 听话人、作者 vs 受众、讲述者 vs 受述者之间进行角色换位。下文结合一则实例，考察会话叙事中不同层次的话语角色是如何发挥作用并发生越界转换的：

例 4 – 1（语境：L 在宿舍与同学 Y 闲聊，其间讲述到小妹的经历）

1L：然后，反正就是，我小妹应该不用愁吧？

2Y：你小妹是不是挺漂亮？

3L：我妹妹也不漂亮。我妹妹长得 – 还好，就个子比较高，一米七吧 –

4Y：那很好哎！

5L：身材不像我，她很瘦，身材像我妈，比较苗条。

6Y：嗯，其实女孩子不一定说非要都得丹凤眼啊，柳叶眉的，她只要就是身材好，皮肤白皙，然后会打扮，就都挺漂亮的。

7L：嗯嗯。

8Y：对。

9L：反正倒是不缺男生追吧，我说一般的看不上啊，不能要。她说，我知道。

10Y：hhhh

11L：在政法，也是，然后，在政法学校里面上自习呢嘛，考试了，一个男生给她递过来一个纸条，然后问她，她说："什么年代了?! 还搞这种伎俩（hhh）。"

12Y：hhhh

13L：然后那男的，看我妹妹往外走，就跑过去，"哎，你是，那个，研究生吧？学什么什么的?"你看我妹直接瞪大眼睛说："学习的，干吗呢！"（hhhh）

14Y：hhhh

15L：那男的啪就跑了，再也不敢了。

16Y：你妹妹挺有，挺有决断力的嘛，也不慌，一下把人吓跑了。

17L：你想我小妹小学就有人追，她慌啥?

18Y：哦，屡经沙场了啊。

19L：嗯。我就觉得她在我们家长得比较丑的，大脸，我就经常纳闷，我说你是咱们三人中脸最大的，意思是最难看的，怎么，还追你的人最多呀?

20Y：啊（hhhh）

21L：比较活泼吧，性格好。

22Y：加上身材好，是吧?

23L：就是，也比较白。

这段会话叙事的交流层次大致如下：

会话交际	元叙事	讲述	故事世界人物会话	讲述	元叙事	会话交际
1L—8Y	9L—10Y	11L—	11L，13L	—15L	16Y—18Y	19L—23L

1L—8Y 为会话叙事最外层的会话交际。L 与 Y 在聊家常，1L 中 L 提供了会话的主题：L 的小妹不愁找男朋友。之后，双方就小妹的样貌、身材展开讨论。L 介绍小妹的各种情况（3L、5L），而 Y 不时地对 L 的表述给予积极的配合（4Y、6Y、8Y），对小妹的一切表示赞同和欣赏。这时，交际双方的话语角色均为社会交往实践者，双方交替担任说话人和听话人的话语角色，其中 L 作为话题的提出者，更多承担信息提供者和会话主导的作用，另一方 Y 则更多承担确保交际通道畅通，协助信息传输者 L 完成交流任务的作用。

这段会话交际为 9L—18Y 中二人关于故事讲述的讨论（9L—10Y 以及 16Y—18Y）以及故事讲述本身（11L—15L）提供了意义阐释的语境框架。更重要的是，通过谈论自己家庭成员小妹的情况，L 暗示了与 Y 拉近距离、巩固友谊的意愿，而 Y 也感念 L 的坦诚和信任，对 L 的话语积极表示赞同意见。

9L—10Y 是故事话语与会话交际之间的联结点，为元叙事话语，旨在表明讲述者将故事引入会话交际的目的和意义，表明故事的交际价值。9L 重复表述了 1L 中提出的交际主题“我小妹应该不用愁吧”，而后面的转述会话“我说一般的看不上啊，不能要。她说，知道”① 预示下文故事的主旨。通过转述会话，说话人将过去经历、见闻导入当前交际。在这一节点，双方的话语角色从说话人 vs 听话人转换为故事作者 vs 受众。在这一层面讲述者 L 尽管并非下文故事的责任人，却是在当时交际语境下，选择将故事引入会话交际的决定者，也可以说是故事意义阐释方向和故事表述方式的主要确定者，其作用相当于 Goffman 所说的作者。10Y 中 Y 以笑声表示对 L 话语的认同和理解以及对下文故事讲述的兴趣。

11L—15L 中，交际双方就第三人称视角“小妹”的故事进行间接经验交换。叙事标记“然后”在 11L 中的出现表明叙事的正式开始，交际双方的话语角色从元叙事层的作者 vs 受众又转换为故事话语层的讲述者 vs 受述者。具体地说，由于 L 向 Y 讲述的是自己所曾听闻的小妹遇到不相识的男生冒昧献殷勤的趣事，故事的责任人是 L 的小妹，因此，讲述

① 这两句讲述者与小妹的会话其实可以视作一段最短的只包含一个叙述子句的叙事，讲述者的话语陈述引起了小妹的回应陈述，但这里故事作者并未给出反映时间关系和逻辑关系的叙事标记，而且这段会话显然是建构会话，所以本研究未将其按照独立的叙事片段来处理。这两句会话主要服务于作者对下文故事主题的暗示。

者 L 承担的是发言人的话语角色。从叙述学角度看，L 是从全能第三人称叙述者角度展开叙述的，仿佛身临其境，她叙述了当时情境中小妹与贸然搭讪的男生各自的言行和反应。

不过，元叙事层与故事话语层并无清晰界限。在故事讲述过程中，交际双方会时而越过故事讲述框架，以作者和受众的身份进行交流。像 11L 和 13L 中 L 的笑声显然与故事中的人物无关，不是发言人所述故事中的内容，而是故事作者对故事中所述情景的心理反应。而 12Y 和 14Y 中的 Y 的笑声既表明 Y 作为受述者对 L 讲述内容的回应，也同时表明其作为故事受众对作者笑声的回应。也就是说，Y 也承担了双重话语角色。13L 中 “你看” 也超越了故事话语层次，是故事作者越过故事框架与故事受众的对话，是故事作者在指引受众关注接下来小妹的言行，注意故事的关键笑点。

11L：在政法，也是，然后，在政法学校里面上自习呢嘛，考试了，一个男生给她递过来 一个纸条，然后问她，她说：“什么年代了?! 还搞这种伎俩。”（**hhh**）。

12Y：**hhhh**

→13L：然后那男的，看我妹妹往外走，就跑过去，“哎，你是，那个，研究生吧？学什么什么的?” **你看**我妹直接瞪大眼睛说：“学习的，干吗呢?!”（**hhhh**）

14Y：**hhhh**

在故事话语层中内嵌着故事世界的人际交流层次。11L 中 L 转述了小妹与那个男生的一段隐性对话：“一个男生给她递过来一个纸条，然后问她，她说，什么年代了?! 还搞这种伎俩。” 男生在纸条上到底写了什么、问了什么，叙述者并未交代，而小妹的话语 “什么年代……” 应该是内心独白。但不管怎样，讲述者告诉受述者在故事世界中那个男生与小妹之间最初的交流是不成功的。13L 中 L 直接引述了小妹与那个男生的一段会话：“那个男生看我妹妹往外走，就跑过去，‘哎，你是，那个，研究生吧？学什么什么的?’ 而小妹瞪大眼睛说：‘学习的，干吗呢?!’” 在 L 的讲述所激发的故事世界中小妹与那个男生分别充当正面和反面人物角色，但二人并未在场，其人物角色由讲述者 L 扮演。这样，就故事世界中的会话（11L 中未被充分转述的故事世界的会话和 13L 中直接引述的会话）

而言，故事的讲述者 L 仅仅是发声者的作用，这些话语的作者和责任人则是交际者小妹与那个男生。那么，围绕故事世界会话，话语角色的越界转换再次发生。比如，11L 中“她说”是讲述者/代言者的声音。之后，讲述者转换为故事人物的声音“什么年代了?!还搞这种伎俩”。13L 中角色转换更为复杂：“然后那男的，看我妹妹往外走，就跑过去”是讲述者声音；而之后“哎，你是，那个，研究生吧?”是故事人物“那个男生”的声音；“学什么什么的?”是叙述者对故事人物话语的模糊表达，混合了人物和讲述者的声音；“你看”如前所述，是作者声音；“我妹直接瞪大眼睛说”是叙述者声音；“学习的，干吗呢?!”是故事人物小妹的声音；笑声则是故事作者的声音。

需要特别指出的是，会话叙事中的人物会话，不管是叙述者所间接转述的隐性对话还是直接引用的显性对话，其实都是叙述者依据记忆重新构建的对话，体现叙述者对故事人物的情感、态度。像在这段会话叙事中，叙述者并未站在客观观察的角度展开叙述，而是直接选择与故事的主人公“小妹”一致的立场，对那位莽撞的男生持不屑、不以为然的态度。而作者的情感态度会被受众借由这重构的对话所了解。也就是说，在故事人物交流层次上依然重叠着作者与受众之间的意义和情感、态度的交流。在这段叙事中，L 的情感、态度也为 Y 所认同。Y 重叠承担着故事受众和受述者的话语角色。正是基于会话叙事中话语角色的多重性，我们说会话叙事是一个多层次的、复杂的话语交流场。

15L 中讲述者完成故事讲述。16Y—18Y 中 L 和 Y 分别由讲述者和受述者角色转换为故事作者和受众的话语角色。这部分，交际双方总结、讨论了 L 的故事所传达的经验意义——小妹的确从小不缺人追，面对追求者时经验丰富。19L 中双方回归到 1L—8Y 中关于小妹外表的一般性讨论，双方完成由故事作者 vs 受众到说话人 vs 听话人的角色转换。而双方也通过会话交际特别是故事讲述，达成了对小妹的共识，也基于这段关于家庭成员个人经历的叙述，达成了彼此加强了解、坦诚沟通、经验共享的社会交往实践目的。

关于会话叙事中交际双方分别承担的多重话语角色，在下面二、三部分将进一步展开分析。

二　会话叙事中讲述者承担的多重话语角色

日常会话交流中，当说话人之一说道“我有件事和你说”，或者“你知道这是怎么回事吗”，就把自己从普通的交际者定义为经验故事讲述者，将听话人定义为受述者（Langellier & Peterson，2004），而交际双方将开启以故事为中心的交际活动。

无疑，在这样的交际活动中，讲述者身份是诸话语角色分配机制中的关键变量。会话叙事诸故事角色的发言人主要由讲述者一人承担，讲述者负责将由各故事人物行动构成的内部经验故事外化为可由听者分享的外部故事。而且，讲述者同时是故事的作者。即便像在上例中，讲述者是在转述曾听过的故事，仍需根据交际语境，选择合适的故事片段、选择合适的语言表达方式，是故事在当前语境下故事特定意义的主要决定者。不过，讲述者是否为故事中角色，是否为故事的责任人，则是不确定的。因此，按照讲述者是否为故事人物，是否为责任人，我们可以将会话叙事中话语角色关系进一步分为以下几种情形，而在每一种情形中，讲述者还需在话语交流的不同层次间完成角色间的越界转换。

（一）讲述者是故事的主人公和责任人

讲述者除承担故事的发言人、故事作者和交往实践者的话语角色外，也是故事的主人公和责任人。故事讲述者在某一特定语境下展开自身经历叙事，与对方分享自己的人生经验，就故事的经验意义与对方进行磋商，达到加深对经验的认识以及调整、维护人际关系等社会交往目的。而交际的另一方则与之配合，承担受述者、故事受众和交际实践者的话语角色，协助叙述者完成故事讲述，参与到故事所表达的经验意义的协商过程中，并顺应交际语境需要，配合完成人际关系的维护与调整等任务。这类角色分配机制在本研究语料中占较大比例。参见例 4 – 2：

例 4 – 2（语境：A 在与同学 B 闲聊中讲到自己当年求职的经历）

1A：然后我是八月份过来的，八月末，都快开学了，有的学校。过来的时候，就啪啪啪调研，也特别快，因为你有目的性了嘛。

2B：对对。

3A：你只要把东西整好了 –

4B：嗯。

5A：做好毕业东西之后，就印了一页的那个简历，当时就喜欢 K 大学，为什么？

6B：啊。

7A：因为看电视人（家）机器人嘛！北大清华肯定不考虑，觉着能突破一下去，留在这样的学校也挺好，因为工科的，包括化工大学什么的，都可以。

8B：嗯。

→9A：然后，其实，当时也没有直接（去D大），就说在XY路这边投一下吧？也不知道叫XY路，当时。一下车，其实先看到D大，你知道它俩对着吗？

10B：对。

11A：一下车看到D大－

12B：啊。

13A：然后在K大先投了一下，但那个老师没在那儿，给了一个%janitor%，他帮我转的。

14B：嗯。

15A：让他转的。然后在BH，也是回复，说很抱歉，今年人满了怎么怎么的。

16B：嗯。

→17A：然后来D大这头儿，投上了，给了我一个机会，也是过了好几个月，我那时都要（和别的学校）签协议了，其实，人就是命，第二天签协议，马上就打算签，结果来了一个电话，没看着电话，然后晚上老师值班，正好打电话打通了。

→18B：你说那要是::很可能就会错过，该着你－该着说是你的缘分。

→19A：所以说嘛，就是啊。后来跟TS大学也是很有缘分。人就是一种缘分。

这段会话叙事的背景是：A和B同为TS大学的博士研究生，二人同修过两门课程，之前常常进行学术讨论，对彼此目前的生活、学习状况也很熟悉，但对彼此过去的学习、求职经历还不熟悉。当前的场景是二人在咖啡馆闲聊，自然聊起彼此过去的经历。

在A和B的会话中，A的声音主要代表讲述者A，但会话中故事讲述的方式、内容则代表讲述前及讲述中在故事受众影响下故事作者A对这段经验意义的认识，代表交际实践者A选择进行这段会话叙事的交际诉求。不过，故事话语（如1A）中的“我”却并非当前讲述者和交际者

A，而是故事的主人公，即完成 A 所讲述行动的过去的“我”。

1A：然后**我**是八月份过来的，八月末，都快开学了，有的学校。过来的时候，就啪啪啪调研，也特别快，因为你有目的性了嘛。

除讲述者一职外，A 会在多重角色间进行转换越位。比如，在故事话语 9A 中，“然后，其实，当时也没有直接（去 D 大），就说在 XY 路这边投一下吧？”是讲述者的声音，而随后的“也不知道叫 XY 路，当时。”却是故事作者的声音在监控并修正前面的讲述。之后，“一下车，其实先看到 D 大”中，A 恢复为讲述者，而最后部分“你知道它俩对着吗？”则是 A 从话语交际实践者角度与听话人进行信息交流，探知当前交际者是否具有自己所期待的理想受众应具有的背景知识。

9A：然后，其实，当时也没有直接（去 D 大），就说在 **XY 路**这边投一下吧？**也不知道叫 XY 路，当时。**一下车，其实先看到 D 大，**你知道它俩对着吗？**

同样，17A 中围绕话语“其实，人就是命”，A 的声音从叙述者转为故事作者，就故事的意义与故事受众 B 进行交流。之后，随着下句“第二天签协议”中叙事标记“第二天”的出现，A 的声音又从故事作者转换为讲述者。

17A：然后来 D 大这头儿，投上了，给了我一个机会，也是过了好几个月，我那时都要（和别的学校）签协议了，**其实，人就是命，第二天**签协议，(…)

18B 中 B 以故事受众的身份对 A 的故事意义进行评述，19A 中“所以说嘛，就是啊。”是表示附和 B 意见的作者声音，而随后 A 的补充“后来跟 TS 大学也是很有缘分。人就是一种缘分。”是从故事主题意义的进一步引申，指出其后来选择来 TS 读博也是缘分使然，则更像是会话交际者的声音。

18B：你说那要是∷很可能就会错过，该着你－该着说是你的缘分

19A：所以说嘛，就是啊。**后来跟TS大学也是很有缘分。人就是一种缘分。**

综合来看，整段会话叙事活动是一次成功的经验意义交流和人际交流活动，其间听话人积极参与故事经验意义的协商过程，从讲述者机缘巧合获得在D大工作机会的故事提炼出一些人生感悟——缘分很重要，而这一点得到了叙述者的认可，双方由此增加了共识。同时，通过感受讲述者的故事听话人增加了对讲述者生活经历的了解，感受到对方的信任和愿意分享自身经历的诚意，达成了彼此间加强了解、巩固友谊的社会交往实践目的。

（二）讲述者是故事的次要角色和责任人

在这类情形中，讲述者除承担故事的发言人、故事作者和交往实践者的话语角色外，也是故事中的次要角色和责任人。故事作者在某一特定语境下展开自己及主人公的经历叙事，与对方讨论自己及主人公的人生经验，并进而达到社会交往实践的目的。与上一类相较，这类叙事中受述者较多参与故事的讲述，而且其作为受众与故事作者进行意义协商的空间更大，对经验意义最终确定的贡献也会更大一些。参见例4－3：

例4－3（语境：H在宿舍向室友Y讲述自己带孩子去系里时发生的一件事）

1H：你看（.）我儿子刚才这事，我带我儿子去系里，那个保安说："那个，你来干什么？不准进去，<u>不准</u>进这个楼里↓。"

2Y：嗯，嗯。

3H：他当时有点，就是（0.2）眼泪其实在－

→4Y：啊？他其实（.）逗他呢吧？那个保安。

5H：对，然后，我说："你说，为什么不让我进哪？"

6Y：呃，

7H：他说："你叫我叔叔，我就让你进来，"他就<u>马上</u>叫了叔叔。

8Y：啊，

9H：（保安说）"你再叫大声点"，他就<u>又</u>叫了一声，大声了点。（保安说）"再叫大声点"，他就<u>又</u>叫了一声，大声了一点，完了，那个，就

把那个保安，就是给压过去了。

10Y：呃，呃。

11H：就这中间（.）当时，是我鼓励了他，有点儿，他眼睛稍微那啥（0.2）我就鼓励他，然后，进去了，进去（.）后来出来的时候，他说“那，叔叔为啥不让我进哪?”我说：“他逗你玩↓”。他说：“妈妈，‘逗’是啥意思呀?”

12Y：嗯，

13H：“我不明白‘逗’是啥意思。”

14Y：啊 -

15H：我说“‘逗’就是（.）他要和你做游戏”。对，他说：“为什么要逗我呀?”他先说：“为什么要逗我呀?”我说：“因为他喜欢你。”然后，他说：“那，逗是什么意思?”

16Y：啊，

17H：我说：“‘逗’是跟你做游戏，就是，这种说的不是真的，是看看你能不能那个，就是” =

→18Y：=应付这件事情，是吧？遇到一件小麻烦，能够应付。

19H：我说：“你当时做得挺好的，你应付，就是 - 你做得挺好的。你那个，没有被他所吓倒。”就是那个，大概是这样的。所以，我觉得就是（.）父母对孩子的这个（0.2）细致的，那个交流 -

20Y：你看，你就是很敏锐。这就是对孩子是个很好的影响，对吧?要是孩子吓哭了，没准你也 - 也有这种年轻的父母，然后，孩子被吓哭了，结果，他妈妈本来知道这个，人家是逗他，但她倒恼了，那就很麻烦了，是吧?

21H：他有那一瞬间，我就看出来了。我看到了他有点那个（.）憋屈那种 -

22Y：啊 -

23H：怯了、虚了那种，那，我就说，你叫叔叔，你大声，再大声，他就都叫了。

24Y：那，这就是个经验，再有人逗孩子，他就知道咋回事了。

25H：所以，我说，孩子真的是大人给塑造的，

26Y：嗯，

27H：被各种各样的大人来塑造，当然，这个塑造的能力，父母的能

力是最重要的↓，

28Y：[是。

29H：好的]、坏的↓

这段会话叙事的背景是：H 和 Y 同为某大学的研究生，又是室友。H 刚刚带自己三岁的儿子去系里拿东西，保安逗小孩子玩，说不准进楼，H 回寝室后与 Y 聊起儿子的表现。在这段会话叙事中，H 的声音主要代表讲述者，但故事话语（如 1H）中的“我”却并非当前讲述者和交际者 A，而是故事的次要角色，即配合主人公、完成 A 所讲述经历的过去的“我”。

1H：你看（.）我儿子刚才这事，我带我儿子去系里，（…）

H 作为故事中的次要角色，是主人公行为的引导者和观察者，对主人公——儿子的言行不断给予指点（5H、11H、23H），也一直留心观察儿子的反应和表现（3H、11H、21H）。从故事话语来看，故事世界中“我”与主人公经历的主要事件是他们与保安的话语交涉。故事世界的会话是由讲述者 H 代言的。讲述者 H 在故事话语中采用了大量直接或间接转述，并作为代言人采用了不同的语音、语调模拟故事人物的声音，受述者可以充分感知故事世界中的话语交际，如 1H—9H 中故事主要角色“我”儿子与保安的会话。

这段会话显示，在故事世界中，“反面角色”——保安设置困难，拦住“正面角色”——“我”儿子进入目的地（1H）。5H 中讲述者省略了主人公的话语，而只引述了“我”对儿子指点教导的话语：“我说：‘你说，为什么不让我进哪？’”说明“我”扮演了英雄助手的故事人物角色。9H 中正反面角色的话语交锋［（保安说）“你再叫大声点”，他就又叫了一声，大声了点。（保安说）“再叫大声点”，他就又叫了一声，大声了一点］显示正面角色顶住了反面角色的挑战，解决了困难。

故事人物会话在体现故事人物声音的同时，体现故事作者以及交际者对经验意义的认识和对交际语境、交际需要的认识。10H—19H 中“我”与儿子的会话充分反映了由于记忆或其他原因故事作者对故事人物会话的重构。13H 和 15H 对 11H 进行了重复、补充和修正，而 19H 中讲述者对故事会话的转述明显受到受述者 18Y 话语的影响。如果我们依据 H 的讲述把故事次要角色“我”与主人公儿子的会话复原，其情形大致如下：

①儿子：那，叔叔为啥不让我进哪？

②我：他逗你玩↓。

③儿子：为什么要逗我呀？

④我：因为他喜欢你。

⑤儿子：妈妈，“逗”是啥意思呀？我不明白“逗”是啥意思。

⑥我：“逗”是跟你做游戏，就是，这种说的不是真的，是看看你能不能那个，就是 – 你当时做得挺好的，你没有被他所吓倒。

在会话叙事进行过程中，H 除承担讲述者、扮演故事人物角色外，也代表作者和交际者的声音，H 会在几种角色间自由转换。像在 1H“你看（.）我儿子刚才这事，我带我儿子去系里，（…）”中，前半句“你看（.）我儿子刚才这事”是故事作者邀请故事受众参与下文所述故事意义分析的声音；而从“我带我儿子去系里”开始，H 转换到讲述者角色。5H“对，然后，我说：‘你说：为什么不让我进哪’？”中“对”体现的是故事作者的声音：故事作者肯定 4Y 中 Y 以故事受众身份对故事经验意义阐释的积极参与；“然后，我说”体现的是叙述者声音；而之后的话语“你说：为什么不让我进哪？”则代表故事人物 H 的声音。再如，在 15H 中（重列如下），“我说”是叙述者声音；“‘逗’就是（.）他要和你做游戏”是故事人物的声音；而“对”是故事作者对自己作为讲述者的话语审视时发出的声音，当故事作者发现自己之前讲述漏掉了一些细节后，发出信号，表示要对前面的讲述进行修正。之后，“他先说”或者“我说”仍是讲述者声音，而引述的话语则是故事人物的声音。

15H：我说“‘逗’就是（.）他要和你做游戏”。**对**，他说：“为什么要逗我呀？”他先说：“为什么要逗我呀？”我说：“因为他喜欢你”。然后，他说：“那，‘逗’是什么意思？”

在这类讲述者为故事次要角色的会话叙事中，由于讲述者对故事主人公言行的描述和阐释是第三人称视角，故事受述者和故事受众比在上一类会话叙事中更积极参与对经验意义的协商。在这一案例中，受述者 Y 在 H 讲述过程中，高度投入，不时地给予回馈，表述兴趣，认同讲述者和主人公的言行。而且，在 4Y 和 18Y 中受述者对讲述者的故事做出积极贡献：4Y 中 Y 对故事人物“保安”的行为给予自己的阐释［他其实（.）逗他呢吧?］；18Y 中 Y 对讲述者兼故事次要人物的言行感同身受，产生 Kaufman 和 Libby（2012）所说的“经验取用”效应，尝试将自己置于对方角色位置，补全讲述者作为故事人物在故事世界里的话语（应付这件事情，是吧?）。

3H：他当时有点，就是（0.2）眼泪其实在 -

→4Y：啊？他其实（.）逗他呢吧？那个保安。

17H：我说：“‘逗’是跟你做游戏，就是，这种说的不是真的，是看看你能不能那个，就是” =

→18Y：= 应付这件事情，是吧？遇到一件小麻烦，能够应付。

所谓“经验取用”是指思想、情感、理念与他者的自然融合，如日常生活中的移情效应，或者读者阅读文学作品、观看影视作品时将自己与人物的自动融合。在日常会话叙事中，特别是当叙述者讲述的是亲身经历时，受述者的移情或经验取用是很常见的。① 而当受述者将自身设想为故事中的人物，感受人物的情感、观点，就会从对方的视角建构话语，从而极大地拉近与作为故事人物之一的讲述者的心理距离，实现与对方改善或巩固人际关系的交际目的。

在故事讲述基本完成，作为故事次要人物的故事作者对故事的意义进行直接的阐释：“所以，我觉得就是（.）父母对孩子的这个（0.2）细致的，那个交流 -”（19H），而故事的受众，即听话人，也积极配合作者对之前所述故事经验意义进行协商。自 19H 至 29H，双方充分讨论，并达成共识：“孩子真的是大人给塑造的。”

最后，讲述者的讲述内容和方式反映其同时作为话语层的交际实践者的交际述求。从交际角度来看，H 的主要目的是通过与 Y 分享儿子和自

① Kaufman G. F. 和 Libby L. K. （2012）的实验研究显示与故事读者背景相似的第一人称叙事最容易激发受述者的“经验取用”效应。

己的这一经历，了解 Z 对自己和儿子在此事中表现的看法。从 Y 的积极参与来看，H 的交际目的得以充分实现。

（三）讲述者是故事的观察者和责任人

在这类会话叙事中，讲述者承担故事的发言人、故事作者和交往实践者的话语角色，但并非故事中的任何角色。作为故事发展过程的观察者、见证人和代言人，这类讲述者仍可称作责任人。这类讲述者与故事主人公无论熟悉，或者不熟悉，一般都是第三人称叙事，不会深入挖掘人物的心理活动，也不在故事世界扮演角色，只是如记者般观察和描述事件的经过。这类叙事一般围绕某个新奇、有趣的事件，或某个值得讨论的人物经历进行报道。其中，讲述者传达信息的作用较为突出，而作为作者对经验意义的挖掘不是那么重要。这类话语角色分配机制在语料中的比例较前两类少。参见例 4 –4：

例 4 –4（语境：研究生 A 与以前的大学老师 B 闲聊，讲述外教的授课情况）

1A：（…）现在老师他语言的思维方式训练，他就是完全不一样，现在老师让我们学做那个思维导图，就是他更加注重，注重你的批判性思维，就% critical thinking% 这个词我们听了不下 N 遍了，就是每个老师都在强调，他启发你上课提问题，然后你上课不要什么都相信他，而且我们有一段儿有一个，那个就是有一个荷兰的屯特大学，不知道听说过没有。

2B：不太知道 –

3A：它也是荷兰挺好的大学。它现在有个项目说可以就是：：叫双硕士学位之类的，那边有个老师过来讲课，他也是，他那个西方的教学方式，跟这边更不一样，他特别注重这方面的培养。我们就差好多，感觉。没有 – 没有这种体系。

4B：慢慢来。现在好像北大好多老师，包括清华也是，他（们）都是从国外读博回来的嘛，然后他们把国外的方法拿过来：：还是很好的。

5A：不一样，跟我们不一样，就是那个（·）我们那个外教叫 Myno 啊，他讲一节课什么也没有讲，就一直让我们讨论，一直在讨论。就比如说他，嗯：：他会引导你，我们叫那个叫技术传播，% technical communication%，然后他先后给你，第一节课不是要让你下定义嘛！什么叫什么叫% communication%，什么叫：：对这个概念，对这个行业有什么认识嘛，他就，他就会引导你，他不是像就是给你灌输（0.2）他，你看我们一般本科的，就是（·）不是本科，一般的老师讲都会这样，把定义什么的往那儿一摆，大概，让同学大概说一下，然后就开始往那儿一摆，但他就不，他就是一直很引导，他也没有给你一个标准的定义放那儿，他的定义很简单，

6B：哦，哦。

7A：这样的话，我们接受不了，觉得，一节课学了什么？都会质疑这节课。

8B：啊，你要给我一个%standard%，给我一个%standard answer%。

9A：对，那个课又是一个选修你知道吗，而且他又有很多作业。他作业基本上就是这种形式，给你一个话题让你搜相关的文献，那个，不好搜啊！

10B：哦。

11A：他让你去找文献，然后反正就跟，就很不一样，那种 -

12B：这种课其实很好，他做大概这种东西 -

13A：它能促进你的思维方式，我们第三节课的时候开始辩论起来了，就是给了一个话题，完全两种不同的，那个，就是两种不同的例子，就是比如说那个那个叫做:: 嗯 - 怎么样指导怎么样写那个%instruction%，有点像写说明书，就怎么样写一个指导性的东西，我们一路人写的是，就是:: 哦 - 一个抽象的，就是比如说，要简洁，要具体什么的，然后另一路人就拿那个例子，就是给了一个，就是一个例子。而且，两种不同的观点，我问那个外教，然后就吵得很激烈，3个小时的课，全都在讨论，

14B：哎哟（hhh）

15A：然后我们就来问外教说，你让我们写，你说到底是什么？他就说，什么都可以呀！他就是这种观点。他就特别好玩儿，然后::

16B：这样一路走下来还是挺好的，他是让你自己去想，去找答案。

17A：对。他那种方式让你感觉不一样，刚开始就不适应，慢慢儿现在还好了，作业还比较多，每节课下来都问你一个作业，然后让你做，然后下节课讨论，讨论完了再会引导你，然后，他就把这个概念穿插进去，只是你没有注意而已。其实，回过头再看他那个幻灯片，你会发现他后来讲的东西是和前面是相连的，就可能平常你没有注意，蛮有意思的。

这段会话叙事的背景是：A 和 B 以前为师生关系，学生 A 考取了 X 地 X 大的研究生，在入学两个月后，来看望在 X 地进修的老师 B，二人在咖啡馆聊天，A 讲到外教与本国教师授课方式的不同，并对外教 Myno 的授课方式展开描述。讲述者 A 对其授课方式描述的依据主要是自己的观察，虽然在叙述到授课效果时提及自己及其他学生的反应，但讲述者并未着眼于自己与外教的任何交互行为。在故事世界中讲述者主要是作为见证者和观察者与主人公的行动发生关系。

这一案例中叙事与讨论夹杂在一起，说话人 A 除担任讲述者角色外，其作为交际者和故事作者的角色作用也很突出。1A—4B 中 A 和 B 作为交际实践者就教师风格差异展开讨论。5A 中 A 先是以交际者身份进一步评论中外教师风格差异“不一样，跟我们不一样”。之后，为说明这一点，展开例证叙事。A 转换到故事作者立场，提出对外教 Myno 授课风格的基本认知：“就是那个（·）我们那个外教叫 Myno 啊，他讲一节课什么也没有讲，就一直让我们讨论，一直在讨论”，然后从“就比如说他，嗯：：他会引导你，”开始，A 转换到讲述者立场。在 5A 的后半部分及 7A 中对 Myno 的第一节课进行描述和叙述，9A 和 11A 描述了课后作业的要求，13A 和 15A 讲述了第三节课的情况。但在 A 担任这些故事话语叙述工作的同时，角色越界转换也在发生。9A 中开头的“对”是以故事作者身份对 8B 中 B 的评述意见表示赞同，13A 中开头“它能促进你的思维方式”同样是故事作者的声音，是 A 以故事作者身份针对 12B 中 B 对叙事经验意义的理解表示相似意见。15A 中 A 又对故事人物“我们”和外教会话的声音担当了代言人角色。之后，17A 中 A 以故事作者身份对 B 的评述表示赞同：“对”；又重新阐述叙述主题：“他那种方式让你感觉不一样，刚开始就不适应，慢慢儿现在还好了”；之后，A 又重拾叙述者立场，对前面的叙述进行了概要重复；最后，又以作者身份挖掘了故事的经验意义：“其实，回过头再看他那个幻灯片，你会发现他后来讲的东西是和前面是相连的，就可能平常你没有注意，蛮有意思的”。

整段会话叙事活动是一次成功的经验意义交流，讲述者使受述者增加了对外教 Myno 授课的间接经验。讲述者的主要作用是关于新经验的信息传输者。作为故事作者的讲述者在叙述自己眼中外教的授课经历的同时，也不时地尝试对外教的言行加以委婉的评判：从 7A 中的“受不了”到 11A 的“很不一样”和 13A“促进你的思维方式”到 17A 的总结“他那种方式让你感觉不一样，刚开始就不适应，慢慢儿现在还好了”。而作为故事受众的B之前是A的老师，基于这样的特殊关系，选择了一个“评判者（A）的评判者”的立场。其与作者的意义协商体现在其对作者关于故事主人公行为方式所做评价的核准、评判上面。在8B中她对7A的意见感同身受，带入到讲述者立场，表示赞同意见：“啊，你要给我一个standard，给我一个standard answer。”12B中她对11A“很不一样”的意见进行修正，指出“这种课其实很好”。16B中她对15A的看法“他就特别好玩儿”进行修正，强调“这样一路走下来还是挺好的”。最终，双方达成共识，讲述者A在17A中总结了二人的共同看法“他那种方式让你感觉不一样，刚开始就不适应，慢慢儿现在还好了”。基于此，双方也作为交际实践者，在信息共享和达成共识基础上，拉近了彼此的心理距离，巩固了彼此之间亦师亦友的人际关系。

（四）讲述者是故事的转述者和非责任人

前面的三种情形中，不管讲述者是否为故事人物，讲述者都是关于故事的直接信息来源，都是故事的责任人。但在会话叙事中，也存在一些讲述者转述曾听到或读到的第三者故事的情形。这时，讲述者虽仍承担故事的发言人和交往实践者的话语角色，但不是故事的责任人。至于信息的来源，有的情形中讲述者会交代（如例4-5），有的则不会交代（如例4-6）。不过，在这类转述叙事中，讲述者一般不会机械重复他人讲述的故事，而是基于自己的理解、基于交际语境重塑他人的经验叙事。讲述者之所以在会话中导入故事一般是为了满足特定的交际目的，并且会按照交际需要选择故事讲述的精细程度和讲述立场。因此，我们认为这类故事的作者角色仍是由讲述者来担任的。这类第三人称转述叙事为讲述者向受述者传达间接经验信息，并与受述者重构故事的经验意义提供充分的交流空间。

例4-5（语境：L在与同学Y闲聊中，讲述自己曾听到的P师兄的故事）

4L：我觉得现在换了个ST，更怪，哎哟。

5Y：嗯？

→6L：希望咱毕业的时候，千万不是ST还当那个啥，那叫啥？

7Y：党支书是吧？

→8L：可别找他盖章啥的，麻烦死了。**P 师兄说**那天可生气了，那天把他都气躁了，

9Y：啊？

10L：因为他们毕业的话，好像是党员还是怎么，不是党员，反正幸亏我不是党员，但不是党员也好像要找他，是吗？

11Y：啊，啊 -

12L：是不是？

13Y：我不知道哎！

14L：我也不知道。

15Y：咱们不用吧！他是管党员，现在属于党支书那种性质的，

16L：那就好！

17Y：咱也不是党员，不用找他了

→18L：**师兄说**找他挺麻烦的，好像签字还是干吗 -

19Y：嗯。

→20L：都约好了，**说是**::: 都约好了，早上九点啊，**说是**师兄和 LY 的一块找他签个字，在门口敲门，听他在里面打电话，就敲了一下门，在里面的还不回答，还打电话，完了**我师兄说**等了十分钟，他还在打，然后师兄就急了，又敲他的门。约好的嘛！是吧？我约好的第二天早上九点，写个东西，你说能花多长时间？

21Y：就是啊！

→22L：而且，人家敲门，就给你暗示了嘛！

→23Y：你就快点结束呗，对呀！

24L：那啥，十分钟以后，我师兄又敲门，然后又等了五分钟，

25Y：啊?!

26L：师兄生气了，就推门进去，把他噼里啪啦骂了一顿。

27Y：谁骂了谁了？

28L：P 师兄骂了 ST。

29Y：他反正年龄比他大，资格比他老。

30L：嗯，P 师兄以前也是当支书嘛！

31Y：嗯。

32L：我觉得就应该 -

这段会话叙事中，L和Y同为TS大学的低年级博士研究生，故事主要人物P师兄和ST为高年级的博士研究生。当前会话交际的背景是二人聊到共同认识的高年级学长，L提到学长ST比较怪，难以相处。为了证实这一点，她转述了之前P师兄的个人经历叙事。在8L、18L和20L中，信息的来源，即故事的责任人P师兄多次被清晰地提到，P师兄的话语也被间接引述。故事的作者之所以选择在讲述中反复提到故事责任人，并引用师兄的话语，应该主要是为了强调故事的真实性，强调故事蕴含的经验意义的价值。而作为交际实践者，讲述者应该是希望与受述者分享关于ST为人怪的间接经验，表述自己不希望与ST打交道的愿望（6L："希望咱毕业的时候，千万不是ST还当那个啥"），加强故事话语的说服力，并提醒受述者与其打交道时要小心。

在这段会话叙事中，经验意义的协商建构性比较明显。故事作者显然选择了与故事责任人P师兄一致的立场、一致的叙事视角。在讲述中，P师兄说了什么，听到了什么，做了什么以及其情绪由急到气的变化都得以表述。而ST为什么一直接电话，是否是一个很重要的电话，我们不得而知。20L中L的话语"约好的嘛！是吧？我约好的第二天早上九点，写个东西，你说能花多长时间？"和22L中的话语"而且，人家敲门，就给你暗示了嘛！"显示"经验取用"效应的发生。L转述故事时已经完全把自己置于P师兄的位置，想象中是自己处于故事世界中因ST的不理不睬而气愤。有趣的是，受述者Y受到讲述者L的语气、态度的影响，也选择了对ST的批判立场。23Y中Y的话语"你就快点结束呗，对呀！"中的"你"显然也指向故事世界中的ST，说明Y在听故事的瞬间也将自己置身于故事世界中P师兄的位置，"经验取用"效应再次发生。这样，通过交换不在场的第三者的故事，交际双方选择了一致的立场，加强了共识，并借此进一步巩固了友谊，实现了社会交往实践的目的。

而在有些转述叙事中，特别是在一些家族史叙事中，讲述者往往把记忆中听家人反复讲述的故事当作亲历的故事，在讲述中省略任何关于故事来源的信息，参见例4－6：

例4－6（语境：父亲XF与女儿YY在家里聊天）

1XF：你爷爷原来学习可好着呢，你知道吧？

→2YY：我知道。

3XF：在当时 -

→4YY：考上市一中了。

5XF：当时在县一中，初中是在县一中上的，那时候你爷爷上中学，可不像现在方便，人家爬山，爬两座山过去，走着去，从我们庄到县城，都是走着去。嗯，爬过两座山嘛！学习特别好，**当时一中的那个校长 YD 他媳妇是你爷的班主任，对他印象特深。我上学的时候还特熟呢，看见着呢。**

6YY：啊。

7XF：58 年、59 年，就那时候上的高中，你爷爷那时候老三届啊，虽然没上大学，但回庄里之后有文化嘛，

→8YY：他不水泥厂副厂长吗？

9XF：是啊，不是，原来不是，他市一中没上完就，就回家了嘛！一个是头疼，另外就是家里穷，上不起学呀，上不起退学了，退学回家以后，(…)

这段会话叙事的背景是：讲述者——父亲 XF 向女儿 YY 讲起孩子的爷爷年轻时求学的经历，而爷爷的这段经历显然是 XF 早年间接从自己的父亲、母亲或其他亲人那里听到的故事，XF 并非故事的责任人，也非故事中的角色。5XF 中的表述“当时一中的那个校长 YD 他媳妇是你爷的班主任，对他印象特深。我上学的时候还特熟呢，看见着呢”显示 XF 最多只能是自己父亲当年求学经历的间接见证者。有趣的是故事讲述的方式却仿佛 XF 是那段经历的直接观察者和亲历者一般，并未提及是通过何种途径获得故事中信息的。而作为当前所述故事部分的作者，讲述者主要目的似乎也不是交流信息，因为故事的接受者 YY 对爷爷的这段经历虽然没有 XF 那么熟悉，但也并非头一次获悉（2YY、4YY、8YY）。XF 的交际目的似乎更多是为了使 YY 了解并记住爷爷年轻时是出色的、是努力的、是经历过艰难困苦的日子的，从而培养家族的自豪感。

这类叙事一般是经过反复叙述的，其经验意义也不仅限于当前讲述者和受述者的理解，而是在反复讲述中不断被建构和叠加的。单次讲述中故事作者的意义建构空间较其他类要小。讲述者作为发言人的作用在这类叙事中最为突出。通过转述这样的故事，讲述者传达自己对所听到的其他人所述故事经验意义的理解。

三　会话叙事中受述者所承担的多重话语角色

会话叙事中的话语交际是由所有参与者共同构建的。会话叙事中与讲述者、故事作者、交际实践者（说话人）相对应的另一方也在同时扮演受述者、受众、交际实践者（听话人）等多重话语角色。其中，受述者角色是交际另一端多重话语角色中的关键变量。按照受述者是否在当前会话交际之前通过某种渠道知晓部分或全部故事内容，我们可以把受述者分为知情与不知情两类。知情与不知情受述者在协助对方完成故事讲述、与对方协商故事的经验意义和完成交际实践方面的表现有所不同。而且，当受述者不止一人时，讲述者所针对的受述者与非针对受述者的作用也有所不同。下文将结合实例以受述者状态为参照讨论不同情况下话语角色的不同配置。

（一）知情受述者

所谓知情受述者是指曾与叙述者共同经历或见证过、听闻过某段往事的受述者——受述者本身是故事的主人公、次要人物或观察者或者之前曾听人讲述过该事件的受述者。在面对知情受述者的叙事中，一般来说，双方除交换关于共同经历或见证事件的记忆之外，很大程度上是为了表达情感，体验昔日的情谊或情绪。在叙事中知情听话人一般扮演叙事合作者的话语角色。具体地说，知情听话人可能担任故事讲述的诱导者、信息补充者、提问者、信息核准者、评论者等。通过协助叙事的完成，知情受述者在故事经验意义的确定和社会交往实践任务的完成方面发挥积极作用。参见下例：

1. 故事讲述的诱导者

当故事的受述者为故事的亲历者或者曾听过该故事，可能会要求在场的故事主人公讲述该故事给在场的其他受述者。参见例4－7：

例4－7（语境：H、X和Y为同学，在宿舍闲聊）

→3H：我给你爆料↑啊，Y跟她老公（·）那是师生恋，老浪漫了。

4Y：哪有↑，陈年旧事，早都忘了那段了。你别说，那时候，真有好几个学生喜欢他呢。我也是后来知道的。有一个老装病，好让他到宿舍去看她，不过，他没感觉，没往那儿想。

5X：那Y姐，你怎么能－

6Y：不就是学习好嘛，上大学之后和老师通信，慢慢才－

在这一案例中，H、Y 和 X 同为女性博士研究生，听过 Y 故事的 H 宣布 Y 的恋爱经历很浪漫，鼓励 Y 将其故事分享给双方共同的朋友 X，知情受述者 H 扮演的是故事讲述诱导者的话语角色。H 作为了解故事内容的受众，在故事经验意义协商方面发挥了近于主导的作用。在故事开场序列中 H 按照自己的理解直接将 Y 恋爱故事的主题确定为“老浪漫了”（3H），从而为受众（知情者 H 和不知情者 X）与故事主人公兼作者就 Y 恋爱故事经验意义的协商定下基调。虽然 4Y 中 Y 似乎对 H 宣布的故事主题有些不好意思，作了部分否定：“哪有，陈年旧事，早都忘了那段了。”但仍然简短、隐晦地叙述了自己如何面对好多竞争者，却独享老师的好感，通过写信慢慢与老师确定亲密关系的经历（4Y、6Y），并回答了 5X 中不知情受述者 X 对故事主题的怀疑，最终实际上应和了 H 所确定的主题，证实 Y 与其爱人的确是师生恋。在社会交往实践方面知情受述者 H 的作用也较为突出。H 对故事主题——Y 恋爱故事的宣布，“迫使”Y 将自己的一段个人私密经历分享给不知情者 X，而作为女性同学的 H、Y 和 X 三人通过这样分享个人经历故事（之后，在 X 的要求下，H 的恋爱婚姻故事也被分享，参见例 4 – 11），彼此加强了了解，强化了群体意识。因此，H 在三人的人际交往实践中也起到了先导作用。

2. 信息核准者、评论者

知情受述者，特别是故事的亲历者，由于已知晓部分或全部故事内容，会对讲述者的叙述不时地给予肯定性或否定性评判意见，担任信息核准者和评论者的角色。参见例 4 – 8：

例 4 – 8（语境：Z 在咖啡馆与很久未见的老同学 S 和 G 聊天）

1Z：我这脸都圆了。

2S：一看 LXF 就对你挺好，我们都受虐待那种。

3Z：什么呀！

4G：我们都成女光棍了，（hhhhh）我自己天天说我是老光棍。

5Z：LXF 现在对我越来越不好了，控诉一下。

6G：拉倒吧，LXF 多好啊，是吧？

7S：哎呀，我印象极深的就是，遥想当年啊，我去 Z 她宿舍，

8G：嗯

9S：放暑假，我们俩一颠一倒睡觉，hhhh，在那个床上，你记得吗？

→10Z：啊，你说，那个，在 BJ 的时候吧？

11S：对呀！

→12Z：是！

13S：然后，结果呢？一颠一倒也挺幸福啊，感觉，两个人－

14G：我对 Z 最深的印象，就是，我们俩，正国庆游行呢，对面一看，老 Z 来了，还带着妹妹，当时我特感动，

→15Z：hhhhh

16G：（hhhhh）家伙，老 Z 特别像“一二·九”运动那啥，还家伙，姐俩［一起去－

→17Z：YX］跟我去着？我都忘了。

18G：（hhh）哎呀，妈呀，完了看着我了，咱俩还照相，［hhh

→19Z：hhh］都在 BJ 嘛！对，碰到一块儿了。

20S：然后，什么呀，就是，我还没说完呢，我觉得俩人挺幸福，一颠一倒睡觉，哎呀，真的挺好，毕竟同学嘛，特亲！

→21Z：就↑是。

22S：然后，那个，不幸的是，没住两宿、三宿啊，完了那个谁－［LXF 就去了

→23G：LXF 就去了］。

→24Z：LXF 就去了］，对，好像是－

25S：然后，女生宿舍也不让 LXF 进，结果赶上夏天嘛下雨，BJ 下雨，蒙蒙细雨，LXF 在凉亭待了半宿，

26G、Z：hhhhhh

→27Z：哎，LXF 没带身份证，在凉亭待一晚的时候正赶上你也在呢，是吗？

28S：你不记得我在那儿住着吗？

→29Z：啊，我记得你住，我也记得 LXF 在凉亭，但没把这两个，两个情节融合在一块儿去。

30S：完了那时候，我一下就觉得特失落，人家都有老公在这儿追，我－hhhhh

→31Z：hhhhh，一晃多少年的事情。（…）

这段会话叙事的背景是，S、G 和 Z 是多年前的高中同学，Z 刚从外

地进修回来，与其他二人已很长时间未见，Z 约 S 和 G 在一家咖啡馆见面聊天。这段会话叙事中，S 和 Z 同为故事的责任人，S 为主要叙述者，她讲起自己、Z 及 Z 的爱人共同经历、见证的一段往事：S 从外地过来看望 Z，刚巧 Z 的男朋友也在两三天后从外地过来。受述者包括故事的主要人物之一 Z 和曾听过故事、大致了解故事内容的 G。受述者 Z 作为故事中的责任人之一，充当了 S 讲述内容的信息核准者和评论者的话语角色。7S 和 9S 的讲述唤起了 Z 的记忆，10Z 和 12Z 中 Z 核实了 S 讲述的内容；20S 和 22S 的内容也同样得到了 21Z 和 24Z 中 Z 的确认。故事讲述完成之后 27Z、29Z、31Z 中 Z 对 S 的叙事进行了讨论和评论。在这段叙事中，14G—19Z 中还插入了一段 G 的回应叙事。S 的讲述激发了 G 的回忆。她插入了一段她和 Z 在游行时偶遇的叙述。这时，Z 仍然承担的是知情受述者角色，针对 G 的叙述 Z 以笑声（15Z）和评论（17Z、19Z）表示了回应和认同。

这类会话叙事中，对于讲述者和知情受述者的交际双方来说，信息交换的工作显得不是那么重要，而作为知情受众配合作者完成在当前语境下对过去共同经验的重新阐释是交际意义的主要来源。这段会话叙事中所述的不论是同学来访两人挤在一张床上的亲密情谊和受述者男友来访无处栖身的尴尬，还是国庆游行同学迎面碰上的欣喜，都是从交际双方当前视角重新回望过去对经验意义的解读。因此，双方交流的是过去经验在彼此记忆中留下的痕迹、印象和今天对过去事件的看法，通过叙述这段共同经历的事件双方重新体验昔日的情谊，完善对过去事件的记忆和认识。像在这里，受述者 Z 通过 S 的叙述才记起自己当年男友来访因未带身份证无处栖身的尴尬还有好友的见证。至于当年的尴尬事件，现在讲述者、知情受述者 Z 和 G 却都把它看成了一件趣事来谈。而在知情受述者与讲述者对这些往事的笑谈中，大家重新感受到曾经的亲密友谊，巩固了老同学、老朋友之间的情谊，也因此达成了大家聊天、叙旧的交往实践目的。

3. 信息补充及修正者

知情受述者，特别是故事的亲历者，还可能会对讲述者的叙述不时地给予细节的修正或补充。参见例 4－9：

例 4－9（语境：Z 在咖啡馆与很久未见的老同学 S 和 G 聊天）

31Z：一晃多少年的事情。我还跑太原去着，反正我记得是－

32S：你上太原你没看我去吧？

33Z：就是找你去了，你忘啦？

34G：她不找你找谁呀？

35S：哎，我咋没印象啦？你跟谁去找去的？

36Z：我一个人，

（37S—45G 为插入的讨论部分，略）

46Z：我好像刚考上大学那年，我去太原去了一趟，完了你带我去了 - 你还问我想去哪儿玩。我说不想去哪儿玩，主要见见同学，聊聊天嘛！然后就上一广场上去了一趟，

→47S：明德广场 -

48Z：啊，然后你带我吃了点你们那儿的面，

→49S：那肯定是什么吧，刀削面呗！

50Z：对，好像不只吃了一家，反正味道也差不多，这家、那家也都是面，吃了两三份的面，别的没有印象了。

51S：遥想公瑾当年啊！

52Z/G：hhhhhh

这段会话叙事的背景同上例，是上一段叙事的回应叙事。在这段叙事中，47S 和 49S 分别对 46Z 和 48Z 进行了补充修正：47S 将 46Z 中的“一广场”修正为“明德广场”，49S 将 48Z 中的“你们那儿的面”修正为“刀削面”。与上例相似，知情受述者通过补充信息、修正信息，与对方一起重温过去的经历，在轻松的笑谈中，大家巩固了多年的友谊。

不过，如果受述者不是故事的亲历者，而只是之前曾听过部分或全部故事的讲述，那么他（她）对讲述者话语修正、补充就不一定是成功的。再看一下前面分析过的例 4 - 6（为讨论方便，重新呈示如下）：

例 4 - 10（语境：父亲 XF 和女儿 YY 在家里聊天）

1XF：你爷爷原来学习可好着呢，你知道吧？

2YY：我知道。

3XF：在当时 -

→4YY：考上市一中了。

5XF：当时在县一中，初中也是在县一中上的，那时候你爷爷上中

学，(…)

6YY：啊。

7XF：(…) 虽然没有上大学，但是回庄里之后有文化嘛，

→8YY：他不水泥厂副厂长吗？

9XF：是啊！不是，原来不是，(…) 另外就是家里穷，上不起学呀，上不起退学了，退学回家以后，(…)

这段会话叙事的背景是父亲 XF 向女儿 YY 讲述孩子爷爷的经历，由于 YY 以前已听过父亲及他人的类似讲述，因此，对父亲在这段会话中的讲述已有部分了解，属于部分知情者。4YY 中 YY 根据自己的了解插话，试图补全 3XF 中 XF 的话语，8YY 中 YY 试图补全 7XF 中对爷爷的叙述。不过，YY 显然对爷爷早年的经历了解不全面，这两次的补全尝试都不成功。但这也同样说明知情受述者在叙事中的自我定位不是信息获取者，而是叙事的共同体验者和故事意义的共同构建者。双方交际的主要目的是借由重温已知晓或部分知晓的经历故事交流感情，建立情感纽带。总之，人际交往和社会实践任务是面对知情受述者的会话叙事中最重要的一环。

（二）不知情受述者

所谓不知情受述者是指没有任何途径事先了解故事讲述内容的受述者，既非故事人物或故事发展过程的观察者，也未曾听过当事者或其他知情人的叙述。

这类叙事中，一般来说，讲述者会将自己的经历、见闻分享给受述者，双方分享信息，也协商对事件的态度、看法。在叙事中不知情听话人一般扮演故事讲述的诱导者、信息追查者和评论者等话语角色。而且，不知情听话人在意义协商和社会交往实践方面同样发挥积极作用。

1. 故事讲述的诱导者

未曾有途径获得任何故事信息的受述者与知情受述者一样，也可能会由于交际语境的刺激，要求在场的讲述者讲述某方面的经历作为回应故事，与之前他人的故事形成呼应。参见例 4－11：

例 4－11（接续例 4－7，同学 H、Y 和 X 在宿舍闲聊）

→7X：H，说说你的，怎么－？

8H：Z 知道，让她说吧。

→9Z：我就记得你说过你俩挺不容易的，你妈不同意。别的，我也不记得了。

→10H：咳，我妈可反对呢，看不上他，(…)

这段会话叙事的背景是 Y、H 和 X 同为研究生同学，其中 Y 和 H 住在同一宿舍，对彼此的生平故事已较为熟悉，X 住在隔壁房间，彼此间的交流要相对少一些。当前的交际语境是：在 Y 和 H 的宿舍里，Y 和 H 向住在隔壁、过来聊天的 X 称赞其从外地来看望她的老公，这时 H 宣布说 Y 的恋爱其实也很浪漫（见例 4－7），而在 Y 的简短讲述后，X 作为不知情受述者，在当时大家非常友好的会话环境下很自然地问起在场的 H 有什么样的恋爱故事，提议道："H，说说你的，怎么－？"请求 H 讲述她的恋爱故事（7X）。之后，在知情受述者 Z 的协助下（9Z），H 满足 X 的请求，开始讲述自己的恋爱故事（10H）。

不知情听话人 X 应该是从前面 H 提议下 Y 完成的叙事中感受到 Y 和 H 愿意和自己加强沟通了解的善意，才敢于提出这样的请求的。而 X 对 H 故事的成功诱导说明三人都认可彼此之间更亲密关系的确立。这一案例显示不知情听话人在适宜的语境条件下，可通过诱导对方的故事加强与对方的了解，并改善人际关系。在本研究语料中，不知情听话人诱导故事的情况并不少见，但较多作为回应叙事，表明诱导者对双方进一步加强沟通的真诚意愿。在这类叙事中，诱导者在社会交际实践中扮演积极主动的话语角色。

2. 信息讯问者、评论者

不知情受述者尽管对讲述者要叙述的故事内容不了解，但基于自身对相似情节的直接或间接经验，仍会在会话叙事的进程中扮演积极角色。比如，根据自己的经验图式通过提问和评论来预期故事发展，充当信息讯问者和评论者的话语角色。

例 4－12（语境：H 在向室友 Z 讲述一位邻居的小孩子错过入园机会的故事）

31H：然后她家这小孩，他们一直说是符合条件的，应该可以上，然后－刚才就－前两天我还问她，就说报上了没有，说报上了。刚才我就问她，说没报上。我就特别惊讶＝

→32Z：=啊，为啥呀？

33H：所以就让我想到了，这个社会，人的这个水平，受教育不受教育的生活环境，这种父母对孩子的将来的=

34Z：=影响，是吧？

35H：就是孩子的将来就把握在父母的认知水平上－

→36Z：那肯定的。她为啥没报上，怎么就错过机会了？

37H：我就说嘛！报名应该从网上报－

→38Z：她不知道搁网上报－

39H：不是，她知道从网上报，这些程序她都知道。但是呢－这个，这个，报名，应该在 TS 的校内网上。他们家没网。

40Z：啊！

这则会话叙事的背景是研究生同学 H 和 Z 在宿舍聊起 H 一位邻居因网络报名失误而使小孩子错过入园机会的事情。Z 在 32Z 中追问报名未成功的原因，在 36Z 中简短应和 H 的评论后进一步追问“她为啥没报上，怎么就错过机会了?”Z 积极充当了真相调查者的话语角色。之后，38Z 中，Z 积极预想下文，“她不知道搁网上报－”，执着于探寻事件背后的原因。

例 4－13（语境：A 在向同学 B 讲述学习经历）

91A：%OK% 然后（0.3）我就毕业之后嘛！我就那个，嗯，就是在那儿读了三年，

→92B：你就直接在 DL 读的硕士？

93A：其实，我当时是应该往北外或上外考。

94B：哦。

95A：我当时就是坐井观天，我就是当时在家里面，不知道北京这头儿还有北外啥的。

→96B：其实，DL 外也不错了。

97A：是不错，就是，没，就是坐井观天，不知道，就知道有那个天地。但你当越来越多地读书，了解的人越多－对，我想往上海考，那还好一点，完了当时我们老师说，说你学得真挺好。八级谁也过不了，这么多年那个院儿的人都过不了，我就能过，主要就指你出菜呢！老师说，就考

一个自己的学校吧，这样＝

→98B：＝就能确保你能上＝

99A：确保给他创一个名气什么的，

→100B：对，对。

这则会话叙事的背景是研究生同学A和B在咖啡馆聊起A的求学经历。不知情受述者B虽然不了解A考研的这段经历，但基于自身的教育经历，在92B中为澄清对方讲述中模糊的表述“就是在那儿读了三年”（1A），提出疑问“你就直接在DL读的硕士?”扮演真相追踪者的角色。之后，B选择评论者角色：96B中B又对A选择的读研学校进行评论，98B中B甚至预想下文，尝试直接补全A的叙述，甚至在100B中B如知情叙述者一般对A的叙述表示核准和赞同意见。

像以上两例中，不知情听话人通过不断地追问、评论和话语修正，积极地介入到讲述者（作者）的叙述中，形成高度投入的谈话风格，这样的谈话可以很好地促进交际双方的信息、经历的共享和情感的共鸣，从而加强彼此间的友谊。

（三）针对性与非针对性受述者

当会话叙事在多人间进行，受述者角色由多人承担时，不同受述者对会话叙事中话语交际的贡献不同。而按其贡献的不同，受述者可分为讲述者所针对的和非针对的受述者两类。针对性受述者一般会积极协助讲述者完成故事讲述活动，并参与对故事意义的协商建构活动。非针对性叙述者对叙事的参与度很低，一般只是叙事的旁听者。但非针对性叙述者随时有可能转换角色，参与到会话叙事中来。参见例4-14：

例4-14（语境：研究生Z、X和G在参加一次学术论坛的间歇聚在一起闲聊）

1X：对。我现在特别感兴趣，就是，我也在想，以后我的孩子大了，我该怎么和他相处。

2Z：呃，但是就是，我女儿-你看那个心理学上不老说男孩跟妈妈亲，女孩跟爸爸亲，是对的。就是，她，女孩子，就是说，你比如像我女儿，跟我既是朋友，又是敌人，就是那种感觉。

→3X：真的吗?

4Z：对，因为她女孩儿嘛，有什么事儿，她都会和我讲，但情感上边，她跟她爸爸，那，绝对是不可分割的那种，就她会认为，就是，人家不都说，那个，女孩，她真正爱的第一个男人是爸爸吗？是那样的，是吧？

→5X：对。

6Z：然后，男孩，（G抬起头）他真正爱的第一个异性是她妈妈。她心里边，在她找另一半儿的时候，总是在比较，我女儿就常常念叨，说这个人是像我爸还是不像我爸，他爸爸一定是在那里的＝

→7X：＝是一个模板。

8Z：对，就是对她将来选男朋友它肯定是有影响的，就跟你们，将来，你的为人处世，你的形象，跟他要选的另一半儿是特别有关系的。

→9X/G：嗯嗯。

10Z：即便男孩子长大后，有私心话，会跟爸爸说，毕竟同性嘛！但他内心深处，情感的部分－

→11X：对，情感部分＝

→12Z：＝他一定是倾向你的。其实我女儿现在是大了，她小的时候，什么话都和我讲，但是呢，如果我和我爱人什么事我俩意见不一致的时候，她会毫不犹豫地和爸爸站一起。（G抬起头）完了，我就我和同事聊，说她们家的小孩呢，也是这样子，就是不论她和她爸爸，就说是，和妈妈有多么的熟，她情感上还是跟爸爸亲。（朝向X以及抬起头看着自己的G）你自己觉得呢？

这一案例中，Z、X和G是来参加一个语言学论坛的博士研究生，来自同一学校，彼此熟识，午间休息时X提起了如何与孩子相处的话题（1X）。一开始主要是X和Z聊，G有些困倦，低头坐在一边听着，很少参与。因此，4Z、6Z和12Z中Z对自己与女儿相处经验的叙述主要是针对X的。X为针对性受述者，在场但基本不发言的G为非针对性受述者。在会话及叙事的进行中，针对性受述者X对Z的讲述不断给予及时的回应与配合（3X、5X、7X、9X和11X），并通过协助叙事，参与故事意义的协商。7X中X补全了6Z的话语，以更清晰的概念（是一个模板）概括了6Z中关于女儿对爸爸情感依赖的描述。11X中X的赞同意见鼓励了Z关于情感部分的讨论和叙述。

在 1X—11X 的会话及叙事中，非针对性受述者 G 除在话轮 9 中与 X 一起作出倾听的回应外，未表现出任何兴趣。不过，会话叙事中非针对性受述者与针对性受述者的区分不是固定不变的，在场的非针对性受述者可能会一直默默关注交际的进程，并随时从消极观察转入积极参与状态。这一案例中，12Z 中 Z 对女孩子与父亲情感问题的叙述和描述最终激起了 G 的兴趣。在 Z 的叙述临近结束时，G 抬起头开始认真倾听 Z 的叙述。因此，与 G 目光相遇的 Z 把自己的问题“你自己觉得呢?”同时抛给了 X 和 G。这时，G 也成为针对性受述者。15G 中 G 甚至贡献了一段简短叙事，述及自己幼年在姥姥家长大的情形。

→15G：我不知道。我从小在我姥姥家长大的，我对爸妈都没有依赖，我是被抛弃的孩子，所以，我才性格比较孤僻内向。所以，你这样一问就砸中我内心深处一颗脆弱的身心。

在非针对性受述者转换话语角色，充当针对性受述者甚至讲述者的同时，也在意义协商和交往实践方面由被动转为主动。由于 15G 的叙述是为了回应 Z 的问题，Z 为其主要的针对性受述者。16Z 中 Z 对 X 的叙述迅速作出了回应。之后，Z 才接续之前与 X 的会话交际，并参照 G 的经历赞许 X 一直坚持自己照顾小孩子的做法。

→16Z：（朝向 G）%Sorry，sorry%，我忘了。（朝向 X）对，我觉得是，其实你这样会很幸福，将来你儿子，至少会从情感上特别依赖你。

之后，从话轮 17X 开始，X 对自己小时候未能在父母身边经历的叙述显然不是单纯回应 Z 的评论，而是受到 15G 中 G 的叙述内容的影响。

17X：嗯。所以这是我为什么我一直要把我的孩子带到我的身边。因为我小时候，呃，其实，呃，也不是跟我父母一起长大的，我爸爸是军人，他原来在西藏，待了十八年。

18Z：哎呀。

19X：我妈妈在内地，她是医生，也很忙。然后，我小时候我妈妈就把我放在我外婆家，我一直到了小学，二年级还是三年级的时候，才跟着她。

20Z：哦。

21X：从小好像就觉得很缺啥，也不是说他们不爱我，但是就觉得，跟父母［挺有距离的。

→22G：不一样。］

→23Z：那种日常的朝夕相处那种亲密感，你可能［就没有。

24X：嗯，没有。］嗯，跟我妈就－我也很爱她，可是总是觉得好像跟她有距离。

在这部分X的讲述中，Z和G都作为针对性受述者作出了积极回馈。22G中有着相似经历的G将自己代入角色，尝试补全X的话语，指出X与父母的关系与其他人不一样。23Z中Z对X的讲述给予了概括和评述。

综合本节的分析，我们发现会话叙事中的交际主体承担着复杂的交际任务，在不同层次上扮演者不同的话语角色。他们不单作为讲述者和受述者承担经验意义的交换工作，也作为故事的作者和受众完成意义的协商和建构工作，并作为具有社会性的说话人和听话人完成人际交流和社会实践工作。而交际主体在不同层次的话语角色也可以间或越过框架与其他层次上的交流活动融合。整体来看，会话叙事中交际主体以多元身份、多种声音在会话交际、元叙事和故事话语等各层次上的交际活动呈现一种复调性特征。

第三节　会话叙事中的叙事交际自我及其与他者的关系

相较于文学叙事中真实作者、叙事者、隐含作者的区分以及真实读者、叙事读者、隐含读者的区分（Phelan，2005），在面对面会话交流中展开的叙事活动要简单得多。首先，面对面交际中，真实作者与叙事者是重叠的，真实听者与当前叙事听者是重叠的。其次，尽管与文学叙事交流的情形相似，会话叙事的隐含作者和隐含听者的形象也是虚拟的，需要听者和作者在心智空间模拟建构，但会话叙事中隐含作者的形象与真实作者、隐含听者的形象与真实听者均存在部分重叠。听话人建构隐含作者形象的主要工作是基于自己对当前交际语境及真实作者的认识，判定作者在当前会话叙事交际中的特定交际述求及其对理想自我的心理期待。而作者及讲述者建构隐含听者形象的主要工作是基于自己对真实听者的了解判定对方已有的经验图式，从而预期听者对自己讲述故事的理解和赞同的程度，并据此调整自己讲述的详略程度、调整自己对所述事件的情感和态度。

会话叙事中作为虚拟形象的隐含作者与隐含听者虽然不直接参与会话叙事任一层次的话语交流活动，但交际双方对隐含作者和隐含听者的判定过程却与交际活动息息相关。会话叙事中的隐含作者形象接近于真实作者在互动交际中希望故事接受者依循故事讲述所识别的叙事主体形象，其核心是作者/讲述者设计以交际性叙事的方式来体现的理想自我形象，相当于作者在交际性叙事中的第二自我。基于这一点，本研究对会话叙事中隐含作者形象的分析集中在真实作者及交际者意图通过故事讲述使故事受众识别的自我形象，并称之为叙事交际自我，而将作为叙事自我所面对的隐含听者和交际自我面对的真实听者统称为他者。

一 叙事交际自我的建构性特征

日常生活中，当我们通过叙事阐述自身的真实经历或见闻，解读自身与他人及世界的关系时，我们得以形成并不断巩固和调整自我意识。叙事为讲述者提供自我反思的平台，通过叙事，讲述者可以将“重新构建的过去、感知到的现在和期待的未来整合起来”，建构自我的完整形象（McAdams，1993）。

叙事交际自我最突出的特性是其内在的建构性。叙事交际自我虽是讲述者对于自身存在状况的自觉意识，但绝非单一的、确定一致的心理活动成果，而是在话语交际实践中动态形成的。如前所述（第一章第二节），叙事中叙事者建构的身份是相对于交际语境的动态身份，受到交际环境和社会文化因素等的影响。会话叙事中，故事的结构、故事讲述的细节、角度甚至意义的阐释方向都并非交际活动前预先设计好的（参见第三章），而是在动态的交际过程中由讲述者参照交际语境、听话人的知识背景和预期以及社会道德规范即时构建的。因此，在故事背后的隐含作者，即这里所说的叙事交际自我也是动态交际中即时建构的。而且，叙事主体及受述者又同时作为社会交往实践的主体参与叙事活动，他们身上的社会属性、意识形态、交际述求也会对叙事主体的身份建构起到重要影响。

与此同时，叙事交际自我的建构性特征还体现在叙事主体的表现性和主体性上。会话叙事是叙事主体对经验的表现（performance）而非再现活动。叙事主体的任务不是客观再现所述事件的全部细节，而是借助所述事件向听话人展现自己所希望的自我形象（preferred self，参见 Langellier，2001；Riessman，2002）。当前会话叙事的讲述者一般从当前立场审视自己过去的经历或见闻，或展望未来自己或他人的行动。现在的感受和价值观与所述故事行为发生时讲述者的感受和价值观不尽相同。而讲述者往往倾向于表现不确定、不一致的多元自我中自己所倾向的那一侧面、那一瞬间，有意无意地选择利于树立在今天看来更完美自我形象的事件细节。

在会话叙事中，由于叙事意义和叙述者身份的建构性，故事的讲述追求的是合乎情理，而不是真实性。受述者关心的是讲述者如何借助叙事阐释自己的过去与现在的关联，而不是讲述者到底经历过什么。正如 Freeman（2003）在对自传叙事中的真实与虚构问题的探讨中指出的那样，在人类生活领域，真实性不是细节的真实，而是将过去与现在关联的连贯性上的真实。

简言之，叙事交际自我是动态的、变化的、多元的。在会话叙事中讲述者会根据交际需要，选择合适的事件细节和事件意义的阐释方式，从而在动态交际中建立最符合期待的、最适合语境需要的那一侧面的自我。

二 叙事交际自我的建构过程

参照 Bucholtz 和 Hall（2005）的身份定义，互动交际中的话语身份是“自我相对于他者的社会定位”，自我身份建构以自我与他者的关系为根基。本研究发现在会话叙事的语境下，叙事交际自我的身份是以隐含听者的角色特征为前提，基于讲述者与真实听者之间交际及社会关系的特征在叙事交际中即时建构的。

隐含听者是讲述者兼故事作者基于自己所了解的听话人知识背景、所设想的听话人对当前叙事交际的心理诉求以及自己意欲呈现的故事内容而在心理空间建立的虚拟听者形象。讲述者会依据隐含听者形象来设计故事的呈现方式以及故事讲述中的叙事交际自我形象。因此，会话叙事各层次的交流活动都反映叙事交际主体建构自我形象的心理诉求和建构成果。与叙事交际自我形象形成相关的因素不仅包括叙事因素，即故事人物的言、行，故事人物之间的关系，故事讲述的立场、情感、态度等，也包括话语交际因素，即当前的交际语境，讲述者从当前视点对过去的反思和故事意义的重构，他人的反馈和评价等。

本节将以会话叙事实例为依据，详细考察在会话叙事多层次交际活动中各叙事和交际因素如何促成了叙事交际自我的建构和呈现，受述者又如何识解叙事交际自我身份建构的线索。

（1）叙事开始前相关会话交际以及社会交往活动述求为讲述者把握隐含听者的角色特征和交际双方的社会关系特征提供线索，为讲述者建构叙事交际自我形象提供基本框架。

例 4－15（语境：A 向同学 B 讲述其之前在美国参观游览的经历）

1A：其实，你要是：：现在反正，你读博期间，我不知道有没有机会，你要真是等都拿了之后，申请一次，然后，把你那孩子什么，都带出去。可以有一次这样的［%series%

2B：我肯定］是得出去一次，［我这么多年好像都是：：

3A：然后，你去那个地方］的时候，我一定告诉你，%Boston%那个地方真是个财富，像%Emily Dickonson，Throeau%那些人：：还有%Hawthorn%－

4B：哎哟，<u>都</u>在［那里啊？

上述会话叙事的社会交往背景是：讲述者 A 和受述者 B 为英语专业研究生同学，彼此熟悉，常在一起探讨学术问题；二人同为对美国文化具有一定了解的知识分子，但 A 一年前刚从美国访学归来，而 B 不曾有任何出国经历。当前的交际情景是，二人在一起闲聊，A 刚刚讲完他游览 Emerson 故居的经历，B 表示对 Emerson 故居的神往。因此，在这段引文开头，A 鼓励 B 在拿到学位后抓紧申报访问学者（1A），并重点推荐 A 将来去波士顿参观游览（3A）。从 2B 和 4B 中 B 的回应讲述者应该是能够确定受述者对自己讲述内容、对美国文化的浓厚兴趣。根据社会背景信息，讲述者可能会将隐含听者设想为了解美国文化、长于理性分析的知识分子，预备在会话和叙事中展示自己理性探讨异域文化的能力，同时，结合交际背景，讲述者又可能将自己与隐含听者之间的关系定位为一个异域文化经验的拥有者和对这部分经验好奇、渴望分享的间接经验索取者。

总之，交际双方作为知识分子的社会身份以及这段交际中呈现的语境信息：A 所表现的对美国文化的熟悉，B 对 A 所描述内容的神往，A 的话题主导者地位等为下文的会话叙事中 A 对叙事交际自我的塑造提供了基本框架。

（2）元叙事层次上，讲述者依据隐含听者形象，结合动态交际因素，明确对故事意义的阐释立场，为叙事交际主体的身份建构确立具体模态；而故事话语的动态选择为叙事交际主体身份提供叙事视角、叙事立场、叙述话语等方面的直接线索。

5A：全在那儿］呢！七角阁楼%seven cables%，我都去了。

6B：啊！真不错。

7A：%Hawthorn%那个地方，它属于一个叫%Witch City%，就是，那种感觉像＝

8B：＝我觉得%Hawthorn%那地方应该比较阴森［森的吧，

9A：阴森森的］，

10B：不会像%Emerson%那地方那么明亮（hhh）

11A：我那个，我那个师兄（0.2）就是那种吧，他就有点像%superstitious%，

12B：哦。

这段会话叙事的元叙事与会话交际及故事讲述话语之间的界限不是那么清晰。大概来看，5A 至 12B 是故事话语与会话交际之间的联结点，为元叙事话语。在这一部分双方协商确定了故事讲述的主题，并为下文的故事讲述提供了关于故事场景、人物的背景信息。在 5A、7A 和 9A 中 A 并未直接讲述自己在七角阁楼的参观经历，而是强调七角阁楼的文化蕴意，而接下来 8B、10B 中 B 的话语表明她受霍桑小说的影响对七角阁楼[①]阴森、神秘的氛围和古怪事件的发生有着强烈的期待。这时讲述者 A 应该是感受到听话人对稀奇事件见闻的预期，可以确认面前的真实听者与其自己预期的隐含听者形象上有所重叠。从 9A 对 8B 的回应来看，作为热爱英美文化、访学归来的 A 应该是愿意满足听话人的期待。然而，另一方面，作为知识分子的讲述者 A 似乎还对七角阁楼的神秘古怪有些保留意见。11A 中 A 指出“我那个，我那个师兄（0.2）就是那种吧，他就有点

① 按照 Hawthorn 小说所写，七角阁楼是个所谓中了魔咒的地方。

像 superstitious”，A 选择将“师兄”作为故事的主人公，并采用“superstitious”（迷信的）这一标签来描述故事的主人公。因此，A 似乎暗示下文事件的神秘古怪只是一种意义解读方式，而不排除其他不“迷信”的方式的解读方法。也就是说，讲述者 A 对故事意义的阐释立场不是那么单一、明确，讲述者愿意呈现的自我形象有其多面性。

13A 和 15A 中讲述者进行故事的主体讲述：

13A：刚一照相，那个相机就坏了，刚一到那儿，就（hhh），完了，还下雨，然后他就开始想象，他就说，哦，这个地方怎么怎么地（.）然后，特别特别逗（hhh），他越说越是↑这样的，然后（.）我们特别冷嘛，我就穿了个短袖，五月份那头儿还挺冷的 -

14B：嗯，

15A：我买了一件衣服，买衣服，然后，付钱嘛，它，付钱嘛要用那个卡付，那卡突然掉下来了，你知道，我们谁↑也没找到 =

这里，讲述者迎合听者的期待，并未描述七角阁楼的任何景观建筑，而是着意渲染在那里同行的师兄所遭逢的一连串所谓稀奇古怪的事情和师兄对事件的反应。“刚一……就”结构的连用（13A）等措辞把本身还算常见的旅行时的小问题凸显为非常令人意外、非常古怪的事情。这一部分叙事中讲述者着意按照隐含听者和真实听者的共同期待，建构了熟悉美国异域文化并愿将其与朋友分享的新信息拥有者的自我形象。然而，与此同时，按照讲述者基于自身社会身份建构理性知识分子形象的心理需求，讲述者着意将隐含自我形象与这部分关于七角阁楼如何神秘古怪的叙述保持距离。13A 中讲述者将师兄设定为故事的主人公，以师兄的视角观察、感受事件：描述照相机故障、下雨这些不顺利的事件如何促使师兄将七角阁楼视作神秘古怪的场所。而为了增加距离感，讲述者并未引述师兄的确切话语，而是用模糊表达：“他就说，哦，这个地方怎么怎么地”，强调 A 与这段话语的心理距离，甚至暗示 A 对这段话并不赞同的态度。尽管实际上讲述者“我”一直是在场者，但讲述者选择将故事中当时“我”的感受、言行屏蔽。

而为了进一步彰显叙事自我与“迷信的”师兄的不同，接下来 13A 末尾以及 15A 中关于“我”买衣服时银行卡消失的事件的叙述则转为第一人称视角，“我”成为行动的完成者、见证者，这一部分叙述中讲述者多次采用共知事实陈述话语标记“嘛”：“我们特别冷嘛”，“付钱嘛”，“付钱嘛要用那个卡付”，暗示在这段故事叙述中自己采用的是严谨的事实陈述立场。

18B—24B 中双方又回到元叙事层次继续就事件的经验意义进行阐释和讨论。

18B：(hhh) 你说，那就是很奇怪，我一想霍桑，就觉得很神秘，很阴暗＝

19A：＝那天那个［天气就是－

20B：待在角落里］，然后穿越死亡，穿越永生的那种感觉（0.2），那样的－

21A：那天那个天气就是阴森的。

22B：是吗？那↑就奇怪，然后一想%Emerson%就感觉应该是明亮阳光下，有草地，然后有人读书，旁边有树有花那种感觉－

→23A：没有，你没问那个卡在哪儿吗？

24B：啊？你说，

25A：其实，我觉得是一种，一种人的一种想象，其实是一种物理现象，我觉得，因为你拿出来的时候，它肯定有静电↑，对吧？

26B：对呀。

在这部分的意义协商中，讲述者巧妙地完成了叙事自我双面角色的置换，19A 和 21A 中讲述者迎合听者的期待，继续强调七角阁楼的阴暗幽深的氛围。然而，23A 中讲述者以问题“你没问那个卡在哪儿吗?”引出对故事的新的阐释立场。25A 中 A 给出了对银行卡消失问题的科学阐释角度，将银行卡的消失解释为静电现象。这时，24B 和 26B 中受述者的回应表明讲述者叙事交际立场的转变得到认可，讲述者的叙事交际自我形象顺利实现了置换，从异域文化的信息拥有者转变为对所谓神秘现象的理性阐释者。接下来 27A 中讲述者补全了故事的结局。

27A：你一拿出来的时候，它那个，不是，那玻璃有槽嘛，对吧？它其实贴在那个上面了，我们找半天，哦↑，（发现）原来是在那儿。但是，给人的一种暗示就好像是::: 对吧？你一联想，然后，就::: 其实，我觉得是一种物理现象。

27A 接续 15A 中的叙述，也是第一人称视角：我们找半天，（才发现）原来是在那儿。语言表达上讲述者继续使用事实标记，指出“那玻璃有槽嘛”，在“原来是在那儿”这一直接思想引述前，讲述者省略了转述动词“发现”，暗示现在的讲述者与故事中的事件感受者“我”及“我们”是没有心理距离的。这时，讲述者对故事主人公的感受、看法持认同态度。

28B：对，对，对，但你如果你心里面有那个%idea%，你就会往那儿去想，

→29A：但他一直那么想，我没有。

30B：啊，

31A：我觉得－

32B：这，就是↓判断问题，你想这就是图式嘛↓你有那个参照，就往那儿想。

27A 中 A 补述了故事的结局后 28B－32B，交际双方进一步协商对故事意义的阐释问题，A 继续强调自己对事件的科学解释——物理现象，明确指出将银行卡理解为神秘事件只是“师兄”的错误理解。从 30B 和 32B 的回应来看，A 的角色转换得到了进一步的认同。综合来看，似乎，讲述者 A 在故事讲述中有着复杂的交际目的，一方面要借助迷信的师兄的视角渲染女巫镇七角阁楼的异域文化氛围，满足对美国文化感兴趣的受述者的期待，确立一个熟悉美国文化、异域风情的“我”；另一方面又要极力地划清自己与迷信的师兄的立场界限，呈现一个注重理性思考的、注重事实真相的“我”，努力建构一个既充分感受到七角阁楼文化氛围，又保持清醒思考、判断能力的叙事交际自我形象。

（3）故事世界中故事人物的言行以及故事人物的形象也为叙事交际自我身份提供重要线索。讲述者选择呈现记忆中事件的哪些细节、人物的哪些话语，对叙事交际自我形象的建构具有重要作用。13A、15A、27A 的事件叙述中，讲述者对师兄话语的呈现是按照自己理解重构的结果，而

非准确再现，师兄到底说了什么，我们无从得知，而故事中的“我”当时是否附和了师兄的猜测，如何回应了师兄的话语，讲述者并未选择讲述。我们无从得知故事中的“我”是当时听完师兄的话就觉得其看法无依据，还是在后来找到银行卡之后才回过头意识到之前师兄的解释是迷信的。而在“我”和师兄找到银行卡之后，师兄是否也不再迷信，不再强调七角阁楼充满神秘和古怪，我们也无从得知。

实际上，没有任何讲述者能够叙述全部事实，客观还原事件发生时的全景全像。讲述者在讲述过程中也不会致力于达成复原过去的目标，而只是就过去的记忆阐述自己当前对过去经历、见闻的看法。所以，单单就讲述者所选择材料搭建的故事世界来看，叙事主体“我”成功地建构了故事中较为负面、无作为的师兄形象和正面积极的、探寻真相的“我”的形象，并在过去有理性的“我”与当前会话交际、元叙事话语意义协商中占据主导地位，充分展示思考能力的“我”之间建立某种一致性和连贯性，也就是说，当前的主体“我”对过去的“我”进行了肯定和确认。

总体来看，叙事交际自我的建构过程是叙事主体在动态交际语境的激励下对自我进行审视、确认的过程。在会话叙事中讲述者会根据语境因素和交际目的选择建立最符合期待的、最适合语境需要的那一侧面的自我。

例 4 – 15 中分析的叙事是围绕参观七角阁楼时的一个意外事件展开的。如果是在关于系列事件的生平经历类叙事中，叙事交际自我身份的主观建构性会更加突出。比如，例 4 – 16 中的自学经历叙事清晰地呈现了讲述者基于自身现状阐释过去经历的主观评价视角和根据建构自我积极形象的需要撷取经历片段的主观叙事立场。

例 4 – 16（语境：研究生同学 A 和 B 在咖啡馆闲聊）

1A：我明白，但你知道有一点很重要，你知道是什么吧？我太喜欢英语了！

2B：噢。

3A：就是我喜欢英语的程度%overwhelms，you know，my nostalgia for my family，for my homeland%。

4B：哇。

5A：就是，你肯定会有思念家乡的情况，

6B：对，对。

7A：看什么月亮啊，什么过中国% Chinese New Year% 什么的，就会：：（hh），但是你一跟这些人讲英语的时候，% you forget about everything%，我就这种感觉。

8B：啊，

9A：就是喜欢 -

10B：那你就是% enjoy%。

上述会话1A至10B是直接促发后面A的自学经历叙事的会话交际部分。这段会话的背景是A讲述了自己在国外访学期间如何表现优异并获得多位美国教授欣赏的经历，之后双方讨论A英语好的原因。1A—10B中在听话人的认同、配合下，A将原因归结为自己喜欢、享受学习英语的过程。这段会话交际为接下来的学习经历叙事提供了意义阐释的交际背景。

11A：我这个% enjoy% 是怎么练出来的？

12B：啊，

13A：以前我跟你说过，我原来是自学（英语）的吗？

14B：没，没。

15A：% I never told you that？%

16B：% No，no. %

17A：我从来没告诉你↑我原来是自学的？

18B：你自学↑的英语？！

11A—18B可看作元叙事部分，在这段会话中双方确定了叙事的主题，A试图揭示自己痴迷英语学习的原因，主动提出话题“我这个enjoy是怎么练出来的？”由此启动自己由现在立场对过去经历的审视。讲述者A在自己的自学经历与自己对英语的热爱之间建立了逻辑关联。这小段会话进一步明确了下文叙事中所述故事的经验意义的阐释方向和经验片段的摘选标准。

19A开始，A在B的配合下讲述了其自中师、自考、升本到考研的多段学习经历，并就每一段与受述者讨论其经历的经验意义。这一大部分可看作是叙事与元叙事的融合体。讲述者从第一人称视角叙述、评述过去的“我”从中师到考研经历中的重要片段。这段经历一般来说应该说是非常辛苦的，但讲述者却未提及任何学习上的困难，提及任何曾遭逢的挫折，而是着力强调自己在各阶段如何顺利通过各种过关考试，如何喜爱英语，如何表现优异的情形。

19A：我是::我是怎么回事呢，我是，初中的时候（.）那一年，**也挺巧**，我们家那头儿是（0.2），当时不是那个初中吗，然后95年的时候，噼里啪啦工人都<u>下岗</u>了，

21A：然后，我妈妈是老师，我妈妈的意思是说，你也考一个中等师范，然后，这样子小学你就可以当老师，也不会那个%lay off%。

25A：然后，你后来可能是从高中走的，我是从初中那种，就是%you are deprived of the opportunity to take the entrance examination%。然后我这不就这样嘛，这样之后**我还真挺争气的，就考上了。**

27A：考上了那时候，**其实那时候我的%major%就是%English%**。（28B—38B 讨论部分略）

39A：<u>**特别巧**</u>，然后，我这不就是考上了，考上之后的话（0.2）然后，**专业还真是英语，**那时候就是学%grammar%这些东西，

41A：就是在初中基础上拔高，但是我<u>**比较幸运**</u>，我们那个老师在授课当中，就是，他可能是经过一些训练吧，就是用%paraphrase%呀，就英语授课，

43A：**我感觉也非常好，考试是全市考了五次，我拿了三次第一，两次第二。**

45A：我就有一种，因为我在班级那时候，**听英语或是什么，就是感觉就特别好，因为我本身就是喜欢，就是挫折都打不倒我什么的。**

47A：**我得了第二名，就属于伤心的那种。**

上述中师学习经历部分，讲述者A首先叙述了自己在妈妈建议下选择到中等师范的学习经历，这段经历是A无法参加高考，后来通过自考学英语的原因。但A对此并无任何抱怨，而是客观陈述当时妈妈如此安排的客观背景：妈妈希望他毕业后有份稳定的工作（21A），强调自己考试的成功：“我还真挺争气的，就考上了。”（25A）他强调自己从那时起

专业就是英语（27A、39A），肯定自己当时学习条件，指出自己考上是很巧的机缘（19A、39A），强调自己对英语的喜欢（45A），肯定自己有幸遇上好的老师（41A），肯定自己的英语学习天赋和优异的成绩（43A、45A、47A）。通过这样的情节选择，讲述者塑造了一个乐观向上、热爱英语、成绩优异的好学生形象。讲述者多次重复使用“好”，“非常好”，“特别好”，“真就……”，“幸运”，“巧”等有感染力的褒义字眼，显示现在的讲述者对过去的“我”是感到满意的、自豪的。

49A：然后就觉得，哎，**我对英语这么有感觉**，我觉得我好好学，我将来可就能够，不一定在那小学里待着吧？

53A：所以我要是现在不%quit%的话，我都有可能：:

55A：对对，然后那个时候不就是，呃，就是，我是98年毕业的，**97年的时候，那家学校为了赚钱，就鼓励我们学生都学个文秘呀，大专什么的，我没有，我学的是英语专业，自学，**

57A：我用了一年半拿到了专科，一年半（0.2），对。

59A：对，**非常快**，拿那个专科，为什么拿那个专科？**拿到专科的时候意味着，因为那时候我要考那个专升本，**

65A：两年%quit my job%，**拿到大专，然后我考的是那个成人的专升本**。但是我

67A：但，**我非常幸运的是什么**，我在这两年当中，专升本当中，就是说（0.2），因为我**非常幸运**，因为，那时候他（们）**很多教授，正牌的教授**过来给我们上课，然后，我还去他们那儿听那个%literature%，都是那种**特别、特别好**，然后是=

73A：学校是不错，然后那个时候，嗯，**我毕业的时候四级、八级全拿到了，学位也拿到了**，就是这个毕业证，但这个对我不重要，为什么？因为%my ultimate goal% -

77A：**我肯定是要读研，我去那儿就是考研。**

81A：因为你（知道），%I was so eager to，to be directed or guided by professors%。

49A开始，讲述者开始讲述自己当年中师毕业后从一家小学停职参加自考的经历，但关于其曾在小学任职的经历，讲述者只是在49A、53A、

65A 中一句话带过，其叙述的重点仍是其如何成功通过考试，如何执着于英语学习的部分。讲述者着力强调自己对英语专业的执着（49A、55A），强调自己很快完成专科学习（57A、59A），并直奔升本阶段学习（59A、65A），强调其最终目标是读研，到正规的学校学习英语（73A、77A），强调其对在教授指导下学习的渴望（81A）。讲述者还特别肯定自己在升本阶段的学习条件，遇到好的教授（67A）以及自己拿到专业四级、八级证书的优异成绩（73A）。从语言表达上，与上一节相似，讲述者仍是使用了不少积极色彩的描述语汇，像“这么有感觉”、“非常快”、“非常幸运”、“特别好”、“全（拿到了）”等。因此，与上一段经历叙事一样，讲述者仍是从积极乐观、肯定自己的叙述立场看待过去曾辛苦打拼，通过自学完成大学阶段学习的自己，曾经的艰辛被讲述者对自己优异成绩及对自己继续坚持英语学习的热情的肯定完全覆盖。我们有理由相信讲述者记忆中应该会有学习的艰辛，但其选择避开这些片段而着眼于学习过程中顺利、正面的部分。与上一段叙事略有不同，讲述者对英语的单纯喜爱已转为对继续学习、直到有机会考研进入正规学校的渴望。为强化自己当年对在教授指导下进行英语学习的渴望，讲述者从 83A 起进一步讨论这一点。而为了论证这一点，他在自己学习经历叙事中嵌入了一小段当前作为大学教师的自己如何热情辅导学生的故事。

83A：我渴望老师那程度，你们谁也感受不到，**所以**现在的学生，我告诉他们，说你们只要想学，今天晚上我陪你们一夜我都去，帮你们，所以下课之后，我记得……上次有个学生，让我说得不好意思，主动过来找我，读东西、让我帮他纠音什么的。

84B：啊。

85A：但我没什么抱怨，其实我已经很饿了。

86B：嗯。

通过这一小段的叙事，讲述者成功地在自己今天的社会角色——热情指导学生的老师与当年的社会角色——渴望获得老师指导的学生之间建立了连贯性（83A “所以”）。正是在这段会话叙事的过程中，讲述者回望过去，更加理解了、认可了今天的自己。

总体来看，这段会话叙事中讲述者 A 是一个比较有技巧的讲述者，他的英语学习经历自述很好地体现了讲述者是如何根据交际需要，根据建构自我积极正面形象的需要撷取自己的经历片段，并使之传递连贯一致的经验意义，也体现了讲述者如何通过回望自己过去的经历理性地解析自己当前现状的成因。同时，这段会话叙事很好地表明了叙事正是我们建构自我形象，并建构自我于世界中本体存在的重要通道。在这段叙事中，受述者其实不单是坐在 A 的对面不时作出回应的朋友 B，也包括讲述者兼作者自己。当前交际中的叙述主体正以记忆中过去的自己为审视对象，试图透视过去的自己。他知道只有建立了过去自己的积极形象，今天的讲述者兼交际者才会感到自我存在的真实性。当然，这个被建构的过去的“我”也许只是有技巧的经历片段选择的建构的结果，不完全是真实的自己。但这个略高于真实自我的“我”才是讲述者心目中的理想自我，才是他愿意与朋友分享并获得朋友认可的“我”。

三　叙事交际自我与他者的关系建构

叙事自我的身份建构以其与他者（包括隐含与真实听者）的关系为根基，而反过来，叙事主体在建构自我身份的过程中也在建构着自我与他者的关系。故事讲述活动本身是“建立人际关联的关键因素”（Tannen，2007），讲述活动的进行会在一定程度上调整、巩固讲述者与真实听者的人际关系。为此，本小节将结合实例简要分析叙事交际自我与他者关系建构的交际策略、语言调控策略以及叙事交际自我与他者关系建构、调控过程中产生的心理同化效应。

（一）叙事交际自我与他者关系建构的交际策略

会话叙事讲述活动本身是一个叙事交际双方关系动态的调整、改善的过程。会话叙事是讲述者针对听话人专门“定制的”、有针对性的故事讲述。讲述者和受述者是否在话语角色和话语权分配上彼此顺应、配合，双方是否采用高度投入的话语交际策略都在影响着双方人际关系维护与调整的成果。

1. 讲述者主导的叙事

一般而言，讲述者自发引导的故事讲述中，讲述者承担信息发布者、经验分享者的话语角色，会在讲述过程中在话语权分配上尽力保持主导者角色。而受述者是否与之配合，是否对讲述者占据话语权以及故事讲述中所呈现的意义识解方向给予肯定性回应决定着双方是否可以通过交流缩短心理距离，加强友谊。

仍以上述例4－15为参考：

15A：我买了一件衣服，买衣服，然后，付钱嘛，它，付钱嘛要用那个卡付，那卡突然掉下来了，你知道，我们谁↑也没找到＝

→16B：＝这么奇怪！

17A：你知道那卡（hhh）

18B：（hhh）你说，那就是很奇怪，我一想霍桑，就觉得很神秘，很阴暗＝

19A：＝那天那个［天气就是－

20B：待在角落里］，然后穿越死亡，穿越永生的那种感觉（0.2），那样的－

21A：那天那个天气就是阴森的。

22B：是吗？那就奇怪，然后一想%Emerson%就感觉应该是明亮阳光下，有草地，然后有人读书，旁边有树有花那种感觉－

→23A：没有，你没问那个卡在哪儿吗？

24B：啊？你说，

25A：其实，我觉得是一种，一种人的一种想象，其实是一种物理现象，我觉得，因为你拿出来的时候，它肯定有静电↑，对吧？

26B：对呀。

27A：你一拿出来的时候，它那个，不是，那玻璃有槽嘛，对吧？它其实贴在那个上面了，我们找半天，哦↑，（发现）原来是在那儿。但是，给人的一种暗示就好像是:::对吧？你一联想，然后，就:::其实，我觉得是一种物理现象。

在这一段讲述话语中，A作为新信息传播者，一直在试图控制叙事和交际的进展。在15A中，A叙述了自己购物时银行卡消失的事件经过，在临近结尾处，讲述者A加重语气，并使用了话语标记“你知道”来提醒对方对结果的注意。23A中A使用话语标记“没有”打断了16B、18B和20B中B对事件神秘性的进一步评价和渲染，提醒对方关注银行卡的下落，重新获取讲述权。之后，在25A和27A中A继续事件的阐释和叙述。不过，A在引导B对事件意义的阐释方向时并未采用不容协商的权威者立场，19A和21A中A甚至对B的意义理解进行了肯定性回应。因此，讲述者A似乎一方面紧紧抓住话语权，保持自己对话题进展的控制，另一方面也尽力保持合作，保持对受述者意见的尊重。

讲述者对自己话语角色的选择会同时限制受述者的话语角色。在这一案例中，按照A的设定，B需要承担信息接受者和评论者的角色。16B中B对卡消失的结果表示惊讶，给予对方所期待的回应。20B和22B中B似乎只是对A在17A和19A中的意图进行了误判，而非有意提出不同见解。当确定对方还有进一步的新信息发布时，24B中B表示了积极的配合，马上将话语权交还给讲述者。

通过这样的叙事交际，A在当前人际交流中暂时性的主导地位得以确立，对受述者不同意见保持尊重的倾向也得以彰显，而受述者努力给予配合协作的交流意向也得以传达，交际双方可以借此进一步巩固彼此的友好关系。

与此同时，我们注意到，除在话语角色和话语权分配上彼此给予尊重和肯定性回应外，会话叙事的参与者如果采用“高度投入”的交际策略，会有效促进交际双方平等、亲密的人际关系的建立。所谓“高度投入”的交际策略是指交际者有意采用“高度投入”话语风格——私人话题、话轮转换频繁、模仿故事人物话语、重复性话语、话语嵌入、重叠——来缩短交际双方之间的心理距离（Tannen，2005），从而重新定义彼此的人际关系。这一策略在存在地位差异的交际双方间完成的会话叙事中效果更加明显。

例4-17中，讲述者的故事讲述对会话参与者之间的心理距离完成了微妙的调整。该段会话叙事的背景是：A为某高校访问学者，同时又在准备参加博士生入学考试，B为该校博导，C为该博导的研究生。A和C均为大龄学生，与导师的年龄相差不到10岁。开学初，A和C到B的家里拜访B，A向B请教该如何准备考试，B告诉A要踏实看书。这时，B回忆起自己当年复习考试的情景（2B—115C）：

例4-17（语境：博士生导师B与学生A和C在家里闲聊）

1A：好吧，好好回去看（书）。

2B：我那时候考博前和导师没啥联系。结果跟W老师那儿师兄一问，（…）我复习了三四天，我就<u>再</u>也复习不下去了，就心里特别烦躁，（…）

3A：哦。

7C：G 大是不是看科研？

8B：他确实是看这个。

9C：看你的思维？

10B：对的，他就看你发的文章什么的。

三人在这段会话叙事之前的谈话还比较正式。B 是以教师的口吻向 A 叮嘱要认真复习之类。但从会话叙事（2B）开始，由于话题转为个人经历，大家谈话的语速都有所加快，语调也逐渐轻松起来。一开始，A 和 C 对教师 B 的讲述还很少插话、评论等，只是在讨论部分（7C—10B）C 才开始以试探的口吻（7C 和 9C）发表意见，积极尝试顺应、理解 B 讲述故事的经验意义。但随着谈话的深入，由于 B 讲述的是当年自己作为学生准备博士生考试的情况，两位学生可以体会故事中 B 当年作为学生时的境遇与心情。特别是讲述者 B 大量引述并模仿了故事人物的话语（如下文的斜体部分），也大量重复渲染了一些故事的细节（如下文的粗体部分），这些令人“高度投入”的语言手段使其故事讲述十分生动活泼，在一定程度上缩短了与受述者间的心理距离。

2B：（…）等那个提前一个星期来了之后呢，**我复习了三四天，我就再也复习不下去了**，就心里特别烦躁，（…）

20B：（…）结果我来了，那不就来报名了嘛！报名就要考。**复习第四天的时候，我再也复习不下去了。**

41B：我想肯定是（真的），结果**第四天我就再也复习不下去了**。你说我怎办？我就去问师母，给 W 老师（家）打一个电话，我说：“*师母，我想找你聊聊天*”，师母就肯定（答应了），%very nice% 嘛！

43B：去了，一听真的，师母说：“*EF，那个，从几年前，就跟着 W 老师，去哪儿开会都跟着*”，

45B：“*积极参加那个学术活动*”，

49B：说：“*这个 EF 啊，学习可好的了，写论文可好了*”，说是：“*多少年就跟着 W 老师，*”

在受述者逐渐被吸引到故事情境中后，交际话语中的嵌入补全和重叠情况逐渐增多。在 29B—37B 中就出现了两处教师与学生话语的嵌入情

况。32C 肯定并补全了 31B 中老师的话语，36A 打断了老师 B 的话语，而 37B 中老师 B 又补全了 36A 中 A 的话语。

29B：语言学、文学加起来才三个。像 FG 那年，就 1 个。

30C：哦::

→31B：特别少，G 大老师就是 =

→32C：= 特别挑剔，宁缺毋滥那种。

33B：绝对不说我招几个，绝对不这样。

34C：哦。

35B：导师们根本不争我有没有学生，就是挑的！自己挑自己（的），W 老师要不要学生，其实 -

→36A：不是以前搞过，说是几年招不到学生 =

→37B：= 他就不招的。

而到谈话的后半部分，三人话语彼此嵌入情况更加明显。像下述 85C 打断 84B 的话语，又从语义上肯定、补全 84B 的话语；87C 和 93C 分别补全、确定了 86B 和 92B 的话语。这时，A 和 C 已深深被 B 的叙事所感染，仿佛设身处地般感觉到 B 的心情和想法。三人已通过 B 的深入叙述和对细节的重复、渲染进一步拉近了彼此的心理距离。而且，A 和 C 与老师 B 交谈时不再使用“您”，而以“你”直接称呼对方（93C）。

84B：因为一般的人，可能就 -

→85C：对对，有的可能考试都不考了。

86B：因为（…），听着就是 =

→87C：= 挺让人沮丧的。

92B：我原来还没见过师母，我不知道，我第一次见 =

→93C：= 但人家跟你说得这么，这么［清楚明白，

接下来，由于 A 和 C 已然忽视自己和导师的地位差异，深切感受到导师叙述中那个与自己处境相似的导师过去的自我形象，二人对其进行随意的评论（93C、95C、108C、109A），将之与现在的自己比较（106C）。这时，二人似乎已全然忽视自己面对的是平时说话要充满敬意的老师。而

且，这段话语中，94B 与 93C 有所重叠，106C 与 105B 重叠、并打断了 105B，107B 又与 106C 重叠，最后 108C 与 109A 重叠。也就是说，这段叙事中，三人的会话风格是高度投入的，已趋近合作叙事的情形。

94B：清楚]，要一般人就觉得，完了，这还考什么？肯定比不过了，还考什么？

95C：就是啊。

105B：就赶快抓紧复习，我说，就是不想复习了，实在复习不进去了，结果，这倒成了动力了，[一般的可能 -

106C：那太好了] 你那个，要我可能就开始 [悲观沮丧了

107B：消极了，你是 -]

108C：[你那个就是策略，

109A：就是有自信心。]

到叙事尾声部分，话语重叠现象更加明显。125B、126C 和 127A 三人的话语重叠在一起。到结尾 A 和 C 甚至在体验老师当年考试成功的喜悦、欢愉中直接对老师这个人，而不单纯是事件，大声进行评价“你是考试型的（hhh）”，“你这太厉害了（hhh）”，三人之间已仿佛同辈般说话一样地随意。

→125B：就一个题目，一句话两句话，[剩下都是白的，

→126C：完（了）让你写] [很多字 -

→127A：都得让你] 自己写 -

128C：嗯。

129B：我就开始写呀，左边写了，右边写，写的满满的。

130C：嗯。

131B：这个本子真是都写满了。当时就不知道哪来的，我总是，总的意思就是，考试比平时好。

132C：嗯。

→133A：你是考试型的（hhh） =

→134C：嗯，你这太厉害了（hhh）。

这一案例说明，会话叙事中交际双方的心理距离和人际关系是可以建构和调整的。经历故事讲述自然需要听话人的回应和配合。讲述者 B 将自己当年考博的私密经历讲出来，与学生 A 和 C 分享这件事本身就表明讲述者 B 试图缩短自己与学生之间的心理距离。显然，B 的经历故事使 A 和 C 越来越放松，因此三人间的话语嵌入和重叠越来越频繁，当 A 和 C 通过想象感受 B 当年经历并不时加以评价时，二人心目中老师 B 的形象不再高大神秘，而是变得平等、亲密、友好。

2. 听话人主导的叙事

经历故事讲述本身的确是人际关系的重要调节器。在听话人导向的叙事中，受述者承担信息索取者的话语角色，会尽力控制谈话进程，要求讲述者提供所期待的细节。那么，讲述者是否配合受述者索取信息的要求，讲述者与受述者话语之间是否彼此顺应、合作会微妙地调整双方的人际关系。

在例 4 – 18 中，H 和 Y 是年龄较为相近，并且住同一寝室的同学，对彼此的经历较为熟悉，而 X 是年龄小很多、住在其他寝室的同学。3H 中 H 邀请 Y 向在场的 X 和自己讲述其恋爱故事，但 4Y 中 Y 着重讲述了自己与当年老师相恋的背景，淡化自己和其相恋的不寻常性，而在 5X 的进一步追问下，6Y 也只简单叙述两人恋爱开始的方式。尽管 Y 之前和 H 大致讲过自己的恋爱经过，但当下 Y 似乎并非十分情愿，或者说并不好意思向 X 详细讲述自己多年前的恋爱经历。这样的处理方式似乎向二位受述者暗示 Y 将自己与不知情受述者 X 同学的关系定位在友好的程度，但还不到可以完全敞开心扉的程度。H 和 X 应该是感受到了 Y 的暗示，6Y 的叙述之后，二人未再追问细节。

例 4 – 18（语境：研究生同学 H、Y 和 X 在宿舍闲聊）

3H：我给你爆料↑啊，Y 跟她老公（·）那是师生恋，老浪漫了。

4Y：哪有↑，陈年旧事，早都忘了那段了。你别说，那时候，真有好几个学生喜欢他呢。我也是后来知道的。有一个老装病，好让他到宿舍去看她，不过，他没感觉，没往那儿想。

5X：那 Y 姐，你怎么能 –

6Y：不就是学习好嘛，上大学之后和老师通信，慢慢才 –

例4－19的情况却与例4－18的情况不同，参与者仍是例4－18的X与Y，讲述的内容仍是Y的恋爱经历。但这段叙事是在上例中那次聊天四个月之后才发生的，二人在散步时，Y请求X讲述自己的恋爱经历。在X的详细讲述后，X很自然地邀请Y讲述她的故事：

例4－19（语境：研究生同学X和Y在校园散步、聊天）

56X：你给我讲讲你－

57Y：我们那时候好像啥礼物都没有。

58X：嗯，嗯。

59Y：然后：：我也想不起来了，好像：：我上大一，呃，然后呢？寒假去看他去。

60X：嗯。

61Y：然后，就给他看一看我的日记。

62X：嗯，嗯嗯。

63Y：[日记里边有写到他。

64X：日记里边有没有他对你]的相思？

65Y：不，是我的日记给他看，然后写到当时对他的一些好感，他就特感动。

66X：[嗯嗯。

67Y：这样子]。

68X：然后呢？

69Y：然后，也没什么呀?!

70X：感动，那感动之后，有啥变化啊？

71Y：就（是）很感动，之后就继续通信哪，通信，原来我上大一，一学期我们一直通信，第一学期我一直称他L老师，

72X：啊。

73Y：他称Y同学，或什么什么的，

74X：嗯。

75Y：后来不知怎么，突然，谁开始的，通信的称呼就变了，

76X：嗯。

77Y：是吧？我就（是）称他：：对一开始，我还选了一个模棱两可的称呼方法，

78X：嗯。

79Y：称他为先生，因为先生不是既可以指什么，又可以指那个嘛！然后他称呼我，慢慢地，就叫什么：：就是那种，我的名字后面加点儿化那样的－就（是）那种挺亲密的那种叫法－

80X：嗯。

81Y：然后，就觉得，哎呀，两人慢慢地，说话的时候，就是，以前总是鼓励学习呀，现在就开始聊聊你怎么样，我怎么样。（hhh）就这样。

82X：相思之苦，是吧？

83Y：对呀，但是，当然后来慢慢就是－讲到这些了，但是，真的是一点礼物都没有，什么都没给我买过。也没说约我去玩过，（hhh）就连场电影都没有看。

84X：多浪漫呀，你们那才是实实在在的！

与例4－18中的情形不同，这时，Y高度顺应X的邀请（56X）和疑问（64X、68X、70X、82X），提供了更多的细节。Y向X详细地报告了自己的恋爱过程：Y寒假中去看望老师→与老师一起读日记→双方通信→通信称呼方式改变。在这段会话叙事中，双方互动频繁，谈话风格高度投入。显然，这样详细、无保留的讲述使双方进一步感觉到彼此心理距离的缩短和更为亲密人际关系的建立。

（二）叙事交际自我与他者关系建构中的语言调控策略

除上一节讨论的叙事和交际策略外，会话叙事中交际双方为调整、改善彼此的人际关系还会顺应语境需要，采取一些积极的语言调控策略。会话叙事中，交际双方是否彼此顺应，在语码、语调、话语风格选择方面呈现趋同还是趋异的趋势，也会微妙地建构或者说调整彼此之间的人际关系。

正如Giles等的交际适应理论（Giles，Coupland & Coupland，1991）指出的那样，交际者常常会使自己的言语方式和风格趋同于受话人，以期获得受话人的认同、接受和喜欢，并提高交际效率；而如果他们有意加强自己与受话人不同的话语风格，则表明他们对受话人的话语风格或者行事风格在一定程度上缺乏认同。

例4－20是一则典型的案例：

例4-20（语境：父亲XF、母亲YR和孩子YY在家里聊天）

13XF：然后我记得以后，说是修铁路的时候，修哪条铁路我不知道了，在那儿当会计还当过一段，那时候，没说。说是在工程队，**发馒头，不舍得吃**啊，

14YR：嗯，听你说过，

15XF：不舍得吃，俩馒头吃一个，剩下的拿回来，带回来，我们哥儿四个，一人掰一半儿吃。带俩馒头回来。

16YY：那我奶吃什么？

17XF：你奶也不舍得吃啊，你奶自己在家，拉扯着我们四个人，你爷在外边，**打工呗**，所谓的。**就跟现在农民工在外打工似的**。当时，**因为当时家里没白面啊，吃馒头就好东西了**，打工回来就在学校，老师，当老师，我上学的时候，你爷爷就是村里小学的校长了，嗯，在小学当老师。然后，小学当老师以后，到乡里去，开始的时候是放电影，那时候放电影**可好玩了呢**。那是七几年，七四、七五啊？七五年开始，放电影，爸爸有时候还给**跑片，当时一个电影在俩庄演**。放完电影，就在乡里管农业技术。

18YY：那我爷比我大爷混得好多了，

19XF：那是啊，有文化嘛，就没干过农活。实际上，因为当学校老师，一个月给五块钱补贴，一年3600分，**原来是集体的嘛，农村都是挣工分**。

20YY：我觉得我大爷他们一家可怜。

这一案例的背景是，XF（父亲，四十几岁），YR（母亲，四十几岁）和YY（大一学生）一家人刚从老家回来，YY看到大爷（当地把爷爷的兄长称为大爷［重音在爷］）一家在农村的日子很辛苦，于是，向父亲问起早年爷爷、奶奶在农村生活的情况，想知道爷爷当年是如何脱离了农村生活，而大爷一家为什么一直留在农村。于是父亲XF向女儿YY讲述了早年爷爷辛苦工作的经历，在旁边旁听的母亲YR偶尔插话。

在例4-20这段节取出来的叙事部分中，17XF和19XF中的讲述话语包含了一些讲述者迎合受述者理解能力而特意选择语码的情形（粗体部分）。像17XF中XF选择使用“打工”这一近些年的字眼，而不是原来的“上班”、“干活儿”这样的模糊字眼，是为了便于女儿对这件事的理

解和感悟。而下文“可好玩儿了呢”应该不是这位父亲惯常爱用的字眼，而是为了吸引女儿兴趣、特意选择的年轻人喜欢用的字眼。此外，17XF中对于上文“发馒头不舍得吃”这一年青一代难以理解的现象加了注释“因为当时家里没白面啊，吃馒头就好东西了”；又对已经过时的字眼“跑片”加了解释：“当时一个电影在俩庄演”；19XF 中 XF 对于“分”给予了解释：“原来是集体的嘛，农村都是挣工分”。这样的表达方式显示了父亲充分体谅、照顾了孩子的语言表达习惯和知识背景，选择了趋同于受话人的言语方式。也正是基于这样的讲述方式，YY 并未对父亲忆苦思甜的话语表示任何反感，而是对自己的祖父加强了了解和敬意——而这正是讲述者的目的。

会话叙事中交际双方的语言同化现象更突出地体现在讲述者故事激发受述者记忆并引发其讲述的回应故事中。在回应故事中，第一个故事的语言特征，特别是词汇、句法上的特征，甚至是讲述者对事件的态度、情感都会在回应故事中，得到复制或者说共鸣。Niemelä（2011）称之为语言共振（resonance）现象（参见 Siroma，2012）。参见例 4-21：

例 4-21（语境：Y 与同学 X 在校园散步时闲聊）

5Y：(…) 我跟你说，我有一次居然在 B 大门口遇上了我外甥女。

6X：啊？

7Y：她们学校组织来 B 大参观，我妹也没告诉我，觉得孩子集体活动嘛，也见不着我。可当时，我正要去 B 大借书，我骑着车正没意思，左看右看呢，哎，看见路边一队队学生怎么穿的校服这面熟呢？好像是我们家那边的，我觉得不能啊，继续往前骑，看见汽车上印的电话还真是 0335，就（是）我们 Q 市的区号嘛。我接着走，结果看见 J 老师，W 老师 - 真是我们那儿学校的！

9Y：(…) 然后那个 W 老师说：“你过来看你外甥女的？我给你喊她过来啊”。那个，彤彤过来一看是我，挺意外的。我一把就抱住她了。后来我给我妹打电话，我说：“你猜我看见谁了 -”

10X：还有比这更巧的呢。我一大学同学跟我说在洛杉矶街头居然碰上了一个同学。她去洛杉矶出差，那同学也是。她在街上走着走着，看迎面那人这面熟呢（0.2）一看居然是同学！

11Y：怎么跑美国居然碰上同学了，这也太巧了吧?!

12X：是啊，她俩都在北京，都一年多没见了，跑那儿见去了。

13Y：真也太巧了吧。

在这段会话叙事中，5Y、7Y、9Y 中 Y 讲述了自己在 B 大门口巧遇外甥女的故事，引发 X 讲述了自己同学在纽约街头巧遇同学的故事，作为回应。二人的叙述话语中，句法结构和语义共振的句子包括：

①5Y：我跟你说，我有一次居然在 B 大门口遇上了我外甥女。

10X：我一大学同学跟我说在洛杉矶街头居然碰上了一个同学。

②7Y：我骑着车（…），哎，看见路边一队队学生怎么穿的校服这面熟呢？

10X：她在街上走着走着，看迎面那人这面熟呢。

③7Y：结果看见 J 老师，W 老师——真是我们那儿学校的！

10X：一看居然是同学！

在回应叙事中，讲述者 X 与受述者 Y 的评价话语也是彼此呼应，出现一些语义、结构强烈共鸣的句子：

④10X：还有比这更巧的呢。

11Y：这也太巧了吧?!

13Y：真也太巧了吧！

⑤10X：我一大学同学跟我说在洛杉矶街头居然碰上了一个同学。(…)一看居然是同学！

11Y：怎么跑美国居然碰上同学了，

Du Bois（2007）曾指出，当交际者对同一事物产生类似评价时，双方其实已把自己置于与对方同一立场。本书认为，不单是在评价话语中，在彼此共振的叙事话语中也一样，当交际双方对相似的巧遇事件产生同样的心理反应，对事件具有共同或相似的情感、态度，我们可以视为交际双方已建立交互立场，进而建立了交际和认知共同体。

不过，会话叙事中交际双方除采用趋同的语言表达，彼此积极配合之外，有时也会在语言表述中有意保留一些个人语言特色，从而建构自我相对于他者的个性和优越性。参见例4-22：

例4-22（语境：A向同学B讲述自己早年的自学经历）

65A：两年%quit my job%，拿到大专，然后我考的是那个成人的专升本。但是我-

66B：你这样一步一步，基本上你把中国各教育的门槛都迈完了。

67A：但，我非常幸运的是什么，我在这两年当中，专升本当中，就是说（0.2），因为我非常幸运，因为，那时候他（们）很多教授，正牌的教授过来给我们上课，然后，我还去他们那儿听那个%literature%，都是那种特别、特别好，然后是=

68B：这是在你们家那边吧？不是北京这边？

73A：学校是不错，然后那个时候，嗯，我毕业的时候四级八级全拿到了，学位也拿到了，就是这个毕业证，但这个对我不重要，为什么？因为%my ultimate goal% -

74B：嗯嗯。

75A：就是说，当然做学者是谈不上啊。

76B：那时候你知道自己将来要读研吗？

77A：我肯定是要读研，我去那儿就是考研。

78B：就是想要读研？

79A：就是考研，就是通过这种叫什么，叫%the two roads diverged%，当你选择其中一个，但他只是一个过道，你之后的终点，就是一个暂时的终点，肯定是一个%graduate%，

80B：好。

81A：因为你（知道），%I was so eager to, to be directed or guided by professors%。

82B：嗯，嗯。

这一案例是之前讨论过的A求学经历叙事中的一段。A大量使用中英语码混合的表述方式，而B则很少使用英文语码。在节选的这段里，A所占据七个话轮中有五个含有英文语码，而B未使用任何英文语码。尽管二人在话语互动中都很注意给予彼此所期待的肯定性回应，整体来看双方的交际互动是充分合作的，但二人在交际语码上的不同选择，似乎暗示

二人在展现共同性的同时又都有强调自己个性、强调相互之间保持一定心理距离的一面。事后的访谈表明虽然二人同为英语专业研究生，但 A 对英语、英语文化具有强烈的喜爱和认同，A 流利地道的口语是其自豪、自信的根基，而 B 将自己定位为语言学研究者，汉语和英语同为研究对象，而且母语表述仍是其更为舒服的交际方式，B 对自己的英文口语缺乏自信。

（三）叙事交际自我与他者关系建构中的心理同化效应

在会话叙事过程中，当受述者不断想象讲述者的故事世界，体验讲述者的情感、态度和感受事物的角度，交际双方会在缩短心理距离后产生一定程度的心理同化效应。在本研究语料中存在着经验取用和叙事通感两类心理同化效应。

会话叙事的主要交际目的是讲述者与受述者对经验意义阐释方向的分享（Goodwin，2002）。随着叙事的深入，受述者可以深刻体会到讲述者意义阐释立场，常常可以较为准确地预期讲述者要表述的话语和意义。这种受述者将自己代入角色，代替角色发声或行动的情况，可以称为“经验取用”现象（Kaufman & Libby，2012. 参见本章第二节）。由于本研究会话叙事语料是由彼此熟悉的交际者贡献的，交际双方彼此间经验、知识背景较为相似，因此，受话人真切感受讲述者的经历故事，在想象中将自己置身于与主人公立场，与主人公产生心理融合和经验取用的情况是比较常见的。参见例 4－23：

例 4－23（语境：研究生同学 X 和 Y 在校园散步、聊天）

18X：<u>就（是）</u>让我给他帮忙练口语，写那个% introduction% 之类的，

19Y：啊啊，

20X：就完了，后来表示感激 =

21Y：= 就进一步请你吃饭？

22X：=（hhh）就进一步带我出去玩，

→23Y：<u>然后</u>一发现啊，小姑娘不光有外貌的这个秀丽，还有内秀。

24X：<u>没有，没有。</u>

25Y：然后呢：：你说，你说，

26X：<u>然后就</u>出去玩，我就觉得还行，然后就在：：：我们去了，就去

了那个城墙，

27Y：呃。

28X：他一开始说："去 bmy 吧？"

→29Y：可以呀！

这是前文已分析过的 X 向同学 Y 讲述自己恋爱经历的一段叙事。Y 对 X 的故事很感兴趣，基于自身的经验，她沉浸在对 X 的恋爱故事的想象中。21Y 中 Y 在受述者立场上积极预期下文 X 要讲述的情节："就进一步请你吃饭？"但到 23Y 中，Y 已在想象中完全将自己置于男主人公的位置，揣摩 X 男友的心理活动，想象其男友会自言自语："这小姑娘不光有外貌的这个秀丽，还有内秀。"在 29Y 中，当 Y 注意到 28X 报告了 X 男友邀请 X 出去玩的话语："去 bmy 吧？"，一心想听到二人约会成功情景的 Y 激动地说"可以呀！"，这时 Y 又将自己置于女主人公 X 的立场，代替女主人公发言。23Y 和 29Y 中 Y 的话语显示她已经将自己完全代入到故事情景中，属于经验取用现象。

受述者经验取用的过程正是受述者在想象中体验、感悟故事世界的图景，并使之与自己的经验世界契合的过程。在这样的过程中，当受述者真切体会到讲述者的经验感受和理解的角度，交际双方可以自然建立起平等、亲密的人际关系。

除上述由于受述者为故事情节所吸引、高度投入到故事世界而发生的经验取用现象之外，如果交际双方曾共同经历或见证某个经验片段，当其中一方讲述这个片段时，另一方的角色代入或者经验取用效应更加突出。参见例 4－24：

例 4－24（语境：B 和同学 A 下课后在咖啡馆闲聊）

1B：再给你来杯咖啡？

2A：别，就坐这儿就行，真不用。

3B：好，好。

4A：咱不用客气。

5B：你就拿我当弟弟，你在北京也没什么亲戚啥的，咱真别客气。

6A：就是，怎么样呢？%I MEAN% 我觉得有时候就是不能让你们失望。比如，今天老师叫我去开车，然后我觉得这%is far beyond me%，有

这种可能，你知道 -

→7B：是这样的，你觉得这不是我的研究领域啊！(hhhh)

8A：对啊 (h)，是吧 (h)?

9B：hhhh

10A：但是，%IT SO HAPPENS!%

→11B：但也挺巧的，你看你到那儿，一下子，也不是一下子，试了试，但**正当你觉得好像希望不大的时候**，而我们也都想放弃的时候，**哎，突然 -**

→12A：**一下就开了**！

13B：应该说幸运在，上帝在你身边。

14A：这就用%SPITZER%的话来说，在你阅读经典的时候，% there is a click%。

15B：嗯，应该是这样的。

这段叙事的背景是同为博士研究生的 A、B 在上完某老师的课后，与老师一起下楼，A（男生）被老师叫去帮忙打开突然不好用的自行车锁。虽然事情很小，但 A 以及一起前往的同学 B 都特别希望不要辜负老师。开完锁后二人去附近的咖啡馆聊天，很自然地提到这件小事。上述节取的叙事交际片段中，7B 中 B 设想 A 的心情，以 A 的立场补全了 6A 的话语，说道："你觉得这不是我的研究领域啊！" 11B 中 B 又对 10A 中 "IT SO HAPPENS!" 这一情节从第二人称视角给予了详细叙述，在想象中 B 将自己置于 A 的立场，揣摩 A 的心情，"但正当你觉得好像希望不大的时候，而我们也都想放弃的时候，哎，突然 -"。接下来，12A 中 A 又介入到 B 的叙述中，A 将自己置于 B 讲述故事的视角，补全了 B 的话语："一下就开了！" 因此，在这段简短的关于双方共同经历的经验片段的叙述中，A、B 实现了叙述视角和对经验的体验心理的高度融合。而在此过程中，双方极大地拉近了彼此的心理距离，建构了彼此亲密的同学关系。

实际上，叙事交际中，除上述提到的交际双方语言同化、经验同化外，在交际双方内心深处还常常完成情感同化过程。也就是说，产生叙述心理学研究中经常提到的"叙事通感"效应（narrative empathy）。

情感是叙事结构和意义的重要因素（Hogan，2013），也是叙事交际的重要因素。所谓叙事通感，是指由于阅读、观看、听述他人的故事而引发的情感和视角的共享现象（Keen，2013）。很多叙事心理学角度的研究报告了文学叙事阅读和影视叙事欣赏中的叙事通感现象（Ryan，2001；Miall，2006；Keen，2007）。但本研究发现在结构简单、没有复杂技巧的日常会话叙事中也不乏叙事通感现象。而特别值得注意的是，会话叙事中的受述者在与讲述者情感同化过程中，会随着讲述者对故事人物产生相同的喜欢、憎恨等情感、态度和立场，并借此强化彼此之间的友谊和情感纽带。参见例4－25：

例4－25（语境：L在宿舍与同学Y闲聊中提到P师兄的经历故事）

6L：希望咱毕业的时候，千万不是ST还当那个啥，那叫啥？

7Y：党支书是吧？

8L：可别找他盖章啥的，**麻烦死了**。P师兄说那天**可生气了**，那天把他**都气躁了**，

18L：师兄说找他**挺麻烦的**，好像签字还是干吗－

19Y：嗯。

→20L：都约好了，说是:::都约好了，早上九点啊，说是师兄和LY的一块找他签个字，在门口敲门，听他在里面打电话，就敲了一下门，在里面的还不回答，还打电话，完了我师兄说等了十分钟，他还在打，然后师兄就**急了**，又敲他的门，约好的嘛！是吧？我约好的第二天早上九点，写个东西，你说能花多长时间？

21Y：就是啊。

22L：而且，人家敲门，就给你暗示了嘛！

→23Y：你就快点结束呗，对呀！

26L：师兄**生气了**，就推门进去，把他**噼里啪啦骂了一顿**。

→29Y：他反正年龄比他大，资格比他老。

→32L：我觉得就应该－

→37Y：人家骂还行。

在这段会话叙事中，讲述者L转述了P师兄所述的自己约好了找ST签字，却由于ST只顾接电话、不开门而被气到的事件。L在叙述中选择了与故事主人公P师兄一致视角，其所用的情感描述“麻烦死了、可生

气了、都气躁了、挺麻烦的、急了、生气了、噼里啪啦骂了一顿”（黑体部分），从P师兄的立场对ST的质问“约好的嘛！是吧？我约好的第二天早上九点，写个东西，你说能花多长时间？”（20L）“而且，人家敲门，就给你暗示了嘛！”（22L）以及L的直接评判“我觉得就应该－”（32L）都影响到了受述者Y对P师兄以及惹P师兄生气的ST的情感和态度。

显然，受述者选择了与讲述者一致的观察视角，对讲述者的情感表达产生了共鸣，也同样对ST产生了反感。21Y中Y直接肯定了20L对ST的指责，23Y中Y与讲述者L一样，将自己置于故事人物P师兄的立场，直接指责ST：“你就快点结束呗，对呀！”而29Y和37Y中Y直接为P师兄骂ST进行辩护。

在这段会话叙事的临近结束部分（29Y—37Y），交际双方越来越确定彼此对故事人物和事件持有相同的情感和态度，二人对故事反面角色ST的批判立场越来越鲜明。32L中L直接表示对故事正面角色行为的赞同：“我觉得（P师兄）就应该（骂他）”，而37Y中Y也明确指出P师兄有权利这样做：“人家骂还行。”交际双方通过表述对故事人物P师兄和ST相同的情感、态度，在很大程度上缩短了彼此之间的心理距离，建立了情感同盟，加强了彼此的友谊。

在例4－26中，虽然讲述者并未着意渲染主人公的情感，但由于故事本身的内容、人物、情节都与受述者息息相关，讲述者所传达的被S老师感动的信息还是深深触动了受述者。

例4－26（语境：A、C同为某高校翻译专业的学生，二人闲聊中聊到专业课老师S）

1A：S老师今天讲到教育，就是说怎么培养学生，就是，一定得非常优秀，要不然学生不服你，这一点我挺服S老师的，然后第二点是对学生的那种奉献，就相当于学徒似的，就像以前，比如，老铁匠教小铁匠怎么打铁－

2C：啊，对，所以，我真的是我特别钦佩S老师的就是她这一点，我当时，真的，她在说，你听她给你们讲没有？讲一个研二学生给发改委做翻译的时候。一个研二的学生给发改委做［翻译的时候，

3A：没讲过啊。］

→4C：嗯，翻得不好，被人家当场把译文给撕了。然后，当时，那个

学生回来以后，就跟SSQ老师，就跟SSQ老师可能就哭诉吧，然后老师就，当时就说，当时就，老师也是恨铁不成钢，老师当时就说："我的感觉就是我的学生就像自己的孩子一样，就是我可以自己骂，自己打自己骂都可以，但是别人来说，我就受不了。但是，当时，我看到她跟我这样说的时候，我就说：'你活该，你，谁让你那么笨'"，她就那样说，她当时也**心里特别难过**。

5A：哎，不让你出错的办法就是用拳头砸你一次。

→6C：对，我当时就特别感动，我真的被这个老师的那种，那种－她说："所以说我现在要对你们一再地要求严格，以防你们以后再去被别人这样。"

→7A：所以，我一定好好写一篇翻译日志，我今天终于知道翻译日志是干吗用的。

→8C：嗯嗯。

→9A：再不胡乱搞。

→10C：hhhh

→11A：哎，人最讨厌的事情就是悔之晚矣，什么什么的。

→12C：不晚，不晚，我们现在都不晚。

A、C二人在宿舍闲聊时A提到当天学校召开的翻译专业会议上S老师的发言（1A），由此触发C讲述了自己听到S老师转述的某研二学生翻译失误的故事。4C和6C中出现的情感描述词不多，有"哭诉"、"特别难过"、"特别感动"。但C大量引述了S老师所说的对学生像对孩子一样既恨又爱的心情的话语："我的感觉就是我的学生就像自己的孩子一样，就是我可以自己骂，自己打自己骂都可以，但是别人来说，我就受不了……"（4C），以及其对现在对研一学生的心声："所以说我现在要对你们一再地要求严格，以防你们以后再去被别人这样。"（6C）故事讲述中的情感描述，特别是S老师的心声，应该是深深触动了受述者A。因此，当6C中讲述者提及自己如何被感动时，7A和9A中A接续讲述者所述老师要对他们要求严格的话语，陈述了自己今后要踏实记翻译日志，提高自己翻译能力的打算，这些话语表明受述者A也体验到了与讲述者C共同的情感。11A中A甚至说"人最讨厌的事情就是悔之晚矣，什么什么的"，似乎对与自己具有相同背景的学长的失败经历产生了角色带入的心理反应。其言外之意是她和 C 现在应该踏实努力，以避免将来遇到学长那样的失败经历，到时候悔之晚矣。

在借由 C 的讲述，A 和 C 共同感受到 S 老师对学生的爱护和希望时，二人一同受到触动，8C 和 10C 中 C 对 A 的决心表示赞同，12C 中 C 的话语“不晚，不晚，我们现在都不晚”则暗示 A 今后要踏实学习的计划也同样是 C 要预备做的。因此，这一案例表明即便讲述者采用平实语言而非大量情感词汇渲染某种情绪，叙事通感依然可产生于针对与自己相关人物经历的平实叙述中。而在叙事通感产生时，讲述者和受述者还可能在相同情感基础上对彼此的身份、立场建构一种集体认同。

第四节　作为社会交往实践的会话叙事

本章上述三节讨论的是会话叙事在微观层面体现的话语交际活动特征。而如果从宏观角度来看，会话叙事也是社会交往实践活动的一部分。本节简要讨论会话叙事的社会实践特征，包括会话叙事如何反映社会交往群体的特征，如何作为社会现实的建构力量和如何体现并强化交往社区的道义和文化原则三个方面。

一　反映不同社会交往群体特征的会话叙事

话语交际具有鲜明的社会性，每位参与者都在扮演着各自的社会角色（van Dijk，1997）。在会话叙事中交际双方不仅作为具有个体心理特征的说话人和听话人参与叙事交际，还要同时以其具有性别、职业、年龄、文化特征的社会身份完成社会交往活动。因此，叙事交际会因社会交往群体的不同而具有不同的特色。比如，Johnstone（1993）发现女性和男性之间的经验叙事在叙事的主题和风格上会有不同的侧重：女性会话叙事多围绕与人合作性的活动展开，主人公遇到的麻烦、危险的事件多是在他人的帮助下得以解脱；男性叙事多关注个体与他人的竞争性活动，强调个人如何在与他人对抗中获得成功和进步；女性叙事包括更多人物细节、更多转述故事人物话语，而男性叙事更多包括地点、时间、事物的细节、较少转述故事人物话语。Coates（1996）的研究也有类似发现。

本书搜集的会话叙事语料以女性叙事为主，男性会话叙事较少，所以难以进行准确的比较分析。但从本研究搜集的女性会话叙事语料来看，在话题上与 Johnstone（1993）的发现是相似的。参与本研究录音的受试以大学女性研究生及教师为主，她们进行会话叙事的主题除论文、考试和对一些偶然发生事件的感受外，集中在与他人的合作活动，特别是与他人的关系方面，包括恋爱、婚姻、孩子的教育、家庭关系、同学关系、师生关系等（参见附录2）。同时，我们还发现，女性会话叙事的话语特征除包括更多人物细节、更多转述故事人物话语外，重复性话语、表演性语言、情感渲染很多（参见第三章第五节一）。例4－27、例4－28是典型的女性叙事话语表述方式：

例4－27（语境：教师S在办公室向同事抱怨一位不懂事的学生）

33S：哎，**给我气的呀**！后来，我跟他说："你自己琢磨去吧！"我说："今天这话，我都敞明白地说"，我说："我跟你说，你别对我有怨气，我告诉你，我得让你知道我心里咋想的。"

34Q：唉，这种学生，你也别太－

35S：**给我气的**，你说我不生气，不生气的。你说，我发完火拉倒了，晚上，哎呀醒了，就感觉还是**挺那个，那个气**，好像是－

36Q：hhh

37S：**反正就，反正还是挺生气的**。后来，我想这学生啊，你不能对他太好了。适可而止。

这段节选的会话叙事中，33S详细转述了故事中"我"与学生的对话，而33S、35S和37S中讲述者反复强化、渲染故事中"我"的情绪。

例4－28（语境：研究生H在向室友Y讲述一则儿子被保安拦住的故事）

7H：他说："你叫我叔叔，我就让你进来"，他就马上叫了叔叔。

8Y：啊，

9H：（保安说）"你再叫大声点"，他就又叫了一声，大声了点。（保安说）"再叫大声点，他就又叫了一声，大声了一点，完了，那个，就把那个保安，就是给压过去了。

7H和9H中都包含H对故事人物话语的详细转述，而9H中H省略了转述动词，通过模仿故事人物保安和“我”儿子的不同声音来再现故事人物会话的情景，具有非常生动的叙述效果。

二 作为社会现实建构力量的会话叙事

系统功能语言学和语用学共有的一个基本理论前提是：语言是“做事”的一种方式。日常会话中的故事讲述本身就是社会交际活动的一部分，更是一种行为方式。关于会话叙事的施为性或者说实践性，也已有数位学者从不同角度进行专门的阐述。

Bauman（1986）较早提出口语叙事是由讲述者运用一定的语言技巧实施或者表演的社会活动，因此，叙事研究不能仅关注叙事话语与所述事件之间的关系，还应该特别关注讲述活动本身的情景和社会特征。Langellier（2001）则进一步强调叙事是讲述者对社会现实和自我身份的建构活动，指出叙事赋予多元、复杂的社会现实和社会关系暂定的结构和秩序。Langellier 和 Peterson（2004）明确提出施为性叙事（performing narrative）概念，指出通过故事人们可以建构身份，完成互动交流，建构文化规范。Gubrium 和 Holstein（2009）则从社会学角度指出日常交际中的叙事是讲述者在社会环境中的以言行事行为，讲述活动连同其进行的互动语境、社会环境、交际目标与成果一起构成社会行为，建构社会现实。

综合上述关于叙事活动施为性的探讨，会话叙事是以经验叙事为核心的言语施为活动，而这一施为活动是在社会文化环境、社会关系的框架内完成的，讲述者和受述者在合作建构经验活动的时序和意义的同时，也合作建构当下交际者所面对的社会现实。考察会话叙事的实例，我们发现在日常交际中，会话叙事的确可以用来解决社会生活中的实际问题。

生活经历讲述，包括个人经历或家族经历叙事常常可以帮助讲述者建构良好的自我形象，并通过分享亲身甚至私密的婚姻、家庭生活的经历，与交际对象建立彼此信任与亲密的人际关系。本书之前讨论过的自学经历叙事就充分说明了会话中的故事讲述可以很好地服务于讲述者建构个人良好形象的社会交往实践目的（参见第四章第三节二），而像恋爱、求学等私密经历叙事以及叙事中交际者高度投入的交际策略可以使交际双方感觉到彼此心理距离的拉近和亲密关系的建立（参见第四章第三节三）。

例示故事常常可以用来说服他人，改变看法，参见例4－29：

例4－29（语境：Y在宿舍与同学L闲聊，之前L讲到自己与婆家人

的家庭关系问题）

1Y：其实想想吧，这个东西，他毕竟是亲人，是吧？还有，好比说，在咱们这一代上，比如说这个老二不行，那谁知道下一代呢？

2L：对。

3Y：哎，是吧？你要弄好之后，搞不好，他不行他孩子行，还就帮了咱孩子呢！

4L：嗯。

5Y：有这种可能，我有时候在想，你看，原来，我妈她们，我妈她们姐三个，当然我还有两个舅舅，但姐三个当中呢，好像当时就：：就我妈落在农村了，然后就觉得我们这家特别、特别特别弱似的。

6L：嗯嗯。

7Y：因为我们以前像那个，原来因为我姥爷，因为我姥爷他就是原来就是做教书的嘛！你想那个年代教书的，上过大学的人，他不是大学，是师范学校，就挺书香门第那种，

8L：对对，是。

9Y：然后赶上"文化大革命"的时候呢，然后，我妈就是那个赶紧要嫁贫农，因为我爸那边是贫农，就是为了"文化大革命"的缘故，然后，像我两个姨呀，包括我那两个姨夫，都是那个大学毕业，都是很好的那个背景的，然后我妈就只好要嫁贫农，（hh）让她自己根红（hh），然后呢，嫁到我们这边，然后我们这边就弱，但是这些孩子当中，我就感觉，像我大姨家那个老大是挺厉害的，他是：：又日本留学，又干吗的，然后，后来工作也特别好，好像都当到山东某市的副市长。但是我二姨家的那个姐姐呢，只上了一个中专，然后我自己感觉从学历上来讲，是吧？就我肯定没比我那个姐姐差。

10L：嗯，高了－

11Y：对吧？然后，比如说有的时候呢，没帮太多，但至少孩子学英语呀、教育呀什么的，那我也能帮得上她。是吧？

→12L：你说这个很对。

13Y：你说咱们哪能保证咱下一代上总比人家强，人家总比咱差呢！

→14L：是。

15Y：搞不好人家那孩子成了大富商，还就帮了咱呢。

→16L：对。所以我就觉得的确要大气一点，不能太小气了。

这一故事讲述前，L谈及自己与丈夫弟弟产生一些小矛盾、小纠葛的问题，因此，Y试图通过阐释自己的经历，引导L改变看法，能够宽容对待那位可能工作、处事能力都不让人满意的弟弟，并与他改善关系。从12L、14L和16L中L的回应话语来看，似乎Y的讲述起到了一定的说服作用。

例示故事等也常被讲述者用来向相关人士阐释自己对人、对事的看法，从而达到获得确认或修正，增加社会人际交往经验的目的。参见例4－30：

例4－30（语境：A与同学B闲聊中讲到共同认识的另一位同学）

11A：然后她，特别严厉，她，我觉得就跟你给人的感觉不一样。

→12B：对，对，你这么说，是对的。

13A：（hh）她是不是严厉？

→14B：嗯。

15A：就那天我那个同学，他在录像，那个同学已经跟L老师说了，说你看我可不可以录个像，然后L老师那意思是，说你要录，我还可以给你，那个，系里拿些钱什么的。对，当然系里面肯定也有录的，然后这个同学就出去上德语课了，我正好上完二外回来，就帮他录，结果她就看到我在那咔咔……

16A：hhhh

17A：她说："你不许录！"后来就调查我，说外面的人不许录。后来，我说我们经过同意的，说好的，就感觉她，唉，有时候特别严厉。

→18B：啊，她就是那样子的，很严厉的。

这一段叙事的背景是：A是一位男同学，与故事中描述的那位女同学很少打交道，彼此不熟悉，在一次校内听专家讲座时帮别的同学录像，却被这位女同学误会为校外同学而加以制止。B是一位女生，与A所说的那位严厉的女同学认识多年，非常熟悉，因此，A向B讲述这段经历及自己对这位同学的印象，希望自己的看法得到B的确认或修正。故事讲述中B对A看法的接连肯定（12B、14B、18B）使A确信了自己对那位同学的印象，自己曾无端受人批评指责的心情得以缓解，也增加了与人相处的社交经验。

以解决矛盾为核心的典型叙事可以使交际双方交流一些解决类似问题的经验。像例4－31中所述的妈妈引导孩子应付保安的拦阻的问题，就使交际双方通过叙事和讨论增加了教育孩子的经验。

例4－31（语境：H向室友Y讲述儿子被保安拦阻的故事）

1H：你看（.）我儿子刚才这事，我带我儿子去系里，那个保安说："那个，你来干什么？不准进去，不准进这个楼里↓。"

2Y：嗯，嗯。

3H：他当时有点，就是（0.2）眼泪其实在－

4Y：啊？他其实（.）逗他呢吧？那个保安。

→5H：对，然后，**我说**："你说，为什么不让我进哪？"

6Y：呃，

7H：他说："你叫我叔叔，我就让你进来"，他就马上叫了叔叔。

8Y：啊，

9H：（保安说）"你再叫大声点"，他就又叫了一声，大声了点。（保安说）"再叫大声点"，他就又叫了一声，大声了一点，完了，那个，就把那个保安，就是给压过去了。

10Y：呃，呃。

→11H：就这中间（.）当时，是我鼓励了他，有点儿，**他眼睛稍微那啥**（0.2）**我就鼓励他**，然后，进去了，进去（.）后来出来的时候，他说："那，叔叔为啥不让我进哪？"我说："他逗你玩↓"。他说："妈妈，'逗'是啥意思呀？"

这段会话叙事中并未描述任何重大的有待解决的危机事件，但讲述者选择将儿子被保安拦住不让进门的一则小事按照冲突叙事的方式来讲述。1H和3H中叙述者描述了意外的问题，5H、9H和11H中叙述者讲述了问题的解决过程。5H和11H中提到了解决问题的关键措施——叙述者对儿子的鼓励。在接下来的故事意义的讨论部分，交际双方对问题的解决办法进一步讨论：

19H：我说："你当时做得挺好的，你应付，就是－你做得挺好的。你那个，没有被他所吓倒。"就是那个，大概是这样的。所以，我觉得就

是（.）父母对孩子的这个（0.2）细致的，那个交流 -

20Y：你看，你就是很敏锐。这就是对孩子是个很好的影响，对吧？要是孩子吓哭了，没准你也 - 也有这种年轻的父母，然后，孩子被吓哭了，结果，他妈妈本来知道这个，人家是逗他，但她倒恼了，那就很麻烦了，是吧？

21H：他有那一瞬间，我就看出来了。我看到了他有点那个（.）憋屈那种 -

22Y：啊 -

23H：怯了、虚了那种，那，我就说，你叫叔叔，你大声，再大声，他就都叫了。

24Y：那，这就是个经验，再有人逗孩子，他就知道咋回事了。

25H：所以，我说，孩子真的是大人给塑造的。

通过这部分讨论，交际双方总结出父母对孩子细心指导、教育的重要性，加深了对儿童教育问题的认识，增加了解决类似问题的经验和知识。

以情感、心理反应为主的时闻故事讲述的主要作用则在于帮助讲述者缓解压力，释放情绪，或者赢得同情和安慰。

例 4－32（语境：F 向同学 G 讲述一件让自己难堪的事情）

1F：我今天可衰了，你知道吧？

2G：啊？

3F：我今天中午蓬头垢面地出去了，刚走到向食堂拐的那块儿，就碰见我硕士时候的导师 Z 老师了，都有半年或一年多都没见着了，然后就觉得好难堪啊！我穿的那件蓝色的破衣服，头发简单一扎的，脸上啥也没搽 -

4G：hhhh

5F：这本来就已经碰上了一个不期待碰上的人了，结果我和 Z 聊会儿天之后，Y 老师又着急，过来拿书，自己来了 -

6G：hhh

7F：他们一家子过来了，他妻子，他孩子 -

8G：交“好运”啊！

9F：我很狼狈的样子 -

10G：hhhh

11F：hhhh

这一案例中，F 在最狼狈的状态下接连碰到自己硕士期间和现在的导师，事情本身不是大的问题，但 F 心里觉得很不舒服。在向同学 G 讲述这件事的过程中，与同学一起为自己的尴尬大笑的过程中，F 的心情得到释放。

最后，未来规划叙事本身就是为解决实际问题而展开讨论的一部分，具有最直接的解决问题的成效。在交际双方讨论过程中，两个人互相沟通、交换信息，最终会达成较为一致、可行的规划。参见例 4－33：

例 4－33（语境：L 与同学 Y 探讨未来的工作计划）

1L：我算了一下啊，下学期主要有俩任务，自己定的啊，先是开题，然后把两篇文章写完，投出去。

2Y：对，要不然就来不及。咳，我下学期又稀里糊涂担课了，下学期的课倒是好教。下学期我希望在家或在这儿一待待一个月，别再来回跑就行了。

3L：对。

6Y：所以下学期我就老老实实在家待一个月，看看书，写写。然后四月份能开就最好了，论文啥时候写啊？

7L：开完了嘛！

8Y：开完了，把理论部分弄细点，把理论部分先给它发了，那也行。

9L：还有暑假呢嘛！我反正是经常自己往后拖。

10Y：暑假写文章就来不及了，暑假还得写正文呢，你刚才说十二月份你还想中期呢。

11L：尽量往前赶嘛！

12Y：对。

这段叙事中，Y 与 L 在规划下个学期开题与发表论文的工作计划，二人基本上达成一致的意见，都是先踏实准备，四月份开题，再在暑假前后写完预备发表的论文。

三　作为文化、道义原则强化力量的会话叙事

会话叙事具有鲜明的地域文化或社区文化属性，不同地域或交际社区的叙事反映不同的文化信念和不同的道义立场。

（一）会话叙事中反映的文化观念

文化规范不同，人们对经验的识解就会不同，经验中反映的意识形态也会有很大不同。Polanyi（1985）通过分析美国大学教师和学生的会话叙事尝试建立了美国文化语法。本书搜集的知识分子群体的会话叙事也反映了中国文化中普遍被人们有意识或无意识坚持的一些基本文化信念。

1. 关于个人的学业、事业

（1）苦尽甘来，辛苦努力才能成功。参见例 4－34 摘选的叙事话语片段：

例 4－34

①我早上五点起床，别人还在睡觉，我就下来读－

②一般，我要是这个东西我不会，必须要查，你知道为什么吗？因为我经常跟学生说这句话是，学习是一种生活习惯。

③你不知道她考研才痛苦哪，她比我们都掉的眼泪都多，你知道吗？……她最后考试之前都抱着我紧张得不行。

（2）缘分很重要，不该你的不要去争，该你的跑不掉。参见例 4－35 摘选的叙事话语片段：

例 4－35

④然后，（…）我那时都要签协议了，其实，人就是命，第二天签协议，马上就打算签，结果来了一个电话，没看着电话，然后晚上老师值班，正好打电话打通了。

⑤你说那要是：：很可能就会错过，该着你－该着说是你的缘分。

⑥你看你这一路走过来，你不去争，该是你的那个好运，它还是你的。

⑦老师也是一种缘分，你说，学校那么多老师，就赶到最后真正帮助你，感觉有点缘分的老师也不多呀。

（3）师生关系如同家长与孩子的关系，老师要爱护学生，学生必须听从老师的意见。参见例4－36摘选的叙事话语片段：

例4－36

⑧我真的是特别钦佩S老师的就是她这一点，（…）老师也是恨铁不成钢，老师当时就说："我的感觉就是像自己的孩子一样，就是我可以自己骂，自己打自己的孩子，但是别人来说，我就受不了。"

⑨我说："你都没去上课，你为什么不去上课去?"哎呀，给我气的，我就跟他喊哪，给我气的，因为我真的对他太好了。因为你觉得他是班干部，他这孩子平时乐呵呵，还真挺好。我就一直以为他懂事的孩子，你知道吧？（…）

⑩A：老师说，不能做跨学科，要做中外－她说："为什么要比跨学科呀？比中外的！"

B：那你就做中外的呗！

A：对呀（…）后来就觉得跨学科是不对。

2. 关于个人生活

（1）谈恋爱靠的是机缘。参见例4－37摘选的叙事话语片段：

例4－37

⑪哦，谈恋爱就得遇，遇不上合适的吧，别人怎么说你俩特般配、特般配，但俩人就是没感觉。没办法（…）

⑫啊，准备考研究生，你原来说过。他好幸运啊，就问个路，然后，他就拣着一个女朋友，多↑好！

（2）稳定、幸福的家庭十分重要，家长对孩子的责任十分重要。参见例4－38摘选的叙事话语片段：

例4－38

⑬可是话说回来，孩子你不管（.）哪儿行啊，孩子关键时刻－（论文）别着急，慢慢来呗。

⑭我就是不管在外面多累，多受气，一回家就好了。

⑮你别跟她们比，首先，你孩子在这儿，你说是不是？而且，你孩子考了一个很好的学校，对不？

⑯所以，我说孩子真的是大人给塑造的。

会话叙事充分反映参与者的基本信念。以上列举的这几点表明这些知识分子深受中国文化观念的影响，来源于佛教但在中国已普遍被接受的“缘分”概念深深影响到这些人对事业、对爱情等的追求。而中国文化历来推崇的家庭是一切的根基的概念也对这一群体产生重要影响。为了家庭牺牲个人的某些发展机遇是被提倡的。以家庭关系比量人们与其他人的社会关系是人们惯常的思维习惯。为此，教师如父母、不可违背的观念是被广为接受的。此外，植根于农业文明的一分耕耘一分收获，勤奋、坚韧、努力带来成功，苦尽甘来的信念也是依然被信奉的。

每个人在成长、在社会化的过程中都会潜移默化地接受自己民族的一些基本信念。自我建构是文化观念基础上的建构（Bruner，2001），个人基本信念中最持久的往往是源于民族文化、来源于自小就无意识中接受的信念。实际上，民族文化或交际社区中大家共同坚守的传统文化观念正是我们在彼此交流，进行叙事交际时能够互相理解、建立认同的根基。反过来，在会话叙事中，当交际者基于这样的文化信念构建或阐释经验叙事时，又在彼此交互认同这些基本文化原则时，强化、巩固这些信念。也就是说，会话叙事又反过来起到强化这些信念的作用。

（二）会话叙事中反映的道义立场

讲述者和受述者的道义立场与他们所在的社会文化实践语境以及他们的文化信念紧密相关。基于我们的传统文化信念，在会话叙事中我们常常会在有意无意间对自己或他人的行为进行道义上的评判。不过，正如Ochs和Capps指出的那样，在有些叙事中，道德意义更为明确、稳定，而有些叙事中道德意义可能不那么确定，会在叙事进程中由参与者修改，但每个故事或多或少都包含一定的道义意义，而交际参与者都会有意无意地选择其道义立场。本节将结合一则叙事简要分析会话叙事中交际参与者是如何基于我们的文化信念进行道义层次上的意义交流和协商的。参见例例4－39：

例4－39（语境：研究生X、G、Z、Y等在参加一次学术论坛的间歇

闲聊）

17X：嗯。所以这是我为什么我一直要把我的孩子带到我的身边。因为我小时候，呃，其实，呃，也不是跟我父母一起长大的，我爸爸是军人，他原来在西藏，待了十八年。

18Z：哎呀。

19X：我妈妈在内地，她是医生，也很忙。然后，我小时候我妈妈就把我放在我外婆家，我一直到了小学，二年级还是三年级的时候，才跟着她。

20Z：哦。

21X：从小好像就觉得很缺啥，也不是说他们不爱我，但是就觉得，跟父母［挺有距离的。

22G：不一样。］

23Z：那种日常的朝夕相处的那种亲密感，你可能［就没有。

24X：嗯，没有。］嗯，跟我妈就－我也很爱她，可是总是觉得［好像跟她有距离。

首先，讲述者对故事的情节选择就已反映其道义立场。在这段叙事中，讲述者 X 对自己小时候一段成长经历进行了概括性叙述（17X、19X）。讲述者并未采用任何情感词汇、判断词汇进行内部评价，但这段叙事的情节选择（爸爸在西藏，妈妈在内地，但很忙，我被送到外婆家，一直到小学二、三年级的时候）就已流落出讲述者对父母的不满，而且，其对母亲的不满似乎更加明显一些。19X 中 X 说道："我小时候我妈妈就把我放在我外婆家，我一直到了小学，二年级还是三年级的时候，才跟着她。"似乎，在讲述者心目中，母亲更被期待照顾她、看护她，而母亲有意选择了送走她、与其分离的结果。显然，讲述者选择的道义立场是：对于小孩子来说，父母，特别是母亲的悉心照顾是不可缺少的。家庭责任的重要是中国文化中的一个基本信念，而今天自己已成为母亲的 X 非常认可这一点。因此，在 17X 中讲述者叙述自己成长经历前，先提到："我一直要把我的孩子带到我的身边。"

其次，叙事中讲述者和受述者对事件的评价话语会在很大程度上加强事件的道德意义。21X 和 24X 中 X 强调自己一直和妈妈有（心理）距离，22G 和 23Z 中 G 和 Z 两位听话人的评价表明她们对 X 看法的认同。显然，基于我们的传统文化理念，三者都具有相同的道义立场。关于父母对孩子的责任三人持有相同的态度和观点。

这段叙事实际上强化了大家虽然认可却不够清晰、活跃的关于家庭责任的理念。因此，在三人达成共识后，当又有新的交际者 Y 参与到她们基于故事的讨论中并报告自己遇到类似问题时（25Y），她们积极为其出谋划策，建议 Y 尽快改变其与孩子难以沟通的现状（32X－36Z）。

25Y：（从旁边座位挪过来）我的小孩初三了］我的小孩儿现在就是看不上我。

32X：所以你］现在一定要做到－

33Z：你就赶紧地去－你要多跟他＝

34X：＝多带他多跟他。

35Y：他不跟我视频。

36Z：%OK% 那就多给他打电话。

接下来，Y 对其与儿子难以沟通的现状和儿子的成长经历的叙述屡被大家的讨论打断，属于 Gorgakoupou（2007）所说的小故事。但大概的经验信息得以表述（50Y—60Y）：

50Y：我就愁等我回去以后，我孩子差不多要高考了，我就觉得完蛋了。

51Z：你现在孩子刚才说多大？三年级？

52Y：初三了

53Z：初三了，哦，可不是。

54Y：读四年级的时候才跟上我。

55Z：男孩、女孩？

56Y：男孩。

57Z：哎哟，本来就是男孩，那，是。尽管，尽管我分析他情感上对你有，有依恋的话，但他至少那个知心话，可能就很难跟你说太多了。

58Y：他既不跟我讲，又不跟我老公讲，你说，我们学校又挺……他说："你管我呢！"

59G：你孩子和你近吗？还是远？至少位置上＝

60Y：＝近，就在一个－我不是到上海了吗？又很远。之前的话，我不想带嘛，就给我妈了。

受述者 Z 和 X 基于上述关于父母对孩子的家庭责任的理念，特别是基于 X 由于缺失母爱而至今与母亲无亲近感的事实，对 Y 采取了批判立场（61Z、62X）。

61Z：（hhhh）你，你当时享多少轻松，你将来就享多少麻烦（hh）

62X：所以我的孩子我从小就没让他离开过一天。

最后，交际者对事件的道义立场并不是稳定不变的，而是可以调整协商的。仍以上述会话叙事为例，在这段叙事的后半部分，Y 叙述了自己小时候也被爷爷奶奶带大，却和父母相处没问题，而孩子的性格偏内向（73Y），孩子不和爸爸交流，也很少和姥姥交流的情况（75Y、78Y），并讲述了自己为改变与儿子沟通困难的现状在作出努力的事实（82Y）。

73Y：因为我从小就我爷爷奶奶带大的，我长大才跟了我爸爸妈妈，然后，但是后面我就发现挺好，因为都在一起了嘛！啊，然后，我家小孩嘛，我就发现是性格上的原因，他不交流，也不跟他爸交流，

74Z：但他也没有一个亲近的人，虽然不和你交流，他－

75Y：他也不跟他爸交流，我觉得他还满老成的。

76X：其实，我觉得－

77Z：不是你爸妈帮你带他嘛，他跟你爸妈怎么样？

78Y：一般，我爸妈现在到了湘西了。偶尔跟他姥姥打个电话，现在交流的也不多。

79Z：那得管他，别让孩子青春期太内向，没得诉说，不好。

80X：你就只要有时间，你要多跟他在一起，呃，做一些他喜欢做的事情。

81G：可以在假期嘛！

82Y：就得是假期。今年假期，九月份以前，我一直陪着他。

这段叙述之后，Z 对 Y 的态度发生改变，开始对 Y 表示同情和一定

程度的认同（83Z、85Z）。

83Z：那就好，那就好！

84Y：当老师有一个好就是有假期。

85Z：那他虽然没说，我估计他心里也对你比以前要亲了，估计是。

有意思的是，X 的立场并未轻易改变。89X 中 X 进一步阐述了她的看法，孩子与父母关系的改善不是那么容易的，孩子小时候受到的忽视不是现在一些关心、爱护就能一下子弥补的。X 的评价进一步阐明了其作为同样曾经在缺少父母关爱环境下长大的孩子，作为 Y 的孩子代言人的立场。

89X：因为你在我看来，觉得在他小时候，你就是抛弃了他，你凭什么要让他现在回到你身边？如果我是你的孩子，我也会有一样的反应：你就是抛弃了我，你现在又看我长大了，想把我，嗯，拉回去，不是那么简单的事情，一个人的爱，对，不是那么容易，就是说我爱你，我就真的爱你了，

X 对 Y 的道义批判立场激发了 Y 进一步的反省和检讨，Y 以更多的细节重述了自己将孩子交与老人看管多年的事实。

90Y：八岁就给我妈了，差不多八岁。

91Z：hhh

92Y：（hh）我妈说你给我生了一个孩儿。

93Z：哦（hh）。

94X：太逗了，[给他一些时间，

95Z：那，上学什么的] 也都是姥姥管，你都不管他？这样子？

96Y：之前，我们家住的跟那个小学很近嘛！

97Z：哦。

98Y：然后，我就给我妈了，我说，反正小的时候，我带也很麻烦，成天接送。

99Z：对。

100Y：我们家离的小学又近，幼儿园那边又近，本来我原来说是初中都跟我妈读，我们家不是学区嘛！我妈说不行，不行。

101Z：哦（hh）。

102Y：不帮我了，我带走了，（hh）本来我都想把他一直放下，我妈说这样不行的，

103Z：慢慢来，是吧？慢慢来。

104X：给他一些时间。

这段叙事中Y对更多细节的选择讲述表明其对89X中X对自己批评立场的理解，Y似乎是秉着自我检讨、批判的立场回顾这段经历的。特别是其对姥姥话语的引述（92Y、102Y）暗示了其自我批判的立场。而最终X和Z也对其选择了批评（94X、95Z）兼鼓励（103Z、104X）的立场。

以上这段会话叙事中讲述者X以及后来Y分别对自己成长经历以及自己抚养孩子经历的叙述都是围绕父母是否可以将自己照顾孩子的责任交托老人这一问题展开的。二人以及听话人Z和G具有基本一致的立场，都认同父母，特别是母亲对孩子具有不可推卸的关爱责任。但大家的看法由于自身背景不同又有着细微的差异。几个人通过叙事讨论，逐渐达成对彼此的理解和认可。在会话叙事进展过程中，父母对孩子给予关爱的道义原则得到了不断地强化。也就是说，会话叙事既反映交际者的道义立场，又作为道义原则的强化力量发挥作用。

第五节　小结

依据对自发性会话叙事的实例分析，本研究发现自发性会话叙事中交际维度的活动具有多元、复调的特征。

会话叙事中交际双方借助故事讲述活动以多元话语角色身份在会话交际、元叙事、故事话语等多层次上进行话语互动和人际交流，而不同层次的话语角色也可以间或越过框架渗透到其他层次上的交流活动；叙事交际自我的身份及其与他者的关系都具有鲜明的建构性特征，交际双方在叙事中采取的语言同化策略以及受述者高度投入到对方的故事中时自然产生的心理同化效应都会影响到交际双方人际关系的建构；会话叙事中交际双方在完成微观层次人际互动的同时，也完成宏观层面的社会文化实践活动，其交际者体现不同的社会角色特征，其交际活动体现中国知识分子的一些

基本的文化和道义信念。

会话叙事中的交际活动也充分体现叙事和认知活动的渗透和影响。所有的交际活动都是围绕叙事工作完成的，交际者身份的建构也是围绕讲述者和受述者身份完成的，而叙事交际中的意义协商以及心理同化过程都体现认知工作与交际工作的重叠性。

第五章　自发性会话叙事中叙事话语意义的认知建构过程

会话叙事不仅是叙事行为和交际行为，也是认知活动。通过同时进行的交际与叙事活动，交际双方还会交流、建构，或者说重构对过去经验的认识，完成认知层次上的意义建构和理解。通过会话叙事的路径，讲述者完成对记忆中过往经验、见闻或所预期到的未来活动的模糊印象的切分、序列化和结构化，赋予其故事结构和意义，从而将模糊印象转化为可随时提取的“知识”，加深自己对世界和生活的认知。而受述者通过听取对方的故事，结合自己的经验图式努力在大脑中重建对方的故事世界，并积极参与到对方外部故事的建构过程中，最终将对方故事内化吸收，从而增加间接经验，获取新的“知识”。

会话叙事的认知活动包括故事意义的认知建构和认知理解两个侧面。两个侧面的活动在会话叙事中重叠进行，正如一枚硬币的两面，难以清晰分割，二者共同构成会话叙事认知活动的整体。不过，为了分析的便利，本章将在讨论会话叙事中叙事话语的意义来源以及认知特性的基础上，具体分析会话叙事中的意义建构过程，即由经验世界到内部故事的构建和由内部故事到外部故事的外化实现过程，探究叙事者如何完成经验意义的识解和内部故事规划，并如何在受述者的协助下实现对外部故事的社会认知。而第六章将侧重考察意义识解的相关因素，探究受述者如何在外部故事建构中识解并重构讲述者的故事世界，又如何对讲述者故事完成内化过程，进而达到间接经验性知识的提升。

第一节　会话叙事中叙事话语的意义来源

在探究会话叙事的意义建构过程之前，本节简要分析叙事话语的意义来源。

作为叙事、交际和认知一体的三维实践活动，会话叙事既有表征物质活动经验的一面，也有体现认知主体利用叙事思维组构经验片段的一面；既有反映讲述者对个体经验实现叙事化认知的一面，也有体现交际双方合作完成对事件意义的社会认知的一面。而参照本书第二章的讨论，会话叙事中存在着五个层次的意义空间，即经验世界、故事世界、故事话语、元叙事话语和会话交际。那么，本书假定会话叙事中话语的意义来源于：

（1）经验世界中表征物质和思维活动的经验参数；

（2）故事世界及表征故事世界的故事话语中含有的故事结构因素；

（3）体现在元叙事和会话交际中的交际主体的主体性和主体间性认识。

经验世界位于会话叙事五个层次中的最底层，是叙事话语意义的根基。系统功能语言学认为，经验是意义的潜在资源，意义的建构过程等同于经验的识解过程；语言通过识解经验构建概念基块，利用多层次的语言符号系统，语言能够把经验转化为意义（Halliday & Matthiessen, 1999）。Fludernik（1996）等认知叙事学学者也指出叙事性以经验性为根基，在对故事的感知、理解中受述者基于真实世界的生活经验而形成的关于行动、路径、目标的基本层次框架是其对所阅读、听到的故事进行叙事化的基础。Herman（2002）指出故事的读者或听者是通过分析、调控时间链条上行动的及物性过程、参与者角色和关系来理解叙事、重构故事世界的。因此，本书主张叙事话语意义的最基本要素是语言中的经验参数，要探究会话叙事中话语意义的构建过程，需从分析叙述话语所反映出来的经验参数入手。

叙事本身是重要的认知方式。经验意义是碎片化的、无确定意义的，使经验获得确定意义的主要方式是赋予其叙事形态（Riessman, 1993）。叙事结构本身就像一个容器，对经验意义具有形塑作用。叙事结构因素构成叙事话语意义的第二个重要来源。讲述者选择哪些经验因素进入故事框架本身就可以显示讲述者的主观倾向，奠定其对经验意义故事化的结构基础。而且，如本书第三章第二节所述，时间性和逻辑序列性使叙事话语具有了形式上的衔接和逻辑上的连贯性，是叙事话语的标志因素，讲述者如何安排经验片段之间的先后顺序会深刻影响到故事的意义建构。

而鉴于经验性故事的意义是在会话交际中由负载各种主体性和主体间性认识的交际者、社会交往实践者合作建构的，那么，难以避免的是，故事的经验意义是在糅合了交际者主体性和主体间性意义述求之后才被传播出来的。交际者主体性和主体间性意义构成叙事话语意义的第三个意义来源。参照功能语言学和主体间性认识论等关于意义或者说知识建立路径的讨论，本书认为会话叙事中叙事话语意义的最终确立过程是由主体性到主体间性的建构过程。

Halliday 和 Matthiessen（1999）强调经验意义存在于多维的语义空间，其中包含对经验的相异甚至相对立的识解方式。也就是说，经验语义中存在着不确定性或歧义，因此，经验只是“我们用语言为自己建构的现实”。像在会话叙事中，交际者常常会基于交际语境的启发修订自己对过去经历的认识，或者按照过去经历与目前生活状态的关联性，重新阐释过去经历的意义（Riessman，2002）。也就是说，会话叙事中意义的阐释是由现在指向过去的，在这个过程中叙事不是描述经验活动的方式，而是讲述者主观阐释经验意义的方式。

经验意义的建构也是人际关系的建设过程，意义中的人际因素同样是现实世界的建构力量（Halliday & Matthiessen，1999）。因此，话语的意义不单纯是交际主体对经验意义的主体性建构，更确切地说，是一个“主体间性过程”，是一个体现主体之间交互合作的“社会化”过程（Halliday & Matthiessen，1999）。同时，主体间性认识论同样强调意义以及知识的建构是主体间协商合作的结果。主体间性认识论主张自我与他者具有立场可交换性，自我与他者在主体共同体中达成对客体世界的共识，或者说“统觉”（胡塞尔，2004）。因此，主体间性的建立是主体之间话语意义确立和实现的关键路径。

综上所述，会话性经验叙事活动具有其独特的认知特性，是一个宝贵的认知资源。在交际双方的叙事合作中，讲述者的经验、见闻被赋予故事化的结构，并体现双方共同认同的经验意义；会话叙事的意义建构既反映个体经验到叙事的意义生成过程，也反映经验由主体意义到主体间性意义的社会认知过程。

第二节 会话叙事中经验意义的故事化——内部经验故事的构建

既然叙事话语意义的根基是经验参数，那么，关键的问题是叙事者要经过怎样的认知操作才能将记忆中的经验片段转化为可交流的故事。换句话说，经验参数要加上怎样的故事结构参数，才可以完成经验世界基础上故事世界的建构。

本书认为要解析由经验片断到故事的认知操作，第一步是探究交流前讲述者对经验的组织和储存形态。Jahn（2003）认为真实生活经验在成为谈话或文学作品的内容前可能已经过心理感知和内化过程以故事的形态存储在记忆中，并将其与梦想、幻想中的故事统称为内部故事。Jahn（2003）的内部故事假说与认知语言学和叙事心理学学者关于故事是知识和记忆的组织方式的说法是一致的。认知语言学家 Chafe（1990）主张叙事思维是我们在头脑中组织经验和知识的方式。Turner（1996）也主张我们头脑中“绝大部分的经验、知识和我们的思维都是按照故事的方式组织的”。基于观察和实验，Nelson（1993）等认知心理学家也发现依靠语言组织和叙事形态的自传式叙事记忆是人类的独特功能，成人对三岁以前婴儿期活动的遗忘现象就是由于三岁以前我们还不能运用语言把个人经历用语言组织成故事结构。反思我们自身的生活常识，我们也发现故事是最常用的一种经验性知识。比如，当我们试图说服别人采取某项行动或阻止别人采取某项行动，我们常采用的策略正是讲述自己或他人的类似经历故事。

比较上述各位学者的看法和对自身故事讲述经历的自我反思，本书主张在人们参与会话叙事前经验片段已经是以基本故事的模态储存在记忆中的组织结构，既包括形象化片段，也包括借助词汇语法和语篇手段完成的叙事结构意义，是一种混合了形象、感知经验和概念化结构的思维表征。关于内部故事的具体建设过程，Jahn（2003）并未给予详尽的分析。本章将深入探索经验意义故事化的具体操作环节。融合系统功能语言学和叙事学等关于经验意义的相关研究，本书假定在经验参数故事化的这一阶段，讲述者的主要工作是从真实生活经历片段的记忆中择取事件构成要素，并将其逐步序列化和情节化。

一　经验意义的序列规划

经验中的意义潜势是通过语义系统获得识解的，系统功能语言学基于概念库的经验识解模式（Halliday & Matthiessen，1999）为我们描述叙事中行为序列的识解提供了重要启示。

根据概念库的经验识解模式，经验现象对应语义系统，语义系统按其复杂程度由低至高分为成分、图形和系列三个层次；三个层次依次由词汇语法层的短语、小句和小句复合体来表征（Halliday & Matthiessen，1999）。为便于更清晰地描述故事中行为序列的组构过程，本书将经验与语义拆分，增加了表征故事组织的经验层。这样，语义层的成分、图形和系列三个层次分别对应经验层的角色规划、行动规划和行动序列规划三个环节（见图5－1）。

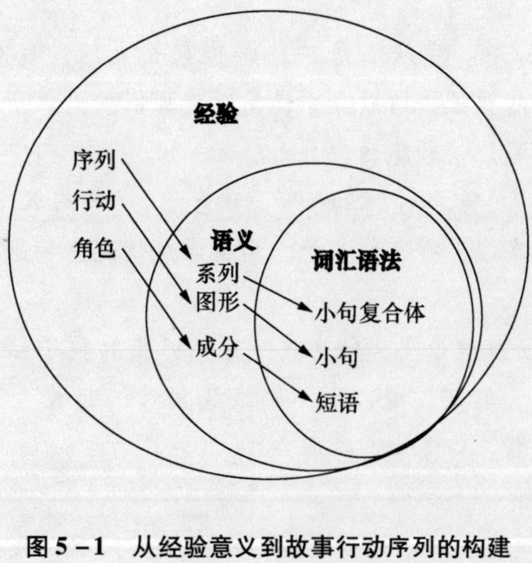

图5－1　从经验意义到故事行动序列的构建

具体来说，讲述者在语义层面对三类成分——过程、参与者和环境因素的选择对应其从大脑的模糊经验模块中对行动类型、行动角色和场景因素的选择。也就是说，通过对这些语义层面表达的选择，讲述者完成对故事中行动序列的规划。语义层面讲述者对成分配置构成的图形的选择对应经验层面讲述者对故事行动类型的规划，行为（doing）、感知（sensing）、言语（saying）、状态/关系（being）四类图形分别对应着行为、感知、说话和存在四类经验。最后，讲述者在语义层面对图形之间按照投射和扩展关系连接成的图形系列的配置对应其对真实经验世界中经历或见闻的行动序列的配置，即序列规划过程。

本节将通过一则实例分析经验意义在语言层面和认知层面的建构过程。这段会话叙事的背景是 X、Z 和 G 同为某高校博士研究生，在某次午饭后闲聊时聊到孩子与父母的情感问题。在 Z 向二人讲述完自己和女儿如何相处后，询问 G 和 X 小时候是和父亲还是和母亲更亲密，15G 中 G 说到自己从小缺失父母的关爱，16Z 中 Z 称赞 X 读博期间也坚持照料孩子的做法。而 G 和 Z 的话语激发了 X 对自己幼年时缺少父母亲情一事的回忆。17X、19X 和 21X 中 X 讲述了这段经历和感受。

例 5－1（语境：X、Z、G 等几位研究生在参加学术论坛的间歇聚在一起闲聊）

背景：

15G：我不知道。我从小是在我姥姥家长大的，我对爸妈都没有依赖，我是被抛弃的孩子，所以我才性格比较孤僻内向。所以，你这样一问就砸中了我内心深处一颗脆弱的身心。

16Z：（朝向 G）%Sorry，Sorry%，我忘了。（朝向 X）对，我觉得是，其实你这样会很幸福，将来你儿子，至少会从情感上特别依赖你。

X 的故事：

17X：嗯。所以这是我为什么我一直要把我的孩子带到我的身边，因为我小时候，呃，其实，呃，也不是跟我父母一起长大的。我爸爸是军人，他原来在西藏，待了十八年。

18Z：哎呀。

19X：我妈妈在内地，她是医生，也很忙。然后，我小时候我妈妈就把我放在我外婆家，我一直到了小学，二年级还是三年级的时候，才跟着她。

20Z：哦。

21X：从小好像就觉得很缺啥，也不是说他们不爱我，但是就觉得，跟父母［挺有距离的。

当然，这里所呈现的其实是已外化了的，由讲述者在会话交际中传达给受述者的经验叙事。鉴于内部故事的不可及性，我们这里要做的只能是在可及的外部故事话语中忽略受述者话语，基于讲述者的语言表述探测故事讲述前在讲述者内部记忆中经验组织结构的可能形态。整合这一段 X 的叙述，我们发现 X 在自己的人生经历内部故事中节取的这一小部分，一共包含 7 个序列。这 7 个序列的建构过程大致如下：

（1）序列 1：我为什么我一直要把我的孩子带到我的身边，因为我小时候，也不是跟我父母一起长大的。

讲述者首先进行了角色规划，从关于这段经验的记忆中择取了行动角色，也选择了体现角色特征的行动和环境因素。然后，角色、行动和场景因素的摘选在语义层面实现为成分，在词汇语法层面实现为短语。

①角色规划↘成分↘短语

角色规划{
行动者：我
目标：我的孩子，我父母
行动和场景因素配置：带到身边，跟……长大，为什么，一直，我的身边，小时候，一起
}

成分{
参与者：我，我的孩子，我父母
过程：带到，跟……长大（极性：否定）
环境：为什么，一直，我的身边，小时候，一起
}

从角色的选择来看，讲述者选择自己作为行动者，行动涉及对象为“我的孩子”和“我的父母”。这似乎说明在讲述者的经验性知识中，我和孩子的关系与我和父母的关系是相关的。行动和场景因素的选择，特别是时间因素的选择为叙事性的确立奠定了基础。之后，讲述者进行了行动规划，为之前选择的每一个行为角色配置行动和环境因素。这在经验语义层面实现为图形，在词汇语法层面实现为小句。

②行动规划↘图形↘小句

行动{
行动 1：我为什么我一直要把我的孩子带到我的身边。（行为经验）
行动 2：我小时候，也不是跟我父母一起长大的。（行为经验）
}

图形{
图形 1：我为什么我一直要把我的孩子带到我的身边。（行为过程）
图形 2：我小时候，也不是跟我父母一起长大的。（行为过程）
}

这里，行动者“我”的行为经验实现为表征行为过程的小句。从行动的规划来看，似乎在讲述者的经验性知识中，孩子是否在父母身边长大

是很重要的，“我”是第一个行为“把孩子带到身边”的主动行为者，“把孩子带到身边”是“我”的有意图行为；而“我”的第二个行为“不是跟我的父母一起长大”则是发生在“我”身上的事件，不是我的意愿所为。关键的环节是讲述者认识到两个行动间的关系，并在两个行动间建立了因果联系，使之成为一个序列。

③行动序列↘图形系列↘小句复合体

行动序列：我为什么我一直要把我的孩子带到我的身边，【因果】因为我小时候，也不是跟我父母一起长大的。

图形系列：我为什么我一直要把我的孩子带到我的身边，【加强：因果】因为我小时候，也不是跟我父母一起长大的。

讲述者对行动间逻辑关系的设置使行动序列的建立得以完成。而序列间的关系反映在图形之间或者说小句之间，显示讲述者经验识解的立场和态度。像这两个小句间的因果关联就体现出说话人对自己小时候未能跟父母一起长大一事是不认同的，是持否定态度的，所以现在讲述者才会采取坚持自己带孩子的做法。

（2）序列2：我爸爸是军人，他原来在西藏，待了十八年。

①角色规划↘成分↘短语

角色规划
- 行动者：我爸爸，他
- 目标：军人
- 行动和场景因素配置：是，在，待了，原来，在西藏，十八年

成分
- 参与者：我爸爸，军人，他
- 过程：是，（是）在，待了
- 环境：原来，在西藏，十八年

这里，讲述者选择描述自己的观察经验，以“我爸爸”为行动者，行动涉及对象为他的“军人”生活。讲述者还为角色的行动特意配置了时间因素“原来”和“十八年”。

②行动↘图形↘小句

行动
- 行动1：我爸爸是军人。　（存在经验）
- 行动2：他原来在西藏。　（存在经验）
- 行动3：（他）待了十八年。　（存在经验）

图形 { 图形 1：我爸爸是军人。　　（关系过程）
图形 2：他原来在西藏。　　（关系过程）
图形 3：（他）待了十八年。　　（关系过程）

行动者“我爸爸”的存在经验实现为表征关系过程的小句。

③行动序列↘图形系列↘小句复合体

行动序列：我爸爸是军人，【递进】他原来在西藏，【递进】待了十八年。

图形系列：我爸爸是军人，【详述：递进】他原来在西藏，【延展：递进】待了十八年。

这里，讲述者在行动者“我爸爸”的一系列存在图形之间加入了递进逻辑关系，详述了“我爸爸”作为“军人”的一系列存在行动。而这一系列的存在行动最终实现为一个小句复合体。

（3）序列 3：我妈妈在内地，她是医生，也很忙。

①角色规划↘成分↘短语

角色规划 { 行动者：我妈妈，她
目标：医生；行动和场景因素配置：在，是，很忙，内地

成分 { 参与者：我妈妈，医生，她
过程：（是）在，是，（是）很忙
环境：内地

这里，讲述者选择描述自己的观察经验，以“我妈妈”为行动者，行动涉及对象为她的“医生”生活状态。

②行动↘图形↘小句

行动 { 行动 1：我妈妈（是）在内地。　　（存在经验）
行动 2：她是医生。　　（存在经验）
行动 3：（她）也（是）很忙。　　（存在经验）

图形 { 图形 1：我妈妈（是）在内地。　　（关系过程）
图形 2：她是医生。　　（关系过程）
图形 3：（她）也（是）很忙。　　（关系过程）

行动者“我妈妈”作为“医生”的存在经验实现为表征关系过程的小句。

③行动序列↘图形系列↘小句复合体

行动序列：我妈妈在内地，【递进】她是医生，【递进】也很忙

图形系列：我妈妈在内地，【延展：递进】她是医生，【详述：递进】也很忙。

与序列2的情况相似，讲述者在行动者“我妈妈”的一系列存在行动之间加入了递进逻辑关系，详述了“我妈妈”作为“医生”的一系列存在行动。而这一系列的存在行动最终实现为一个小句复合体。

（4）序列4：我小时候我妈妈就把我放在我外婆家，我一直到了小学，二年级还是三年级的时候，才跟着她。

①角色规划↘成分↘短语

角色规划{
行动者：我妈妈，我
目标：我，她
行动和场景因素配置：把……放在，跟着，我小时候，我外婆家，到了小学，二年级还是三年级的时候
}

成分{
参与者：我妈妈，我，她
过程：把……放在，跟着
环境：我小时候，我外婆家，到了小学，二年级还是三年级的时候
}

这里，讲述者选择描述自己的行动以及承受他人行动的经验，以“我妈妈”和“我”分别为行动者，行动涉及对象分别为“我”和“她”（我妈妈）。显然，这里讲述者提取的经验片段涉及我和妈妈的交互关系问题。而时间因素“我小时候”，“到了小学，二年级还是三年级的时候”的进一步摘选意味着讲述者将行动角色朝向故事人物方向的设置。

②行动↘图形↘小句

行动{
行动1：我小时候我妈妈就把我放在我外婆家。（行为经验）
行动2：我一直到了小学，二年级还是三年级的时候，才跟着她。（行为经验）
}

图形{
图形1：我小时候我妈妈就把我放在我外婆家。（行为过程）
图形2：我一直到了小学，二年级还是三年级的时候，才跟着她。（行为过程）
}

行动者“我妈妈”和“我”的行为经验实现为表征行为过程的小句。

引人注意的是，行动1中讲述者把“我”小时候在我外婆家长大这一经验事件识解为“妈妈”的主动行为，将“我妈妈”这一参与者置于主动行为者的位置。似乎在讲述者的经验性知识中，“我妈妈”对这件事具有主动意愿和充分的行为责任。如果基于同样的事实，说话人选择将其

表述为存在经验“我小时候一直待在我外婆家”，或者将行为经验的主动参与者改为“我”：“我小时候在我外婆家长大”，就不再暗含对母亲行为的不满的意味。行动 2 中讲述者把“我”长大后得以跟妈妈生活在一起的经验识解为“我”的主动行为，而不是“妈妈”如何采取行动把“我”接走；似乎讲述者仍然在暗示“妈妈”没有充分的主动意愿带“我”离开外婆家，是“我”的努力才使“我”回到妈妈身边。

③行动序列↘图形系列↘小句复合体

行动序列：我小时候我妈妈就把我放在我外婆家，【递进】我一直到了小学，二年级还是三年级的时候，才跟着她。

图形系列：我小时候我妈妈就把我放在我外婆家，【延展：时间】我一直到了小学，二年级还是三年级的时候，才跟着她。

这里，行动者“我妈妈”和“我”的行为经验被整合为一个行动系列，实现为一个小句复合体。两个行动分别从“我妈妈”和“我”的两个视角表征了“我”没能在妈妈身边长大的事实。第二个行动延展了第一个行动的时间范围，发展了第一个行动的意义。

（5）序列 5：（我）从小好像就觉得（我）很缺啥。

①角色规划↘成分↘短语

角色规划
- 行动者：我
- 目标：我
- 行动和场景因素配置：觉得，缺啥，从小，好像

成分
- 参与者：我
- 过程：觉得，缺啥
- 环境：从小，好像

这里，讲述者既选择“我”作为行动者，又选择“我”作为行动目标。也就是说，讲述者在角色规划阶段预备描述自我的反思行为。同时，时间因素“从小”的配置说明讲述者对叙事性的设置。

②行动↘图形↘小句

行动
- 行动 1：（我）从小好像就觉得　（感知经验）
- 行动 2：（我）很缺啥。　（存在经验）

图形
- 图形 1：（我）从小好像就觉得　（心理过程）
- 图形 2：（我）很缺啥。　（关系过程）

行动者“我”的感知经验实现为表征心理过程和关系过程的小句。

“我”既是感知经验行为的行动者，也是该行为的承受者。行动 1 表征“我”的主要行动，而行动 2 是行动 1 的附属。

③行动序列↘图形系列↘小句复合体

行动序列：（我）从小好像就觉得【感知对象】（我）很缺啥。

图形系列：（我）从小好像就觉得【投射：想法】（我）很缺啥。

与之前的五个行动序列不同，这里两个行动间具有更密切的关联，行动 1 表明行动者“我”在故事所构建的经验世界的实际行为，而行动 2 则反映行动 1 所衍生的可能世界的行动。行动 2 是行动 1 的投射结果。

（6）序列 6：（我）也不是说他们不爱我。

①角色规划↘成分↘短语

角色规划：
- 行动者：我，他们
- 目标：他们，我
- 行动和场景因素配置：说，爱

成分：
- 参与者：我，他们
- 过程：说（极性：否定），爱（极性：否定）

这里，讲述者既选择“我”和“他们”作为行动角色，又选择“我”和“他们”作为行动目标，描述“我”和“他们”的主动行为以及承受行为的经验。

②行动↘图形↘小句

行动：
- 行动 1：（我）也不是说　（言语经验）
- 行动 2：他们不爱我。　（感知经验）

图形：
- 图形 1：（我）也不是说　（言语过程）
- 图形 2：他们不爱我。　（心理过程）

行动者“我”的言语经验实现为表征言语过程和心理过程的小句。“我”既是行动 1 言语经验行为的行动者，也是行动 2 心理行为的承受者。“他们”是行动 1“我”的言语过程的言说对象，又是行动 2 心理过程的行动者。行动 2 是行动 1 的附属。

③行动序列↘图形系列↘小句复合体

行动序列：（我）也不是说【言语对象】他们不爱我。

图形系列：（我）也不是说【投射：言辞】他们不爱我。

与上个序列情况相似，这里两个行动间具有密切的关联。行动 1 表明行动者“我”在故事所构建的经验世界的实际言语行为，而行动 2 则反映行动 1 所衍生的可能世界的心理行动。行动 2 是行动 1 的投射结果。

(7) 序列 7:(我) 就觉得 (我) 跟父母挺有距离的。

①角色规划↘成分↘短语

角色规划
- 行动者:我
- 目标:我
- 行动和场景因素配置:觉得,有距离,跟父母,挺

成分
- 参与者:我,父母
- 过程:觉得,有距离
- 环境:跟父母,挺

这里,讲述者既选择"我"作为行动角色,又作为目标角色。也就是说,讲述者在角色规划阶段预备描述"我"的自反行为,描述对自我的认知。

②行动↘图形↘小句

行动
- 行动 1:(我) 就觉得 (感知经验)
- 行动 2:(我) 跟父母挺有距离的。 (存在经验)

图形
- 图形 1:(我) 就觉得 (心理过程)
- 图形 2:(我) 跟父母挺有距离的。 (关系过程)

行动者"我"的感知经验实现为表征心理过程和关系过程的小句。这里,行动 1 表征"我"的主要行动,而行动 2 是行动 1 的附属。

③行动序列↘图形系列↘小句复合体

行动序列:(我) 就觉得,【感知对象】(我) 跟父母挺有距离的。

图形系列:(我) 就觉得,【投射:想法】(我) 跟父母挺有距离的。

两个行动间也具有密切的关联。行动 1 表明行动者"我"在故事所构建的经验世界的实际感知行为,而行动 2 则反映行动 1 所衍生的可能世界的存在经验。行动 2 是行动 1 的投射结果。

从这段简短叙事来看,经验意义的序列化是一个复杂的过程,既包含讲述者自动提取客观经验片段并将其组织衔接的过程,也体现讲述者在角色规划、行动和序列规划方面一定的主观倾向。各阶段规划中时间因素的配置和各行动间逻辑关系的配置是经验意义序列规划中的关键环节。

二 经验意义的情节规划

上述包括角色、行动和序列规划的经验意义序列化过程只完成了词汇语法层面的故事化构建。从经验到故事的构建还需要由行动序列到情节化

的建设阶段。Martin 和 Rose（2008）指出故事语类中包含如下普遍性片段（phase）：场景、描述、事件、效应、反应、问题、解决措施和评论。而本书第三章在 Ochs 和 Capps 故事逻辑要素分析的基础上概括出的故事的一般逻辑序列是：

（背景）+初始行动 a^后续行动或状态变化 b1（^回应行动或状态 c1^心理\生理反应 d1^后续行动或状态变化 b2^回应行动或状态变化 c1 心理\生理反应 c2^……^结局 g）。

这个一般逻辑序列是对日常经验叙事深层结构的概括，相当于故事的基本图式结构。由此，我们把背景、初始行动、后续行动或状态变化、回应行动或状态、心理/生理反应这些故事图式的构成单位称为逻辑功能元，认为逻辑功能元是普遍性片段之上的故事建构单位。比如，背景可能由场景和描述构成，后续行动可能由场景和事件构成，心理/生理反应可能由效应和反应构成。

参照这些故事单元分类，本书假定情节规划包括序列、片段、逻辑功能元和故事四个环节的规划过程。沿袭前述功能认知研究通过语言系统识解经验、建构意义的路径，本书假定讲述者对故事的情节规划也是在语篇[①]层次上逐步实现的（见图 5－2），即在情节规划阶段，序列、片段、功能元和故事所传达的经验意义分别由小句复合体、句群、语段和篇章在语篇层次上实现。[②]

仍以上述叙事为例，我们来看其包含的经验语义是如何在语篇层次一步步实现的。

（1）功能元 1：表述故事的背景，由场景和描述两个片段组成，在语篇层次上由一个语段来表征。

<u>片段 1</u>：场景，由序列 1 构成的小句复合体来表征。

我为什么我一直要把我的孩子带到我的身边，因为我小时候也不是跟我父母一起长大的。

---

① 由于语篇层次已经高度融合了语义和语法特征，这里假定经验层面与语篇层面的直接对应关系。

② 一个简单的功能元也可能由只包含 1 个行动序列的片段构成，那么其对应的语篇层次上的单位就只是一个小句复合体。

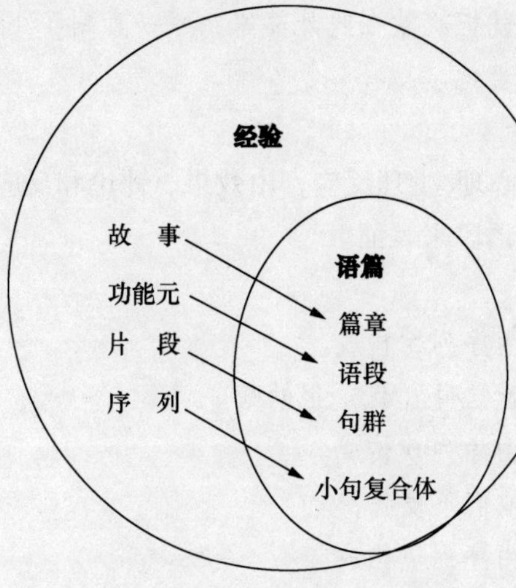

图5-2　经验意义的故事化

片段2：描述，由序列2和3构成的句群来表征，序列3扩展了序列2的信息。

（序列2）我爸爸是军人，他原来在西藏，待了十八年。【延展：递进】（序列3）我妈妈在内地，她是医生，也很忙。

片段之间的逻辑关系是经验意义故事化的关键点，表明叙述者对经验意义识解的角度和立场。这里两个片断之间的关系如下：

（片段1）我为什么我一直要把我的孩子带到我的身边，因为我小时候也不是跟我父母一起长大的。【加强：因果】（片段2）我爸爸是军人，他原来在西藏，待了十八年。我妈妈在内地，她是医生，也很忙。

片段2构成片段1的原因描述。二者之间由因果关系链接为一个整体，为下文主体事件提供充分的背景。

（2）功能元2：故事的初始行动部分，由一个事件片段构成，在语篇层次上由一个小句复合体来表征。

片段3：事件，由序列4构成。

我小时候我妈妈就把我放在我外婆家，我一直到了小学，二年级还是三年级的时候，才跟着她。

(3) 功能元3：心理/生理反应，由效果、评论和反应三个片段构成，在语篇层次上由一个语段来表征。

片段4：效果，由序列5构成。
(我) 从小好像就觉得 (我) 很缺啥。
片段5：评论，由序列6构成。
(我) 也不是说他们不爱我，
片段6：反应，由序列7构成。
(我) 就觉得，跟父母挺有距离的。

这里片断之间的关系如下：

(片段4) 从小好像就觉得很缺啥，【详述：比较】(片段5) 也不是说他们不爱我，【延展：比较】(片段6) 但是就觉得，跟父母挺有距离的。

最后，我们获得由篇章来表征的整个故事：

(功能元1 背景) 我为什么我一直要把我的孩子带到我的身边，因为我小时候也不是跟我父母一起长大的。我爸爸是军人，他原来在西藏，待了十八年。我妈妈在内地，她是医生，也很忙。【延展：递进】(功能元2 行动) 然后，我小时候我妈妈就把我放在我外婆家，我一直到了小学，二年级还是三年级的时候，才跟着她。【增强：因果】(功能元3 心理反应) 从小好像就觉得很缺啥，也不是说他们不爱我，但是就觉得，跟父母挺有距离的。

其中，功能元2是功能元1的延展，功能元3解释了功能元2所述经历带来的后果。三个功能元合在一起表征了一段简短但完整的故事。故事的重点不是情节的发展，而是“我”未能在父母身边长大这件事带给我的心理感受和对"我"现在生活的影响。讲述者对"我"未能在父母身边长大，我与父母的距离感以及我现在坚持自己带孩子这些事件之间因果关系的强调构成了故事的基本逻辑，也同时表明了讲述者识解经验的主观立场。综合来看，经验意义的情节规划是通过句群（片断）、语段（功能元）、篇章（故事）的层级组构在图形系列（行动序列）基础上完成的经验语义的主观性识解。

综合以上对序列规划和情节规划的讨论，可以看到记忆中的经验可以借由语言结构中的语义系统获得识解。借助由小句至篇章的语言结构的建构，我们记忆中的人、物、过程、场所首先作为成分被组合到小句的框架中，小句则表征我们复杂经验体系中的最小基块：及物性系统的特征；之后，小句的复合体搭建起我们的经验序列；而再往上更大的小句组合体——句群、语段和篇章则分别反映我们经验序列的复合体——片段、功能元和故事的建构。语言单元的不断叠加、延展对应着经验单元的叠加和延展，这样语言结构借由经验系统获得意义，经验也通过语言单位的逐层建构得以赋型。各层次故事单元和语言单元的构建中，时间链接和逻辑链接的建立是经验内部故事得以建立的关键。

简言之，叙事是经验意义建构的关键路径。相较于文学叙事对经验意义的艺术化反映，本书分析的这类个人经验叙事充分体现讲述者对真实经验和真实世界的阐释视角和方式。

三 经验意义内部故事规划中的创造性和主观性

讲述者将经验片段组织、建构为内部故事的过程是体现其创造性、主观性的意义建构和阐释过程。本节将针对这一特征展开定性分析和准实验研究。

（一）定性分析

首先，经验意义内部故事规划充分体现讲述者的主观性，如主观记忆的筛选性、不可靠性。

讲述者对过往经历、见闻的记忆本身就是主观的。记忆会随着时间的冲刷而自动滤去很多细节，留下的是我们潜意识下的选择的结果。作家Kundera（1995）曾说过"记忆不是忘记的对立物，记忆是一种遗忘方式"。Schachter（1995）的研究发现记忆中的输入材料与输出结果常常是不一致的，这是因为过去的经历在记忆中不仅会被遗忘，还会被改变、被扭曲。比如，美国电影《记忆碎片》讲述了一位患有短期失忆症的病人追杀奸杀妻子凶手的故事。主人公莱纳对过去的记忆是极其零碎的、模糊的，甚至矛盾的，但种种片段拼凑起来的故事似乎提醒观众莱纳在潜意识中努力压制、覆盖着一段记忆：莱纳妻子在被强奸后没有死亡，是莱纳自己在失忆状态下误伤了挚爱的妻子。电影似乎告诉我们所谓记忆中的真相无非是潜意识下主观意愿自动删选甚至扭曲的结果。

会话叙事中所反映的内部经验故事的建立过程也说明记忆的不可靠之处。本书语料中，很多讲述者直接提及自己所述的记忆片段有些不能确定之处。讲述者用“好像是”、“忘了”等词汇强调信息的不确定处（加粗部分），或者选择边讲述边修正的做法。参见下面几段随机摘引出的不确定陈述：

例 5－2

①我觉得老师**好像**说过你这个一次。你有一次不是没来吗？

②去年五月份的时候，就是，呃，LM 跟 XG，她们俩先去了，然后我**好像**上午有课，我下午才去的。

③A：然后他们就提交－**提交？好像没提交啊**＝

B：＝光填了，没提交，不懂这个？

A：**也不是，就是：：很快就关了电脑，三分钟以后就关了电脑。**

④A：完了那个当时，就 LCX 那个同屋，就是 GL 老逗了，我给 LCX 看我们结婚那录像嘛！然后，GL 来一嘴，你又结婚了，hhh。

G：hhhh

Z：hhhh

A：**不是这么说的，那意思是二婚的意思，说的还不像是我说这样，不那么难受，她好像说的是你再婚了之类的，我就忘了。**

⑤然后：：我也**想不起来了，好像：：**我上大一，呃，然后呢？寒假去看他去。

以上例子说明我们的记忆是自动筛选性的，我们在记忆中保持下来的似乎是使我们有触动、有感觉的细节以及话语的抽象意义，而不是准确的时间、地点，准确的语言表述。下例中，老朋友相聚回忆大学时期一段共同经历的情景也证实了这一点。G 由于对当年二人在国庆游行时相遇的情景内心有所触动，所以至今印象深刻，而 Z 却似乎对游行只有大致模糊的印象，对于曾带妹妹一起去参加游行一事已无印象。

例 5－3（语境：Z 在咖啡馆与很久未见的老同学 S 和 G 聊天）

14G：我对 Z 最深的印象，就是，我们俩，正国庆游行呢，对面一看，老 Z 来了，还带着妹妹，当时我特感动，

15Z：hhhhh

16G：（hhhhh）家伙，老 Z 特别像"一二·九"运动那啥，还家伙，姐俩［一起去－

→17Z：YX］跟我去着？我都忘了。

18G：（hhh）哎呀，妈呀，完了看着我了，咱俩还照相，［hhh

19Z：hhhh］都在 BJ 嘛！对，碰到一块儿了。

其次，在内部经验性故事的规划中存在着主观选择性基础上的有意图的意义创建过程。人脑不是对外界刺激的简单反应器或者说信息处理器，而是一个"创造性的模式构建者"（Chafe，1990）。

一方面，内部经验性故事的建构中，讲述者常常会有意识地调整故事的细节，使之符合社会文化规范的要求，符合社会期待。为了建立逻辑连贯的内部经验故事，人们甚至还会有意无意地增添或删减一些细节。Schiffrin（2006）注意到二战幸存者 Susan Beer 在前后 4 次讲述其幸存经历时，越来越多地增添来自其他报告、书籍，或来自其父亲讲述内容的细节，不断重构自己的经历故事。其原因是在先后重述中讲述者逐渐了解了大家对这类经历的一般期待，开始按照社会文化期待范式来演绎、阐释自己的经历。

而在用语言表征我们对经验世界的认知时，说话人在对事实描述视角、认知参照点等方面也会有意无意间结合社会文化期待进行自己的主观选择（Langacker，1987）。上一节讨论的那个案例（例 5－1）中，讲述者描述的是从孩子的视角被留在外婆家长大的无奈和对父母情感的疏离。其实，如果我们有机会去问问对方的母亲，也许她会告诉我们当年把孩子送到老家自己有多么的不舍和心酸。显然，我们有理由推测讲述者在设置角色和规划情节时，会有意无意间从自身选择符合连贯性、符合自身立场的细节，而删减一些对自己立场不利的细节。日常叙事中虽然不会出现像新闻、法律案例中常见的罗生门现象那样当事人为了自身利益而蒙蔽真相

的情况，但也罕有讲述者将记忆中的细节无选择披露的情况。

另一方面，讲述者，特别是生平故事的讲述者，在审视回忆中的经历和见闻时，往往是从现在的立场按照自己建构自我形象所期待的模式阐释过去（第四章第三节）。讲述者会参照自己目前的位置和状态在过去的零散事件之间建立联系，并创造性地建立过去事件与自己今日状态以及未来打算的逻辑连贯性。参见例 5－4：

例 5－4（语境：A 在与同学 B 闲聊中说起自己当年求职的经历）

1A：然后我是八月份过来的，八月末，都快开学了，有的学校。过来的时候，就啪啪啪调研，也特别快，因为你有目的性了嘛。

2B：对对。

3A：你只要把东西整好了－

4B：嗯。

5A：做好毕业东西之后，就印了一页的那个简历，当时就喜欢 K 大学，为什么？

6B：啊。

7A：因为看电视人（家）机器人嘛！北大清华肯定不考虑，觉着能突破一下去，留在这样的学校也挺好，因为工科的，包括化工大学什么的，都可以。

8B：嗯。

→9A：然后，其实，当时也没有直接（去 D 大），就说在 XY 路这边投一下吧？也不知道叫 XY 路，当时。一下车，其实先看到 D 大，你知道它俩对着吗？

10B：对。

11A：一下车看到 D 大－

12B：啊。

→13A：然后在 K 大先投了一下，但那个老师没在那儿，给了一个 %janitor%，他帮我转的。

14B：嗯。

→15A：让他转的。然后在 BH，也是回复，说很抱歉，今年人满了怎么怎么的。

16B：嗯。

→17A：然后来 D 大这头儿，投上了，给了我一个机会，也是过了好几个月，我那时都要（和别的学校）签协议了，其实，人就是命，第二天签协议，马上就打算签，结果来了一个电话，没看着电话，然后晚上老师值班，正好打电话打通了。

→18B：你说那要是：：很可能就会错过，该着你－该着说是你的缘分。

→19A：所以说嘛，就是啊。后来跟 TS 大学也是很有缘分。人就是一种缘分。

这段故事的背景是 A 和 B 均为北京 TS 大学的博士研究生，其中 A 还在另一所北京高校 D 大任教。A 在向 B 讲述当年毕业时找工作的情景。而 A 显然是基于自己最终成功被 D 大录用的结局回望当年求职时的一系列插曲，才在当年发生的诸多偶然事件（如下）之间看到了必然的联系。

①本来要奔 K 大，却一下车看到 D 大：预示一种特别的缘分；

②K 大未见到招聘老师，只好请人代转求职信：预示不顺利的结果；

③BH 回复人满了：预示无机会，无缘分；

④然后来 D 大给了面试机会：预示一种特别的缘分；

⑤正预备签家乡的学校，差点错过 D 大电话：预示一种特别的缘分；

⑥电话打通了，得到录用通知：预示与 D 大有一种特别的缘分。

在 A 的讲述中，这一切偶然事件加在一起预示着 A 进 D 大是唯一的、命中注定的结果。因此，13A 中 A 总结说："其实，人就是命。"而如果我们仔细推想当年 A 求职的情形：一心奔 K 大来，却未能见到老师，只好请传达室的人代转；去 BH 却被告知已招满；去 D 大面试后久无下文。当时，A 对这些插曲的理解一定不是像现在这么乐观，这么确定。A 很可能是对在北京高校求职失去了信心，才会差点接受家乡高校的职位。从措辞上也可以看到 A 是基于今天的生活现状在回望过去的经历。9A 中 A 提到"其实，当时也没有直接（去 D 大）"，暗示自己本来就该直接去 D 大，又说"就说在 XY 路这边投一下吧？"其实当时求职的 A 对 XY 路和 D 大尚无半点经验性知识。实际上，A 讲述故事的做法正是我们在日常会话叙事中的一贯做法。因为讲述者预先知道自己某段经历的结局，一般都会倾向于按照后来的结果去解释在奔向结果前的每一个行动，分析每件事时都强调它与最后结局的联系，从而将最后的结局阐释为一种必然结果。

此外，本书搜集的一些梦想故事也表明讲述者内部故事规划的“无中生有”性。虽然梦想故事也常常是讲述者过往物质和思维行动的曲折反映，但却不是简单的过去经验基础上的提升，而是一种主观性、创造性十足的故事建构过程。

比如，例 5－5 讲述者讲述了一段不合逻辑的梦中经历故事：

例 5－5（语境：B 在和妈妈 A 聊天，讲述自己一段有趣的梦中经历）

1B：不是。我做噩梦我骑车去补课，也不知道为什么。反正具体过程很复杂，最后骑完车发现我是在梦游，因为我没有课需要补。

2A：hhhhh

3B：然后接着，我就梦到我小妹了，然后，我小妹说做梦王力宏来了，还说“我昨天跟你通话着”，她跟王力宏说。刚开始是王力宏，后来变成胡歌了。

4A：啊?! 又变成胡歌了?

5B：而且我觉得我也看见了，我见到王力宏的时候我说了句：“真帅!”我见到胡歌的时候我说了句－

6A：也是“真帅”?（hhh）

7B：hhhhh

显然，讲述者在其梦幻世界中时空顺序是混乱、叠加的，事件的发生是跳跃式的。像 3B 中，B 叙述说梦到小妹，然后小妹说起梦中见到王力宏的情景。但接下来，5B 中 B 叙述说她就也看见王力宏了，只是王力宏瞬间又变成了（B 更喜欢的）胡歌。梦境虽然是荒诞的，但却可以使我们对人脑中构建内部故事时想象力与创造力的活跃窥见一斑。

（二）准实验分析

如前所述，经验叙事是讲述者对经验片段的主观性和创造性表述行为。因无法控制自发性会话叙事中讲述者所述的经历事件，本书所搜集的会话叙事语料无法呈现不同叙事者对相同经历的主观性加工过程。本书设计了一个简单的准实验，以期了解不同讲述者对相同经历的不同反应。

实验内容很简单，本书作者在所担任的英语专业本科生四年级一次社会语言学课上给全体学生（共 80 人）观看了 Chafe（1980）团队设计拍摄的视频《梨的故事》(时长 6 分钟，无对话，只有动作的声音，影片中的故事没有结局，还包括与主线故事无关的镜头和细节)，观看完后请志愿者当堂用方言讲述故事，并由笔者悄悄做了录音（课后征得了他们的同意）。当时，课堂上根据视频的内容志愿完成故事讲述的共 6 人，均为女生。为避免研究设计对学生讲述内容和方式的干扰，本书作者事先未向学生说明将会把其所述内容用于叙事分析。课上她们被告知用自己的家乡话讲述，课上组织讨论的内容是这几位学生叙述话语中呈现的方言和风格的差异。①

根据准实验所得的叙事语料，我们发现不同讲述者对同一段视频中显示情景的故事化手段的确体现出主观性和创造性特征。以下是 6 位受试针对视频中小男孩摔倒情节的叙述。与这一情节相关的视频情景是：小男孩骑着车与一位迎面骑车过来的女孩擦肩而过。这时，他的帽子掉在地上，小男孩回头看帽子（或者女生）时撞到石头而摔倒。当时，车上载的一筐梨撒落一地，自行车和人都摔在地上。之后，小男孩儿坐起来，卷起裤腿，拍拍土。以下是针对这一情节 6 位受试所做的陈述。

No. 1：这小小子儿倒是挺有劲儿，然后骑着车子咯噔咯噔地地往前走。这时候儿咧，从对面儿过来个小闺女儿，小闺女儿挺好看，大长头发。那小小子儿光顾得看她咧，然后也不看道儿，那车子撞到一块石头上咧，帽子被吹飞咧，这车子连人带车瘫倒咧，然后那梨儿撒了一道儿。然后那小小子儿－那小闺女儿，小闺女儿一眼都没瞅他这个，知道吧，然后那小小子儿，挺郁闷，然后在地下坐着，好像那腿，好像也摔破咧(…)

No. 2：然后就跑跑跑，骑骑骑，哎，多走那么会儿，然后碰见一个小闺女儿，也骑了个自行车，哇塞！见色起意呀，硬是瞅着那小闺女儿，结果咧，自行车撞到石头上咧吧，撞石头上咧吧！然后之后吧，梨儿撒了一地，自行车也倒咧，人也倒咧。小闺女儿瞅也没瞅他一眼，人家没呀扭头儿啊，骑上自行车“嗖”就走咧，骑上自行车“嗖”就走咧，完了之后，哎，这小男孩挺沮丧，脸儿也紫了。

① 由于这几位学生用的都是河北各地的方言，除个别词汇、语调外，没有很明显的差异。她们所用的方言未对故事讲述的内容和方式产生明显的影响。

No. 3：迎面看到一个回来地小丫头儿，这小丫头长得也是挺好看地，穿着大裙子长发飘飘地，小男孩就多看她几眼，呃，风一吹把帽子给吹走了，他一，他一抓他帽子，哗就把他摔倒咧，他梨也都撒了一地吧。嗯：：他就挺不高兴地坐在地上拍拍土，眼神儿还挺茫然地看看小丫头骑车子走的方向，那小丫头也没停下来，就骑车走咧。

No. 4：道儿上他看见一个小姑娘儿骑个自行车儿朝着他走过来咧，然后他发现那小姑娘长得挺好看，都没有留心跟人家道儿然后他就被一个大石头撞倒咧，那一筐梨儿都撒了一地，那小孩儿也走过去了，没搭个他。

No. 5：这小男孩可能是做贼心虚，他一边儿走，车子摇摇晃晃的，梨不停地往下撒，撒了一路，正当这时候，迎面骑过来了一个非常漂亮的小姑娘，这小男孩看这小姑娘挺漂亮，目不转睛地瞅着人家，结果一不小心把帽子给吹翻了，然后自己也倒在地上，他拍拍身上土，似乎，似乎腿被摔伤了。

No. 6：小男孩儿走着走着，迎面过来了一个小美女，也骑着车子，小男孩儿多看了她一眼，结果被一块儿大石头给绊倒了，梨全部撒出来了。

首先，比较六人的叙述，我们发现她们的行为角色规划和行动规划就有不同之处。这正如认知语言学研究所强调的，当事件发生时，人们一般无法感知到全部细节，而只注意使其感兴趣或与其相关的部分（Croft & Cruse，2006）。与此同时，我们在观察事件时，会自动地区分前景和背景（Croft & Cruse，2006）。基于自身立场、观察视角的不同，不同讲述者很自然地在关注同一事物或行动时仍具有不同的视野和关注点。

（1）No. 1、No. 3 和 No. 5 三位同学都注意到小男孩摔倒前帽子被吹翻这一情景，视“帽子”为相关行动角色，将这一情形表征为以“帽子”为主要角色的行为图形/经验。而另外三位均未注意到帽子或者不认为帽子与摔倒有关，未在这一节讲述中提及帽子。

No. 1：帽子被吹飞咧。

No. 3：风一吹把帽子给吹走了。

No. 5：结果一不小心把帽子给吹翻了。

不过，三人对行动过程的表征又体现她们主观选择的不同倾向。No. 1 视其为与单一角色“帽子”相关的行为，“风”的动力因素被虚化，叙述的关注点在于帽子；No. 3 视其为与“风”、“帽子”两个角色相关的行为，叙述的关注点在于环境因素——风；No. 5 视其为与“小男孩”、“帽子”两个角色相关的行为，“风”的动力因素也被虚化，这句话的补全表述为：结果（小男孩）一不小心（任凭风）把帽子给吹翻了，叙述的关注点在于小男孩。No. 5 同学的表述加入了角色代入式的主观想象，主观性更强。

（2）No. 1、No. 3 和 No. 5 三位同学还都注意到小男孩摔倒后坐在地上的情形，将其坐在地上或倒在地上的行动视为与故事相关的主要行动过程，将其表征为图形/经验。而另外三位均未注意到这一点。

No. 1：然后在地下坐着，好像那腿，好像也摔破咧（…）

No. 3：他就挺不高兴地坐在地上拍拍土（…）

No. 5：然后自己也倒在地上，他拍拍身上土，似乎，似乎腿被摔伤了。

选择表述这一行动的三人的细节选择仍显示她们不同的主观倾向。由于视频中并未给任何特写镜头表明男孩腿是否受伤，这三位叙述者都发挥了主观想象力，No. 1 和 No. 5 提及男孩的腿好像受伤了，试图根据已知信息做出合理的推测，而 No. 3 的想象更为主观些，提及男孩“挺不高兴地”。

（3）六位同学都对小女孩的出现非常感兴趣，注意到小女孩的出现与男孩的摔倒有关，并认为小女孩的漂亮外表是与男孩子摔倒行为的相关角色，并对其进行语言表征（No. 2 未直接描述女孩的外表，但通过讲述者的评论部分“见色起意”传达了类似的意思）。

No. 1：从对面儿过来个小闺女儿，小闺女儿挺好看，大长头发。

No. 2：然后（小男孩）碰见一个小闺女儿，也骑了个自行车，（哇塞！见色起意呀！）

No. 3：（小男孩）迎面看到一个回来地小丫头儿，这小丫头长得也是挺好看地，穿着大裙子长发飘飘地，

No. 4：他看见一个小姑娘儿骑个自行车儿朝着他走过来咧，然后他发现那小姑娘长得挺好看，

No. 5：正当这时候，迎面骑过来了一个非常漂亮的小姑娘，

No. 6：迎面过来了一个小美女，也骑着车子，

六人的观察视角基本一致，都是采用故事人物男孩子的视角，指出女孩子迎面而来，但行动规划并不同。No. 1、No. 5 和 No. 6 将其设置为一个行动角色——小女孩的行动经验（No. 1：行为 + 存在；No. 5：行为；No. 6：行为 + 行为），讲述者的关注点集中在那个小女孩；而另外三组则将其设置为两个行动角色——小男孩和小女孩参与的行动经验（No. 2：行为 + 行为；No. 3：感知 + 存在；No. 4：感知 + 感知），讲述者的关注点在于两个人。

有趣的是，视频中小女孩的出现应该说主要是作为男孩子摔倒的相关背景信息。小女孩在视频中只出现在一个与男孩迎面骑车而过的镜头，镜头并未突出显示其漂亮与否。镜头中的小女孩只是梳了两个较长的羊角辫，穿得像是学生制服短裤，并非像 No. 1 和 No. 3 描述的那样"长发飘飘"，也并未像 No. 3 描述的那样"穿着大裙子"。以上这 6 组描述均不同程度地显示了讲述者的主观创造性。她们似乎是将大学生这一年龄段的人对浪漫情感的向往带入到了对故事人物——七八岁小男孩和小女孩的行为观察和阐释中。

另外，在上述行动规划基础上，情节规划中讲述者的主观选择倾向性和创造性更加明显。关于男孩摔倒的原因，尽管女孩漂亮与否在视频中并不是关键的因素，但 6 位讲述者都基于自己的经验和想象一致地将女孩漂亮、吸引了小男孩认定为导致其摔倒这一结果的初始行为。六人又有细节选择的一些不同，No. 2、No. 4 和 No. 6 认为除漂亮女孩外，撞到石头是摔倒的原因，未提及帽子；No. 3 认为除漂亮女孩外，帽子被吹走，男孩去抓帽子是其摔倒的原因，未注意石头的问题；No. 1 的描述较为全面，除女孩、石头外，还提及了帽子被吹飞；No. 5 则又加上了第四点原因，男孩由于做贼心虚，车子骑得摇摇晃晃，梨撒了一路。这第四点原因应该是 No. 5 的主观想象。

关于男孩摔倒后的情节，按照视频中的情景，与早已骑车走远的女孩并无任何瓜葛，是另外的三位男孩子帮他收拾了撒落一地的梨。但六位讲

述者中仍有四位选择借助想象将小女孩未出现这件事阐释为与小男孩的行动相关联的部分：

No. 1：然后那小小子儿－那小闺女儿，小闺女儿**一眼都没瞅他这个，**知道吧，然后那小子儿，**挺郁闷，**然后在地下坐着，(…)

No. 2：小闺女儿**瞅也没瞅他一眼，人家没呀扭头儿啊，骑上自行车“嗖”就走咧，骑上自行车“嗖”就走咧，**完了之后，哎，这小男孩**挺沮丧，脸儿也紫了。**

No. 3：嗯：：他就**挺不高兴**地坐在地上拍拍土，**眼神儿还挺茫然地**看看小丫头骑车子走地方向，**那小丫头也没停下来，就骑车走咧。**

No. 4：那小（女）孩儿**也走过去了，没搭个他。**

这四位讲述者都对故事的发展具有相同的期待，认为女孩子本应停下来，照顾那个男孩，女孩儿骑车远走是令人失望的行为。这样的理解和阐释显然仍是讲述者将个人主观经验、主观意愿加载于所观察到的行为的结果。

除此之外，还有很多细节显示了讲述者的主观阐释倾向。比如，No. 1 为了解释为什么小男孩偷走一筐梨时未被摘梨的农民注意，在故事讲述一开始就强调那位农民“摘地特别认真，什么都听不见”，又将本来与故事发展无关的另一位农民牵羊经过梨树的情节阐释为：“这羊倔得不行，不走，挺费劲吧，然后（…）这么大动静儿，那老头儿还倒是没听见”。No. 2 通过主观想象，为故事增加了一个视频中没有显示的背景：“话说，在英国，有这么一个农场，完了之后吧，这农场有一棵梨儿树，哎，秋天到了，这梨儿熟了，然后这老头儿吧，是吧，就说，哎呀，梨儿熟了，摘梨儿去吧，然后吧，好不容易支了个梯子往那个梨儿树上一靠……”而且，No. 2 和 No. 3 还为这部无任何对话的视频增加了对话部分。

在故事阐释中，这些讲述者还无意间套用了一些我们中国文化中习惯的阐释视角。比如，No. 2 在小男孩得到另外三位男孩子帮助后，根据典型的中国文化观念揣摩男孩的心理，说道：“这小男孩心里边儿一股暖流涌过呀，这年头儿还是兄弟靠得住呀！”No. 5 则将这三位男孩的行为阐释为我们惯常宣传的助人为乐行为：“然后这三个小男孩儿不声不响地就走了，助人为乐，挺好心的。”No. 5 还在故事的讲述中直接套用中国文化的称谓习惯，将故事本土化，把摘梨的农民称为老大爷、老爷爷。而故事中出现的三个小男孩之一玩的那种板手球，则直接被 No. 1 和 No. 3 描述为乒乓球。

总体来看，针对同一段视频，讲述者的确会发生不同的认知注意，具有不同的意义创造和主观阐释倾向。当然，这六位讲述者，由于均是相同专业、相同性别、相近年龄的大学生，也体现了一种群体的阐释共性，体现了一些共同的关注点和阐释倾向。

四　不同类型经验故事建构中图形配置上的差异

及物性是系统功能语言学和认知语言学对经验在语法层次体现方式的共同关注点。功能语言学（Halliday，1994）将及物性视作概念功能的语义系统，主张及物性系统可以把人类的经验识解成六种不同的过程：物质过程、心理过程、关系过程、行为过程、言语过程和存在过程。Halliday 和 Matthiessen（1999）将六种过程概括为体现经验元素最基本配置方式的四种图形：行为（对应物质过程和行为过程）；感知（对应心理过程），存在（对应关系和存在过程）和言语（对应言语过程），指出四种图形对应着四类经验域。认知语言学家 Taylor（2002）同样认为由参与者、环境因素等构成的小句的结构特征是概念化自动过程的反映。他区分了四类情景图式：动态过程（包括状态改变型和能量传递型两个次类）；静态过程、认知过程和复杂过程，其中复杂过程是前三个过程的复合体。单就更为基本的前三类来看，动态过程相当于功能语言学的行为图形，静态过程相当于功能语言学的存在图形，而认知过程相当于功能语言学的感知图形。鉴于人物话语引述在故事讲述活动中的高频性，本书沿袭 Halliday 和 Matthiessen（1999）的四种图形的分类。

图形配置是经验意义故事化的关键变量，不同类型会话叙事中经验故事意义识解的最根本差异体现在图形配置上。第三章讨论的逻辑序列差异体现出故事建构在语篇层面的差异，但更为重要的、更为基本的差异还是体现在语义层次上图形配置的差异。本书在第三章论述过会话叙事的五个次语类——生平经历叙事、时闻叙事、例示叙事、典型叙事和虚拟叙事其实代表的是五种经验意义，它们之间在图形结构上的差异恰好对应着故事所反映的经验域的差异。

不同的经验叙事在图形配置上有着不同的倾向。本书接下来结合各类叙事的实际案例，对关于不同图形及经验域在次语类中的分布进行简要分析。

（一）典型叙事

例5－6（语境：研究生同学L和Y在宿舍闲聊）

18L：师兄说找他挺麻烦的，好像签字还是干吗－

19Y：嗯。

20L：都约好了，说是:::都约好了，早上九点啊，说是师兄和LY的一块儿找他签个字，在门口敲门，听他在里面打电话，就敲了一下门，在里面的还不回答，还打电话，完了我师兄说等了十分钟，他还在打，然后师兄就急了，又敲他的门。约好的嘛！是吧？我约好的第二天早上九点，写个东西，你说能花多长时间？

21Y：就是啊！

22L：而且，人家敲门，就给你暗示了嘛！

23Y：你就快点结束呗，对呀！

24L：那啥，10分钟以后，我师兄又敲门，然后又等了五分钟，

25Y：啊?!

26L：师兄生气了，就推门进去，把他噼里啪啦骂了一顿。

27Y：谁骂了谁了？

28L：P师兄骂了ST。

29Y：他反正年龄比他大，资格比他老。

30L：嗯，P师兄以前也是当支书嘛！

31Y：嗯。

32L：我觉得就应该－

上述下划线部分为讲述者故事的情节叙述部分。我们假定这部分叙述近似于讲述前讲述者头脑中的内部经验故事。其中的图形配置如下：

行为图形：

①（师兄）在门口敲门，

②（师兄）就敲了一下门，

③在里面的还不回答，

④（他）还打电话，

⑤（师兄）又敲他的门，

⑥十分钟以后，我师兄又敲门，

⑦然后又等了五分钟，

⑧（师兄）就推门进去。

感知图形：

①（师兄）听（见）他在里面打电话，

②然后师兄就急了，

③师兄生气了，

④我觉得就应该（骂他）。

存在图形：

①（签字的事是）都约好了，

言语图形：

①师兄说找他挺麻烦的，好像签字还是干吗 -

②说是都约好了，早上九点啊，

③说是师兄和 LY 的一块儿找他签个字，

④完了我师兄说等了十分钟，他还在打，

⑤（师兄）把他噼里啪啦骂了一顿。

这则叙事大致反映了典型叙事中图形配置的情况：行为 > 言语/感知 > 存在。行为图形出现频率较大，是因为这类叙事者的讲述重点就是事情的发生、发展经过。由于讲述者在故事讲述中常会引用人物话语，描述人物的心理活动，所以言语和图形感知图形的比例也不低。存在图形比例最低，主要是由于这类叙事的目的一般不在于论证说理，分析性话语很少。

（二）时闻叙事

例 5 -7（语境：S 和 Q 两位教师在办公室闲聊）

1S：昨天，我可给那啥了，昨天这家伙，我生气了！昨天上课，学生把我给气得够呛。

2Q：咋了？

3S：唉，有个同学，他那个，他挂科了！

4Q：嗯 -

5S：上我那个语言学 - 原因是啥呀，完了呢，我还挺 - 我觉得（0.2）你说因为他答得实在是特别不好。我班一般总评成绩最后是 60 分的，都是我给 - 就是，他最起码卷面成绩达到 45 分，完了我给他平时成绩高一点，90多那种哈，能让他及格。

6Q：嗯。

7S：唉，他呢：：卷面成绩可能也就30分，还是我硬，就是＝

8Q：强＝

9S：＝强给他弄30分。完（了）我就说，呀，我说："你看，你这个没办法啊，你这个就得……那个，没办法啊。"我还一再跟他说，我说："你看，老师也实在是没办法，给你，你看卷面成绩实在太差了啊！"我说："没办法，你看别的同学一般能差不多的，我都让他及格了。"你看（0.2）哎↑这学生吧，还埋怨上我了。他怨上我了，他说－他说啥，他说："那，老师你不说不让我们照抄吗？要不让我们照抄，就能让我们及格。"我说："我真那么－"我说，我就跟他说："我当时说，不是这么说的。"我说："我当时说呀，是↓'你：：：我给你们都差不多都画出来了，你好好准备，然后呢－你别照抄，因为你照抄的话，又要一个照抄的嘛，然后一照抄，立马就，不管你考有多好，也都让你挂科了嘛。'"我说："我说是'你们要好好准备，好好复习，然后呢，你别照抄，这样的话，你就差不多能过↓'"唉，这学生给我气的。他说："啊？你跟我们说的，那个，只要，别让我们照抄－"

10Q：女生（是）吧？

11S：男生↑唉，给我气↑的。你说那学生吧，还是班干部，我还对他真特别好，一般同学挂科，你挂不挂，与我啥关系？我才不跟你，我才不跟你说这话儿呢。对不对呀？

12Q：嗯。

13S：唉，你说，我还上赶着跟他说，你说唉：：［他家伙－

14Q：你这学期］又给他教课啊？

15S：呀，对啊。我还我还上赶着跟他说，我还给他发过短信，还打过电话，我就（是）特别惊讶，因为你想呢他考那么不好嘛！哎，你说我那么跟他那啥，哎，我没说，我说，你，这，你不能对他好了，对他太好了，他以为老师欠你的，好像亏欠你似的。（后面还有讲述者对故事的反复陈述，略）

16Q：［是。

17S：唉］忘恩负义。给我气↓的呀。当时，我就是上到课间的时候，跟他说的。我一看他这个态度，完我觉得特别惊讶。

18Q：啊，啊。

19S：我想你咋能这个态度跟我啊，是吧？这属于，特出乎我的意料啊！完（了）第二节上课的时候，我就是::: 这个气啊，压着，就是－没发出（去），我咋也得把这个课上完了啊。（后面还有讲述者对故事的反复陈述，略）

上述下划线部分为近似于讲述者内部故事的情节叙述部分，其中的图形配置如下：

行为图形：

①他那个，他挂科了！

②他最起码卷面成绩达到45分，

③完了我给他平时成绩高一点，90多那种哈，

④能让他及格。

⑤还是我硬，就是强给他弄30分，

⑥完（了）第二节上课的时候，我就是::: 这个气啊，压着，就是－没发出（去），

感知图形：

①昨天，我可给那啥了，昨天这家伙，我生气了！

②昨天上课，学生把我给气得够呛。

③唉，给我气↑的。

④我就（是）特别惊讶，

⑤他怨上我了，

⑥唉，这学生给我气的。

⑦给我气↓的呀。

⑧我一看他这个态度，完我觉得特别惊讶。

⑨他以为老师欠你的，好像亏欠你似的。

⑩我想你咋能这个态度跟我啊，是吧？

⑪这属于，特出乎我的意料啊！

⑫（我想）我咋也得把这个课上完了啊。

存在图形：

①有个同学，

②那学生吧，还是班干部，

③我还对他真特别好，

④因为他答的实在是特别不好。

⑤我班一般总评成绩最后是60分的，都是我给（提上去的），

⑥他呢：：卷面成绩可能也就30分，

⑦他考那么不好嘛！

⑧（他是）忘恩负义。

言语图形：

①我说："你看，你这个没办法啊，你这个就得……那个，没办法啊。"

②我还一再跟他说，我说："你看，老师也实在是没办法，给你，你看卷面成绩实在太差了啊！"

③我说："没办法，你看别的同学一般能差不多的，我都让他及格了。"

④这学生吧，还埋怨上我了。

⑤他说-他说啥，他说："那，老师你不说不让我们照抄吗？要不让我们照抄，就能让我们及格。"

⑥我说："我真那么-"

⑦我说：我就跟他说，"我当时说，不是这么说的。"

⑧我说："我当时说呀，是↓'你：：：我给你们都差不多都划出来了，你好好准备，然后呢-你别照抄，因为你照抄的话，又要一个照抄的吗，然后一照抄，立马就，不管你考有多好，也都让你挂科了嘛。'"

⑨我说："我说是'你们要好好准备，好好复习，然后呢，你别照抄，这样的话，你就差不多能过↓。'"

⑩他说："啊？你跟我们说的，那个，只要，别让我们照抄-"

⑪当时，我就是上到课间的时候，跟他说的。

⑫我还上赶着跟他说，

⑬我还给他发过短信，

⑭还打过电话，

这则叙事大致反映了时间叙事中图形配置的情况：感知/言语>存在/行为。与典型叙事相比，这类强调主人公心理感受的叙事类型的重点不是

事件的发展、解决过程，也不是事件蕴含的道理和观点，因此行为图形和存在图形的比例较低。这类叙事一般会更多使用感知图形和言语图形，强调、渲染主人公的情感体验和认知判断，强调故事人物对心理体验的语言表达。不过，由于这段故事讲的是学生不懂事，说话惹老师生气的事件，言语过程的比例是超高的。其他时闻叙事中言语的比例没有这么高。

（三）例示叙事

例 5－8（语境：研究生同学 A 和 B 在咖啡馆闲聊）

6B：啊，那你说（.）你口语好，是你上美国之后呢，还是以前就很好？

7A：以前就很好。

8B：上大学时候就很好？

9A：对，以前也行，我跟你说，我刚去的时候我是属于% Third Fulbright%，就是富布莱特那个，第三个学者，完了他们说（.）哎，你好像来这儿好多年了，什么（.）什么（.）怎么样。

10B：对呀。

11A：他们就评价非常高，后来美国那个教授也特别喜欢我，给我那个% Norton Anthology%，知道吗？［% American literature%，我全有，

12B：啊，诺顿那个］ =

13A：=% British% 那个我也有，我都有，你看两个不同教授都给我－

14B：哦↑。

15A：那是一种荣耀，真的，你要是什么时候想用的话，我都可以－然后 =

上述下划线部分为近似于讲述者内部故事的情节叙述部分，其中的图形配置如下：

行为图形：

①（美国那个教授）给我那个% Norton Anthology%，

②两个不同教授都给我（诺顿文选），

感知图形：

①他们就评价非常高，

②后来美国那个教授也特别喜欢我，

存在图形：

①以前也行，

②我跟你说，我刚去的时候我是属于%Third Fulbright%，

③就是富布莱特那个，第三个学者，

④%American literature%，我全有，

⑤%British%那个我也有，

⑥我都有，

⑦那是一种荣耀，真的，

言语图形：

①完了他们说（.）哎，你好像来这儿好多年了，什么（.）什么（.）怎么样。

这则叙事大致反映了例示叙事中图形配置的情况：存在 > 行为，感知/言语。与其他叙事相比，这类叙事似乎更多强调对人物身份、状态、关系的描述，强调抽象的判断，而不是主人公的行动、话语或情感等。

（四）生平经历叙事

例5-9（语境：研究生同学Y和X在校园散步时闲聊）

3Y：唉，我能问那啥吧？你跟你老公是怎么：：是同学，是吧？

4X：没有，<u>就那时候，我就不想再读外院的研究生了嘛！我想读J大的研究生。</u>

5Y：呃，

6X：<u>但读J大的研究生，也得去溜达一下吧，从外院到J大坐个公交车-</u>

7Y：然后呢↑？公交车上怎么了？（hhh）

8X：没有，<u>坐公交车到了，就在校园溜达，然后，正好碰到他，那时候（…）我说："这个同学，我就问一下外语系从哪个地方，哪栋楼？"然后，他就说（.）他就说不知道，帮你问问，然后，我俩就聊，聊开了，一聊呢，他是H的，我也是H的，所以，就（觉得）挺亲密的。不↑是，就挺亲密的？哎呀，用错词了！=</u>

9Y：=就感觉（.）挺熟悉的，你俩就是一见钟情。

10X：没，没。我那时候丑小鸭，他那时候也不咋样，谁也看不上

谁－

11Y：啊，

12X：然后，晚上他就请我吃了个饭，然后呢::

13Y：呃，那你咋？他很主动呢，刚头一次认识，就请你吃饭了。

14X：食堂，吃食堂。

15Y：啊，

16X：很简单，食堂吃一个饭，然后，就没什么了，再后来就是，有了他的电话，对，再后来就是他要复试－

17Y：啊。

18X 就（是）让我给他帮忙练口语，写那个%introduction%之类的

19Y：啊啊，

20X：就完了，后来表示感激＝

21Y：＝就进一步请你吃饭？

22X：(hhh) 就进一步带我出去玩。

23Y：然后一发现啊，小姑娘不光有外貌的这个秀丽，还有内秀。

24X：没有，没有。

25Y：然后呢:: 你说，你说，

26X：然后就出去玩，我就觉得还行，然后就在::: 我们去了，就去了那个城墙，

34X：就（是）在城墙，我感觉他也不错，他感觉我也不错。

36X：然后，他就拉我，把我紧张得（hhhh）

37Y：(hhh) 他是你第一个？

38X：第一个。

39Y：第一个，所以你才这么紧张

40X：他也两手出汗，我也两手出汗。

41Y：你也是他第一个？

42X：嗯，

43Y：那太好了，那时候你们都还小着呢，你是在上大四吧？还是大三呢？

44X：大三。

45Y：他呢，他大几呀？

49Y：啊，准备考研究生，你原来说过。他好幸运啊，就问个路，然

后，他就搂着一个女朋友，多↑好！

50X：然后，就在城墙上拉手，我也紧张，他也紧张。

上述下划线部分为近似于讲述者内部故事的情节叙述部分，其中的图形配置如下：

行为图形：

①也得去溜达一下吧，从外院到J大坐个公交车－

②坐公交车到了，

③就在校园溜达，

④正好碰到他，

⑤请吃饭，

⑥他要复试－

⑦让我给他帮忙练口语、写那个% introduction%之类的

⑧就进一步带我出去玩。

⑨去了那个城墙，

⑩他就拉我，

⑪他也两手出汗，

⑫我也两手出汗。

感知图形：

①我就不想再读外院的研究生了嘛！

②我想读J大的研究生。

③就（觉得）挺亲密的，

④我就觉得还行，

⑤我感觉他也不错。

⑥他也感觉我也不错。

⑦把我紧张得。

存在图形：

①他是H的，

②我也是H的，

③有了他的电话，

言语图形：

①我说："这个同学，我就问一下外语系从哪个地方，哪栋楼？"
②他就说，他就说不知道，帮你问问，
③我俩就聊，
④表示感激。

这则叙事大致反映了生平经历故事中图形配置的情况：行为 > 感知/存在/言语。行为图形远远超过其他图形，这应该是由于生平故事常常侧重于人生一系列事件的叙述。此外，由于生平经历叙事经常夹杂个人反思的缘故，这类叙事中感知图形的比例也不低。

（五）虚拟叙事

例 5 – 10（语境：研究生同学 Y 和 L 在宿舍闲聊）

10Y：对，像这样大家关系近了之后，这些人也是一个后备资源哎，是吧？

11L：我倒没想啊。

12Y：像 XF 这样的，人家都博后了嘛！将来肯定能进一个很好的高校，搞不好将来就当上系主任什么的，将来说实话，当然你这个（毕业）还离得近点，差个两三年，像以前的小硕士什么的，搞不好将来读博士，完了上他那儿应聘就可以了。或者人家将来成个学术主编什么的，你们不也可以：：哈？反正就是个学术资源呗。

13L：嗯，也是。

14Y：不一定那么实际，但至少人家比咱学问深，人家总能指点咱们。

15L：对，对，就是这样。其他倒没想，我觉得这东西也随缘，你觉得呢？

16Y：对。

上述下划线部分为近似于讲述者内部故事的情节叙述部分，其中的图形配置如下：

行为图形：

①将来肯定能进一个很好的高校，
②搞不好将来就当上系主任什么的，

③像以前的小硕士什么的，搞不好将来读博士，

④完了上他那儿应聘就可以了。

⑤你们不也可以:: 哈?

⑥人家总能指点咱们。

感知图形:

①我觉得这东西也随缘，

存在图形:

①像这样大家关系近了之后，这些人也是一个后备资源哎，

②人家将来成个学术主编什么的，

③当然你这个（毕业）还离得近点，

④反正就是个学术资源呗。

⑤但至少人家比咱学问深，

言语图形: 无

这则叙事大致反映了虚拟叙事中图形配置的情况：行为/存在 > 感知/言语。这类叙事中行为与存在图形明显高于其他两类，是由于未来规划类虚拟叙事的重点是将来的行动和将来状态的改变。而未来的心理感知活动和言语活动，则难以预测，自然不会成为未来规划的核心内容。不过，换个角度看，所有的未来行动和状态改变都是交际双方想象、预估的结果，都反映当前交际活动中双方的感知经验。

第三节 会话叙事中内部故事向外部故事的转化

上述讨论的内部故事只是讲述者面对真实世界的经历或见闻的刺激物而在记忆中储存下来，可随时调用的思维表征。讲述者内部经验故事对经验意义的组织和建构还需转化为外部故事才能实现为可交流的经验意义。而内部故事要转换为外部故事，还须在真实的互动交际中，由讲述者根据语境对内部故事进行调整，并在受述者的协助下，将其建构完形，使之成为意义明确并符合交际语境的外部故事。这一转换过程还需借助于更为复杂的认知操作。本节结合认知叙事学、认知话语分析以及叙事心理学等相

关理论假设，探讨会话叙事中内部故事到外部故事的转化过程。

一　基本理论假设

参照 Jahn（2003）的内部故事和外部故事的循环假说，内部经验故事可以借助语言或其他媒介转化为外部故事。

Jahn 借鉴 Bremond（1970）关于民间故事的改善和恶化的情节循环模式，提出在我们的记忆、想象、梦想中出现的内部故事经过外化过程可以变成外部故事；而外部故事通过读者或观众的感知，可以进入内化过程成为内部故事，外化中的反馈意见也会再次被感知，为内部故事所吸收（见图 5－3）。

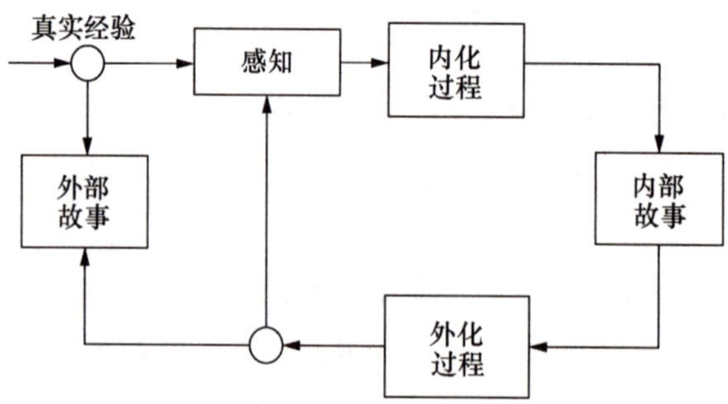

图 5－3　内外故事循环的流程（Jahn，2003）

Jahn 提到故事的外化中内部故事需针对语境和受述者进行改编和调整。但关于具体的认知操作和细节，Jahn 并未给予系统的理论概括。到目前为止，也未见有任何相关的后续研究。

我们发现 van Dijk（2007、2008b、2012）关于话语产出和理解的心理模型理论可以在一定程度上弥补上述 Jahn 对内部故事到外部故事转化过程描述的不足。我们可以将内部经验故事到外部故事的转化过程理解为互动交际中讲述者经验故事的事件模型和语境模型的更新和应用过程。

van Dijk（2007）借鉴认知心理学的心理模型（mental model，即对事件和情景的思维表征概念，参见 Johnson－Laird，1983），提出在会话中交际双方是依据事件模型（语义表征）和不断更新的语境模型（语用表征）来构建自己的话语并理解对方的话语而参与互动的。其中的事件模型是指交际者对谈话所述事件和情景的有所指意义的、逻辑连贯的主观思维表征；语境模型是指交际参与者对交际情景在线构建的主观思维表征。van

Dijk 进一步指出，基于这两类模型的构建，话语语义的生成过程包括以下活动：（1）说话人对当前交际语境进行思维表征，构建语境心理模型，这个模式会在交际中不断更新，并监控话语模式的适宜性；（2）说话人调用头脑中关于要谈论事件的信息或知识，构建谈论内容的语义表征，即事件心理模型；（3）说话人根据语境模型计算听话人已知信息、交际活动的类型等，然后确定讲述内容的细节和程度（van Dijk，2008b）。而在话语意义的理解过程中，听话人则通过重建关于说话人话语信息及其意图的心智模型来理解对方的话语（van Dijk，2012）。van Dijk（2007、2008b、2012）在其论著中多次强调语境模型的动态性。但本书认为，不单交际双方的语境模型会在话语产出和理解中不断更新调整，事件模型也具有动态性。特别是在会话叙事中，受述者的参与会促使讲述者扩展或调整原有的事件模型，而受述者在理解讲述者故事中重建的讲述者事件模型更是随讲述的进程不断更新、调整的。

综合上述讨论，本书认为会话叙事中内部故事借助语言媒介在互动交际中转化为外部故事，而这个转化过程即是交际双方关于讲述者故事的事件模型和关于互动交际的语境模型不断更新和应用的过程。对照第五章第一节概括的叙事话语意义的三个来源，我们发现外化过程中事件模型所表征的就是讲述者的经验故事及其在受述者影响下更新、调整的内容，基本对应叙事话语的主体性经验意义和结构意义；而语境模型所表征的则是交际双方在会话叙事中进行互动协商的成果，基本对应交际双方针对经验性叙事的主体间性认识；交际双方的主体间性认识会通过语境模型的监控影响到讲述者主体经验事件模型的更新和调整（见图 5-4）。

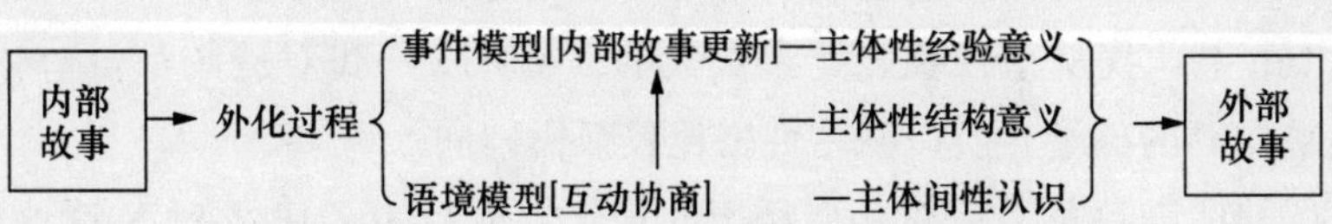

图 5-4　内部故事向外部故事的转化过程

接下来，本节将结合上述理论假设探讨在内部故事向外部故事转化过程中两类模型和三类意义来源是如何起到作用的。

二　讲述前讲述者对故事外化的调控和规划

参照 van Dijk 的讨论，语境模型位于话语交际和社会活动的界面，是交际进程的监控模式，协调交际双方的主体性认识。其中，反映交际双方以及言语社区共识的知识机制使说话人能够评估听话人已了解的信息，评估双方的交际意图，从而确定自己的话语产出（van Dijk，2007）。会话叙事中叙事开始前，讲述者就是依据自己对交际场景、交际意图和受述者已有知识三个变量的评测进行故事外化的主体性规划，而在故事的讲述过程中，讲述者对交际目的、交际语境的主体性认识就充分渗透到其对自身经验片段的叙述中。

首先，讲述者会迅速评估交际发生的物理、社会和心理场景，计算自己主动提出或答应受述者的请求将个人经历故事外化的适宜性以及预备讲述经历故事的精细程度。像在例5－1那个案例中，由于X、Z和G是在某次论坛的午饭后在教室闲聊，可能由于大家不是在私人空间，三人不远处还有其他同学，在Z向二人讲述完自己和女儿的相处，询问G小时候和父亲还是母亲更亲密时，性格较为内向的G或许觉得当时讲述个人经历不是很合适，但考虑到受述者的心理期待，G的选择是简单呈现故事的基本概述，只告诉大家故事的主旨，不提供任何细节。这样，G成长经历的事件模型被极力地压缩，该段叙事相关部分重列见例5－11：

例5－11（语境：X、Z和G等几位研究生午间在教室闲聊）

15G：我不知道。我从小在我姥姥家长大的，我对爸妈都没有依赖，我是被抛弃的孩子，所以我才性格比较孤僻内向。所以，你这样一问就砸中我内心深处一颗脆弱的身心。

G短短的两句话大致呈现了其幼年的成长经历，交代了其中的因果关联：（由于）我从小在我姥姥家长大的，（所以）我对爸妈都没有依赖，我是被抛弃的孩子，所以我才性格比较孤僻内向。

G的话语激发了X对相似经历的记忆，而且16Z中Z对X读博期间坚持照料孩子做法的称赞使X确认讲述自己在外婆家长大的经历是合适的。根据当时的交际主题和G话语表述的影响，X将自己的讲述限定在小时候被送到外婆家和长大后被接到妈妈身边为止。X的讲述要比G丰富很多，但鉴于当时谈话是在公共场所，X也选择了纲要似的叙述（17X、19X、21X）。关于其当年成长的具体过程，被送到外婆家和接回的细节均未提供。

16Z：（朝向 G）%Sorry，sorry%，我忘了。（朝向 X）对，我觉得是，其实你这样会很幸福，将来你儿子，至少会从情感上特别依赖你。

17X：嗯。所以这是我为什么我一直要把我的孩子带到我的身边，因为我小时候，呃，其实，呃，也不是跟我父母一起长大的。我爸爸是军人，他原来在西藏，待了十八年。

19X：我妈妈在内地，她是医生，也很忙。然后，我小时候我妈妈就把我放在我外婆家，我一直到了小学，二年级还是三年级的时候，才跟着她。

21X：从小好像就觉得很缺啥，也不是说他们不爱我，但是就觉得，跟父母［挺有距离的。

其次，讲述者对自己及交际对象交际意图和交际角色的主观判定是其规划选择讲述主题和精细程度的主要依据。我们每个人记忆中关于个人经历的人生故事经由我们不断地把新的经历见闻增添至故事的框架中，包容从我们的童年有记忆的时刻到我们的当下时刻的种种经历故事，是非常漫长、非常丰富的。但是，在日常交际中，我们总是根据交际意图和交际角色截取适宜的长度，限定其发端和结束的界限，并限定其细节的数量，从而调整事件模型的主旨意义。而在不同交际意图的影响下，讲述者会将同一段经历打造成不同主题、不同长度、不同精细程度的故事。

例 5－12 和例 5－13，由于参与者交际意图和交际角色的不同，讲述者 A 对其不小心将自己烫伤的经历的两次先后讲述在主题设定和讲述内容的长度和精细程度的设定上有着明显的差别：

例 5－12（语境：研究生 B 在和丈夫 C 视频聊天）

→1B：哎，我跟你讲啊，我今天都倒霉死了。

2C：啥事这么倒霉呀（hhh）

3B：嗯，特别倒霉。

4C：干吗了？

5B：咳！

6C：丢钱了，还是丢东西了？

7B：（hhh）你再猜吧。

8C：那就丢人了?!（hhhh）

→9B：嗯，没丢人。嗯，没有丢人，一开始没丢人，后来丢人了。**哎呀，我跟你讲啊，我今天**－我这两天咋这－我一说，都想哭。我不是回来就老感冒啊，也没什么效率，但后来，就是这两天终于好点。你知道我这段时间一直忙啥吧？你知道啊？

这段会话的语境是某天晚上妻子B在和丈夫C视频聊天，B讲述的目的显然是在于寻求理解和安慰。B将自己设定为倾诉者，将对方设置为同情者和劝慰者。1B中B的话语显示其将外化故事主题规划为："我今天都倒霉死了。"但在故事的长度规划中，B似乎有所犹豫，在讲述主旨故事前不断调整。在1B中B宣告故事主题后，却并未开始讲述。9B中B似乎要真正开始讲述了，可是B又把故事开始的时间从"我今天－"修改为"我这两天"，后又修改为"我这段时间"。从1B到9B这一段会话，我们可以推测出B可能为了强化自己不但今天，而是一段时间以来都很"倒霉"的感受，最终将叙述的开端设置在与烫伤相关联的前一段经历。

10C：你不就写那文章着吗？

11B：除我毕业论文之外，我前两天－实际上打我回家之前有两三天吧，三四天？不，ZY那儿有篇文章，你记得吗？

12C：是啊，整完了吗？

13B：它不12月12号截止吗？我就想着11月底发给他，结果在家老没效率嘛！结果回来呢，我发现格式还不对，他们那个应该加汉语拼音，加标声调的，然后那个又不好打字，加那个加了两天嘛！然后，等到2号我才发给他然后，就这两天，一直查结果，哎，这个还好说，不说这个，**反正我就这两天一直很累很累。**

14C：嗯。

从这段对话来看，11B和13B中B将自己的讲述延展到自己前一段时间为修改一篇文章而付出辛苦努力的事情。从逻辑关联上，B插入这一经历讲述与B要讲述的被烫伤的主故事并无必要关联，但B似乎要强调的是自己一直"很累很累"，强调其疲劳的状态是下文烫伤事件发生的必要背景。

除在外化故事规划中延展主故事的开端到一个背景故事外，B根据自己当时的语境模型，似乎决意详述所有的细节，包括事件的后果。下文15B—23B 中 B 对烫伤事件的具体背景（15B、17B），包括自己不能完全确定与故事是否相关的细节（下划线部分），事件发生的过程（19B、21B），事件的影响（23B—27B）进行了详细的叙述。

15B：然后，就今天，上午本来心情还不错，因为从昨天开始琢磨写大论文嘛！我昨天打了点材料，今天上午看那些论文，哎，觉得还有点启发。然后就想着说，上午再看看，下午开始写。然后，上午大概是十点钟吧，你听着呢吗？

17B：然后，十点钟，<u>我就接了一个电话，就是说，那个－哎，跟那电话也没关系我也不知道因为什么原因啊，</u>（…）然后我就把那笔尖拧下来，蘸着写，就桌上搞得好墨迹，（…）

19B：（hhh）然后，哎呀，我接完电话回来，一看桌上好墨迹，我现在也想不清是往桌子上想倒点热水，还是怎么的，但你知道我那热水倒哪儿了吗？

21B：倒电脑上？没有。倒我大腿上了。

23B：然后呢？当时就感觉特别疼啊，（…）

27B：然后，（…）你知道比起泡还严重，（…）就是，露真皮了都，（…）

而在例 5－13 中，由于讲述者对双方交际意图和交际角色主观设定的不同，讲述者对外部故事的规划明显与例 5－12 不同。

例 5－13（语境：研究生 B 在和妹妹 A 视频聊天）

20B：你可以跟她问问，实话实说，问她家孩子学的文还是学的理？跟她说孩子想学文，但是理科想补补，什么什么情况，你跟她打个电话试试吧？行吗？

21A：行！

22B：哎，那好啦啊。

23A：你忙吧？现在？

24B：嗯，还行，还行，就那样呗，忙呗！

25A：（hh）行。

26B：这两天也没啥成效（hhh）。

27A：别着急。

这一段叙事发生在上例之后的第二天。交际情景是姐姐 B 和妹妹 A 在通过视频聊天，在这段交际中，交际者 B 主要扮演的是一个倾听 A 的问题并帮助其想办法解决问题的角色（20B）。B 似乎并未预先准备讲述自己被烫伤的事情，只是在 B 准备结束谈话的时候（22B），A 对 B 的问候（23A）使 B 提及自己最近没效率（26B）。这时，B 应该是迅速评估了语境的变化，建立了新的语境模型。B 一方面认识到对方着急去联系补课的事情，没有时间细聊，而自己也不想细说，让其担心；另一方面又觉得应该解释一下自己为啥状态不好。所以，B 似乎是将自己和对方设定为谈论新鲜事件的闲聊者，而不是上例中那样“倒霉”事件的倾诉者和倾听者。B 在随后 28B 中一句话就交代了故事的背景、过程和结果。28B 中 B 的笑声显示了她有意淡化事件的消极影响的一面。

→28B：**哎！我昨天在图书馆哈，稀里糊涂地还把水倒大腿上了，把腿还给烫破皮了（hhh）**

29A：（hhh）是啊？

之后，B 在得到 A 的简短安慰后，结束了与 A 的会话，并未进一步叙述事件的详细经过。由此可以推测，同一讲述者在不同语境下面对不同受述者时会对同一经历故事的外化有着不同规划。

最后，讲述者对受述者关于自己预备讲述故事的已有知识是讲述者确定从内部经验故事择取片段的起点和讲述精细程度的另一重要依据。有时，讲述者不能确定受述者已知信息，会在规划故事讲述时，直接向受述者提问，以确定对方的已有知识。像在下例中，讲述者 A 为了解释自己是如何对英语痴迷的，预备讲述自己的英语学习经历，但他不能确认对方对自己的经历了解多少，13A 中 A 直接询问 B 是否听自己说过这段经历，在得到对方的明确否定后（14B、16B），A 决定从最初阶段开始讲述自己一路以来的辛苦学习经历（19A）。

例 5－14（语境：研究生 A 和 B 在咖啡馆闲聊）

11A：我这个%enjoy%是怎么练出来的？

12B：啊，

13A：以前我跟你说过，我原来是自学（英语）的吗？

14B：没，没。

15A：%I never told you that%？

16B：%No，no%.

17A：我从来没告诉你↑我原来是自学的？

18B：你自学↑的英语?!

19A：我是:：我是怎么回事呢，我是，初中的时候（…）

总体来看，讲述者基于语境诸因素（交际场景、交际意图、受述者知识）的主观判定而建立的语境模型是其在讲述前规划是否要进行故事讲述活动和规划所选经验片段的起点和详细程度的主要依据。

三　讲述中讲述者和受述者对事件模型的更新和调整

van Dijk（2007、2008b、2012）的讨论主要集中在语境模型的作用。本书认为故事讲述中事件模型的建构和调整在交际双方经验和知识更新上具有不可忽视的作用。在会话叙事中，一方面，受述者会随着讲述的进程，不断加深自己对讲述者所述事件的理解，进而不断更新自己对讲述者所述故事的事件模型的构想，另一方面，受述者的参与也会促使讲述者扩展或调整原来规划好的事件模型。在受述者提问、评述等的激励下，讲述者可能会增加一些经验片段的细节，或者对事件元素间的逻辑关系进行局部调整，从而在一定程度上影响到原来内部故事的结构意义。

（一）受述者对讲述者故事事件模型的重构和更新

一般来说，受述者与讲述者互动的过程会显示其建构和更新对方所述故事事件模型的清晰印迹。参见例5－15：

例5－15（语境：研究生B在和丈夫C视频聊天）

19B：（hhh）然后，哎呀，我接完电话回来，一看桌上好墨迹，我现在也想不清是往桌子上想倒点热水，还是怎么的，但你知道我那热水倒哪儿了吗？

→20C：倒哪儿了？倒电脑上了？

21B：倒电脑上？没有。倒我大腿上了。

→22C：hhh

23B：然后呢？当时就感觉特别疼啊，两条裤腿上都湿了苹果那么一大块，就对着桌子膝盖上面那块儿，然后－我觉得热水，隔着那么多衣服，再说我接过来的热水，

→24C：啊？

25B：对，我接电话的时候，就顺便接了一杯热水，这不是，拿热水，就往桌子上倒，结果倒我腿上了，然后呢，就湿了一块儿，但我觉得也没什么事儿啊，要是在宿舍，可能就脱了，赶紧冲个凉水，抹点牙膏什么的，然后在那儿，我也没法儿啊，因为在图书馆里边，虽然我在单间，但这个有个窗户，我也不敢看（烫成啥样了），然后，我就忍着吧，然后，结果，过了十分钟，越来越觉得疼，

→26C：起泡了?!

27B：然后，我后来就忍不住了，就上洗手间了，你知道比起泡还严重，右边那块还好点，大概掉了硬币那么大的一块皮，左边那块，咔，鸡蛋那么大的皮，都掉了，呀，触目惊心的，就是，露真皮了都，就是一看露一层红皮了，

→28C：啊?! 上医务室处理了吗？

这是前面分析过的例 5－12 的完整的讲述部分。随着 B 讲述的进程，受述者 C 对事件严重性的认识逐渐加深。当 19B 中 B 真正开始讲述时，基于交际开始时 B 提及自己今天很倒霉之类（例 5－12），C 应该是预期会听到一些不好的事情发生。20C 中 C 的猜测“倒哪儿了？倒电脑上了？”说明 C 最初构想的 B 的故事的事件模型是：热水洒在电脑上→电脑故障。21B 中 B 的新信息“倒我大腿上了”仍未引起 C 的重视，22C 中 C 的反应像是觉得 B 将水倒在身上是件很好笑的事情。这时，C 应该是联想到 9B 中 B 提及“丢人了”之类，C 想象中 B 的故事主题或许是一件把衣服弄湿、在大家面前出糗的事件：热水倒在身上→衣服弄湿→当众出糗。23B 和 25B 中 B 讲到了正题，讲述了自己被热水烫过之后皮肤疼痛的感觉。24C 中 C 的惊讶和 26C 中 C 的问题“起泡了”说明 C 意识到故事的发展与自己的构想有很大不同，C 再一次更新自己为对方故事构想的事件模型。28C 中 C 的问题显示 C 这时已完全明了 B 的遭遇，27B 的描述使其最终完善了对烫伤事件的认知：热水倒在身上→衣服弄湿→皮肤创伤

严重。

从19B到28C的这段会话叙事来看，C接受B的讲述的过程正是其不断调整、更新自己为对方故事构建的事件模型的过程，在不断的互动交际中，受述者逐渐获得正确的认识，而讲述者获得关切的交际意图也逐渐得以实现。

（二）讲述者对原有事件模型的调整和更新

近些年，叙事治疗工作的卓有成效提示我们外界的干预对我们架构个人经历故事的重要意义。治疗师在与遇到困扰的人交流时，可以通过协助其找到个人经历中一直被忽视的、体现其闪光点的、与问题叙事不一致的“特殊意义事件”，从而解构令其困扰的主流问题叙事。当在治疗师的指点下，当事人将问题片段淡化，并将“特殊意义事件”加入个人经历故事时，其人生故事会被改写，其意义会发生重要的改变（Payne，2006）。

日常会话叙事中的受述者虽然不会像治疗师那样专门寻找契机重塑讲述者的故事，但由于受述者与讲述者本身经验图式的不同，受述者在接受讲述者话语信息、重构对方的事件心理模型的同时，也常常会积极主动地预测故事主人公的行动，或评述故事的细节，或提出问题等。而其预测、评述，特别是提问，也常常促使讲述者调整原有规划，更新原有的事件模型。受述者的积极参与会提醒讲述者按照更新后的事件模型提供比预先规划中更清晰的细节，或注意到以前不曾认识到的经验序列之间的关联点。参照第五章第二节内部故事建构部分所述，经验意义的故事化的基础是经验元素、行动过程的摘选以及序列间逻辑关系的建立，如果讲述者在受述者的激励下，增加或强化某个行动过程，强化或弱化某些序列之间的关系，都会或多或少影响到讲述者外部故事的结构意义。

像在例5－16中，交际双方Y与X是彼此熟悉、亲密的同学关系。当前交际的背景是：作为对X恋爱经历故事的回应，Y开始讲述自己的恋爱故事，这时X积极参与对Y经历故事的预测和评论。

例5－16（语境：研究生Y和X在校园散步时闲聊）

59Y：然后：：我也想不起来了，好像：：我上大一，呃，然后呢？寒假去看他去。

60X：嗯。

61Y：然后，就给他看一看我的日记。

62X：嗯，嗯嗯。

63Y：[日记里边有写到他。

→64X：日记里边有没有他对你] 的相思？

65Y：不，是我的日记给他看。然后，写到当时对他的一些好感，他就特感动。

66X：[嗯嗯。

67Y：这样子]。

这一案例中，在Y提及自己寒假去看望之前有好感的中学老师，并给他看自己的日记（61Y）之后，一时间X对Y所述的这一行动的意义没有理解。这似乎是与X的心理预期不符的细节。或许按照X的经验图式，一定是男士率先向对方表示好感。X忽略了63Y中Y补充的关于读日记的细节："日记里边有写到他"（存在经验），64X中X问道："日记里边有没有他对你的相思？"于是，在65Y中，Y只好将采用存在图形以弱化主动行为者的打算收起，改以行为图形"我的日记给他看"和言语图形"写到当时对他的一些好感"明晰地呈现Y可能本来不好意思明确表述的事实——是Y率先采取行动，使自己与老师的关系发生微妙的变化。为确保X的正确理解，65Y中Y还明晰地表述了自己的行为和言语经验与"他"的感知（心理）行为经验"他就特感动"的因果关联。

→68X：然后呢？

69Y：然后，也没什么呀?!

→70X：感动，那，感动之后，有啥变化啊？

71Y：就（是）很感动，之后就继续通信哪，通信，原来我上大一，一学期我们一直通信，第一学期我一直称他L老师，

72X：啊。

73Y：他称Y同学，或什么什么的，

74X：嗯。

75Y：后来，不知怎么，突然，谁开始的，通信的称呼就变了，

76X：嗯。

77Y：是吧？我就（是）称他：：对，一开始，我还选了一个模棱两可的称呼方法，

78X：嗯。

79Y：称他为先生，因为先生不是既可以指什么，又可以指那个嘛！然后，他称呼我，慢慢地，就叫什么：：就是那种：：我的名字后面加点儿化那样的 – 就那种挺亲密的那种叫法 –

80X：嗯。

接下来，X 的提问（68X 和 70X）强化了读日记事件与 Y 和其爱人通信称呼方式改变这一事件之间（75Y、77Y、79Y）的因果关联。这可能是 Y 之前并未认识到，或至少是在其内部故事中有些模糊的因果关联。69Y 中 Y 的回答“然后，也没什么呀?!”说明 Y 虽然意识到读日记事件对双方关系改变的重要，但对于到底这一事件后来如何造成二人来往方式的一系列变化，并无清晰的认识。68X 和 70X 中 X 的追问促发 Y 梳理回忆中二人来往过程的细节（71Y、73Y），认识到二人关系变化的第二个关键行动是通信时称呼方式的变化（75Y）。这样，X 的提问引发了 Y 对记忆中自己恋爱经历模型的局部调整。在接下来的叙述中，Y 开始按照调整后的事件模型详细讲述了自己当年选择改变称呼方式的细节（77Y、79Y）。

81Y：然后，就觉得，哎呀，两人慢慢地，说话的时候，就是，以前总是鼓励学习呀，现在就开始聊聊你怎么样，我怎么样。(hhh）就这样。

82X：相思之苦，是吧？

83Y：对呀，但是 – 当然后来慢慢就是 – 讲到这些了。但是，真的是一点礼物都没有，什么都没给我买过。也没说约我去玩过，（hhh）就连场电影都没有看。

之后，在 Y 交代清楚通信称呼方式改变这一关键细节后，Y 提及进一步的变化：通信内容从鼓励学习到“聊聊你怎么样，我怎么样”(81Y)。这时，在 82X 中，曾同样有过与男友两地生活经历的 X 基于自己的经验做出了评述“相思之苦，是吧?”这样，原本要在 81Y 结束讲述(81Y 包含结束语“就这样”）的 Y 在 83Y 中又对 81Y 自己的模糊表述和

82Y 的评述进行了修正，指出在彼此间开始聊生活状况之后，慢慢地二人的确开始讲到“相思之苦”。

由以上讨论来看，受述者的介入的确会促使讲述者更新事件模型，并根据新的模型增加或调整讲述的细节，进而影响到外部故事意义建构的结构因素。

四　讲述中交际双方基于语境模型在互动协商中的彼此监控

会话叙事过程中，讲述者会仔细观察、监控受述者对自己所述故事是否正确理解，并根据受述者的理解程度确定讲述的进展幅度。这样，讲述者的故事在外化过程中会在一定程度上成为交际双方合作完成的故事，受述者对讲述者故事的主观判定、心理期待会渗透到讲述者对外部故事意义的打造中。也就是说，最终双方合作建构的外部故事会体现交际双方的主体间性认识。

像在上例中，65Y 修正了 64X 的不准确预测，71Y、73Y 和 75Y 回答了 70X 的问题，满足了受述者的期待，83Y 在肯定了 82X 预期的基础上进行了修正。这样，故事讲述的内容和进程都是在交际双方的合作下协商确定的，反映双方的主体间性共识。在听话人 X 的协助下，Y 恋爱故事的时间脉络和因果脉络变得更加清晰，即考上大学后，与老师通信，寒假去看望老师，读日记，老师感动，通信称呼方式慢慢改变，信件内容由学习改为日常生活，再改为相思之情。

由此，讲述者内部经验故事的外化过程是由讲述者和受述者合作完成的，不论是讲述前讲述者针对语境和受述者因素的规划还是外化过程中双方的互动，都不能忽视受述者的因素在故事外化中的作用。可以说，讲述者内部故事向外部故事转化的过程也正是交际双方就讲述者所提供的素材进行经验意义的交流和协商的过程。

值得注意的是，在交际双方对故事讲述的进展和意义的互动协商中，交际双方都大量采用话语标记语和叙事标记语（时间序列标记）引导对方对自己话语意义的正确识解。一般来说，这些标记语概念意义较弱，但具有较强的程序意义，标志前后部分之间的逻辑关系以及需要强调的部分，是说话人进行语言表征时预留给对方的认知参照点（Langacker,

1991）。①

像上述讲述者与受述者的互动协商部分，讲述者正是利用话语标记语和叙事标记语吸引受述者的注意力，才完成对受述者预测、评述话语的修正的。

65Y：**不**，是我的日记给他看。**然后**，写到当时对他的一些好感，他**就**特感动。

这里，否定标记“不”直接将对方的意见否定，引导受述者关注后面的修正表述“是我的日记给他看”，而之后的叙事标记“然后”和话语标记“就”则将受述者的注意力引向它们所链接的行动。

83Y：**对呀，但是，当然后来**慢慢就是－讲到这些了。**但是，**真的一点礼物都没有，什么都没给我买过。也没说约我去玩过，（hhh）就连场电影都没有看。

83Y 中肯定标记“对呀”给对方的意见以正面支持，吸引受述者注意后面的进一步肯定性陈述。之后，讲述者的“但是”预示相反意见，而“当然”却又表明否定意见被中和掉，这些都吸引受述者关注讲述者的真实意图，即半肯定、半否定的意见。叙事标记“后来”又将受述者的注意力指向后面的行动。最后，又一个“但是”进一步吸引受述者对讲述者故事的思考。这一次，讲述者要否定的是前面整段单纯恋爱的叙述，又一次强调故事的主题：没有礼物的爱情。

在本书搜集的会话叙事中，总体来看，话语标记语和叙事标记语的出现频率均是比较高的。有趣的是，个体差异也存在，有的交际者可能受英文习惯的影响更深，其所用的标记语尤为频繁。这样的交际者在故事意义建构中，似乎也借标记语的大量使用，保持了更多的交际进程和意义阐释

① 认知参照点是观察者（viewer）识解目标（target）的心理路径。参照点是由于本身内在的或语境的原因具有认知显著性的实体，参照点被观察者识别后成为一个认知基点，可以使其在其辖域（dominion）内识别任何等待识解的目标（Langacker，1991）。话语标记语和叙事标记语正是由于其自身在意群之首的位置等原因，是会话叙事中的最凸显部分，可将听话人的注意力引向其前后语义相关的隐含部分。

的控制力。

像在下例中，讲述者 A 所用标记语非常频繁，对故事进程和意义阐释的控制也较为强势。

例 5 – 17（语境：研究生 A 和 B 在咖啡馆闲聊）

1A：（…）他说你是来我们美国这些人里面，我知道说得最好的，**所以**（·）他给我评价非常非常的高，**你知道**，他对我特别特别的好。**我跟你说**，人有的时候就是第一印象。

2B：嗯？

讲述者用话语标记“所以”和“你知道”吸引受述者对这些标记语前后部分的注意，给出故事的背景：由于我的英语说得好，他（教授）对我评价非常高，对我非常好，之后“我跟你说”引领受述者对接下来故事的主旨：“人有的时候就是第一印象。”的注意（1A），并成功实现了目的，吸引了 B 的兴趣（2B）。

3A：我参加的那个% American literature% 的那个% class%，**你知道吗？当时**，他们所有的学生，**你知道吧**？英语里有个词叫% clad，c – l – a – d%

4B：嗯嗯。

5A：他问，在一个诗歌里面，他说，这个词是什么意思啊？

6B：没有人知道？

这一部分，3A 中讲述者接连用话语标记类表达语“你知道吗？”“你知道吧？”和叙事标记“当时”吸引听话人的注意力，确保听话人了解故事的发端是“当时”在文学课上老师提出了一个让所有人犯难的问题（3A、5A）。从 4B 和 6B 的回应来看，A 的策略是成功的。但 6B 中受述者 B 对下文的预测：“没有人知道？”未采用话语标记或任何其他策略来加强其语义。

7A：% The students were speechless%，**然后**，我，我，我不想说，**因为**我肯定比他们年龄大，我**还是**个% non – native speaker%

8B：嗯。

9A：**而且**说心里话，我是那种%outgoing%，**但**跟美国人一比，

10B：嗯嗯，还有点不太习惯?

11A：你**就是**一个黑头发的人，你还…

12B：嗯嗯。

13A：% You are expected to be，**you know**，silent. %

14B：嗯。

7A中讲述者并未对6B给予直接或否定回应，而是继续自己的叙述。7A、9A以及11A中A运用叙事标记“然后”和话语标记“因为”，“还是”，“而且”，“但”，“就是”，“还”，“you know”，引导听话人注意到其当时的矛盾心理：知道答案，但不好意思回答。10B中B先是对A的看法做出赞同性回馈“嗯嗯”，接着对下文做出预测：“还有点不太习惯?”但B仍未采用“是吧”等插入意见标记语，加强对交际活动的控制。11A中A还是没有给出直接的肯定或否定性意见。

15A：**但，后来**，我**就**说了，

16B：嗯。

17A：我说，**那个**，大概意思就是%clothed%，你知道吧?%clothed%，它是%clothe%那个古语的过去式。

18B：哦。

在确定听话人理解了自己的话语后，15A和17A中A以话语标记“但”、“就”、“那个”和叙事标记“后来”的接连使用，强调故事的结局是：A最终还是回答了那个问题。在故事外化过程中，受述者主要是运用回馈类话语标记“嗯”，“哦”，“对”，“也是”等标示着自己的理解和赞同，不像讲述者那么善于使用话语标记语，对讲述者故事未能进行更积极地参与。

总之，从话语标记的使用，我们可以直观地看到会话叙事中讲述者和受述者都在不断地监控对方对自己话语意义的正确理解，监控双方建立共识的进展程度，从而不断更新自己的语境模型，调整进一步的语言产出。

综合本节对内部故事向外部故事转化过程的描述，可以看出互动交际

因素对外部故事建构产生重要影响。在故事讲述过程中，讲述者基于对自身交际目的以及交际语境的主观认识，从内部经验故事中确定讲述内容的起点、确定讲述的精细程度，并参照受述者的期待调整、更新故事的事件模型，在与受述者基于语境变化的互动监控中合作完成内部故事向外部故事的转化。故事的外化过程也是交际双方对讲述者经验的合作加工过程，是讲述者的主体性经验意义、结构意义与交际双方的主体间性认识的融合过程。

如果我们越过个体交际空间，从宏观社会交往角度审视这一讲述者私人经验意义到交际双方共享的经验性知识的转换过程，我们也可以说会话叙事的过程也是社会认知的建构过程。本书接下来将从社会认知建构的角度进一步探究会话叙事的故事外化过程中意义的协商建构过程，特别是主体间性共识的确立过程。

第四节　故事外化中社会性经验知识的协商建构过程

日常生活中的会话叙事是特殊类型的叙事，其间真实经历事件的个体体验者对事件的叙述过程与其日常社会交往对象对其经验意义的阐释和理解过程同时进行，这就使得会话叙事成为讲述者主体经验基础上具有不同社会特征的交际主体合作解读社会经验、建立社会化认知的活动场。本节以社会认知理论为基础，对外部故事意义建构中社会性经验知识的协商建构过程进行初步解析。

一　社会认知理论假设

近些年认知语用学、话语分析和认知语言学都有很多关于社会认知问题的理论研究。这些研究的基本假设是：认知活动具有社会性和互动性。van Dijk（2001、2008a、2009）提出的社会—认知话语分析模式强调与话语理解相关的知识、态度和意识形态都属于社会表征，话语分析需结合话语背后的社会活动特征。Kecskes（2010）提出的社会认知语用观也主张交际是社会因素和个体因素的互动过程，只有整合说话人和听话人的不同视角才能理解交际过程和交际成果。认知语言学家 Croft（2009）也指出我们头脑中的语言结构和过程不单是个体认知能力的反映，更是社会认知能力的体现。

本书认同认知活动的社会互动特性。反思我们自身获取知识的过程，不难发现我们关于日常生活的经验性知识，包括社会、生活、文化观念，都是在真实的社会交往实践活动中经由互动协商获得的。那么，在协商互动中，社会性经验知识是如何确立的呢？

首先，正如 van Dijk（2008b）所强调的，交际双方共有的知识背景构成意义协商建构的基础。其次，社会交往实践中意义的协商建构是主体性认识基础上的主体间性建构过程。一方面，会话叙事的交际主体是分工合作、对讲述者经历进行认知合作处理的集体心智（Zaltev 等，2008）；另一方面，交际双方合作认知的成果是以主体性认识为基础的主体间性认识的集成。

简言之，本书认为会话叙事中故事的外化过程体现社会认知协商建构的显性过程。在真实的社会交往实践活动中，在交际双方共享知识背景以及交际中不断调整更新的共享信息基础上，交际双方对个体经验完成认知合作处理，建立主体间性共识。接下来，本书将结合实例和以上理论假设考察会话叙事中的社会认知过程。

二　社会认知的实践平台

哈贝马斯（1994）认为人最本质的特征在于其社会性，交往行动是主体与主体之间在生活世界中一种现实的相互作用关系。自发性会话叙事是参与者基于各自建构自我形象或维护人际关系的目的而展开的社会实践活动（参见第四章第四节）。经验性知识的协商建构是这一过程的自然成果，而非设计成果。

首先，我们把前面讨论过的 Y 的恋爱故事和前述 X 的恋爱故事以及故事讲述部分前后的会话全部整合在一起，可以发现 X 和 Y 两位交际者是在交往实践中自然达成关于恋爱和婚姻观念的共识的。相关部分重列见例 5－18：

例 5－18（语境：研究生 Y 和 X 在校园散步时闲聊）

1Y：哦，谈恋爱就得遇，遇不上合适的吧，别人怎么说你俩特般配、特般配，但俩人就是没感觉。没办法。尤其咱们教外语的，好多老师，还是挺在乎感觉的，是吧？不是那种一说我们俩工资都挣得不错，俩人搭伙过日子就完了。

2X：对，就那样。

这段叙事的背景是，X 和 Y 为研究生同学，同住在一栋宿舍公寓楼里，Y 比 X 年长十岁，在日常接触中二人彼此已十分熟悉，但对彼此的一些生活观念还交流不多。一开始，二人饭后散步闲聊，X 说道与自己年龄相仿的一位读博前原工作单位的同事通电话时，发现她还未找到合适的男朋友（会话部分略）。于是，Y 总结说她发现好多教外语的老师都挺在乎感觉，不是那么追求物质的东西（1Y）。Y 的看法立刻获得了 X 的认同（2X）。这使 Y 猜测 X 当年一定是和丈夫自由恋爱的，为了加深了解 Y 尝试询问 X 的恋爱经历（3Y）。

3Y：唉，我能问那啥吧？你跟你老公是怎么:: 是同学是吧？

4X 到 50X 中 X 在 Y 提问、评论等的鼓励下大方分享了自己的恋爱经历（略）。而这时，Y 感受到 X 的真诚，有意讲述自己的恋爱故事作为交换，借以表达与对方加强、巩固友好关系的交际目的。这样，在评述 X 的故事中，二人交谈的话题自然转换为 Y 的恋爱经历（51Y—57Y）。

51Y：他也没给你送个像样的礼物，就让他拉手了？
52X：没有↓，傻嘛！
53Y：我比你还实在 -
54X：hhh =
55Y： = hhhh
56X：你给我讲讲你 -
57Y：我们那时候好像啥礼物都没有。

57Y—83Y 中 Y 与 X 分享了自己当年的恋爱经历（略，参见例 5 - 16）。84X—109Y，二人对自己以及时下流行的恋爱婚姻观进行讨论，真诚交换彼此的看法。

84X：多浪漫呀，你们那才是实实在在的！
85Y：不是，你们俩年龄小啊，这个年代，像你们俩这么纯真，是很难得的。

(86X—104X 略)

105Y：你俩其实挺让人羡慕的，你俩毕业［又不在一起

106X：又不在一起］

107Y：那你俩居然关系能这么好，挺不容易的。

108X：哎，现在也老吵 -

109Y：其实是很好的，他对你，我觉得多好啊！

在最后的分析讨论中，双方总结、讨论彼此的恋爱经历，互相肯定彼此当年的选择，极大地缩短了彼此间的心理距离。

通过这段会话叙事的进程分析，可以看出会话交际中的故事讲述本身就是交际双方交换生活经验，分析、讨论彼此真实经验，进而确认或调整自己对真实世界的经验性知识和观念的过程。在这段会话叙事中，X 和 Y 交流了各自的恋爱经历，在互相的肯定和赞赏中巩固了彼此的友谊和信任；与此同时，在了解到与自己有着较大年龄差异的对方其实与自己有着非常相似的爱情和婚姻观念后，二人更加坚定了自己追求感觉、追求浪漫的恋爱和婚姻观，巩固了自己的相关社会经验性知识。因此，在某种程度上，经验性知识的建立和巩固是社会交往实践中自然衍生的副产品。

其次，我们发现在互动交往实践中，说话人和听话人是交际过程的平等参与者，在意义协商中，讲述者仅仅是作为双方认知分析合作的原材料提供者，并不能在经验意义识解上占据绝对优势，受述者在意义识解中的作用同等重要。

36X：然后，他就拉我（的手），把我紧张得（hhhh）

37Y：(hhh) 他是你第一个？

38X：第一个。

39Y：第一个，所以你才这么紧张

这里，37Y 和 39Y 中 Y 甚至代为解释 X 的心理感受，而下面的 49Y 中 Y 代为总结 X 的恋爱故事，51Y 中 Y 提议从新的角度重新理解 X 故事的经验意义。

49Y：啊，准备考研究生，你原来说过。他好幸运啊，就问个路，然后，他就拣着一个女朋友，多↑好！

51Y：他也没给你送个像样的礼物，就让他拉手了？

三　社会认知的知识/信息平台

如果我们仔细审视上述会话叙事中交际双方社会交往实践的全过程，我们发现二人的经验性知识的协商是在双方所具有的共享信息基础上展开的，也始终在围绕着双方认知共同场的巩固和更新来进行。

例 5－19（语境：研究生 Y 和 X 在校园散步时闲聊）

1Y：哦，谈恋爱就得遇，遇不上合适的吧，别人怎么说你俩特般配、特般配，但俩人就是没感觉。没办法。尤其咱们教外语的，好多老师，还是挺在乎感觉的，是吧？不是那种一说我们俩工资都挣得不错，俩人搭伙过日子就完了。

2X：对，就那样。

1Y 和 2X 显示双方在这段会话交际之初就在彼此的生活经验中持有这样的共识："尤其咱们教外语的，好多老师，还是挺在乎感觉的。"这也暗示至少二人各自的恋爱故事一定是追求感觉的结果。正是这些共识促使二人接下来愿意彼此交流各自的恋爱故事，也能够理解、赞同彼此当年的选择。

当然，基于各自具体恋爱经历以及其他间接获得的关于恋爱、婚姻经历的认识的不同，在故事的讲述过程中，二人也在不断地调整、细化彼此的经验意义共同场。

6X：但读 J 大的研究生，也得去溜达一下吧，从外院到 J 大坐个公交车－

7Y：然后呢↑？公交车上怎么了？（hhh）

8X：没有，坐公交车到了，就在校园溜达，然后，正好碰到他，（…）然后，我俩就聊，聊开了，一聊呢，他是 H 的，我也是 H 的，所以，就（觉得）挺亲密的，不↑是，就挺亲密的？哎呀，用错词了！＝

9Y：＝就感觉（.）挺熟悉的，你俩就是一见钟情。

13Y：呃，那你咋？他很主动呢，刚头一次认识，就请你吃饭了。

14X：食堂，吃食堂。

从这段会话叙事中双方的互动来看，7Y 中 Y 的着急发问以及 13Y 中 Y 的评论似乎表明 Y 的认知图式库中有一个关于自由恋爱的“一见钟情”的故事模式，而讲述者却一再否认这一点，强调二人交往是个水到渠成、层层递进的自然过程。

34X：就（是）在城墙，我感觉他也不错，他感觉我也不错。

36X：然后，他就拉我（的手），把我紧张得（hhhh）

37Y：(hhh) 他是你第一个？

38X：第一个。

39Y：第一个，所以你才这么紧张。

40X：他也两手出汗，我也两手出汗。

41Y：你也是他第一个？

42X：嗯，

在故事的结局部分，当 X 讲到二人在城墙上初次袒露感情时的紧张与慌乱，Y 从自己的一见钟情模式出发，探究二人为何紧张的原因（37Y 和 41Y），38X 和 42X 中 X 的肯定性回应满足了 Y 的心理期待。这时，Y 基于自己经验图式对 X 故事的阐释至少在这一点上被 X 接受，Y 的阐释视角应该会促使 X 强化对这一细节的记忆。接下来，51Y 中 Y 突然转换了之前一直对 X 的故事期待、赞赏的阐释视角，提出了半玩笑、半认真的负面评价意见，而 X 却也随之对自己当年的经历进行了负面的评价：

51Y：他也没给你送个像样的礼物，就让他拉手了？

52X：没有↓，傻嘛！

53Y：我比你还实在－

52X 中 X 的话语显示其对自己单纯追求感觉的恋爱观念有一些动摇。而从 53Y 中 Y 的话语来看，51Y 中 Y 所表述的意见其实不只是针对 X 的恋爱选择，也在针对自己。似乎 Y 对自己主张的追求感觉的恋爱观也不是那么坚定，已部分接受他人曾经对其追求单纯感觉的恋爱所带来的清贫生活的负面意见。所以，她在评判对方和自己的经历故事时同时感受到理想观和现实观的冲击。

接下来，57Y—83Y 中 Y 与 X 分享了自己当年的恋爱故事（略，参见例 5－16），84X 开始，二人开始对自己以及时下流行的恋爱婚姻观进行探讨。

84X：多浪漫呀，你们那才是实实在在的！

85Y：不是，你们俩年龄小啊，这个年代，像你们俩这么纯真，是很难得的。

86X：[啥呀？

87Y：不是，好多] 都得是女生得考验男生，给买这、买那，然后，最后终于考验的没什么可考验的了，同意了。

88X：天哪！

84X 中 X 对 Y 单纯美好的恋爱故事的赞赏，显示对方的相似经历又使其恋爱观更多地向感觉观倾斜。85Y 和 87Y 中 Y 的话语反映出她对当下年轻人的爱情观念有些负面成见，曾以为现在年轻一代不会像自己当年一样忽视物质追求。但与 Y 年龄相差十岁，代表 Y 所说的年轻一代的 X 对 87Y 中 Y 的意见并不赞同（88X）。89Y 开始，二人继续讨论 X 的恋爱及后来的婚姻故事。

89Y：那你们俩，就这样，就相当于，你一开始帮他学习，

93Y：后来，约你上城墙时，你就同意了，然后就确定男女朋友关系了(hh)？

94X：(hhh) 然后就－

95Y：那你俩几年结的婚呀？也处了好久，是吧？

96X：嗯::: 5 年！

97Y：那么久？那你还是考验人家挺久的。

98X：不是考验！然后，就上研究生了呀，问题是。

99Y：啊。

100X：然后又该我考，然后他上－

101Y：他就鼓励你呗，是吧？

102X：然后，我又上，上完之后，我又工作，

103Y：啊 -

104X：所以，中间 -

105Y：你俩其实挺让人羡慕的，你俩毕业 [又不在一起

106X：又不在一起]

107Y：那你俩居然关系能这么好，挺不容易的。

93Y—104X 中在 Y 的追问下 X 概略讲述了自己与男友从确立恋爱关系后一直到结婚五年间的经历。在了解二人从交往到最终走向婚姻始终无关物质条件之后，在 105Y 和 107Y 中 Y 由衷地赞赏 X 与其爱人的恋爱和婚姻经历。

最终，Y 对 X 经历及其观念的赞赏修正了其 51Y 中对 X 以及对自己单纯追求感觉的恋爱观念的怀疑和不确定的立场。显然，与 X 就恋爱、婚姻经历的沟通和讨论最终刷新了 Y 对当下年轻一代爱情婚姻观的认识，也由此不再认为自己原本在意纯粹感觉的爱情观过时，又重新修复、巩固了自己的爱情观念。

通过这段会话叙事的进程分析，我们发现在互动讨论的过程中，交际者模糊了彼此经验的界限，在人际交往的同时无意间也完成了经验性知识协商、更新、巩固的过程。会话叙事更像是同时利用两个人的心智协同对双方共享的经验总体进行加工、融合，并进而从中提炼出可为双方日后的生活汲取的、有价值的经验性知识的过程。双方的会话叙事从共识出发，也结束于更新的、更丰富的共识。从这个意义上说，会话性经验叙事不仅是主体经验的识解和意义的建构过程，还是经验性知识在主体间共同场上的确立和传播过程。在这样的过程中，主体模糊的、有歧义的经验性知识可以借由对方的认知操作，得到核准或者说协调，变得确定下来。

四 故事外化中社会认知建立的主体间性路径

会话叙事中内部故事到外部故事的转化过程显性体现社会认知建立的主体间性路径。如前所述，讲述者内部故事的外化是在受述者协作下进行的。其间，讲述者关于自身经验故事的主体性认识以及受述者基于自身经验背景对讲述者故事的主体性看法在互动交际中为对方识别，并经由双方的协商、讨论成为外部故事意义的构成因素。因此，最终外部故事的意义

充分体现交际双方主体性认识基础上的主体间性共识。本节讨论在互动协商过程中能够为交际双方所识别的主体性和主体间性意义资源，并探讨交际主体进行协作、建立主体间性共识的认知模式。

（一）外部故事意义建构中的主体性意义资源

外部故事的意义建构中，主体性认识是意义协商的基础性资源。讲述者在进行内部故事规划时的主观性创作，对经验意义阐释的主观情感、态度以及受述者识解讲述者故事中经验意义的主观倾向都会在话语层面留下一些显性印迹。本节探究在交际双方对故事经验意义进行合作认知处理时可依据的主体性意义资源。

语言的主体性意义，或者说语言的主观性，是语言的基本属性，20世纪80年代以来一直是语言学研究的热点话题，包括语义、语用、认知语法、语法化、语篇分析、话语分析等不同角度。不过，综合来看，大家所关注的体现主体性的语言特征基本未超出 Finegan（1995）所概括的三个方面：（1）说话人表述语言的视角；（2）说话人对话语所包含命题的情感因素；（3）说话人对话语所包含命题的认知情态。

为了分析的简便，本节以一则较短的会话叙事为例考察叙事话语主体性意义的印记，特别是能够引起对方认知注意的、较为凸显的语言手段。

例 5－20（语境：研究生同学 L 和 Y 在宿舍闲聊）

1L：然后，反正就是，我小妹应该不用愁吧？

2Y：你小妹是不是挺漂亮？

3L：我妹妹也不漂亮。我妹妹长得－还好，就是个子比较高，一米七吧！

4Y：那很好哎！

5L：身材不像我，她很瘦，身材像我妈，比较苗条。

6Y：那就很漂亮了，其实女孩子不一定说非要都得丹凤眼啊，柳叶眉的，她只要就是身材好，皮肤白皙，然后会打扮，就都挺漂亮的。

7L：嗯嗯。

8Y：对。

9L：反正倒是不缺男生追吧，我说一般的看不上啊，不能要。她说，我知道。

10Y：嗯。

11L：在政法，也是，然后，在政法学校里面上自习呢嘛，考试了，一个男生给她递过来一个纸条，然后问她，她说："什么年代了?！还搞这种伎俩（hhh）。"

12Y：hhhh

13L：然后那男的，看我妹妹往外走，然后就跑过去，"哎，你是研究生吧？学什么什么的?"你看我妹直接瞪大眼睛说："学习的，干吗呢?!"（hhhh）

14Y：（hhhh）

15L：那男的啪就跑了，再也不敢了。

16Y：你妹妹挺有，挺有决断力的嘛，也不慌，一下把人吓跑了。

17L：你想我小妹小时候就有人追，她慌啥?

18Y：哦，屡经沙场了啊。

19L：嗯。我就觉得她在我们家长得比较丑的，大脸，我就经常纳闷，我说你是咱们三人中脸最大的，意思是最难看的，怎么，还追你的人最多呀?

20Y：啊（hhhh）。

21L：比较活泼吧，应该，性格好。

22Y：加上身材好，是吧?

23L：就是，也比较白。

1. 视角

视角的选择体现我们用语言识解世界的主观性。参照 Langacker（1991）的讨论，我们观察事物之间的关系时，视角的选择（包括我们所处的位置和朝向）会直接关系到我们对于突出的前景和不引人注目的背景的区分。

故事讲述中讲述者选择哪一个人物作为叙述的重点，选择哪一个行动作为故事的起点会反映出讲述者观察视角的主观性意义。这一案例中，话轮 11L 中讲述者选择将男生递给妹妹纸条作为故事的第一个行动序列。由于二人交流的重点是妹妹不乏追求者，而不是那位男生的意图和行为，那么，在此之前究竟是 L 的妹妹如何引起了对方的注意，自然未成为讲述者选择的内容。而在这一行动的表述"一个男生给她递过来一个纸条"中，讲述者选择将与妹妹"她"有关的"递纸条"作为行动的前景来描述，而将行动的参与者“一个男生”置于不重要的背景位置。

从空间指示语的选择来看，以下这些表述清晰体现了说话人的主观性视角：

①一个男生给她递过来一个纸条。

说话人将观察点定位在“她”，认同“她”的感受视角，引导听话人注意接下来“她”如何应对。

②然后那男的，看我妹妹往外走，然后就跑过去。

说话人将观察点定位在“那男的”，认同“他”的观察视角，引导听话人注意接下来“他”的进一步行动。

③那男的啪就跑了。

说话人将观察点定位在“那男的”，认同“她”的观察视角，引导听话人注意那位男生的行为。

从时间指示语来看，以下这些表述体现了说话人的主观性视角：

④那男的，看我妹妹往外走，然后就跑过去。

“然后”向受述者明示“跑过去”与“看我妹妹往外走”两个行动间的先后关系以及在讲述者看来二者之间存在的因果关系。

⑤那男的啪就跑了，再也不敢了。

“再”向受述者明示“跑了”与“不敢（追她）了”两个行动间的先后关系以及在讲述者看来二者之间存在的因果关系。

而讲述者多次使用的人称指示语“我妹妹”、“那男的”包含的主观性意义就更加明显了。与“我妹妹”所暗示的亲密的心理距离和深度认同的主观视角不同，“那男的”体现疏远的心理距离和一种微微有些不屑的主观视角。

综合以上的讨论，从视角的选择来看，讲述者在叙述中将“妹妹”设置为故事的正面角色，作为叙述的重点，将“那位男生”设置为负面角色，用来反衬讲述者妹妹的行为。从空间指示语、时间指示语的运用来看，讲述者有意引导受述者注意“那位男生”行为的唐突。而人称指示语的使用则直接表明讲述者对两位故事人物的不同的心理距离。

2. 情感

情感相关的主体性意义资源应该是比上述视角层面更能引起受述者的认知注意。口语叙事中情感表达类话语是非常凸显的主观性意义资源。功能语言学对感情、判定、鉴别三类态度资源的描述性框架（Martin &

White，2005）为我们分析情感因素提供了很好的工具：感情是指那些直接反映感受主体正面和负面情绪（开心、难过、安心、焦虑、满意、不满意等）的形容词、动词、名词等；判定是指根据社会规范对个人行为（规范性、合适性以及能力等）肯定或否定的评价；鉴别则是对人类行为产品、过程、实体的肯定或否定的评价。此外，本书注意到 Edwards（2005）指出抱怨类叙事话语中笑声可以用来作为立场的标记，Glenn 和 Holt（2013）也指出笑声可以在不同语境下表示赞同或反对的情感立场。因此，本书将增加对笑声等副语言情感手段的分析。

综合来看，这段会话叙事中针对正面角色“小妹”的情感意义资源包括：

（1）感情。可能是由于第三人称叙事的缘故，这段会话叙事中直接的情感表达很少。小妹作为感受者的情感描述只在 13L 中有所体现（粗体）。

13L：（…）你看我妹直接**瞪大眼睛**说：“学习的，干吗**呢?!**”

小妹遇到陌生男生的追求，其心情显然是反感，这反映在其“瞪大眼睛”的动作描述和其质疑对方的语气词：“呢?!”

（2）判定。会话中讲述者对小妹的判定性话语包括：“应该不用愁”，“不缺男生追”，“追的人最多”，“比较活泼”，“性格好”等以及“她慌啥?”中的反问语气。而在接受叙事的过程中，受述者也采纳与讲述者基本一致的判定立场，对小妹的判定性话语包括“挺有决断力的嘛”，“也不慌”，“一下把人吓跑了”，“屡经沙场了啊”等。这说明受述者趋向于接受讲述者的判定标准，采取赞同故事主人公“小妹”的评判立场。

（3）鉴别。由于叙事的主题是“小妹不愁没人追”，在会话叙事中，对小妹外表的鉴别资源丰富。讲述者对小妹的鉴别性话语包括：“不漂亮”，“长得还好”，“个子比较高”，“很瘦”，“比较苗条”，“长得比较丑的”，“大脸”，“三人中脸最大的”，“最难看的”，“也比较白”；而受述者采用了对小妹的积极正面的鉴别性话语，包括：“很好哎”，“很漂亮了”，“身材好”。

显然，讲述者对故事的主人公——自己的小妹持同情、赞同的态度和立场。而受述者也同样对小妹持鲜明的赞同和欣赏的态度。

针对反面角色“男生”的情感意义资源较少，主要包括下面两点：

（1）感情。小妹对那位男生的反感情绪影响到故事的讲述者，又进而感染到故事的接受者，在 11L 和 13L 中讲述者对那位男生行为的不屑的笑声在 12L 和 14L 中均被受述者接受，并附和。

（2）判定。讲述者对那位男生的判定包括“再也不敢了”；小妹对那位男生的判定则是“什么年代了?！还搞这种伎俩”。

从上述对情感资源的分析，可以看出讲述者在叙述中对两位故事人物明显的情感倾向。

3. 认识

关于主体性认识在语言层面的印记，是主观性研究最为丰富的领域，但并无一致的框架和理论。Finegan（1995）认为主体性认识主要体现在指情态动词和表情态的副词的用法中。系统功能语言学角度的情态系统研究则指出除情态动词和副词外，表示可能性的形容词、副词、名词以及投射过程“我认为”等都表征着说话人的不确定性认识（Martin，1992），并将这些表征不确定认识的情态表达式统称为认知情态表达（Simpson，1993）。Smith（2003）的分析表明语篇层次上包括引述话语在内的证据类表达也是体现主体性认识的重要手段。通过引述他人或自己曾经的话语，说话人可以交代信息的来源，加强话语的可信度。此外，Xiao（2010）在对汉语会话叙事中的话语标记语的考察中，发现“我觉得”、“就是说”、“反正”等话语标记反映说话人的主观认识。

在上述会话叙事中，这里讨论的认知情态类表达、引述话语以及话语标记语三类意义资源均有分布。

（1）认知情态类表达。

①应该。在讲述者对其小妹的评价中，有两处用到了情态动词“应该”，体现讲述者基于对小妹的了解（知识体系）而具有的对小妹在找男朋友这方面所具有的资本的一种主观推测、信念。

1L：然后，反正就是，我小妹**应该**不用愁吧？

很明显，1L 中讲述者对其小妹未来找到合适男友这件事持有积极正面的预期。

20L：我就觉得她在我们家长得比较丑的，大脸，我就经常纳闷，我说你是咱们三人中脸最大的，意思是最难看的，怎么，还追你的人最多呀。

21Y：啊。

22L：比较活泼吧，**应该**，性格好。

22L中，讲述者对其小妹为什么常被男生追求，做出了自己的不确定性推测。

②就。情态副词“就”在这段叙事中应用较多，归纳一下，主要有三种用法：

首先，“就”表示一种主观推测。

5L：身材不像我，她很瘦，身材像我妈，比较苗条。

6Y：那**就**很漂亮了，其实女孩子不一定说非要都得丹凤眼啊，柳叶眉的，她只要就是身材好，皮肤白皙，然后会打扮，**就都挺漂亮的**。

“就”表明说话人基于已有事实的一种归纳性推理的结果。说话人以副词“就”来强调不管证据是否已然充分，这是自己坚持的看法。

其次，“就”预示某事件发生后的自然结果。

13L：然后那男的，看我妹妹往外走，然后**就**跑过去，“哎，你是研究生吧？学什么什么的？”你看我妹直接瞪大眼睛说：“学习的，干吗呢?!（hhhh）”

15L：那男的啪**就**跑了，再也不敢了。

这里，“就”是“一……就”的简略说法，表明说话人认为前后两件事之间有一定的因果关联。

最后，“就”表示对后面话语的主观强调。

17L：你想我小妹小时候**就**有人追，她慌啥？

19L：嗯。我**就**觉得她在我们家长得比较丑的，大脸，我就经常纳闷，我说你是咱们三人中脸最大的，意思是最难看的，怎么，还追你的人最多呀？

22Y：加上身材好，是吧？

23L：**就**是，也比较白。

17L 中“就”强调小妹“有人追”这一事件很早以前就已开始，19L 和 23L 中的“就”同样强调说话人对后面陈述的主观确认。

（2）证据类。

这段会话叙事中，讲述者使用了大量引述话语。这些故事人物的话语隐性传达着讲述者的主体性认识。

9L：反正倒是不缺男生追吧，我说一般的看不上啊，不能要。她说，我知道。

11L：在政法，也是，在政法学校里面上自习呢嘛，考试了，一个男生给她递过来一个纸条，然后问她，她说：“什么年代了?! 还搞这种伎俩，(hhh)”

13L：然后那男的，看我妹妹往外走，然后就跑过去，“哎，你是研究生吧？学什么什么的?”你看我妹直接瞪大眼睛说：“学习的，干吗呢?!（hhhh)”

19L：（…）我说你是咱们三人中脸最大的，意思是最难看的，怎么，还追你的人最多呀?

讲述者引述自己、小妹和那位搭讪的男生的话语，来使受述者了解故事发生的背景（9L 中讲述者与其小妹的对话）、过程（11L 和 13L 中小妹和那位搭讪的男生的对话）以及自己对故事的反思（19L 中讲述者自己与小妹的对话）。但这些引述话语并非客观性意义资源。如第四章本书曾强调过的那样，这些话语是讲述者重构的结果，体现讲述者的主观倾向。像 13L 中小妹的话语充分验证了小妹 9L 中与讲述者交流时所表述的不要搭理一般男生的立场，反映小妹自信又泼辣爽直的个性。

（3）话语标记类。

这段会话叙事中话语标记使用频繁，充分展现了说话人对事件以及故事人物所坚持的主观看法。如：

①“反正（就是）”，“反正（倒是）”：标示说话人经过思考之后尽

管证据不一定充分却认定的某一事实。

1L：然后，**反正就是**，我小妹应该不用愁吧？

9L：**反正倒是**不缺男生追吧，（…）

②“就是”：标示一种不确定的主观看法，即说话人认为在让步或某条件成立的情况下才认定的事实。

3L：我妹妹也不漂亮。我妹妹长得，还好，**就是**个子比较高，一米七吧。

6Y：（…）她只要**就是**身材好，皮肤白皙，然后会打扮，就都挺漂亮的

③“那”：标示说话人要提出与对方意见有所不同的主观看法，但说话人无确定依据。

4Y：**那**很好哎！

6Y：**那**就很漂亮了，其实女孩子不一定说非要都得丹凤眼啊，柳叶眉的（…）

④“我觉得”，“其实”：标示说话人强烈的主观倾向。

6Y：那就很漂亮了，**其实**女孩子不一定说非要都得丹凤眼啊，柳叶眉的（…）

19L：**我**就**觉得**她在我们家长得比较丑的（…）

⑤句末语气标记“吧”，“是吧”：标示说话人具有一定主观倾向，但又有所保留，不能确定的看法。

1L：然后，反正就是，我小妹应该不用愁**吧**！

3L：我妹妹也不漂亮。我妹妹长得，还好，就是个子比较高，一米七**吧**。

9L：反正倒是不缺男生追**吧**，我说一般的看不上啊，不能要。

13L：然后那男的，看我妹妹往外走，然后就跑过去，“哎，你是研究生**吧**？学什么什么的？”你看我妹直接瞪大眼睛说：“学习的，干吗呢？！hhhh”

22L：比较活泼**吧**，应该。性格好。

23Y：加上身材好，**是吧**？

⑥句末语气标记“了”，“嘛”：标示说话人确定的主观倾向，认定某件事是确定的事实。

11L：在政法，也是，在政法学校里面上自习呢**嘛**，考试**了**，一个男生给她递过来一个纸条，然后问她，她说：“什么年代**了**，还搞这种伎俩hhh”。

6Y：那就很漂亮**了**，其实女孩子不一定说非要都得丹凤眼啊，（…）

15L：那男的啪就跑**了**，再也不敢**了**。

16Y：你妹妹挺有，挺有决断力的**嘛**，也不慌，一下把人吓跑**了**。

18Y：哦，屡经沙场**了啊**。

综上所述，会话叙事中的故事所反映的常常是主体意识过滤的经验世界，讲述者的故事（包括受述者的回应）充满个人主观性认识的印记。讲述者在讲述故事的过程中，以及受述者在对故事的回应中，都会有意无意间采用各种认知情态表达、证据类表达以及话语标记来标示自己的主观倾向。其实，也正是由于交际双方都具有各自不同的主体性认识，才使双方具有彼此沟通交流的心理需要，也才使话轮的转换和交替自然完成，从而使会话叙事在双方的协商中逐渐确立主体间的共同立场。

（二）外部故事意义建构中主体间性的意义资源

会话叙事中交际双方主体间性意识和主体间共同场的建构在话语层面也同样会留下一些显性印迹。人际互动是语言的元功能之一，从根本上来说我们运用话语所建构的主体性意义就是为了服务于与面对面或想象中的交际对象沟通、协商，建立主体间共同场的目的。我们在交际中展现的主体性认识，甚至我们的整体的自我形象都是为适应即时交际语境中的他者期待（包括社会文化期待）所构建的（Givón，2005）。而针对日常生活中的真实自发的会话交际来说，主体间性是交际得以发生的最基本的心理和社会前提。只有当交际双方意识到交际对象的存在，并且意识到自己知晓对方的存在，自然的会话交际才会发生（O'Connell & Kowal，2008）。

在会话叙事中最直接体现交际双方对他者存在的清晰意识的应该是称谓语的使用，特别是第二人称称谓的使用。此外，Schegloff（1992）发现说话人会在注意到对方对自己的话语意义理解存在偏差时的第三位置，即一个毗邻派对之后的话轮，对原来自己的表述进行解释或者说修正，而这样的协商和话语重构过程充分体现了主体间性的建构过程。而 Smith 和 Jucker（2002）强调话语标记的使用可以引导对方从新的视角或框架重新构建话语的意义，同样显示互动交际中的主体间性意义资源。最后，还有一个不能忽视的方面是，会话叙事中的主体间性建构还可能关系到超越会话即时语境之外的他者声音（Bakhtin，1981、1986）。除了会话交际中显性的交际双方之外，会话叙事中故事话语的意义还会受到与故事经验意义有交涉的其他人物或文化语境的意义阐释倾向的影响。

本节将结合实例简要分析称谓表达、话语标记、第三位置修正这些微观的主体间性意义资源以及互文、异声现象和社会文化观念在宏观层面的影响。

1. 指称听话人及他人的称谓语

例 5 - 21（语境：研究生同学 L 和 Y 在谈论共同认识的两位学长）

6L：希望**咱**毕业的时候，千万不是 **ST** 还当那个啥，那叫啥？

7Y：党支书是吧？

8L：可别找他盖章啥的，麻烦死了。**P 师兄说**那天可生气了，那天把他都气躁了，

15Y：**咱们**不用吧！他是管党员，现在属于党支书那种性质的，

16L：那就好！

17Y：**咱**也不是党员，不用找他了。

18L：**师兄**说找他挺麻烦的，好像签字，还是干吗 -

节选的这段叙事中，讲述者用称谓语“咱”和“咱们”来指称自己和听话人，一方面拉近与听话人的心理距离，引导听话人接受其故事阐释的立场；另一方面也吸引听话人的认知注意，引导听话人注意其要讲述的

内容与她有密切的关联。讲述者对故事人物 P 师兄（姓氏 + 师兄）和 ST（姓 + 名）的称谓也间接暗示其对故事人物的情感和态度。

例 5 – 22（语境：A 在向同学 B 讲述在美国参观霍桑笔下的女巫镇七角阁楼的经历）

15A：我买了一件衣服，买衣服，然后，付钱嘛，它，付钱嘛要用那个卡付，那卡突然掉下来了，**你**知道，我们谁↑也没找到 =

16B：= 这么奇怪！

17A：**你**知道那卡（hhh）

18B：(hhh) **你**说，那就是很奇怪，我一想霍桑，就觉得很神秘，很阴暗 =

19A：= 那天那个 [天气就是

20B：待在角落里]，然后穿越死亡，穿越永生的那种感觉（0.2），那样的 –

21A：那天那个天气就是阴森的。

22B：是吗？那↑就奇怪，然后一想%Emerson%就感觉应该是明亮阳光下，有草地，然后有人读书，旁边有树有花那种感觉 –

23A：没有，**你没问**那个卡在哪儿吗？

24B：啊？**你说，**

25A：其实，我觉得是一种，一种人的一种想象，其实是一种物理现象，我觉得，因为**你**拿出来的时候，它肯定有静电↑，对吧？

26B：对呀。

27A：**你**一拿出来的时候，它那个，不是，那玻璃有槽嘛，对吧？它其实贴在那个上面了，我们找半天，哦↑，原来是在那儿。但是，给人的一种暗示就好像是::: 对吧？**你**一联想，然后，就::: 其实，我觉得是一种物理现象。

在这段节选叙事中，讲述者既使用直接指称对方的"你"（15A、17A、23A）直接呼唤听话人注意故事的关键细节，也多次使用泛指代词"你"（23A、27A）引导听话人想象故事发生时的情景。而听话人也直接用第二人称代词称呼对方（18B、24B）表明其愿意参与合作、配合的立场。这段叙事中第二人称称谓的大量使用使双方的认知合作显性化，充分体现了双方密切配合、积极建构故事意义的努力过程。

2. 话语标记

主体性认识是主体间性认识建立的基础。Traugott（2004）基于语法化的历时研究发现交互主观化可以看作主观化的一种延伸，说话人对命题的主观性态度和对听话人“自我”关注的交互主观性可以并存于同一话语中。像之前提到的表现说话人主体性认识的很多话语标记也可视作主体间性标记，如“我觉得”、“反正”、“就是”、“吧”等等。我们再重新审视一下刚才分析过的例5-22：

22B：**是吗？那**↑就奇怪，然后一想%Emerson%就感觉应该是明亮阳光下，有草地，然后有人读书，旁边有树有花那种感觉-

23A：**没有，**你没问那个卡在哪儿吗？

24B：**啊？**你说，

25A：**其实，我觉得**是一种，一种人的一种想象，**其实**是一种物理现象，**我觉得，**因为你拿出来的时候，它肯定有静电↑，**对吧？**

26B：**对呀。**

27A：你一拿出来的时候，它那个，**不是，**那玻璃有槽嘛，**对吧？**它**其实**贴在那个上面了，我们找半天，哦↑，原来是在那儿。**但是，**给人的一种暗示就好像是::: **对吧？**你一联想，然后，就::: **其实，我觉得**是一种物理现象。

28B：**对，对，对，但**你如果你心里面有那个%idea%，你就会往那儿去想，

29A：**但**他一直那么想，我没有

30B：**啊，**

31A：**我觉得**-

32B：这，**就是**↓判断问题，**你想**这就是图式嘛↓你有那个参照，就往那儿想。

节选的这部分会话叙事中，交际双方在讨论A参观七角阁楼过程中购物付款时银行卡“神秘”失踪一事，二人都大量使用话语标记语向对方标示自己的主体性看法和与对方的协商意愿。

这些话语标记可以大致分成四组：

（1）其实，我觉得，就是：在清晰标示说话人对某事无充分证据但确定持有的主观认识的同时，暗示说话人对可能存在他者（包括听话人）不同意见的自觉认识和对他者意见的尊重。

（2）你想，对吧，是吗：这一组直接要求对方关注自己的看法或直接要求对方回应自己对某事的不确定意见，清晰标示说话人对交际对象意见的尊重。

（3）啊，对，对呀：这一组则直接回应对方话语，表达自己或惊讶或赞同的意见。

（4）没有，不是，那，但是：这一组直接回应对方话语，或者呼应自己的前述话语，标示与前述他人或自己意见的相反或不同看法。

显然，这些话语标记都暗示或清晰表明了对交际对象及不在场他者意见的尊重和与对方协商、讨论的合作倾向，是交际双方在与对方进行互动性社会认知活动时可依赖的主体间性意义资源。如果我们去掉其中的话语标记，话语的经验意义不会减少，但说话人与对方协商、建立认知共同场的交际意图就不再那么有迹可循。比如：如果 27A 中的表述去掉话语标记，话语的陈述就听上去缺乏协商空间，难以使听话人找到互动和回应的余地：

27A'：你一拿出来的时候，它那个玻璃有槽嘛，它贴在那个上面了，我们找半天，哦↑，原来是在那儿。给人的一种暗示就好像是::: 你一联想，然后，就:::（觉得）是一种物理现象。

3. 第三位置话语修正

会话叙事的话轮转换中，交际双方都会积极关注对方对自己要表述的话语意义是否如自己的预期那样理解并回应。因此，如果交际者发现对方误解了自己的意思，或未做出自己期待的回应，就会在 Schegloff（1992）所说的第三位置，即说话人发出话语、对方给予回馈之后的那个话轮对自己之前话轮所发出的话语作出修正。以下是几个典型的例子：

例 5 – 23（语境：研究生 X 和 Y 在校园散步、聊天）

12X：然后，晚上他就请我吃了个饭，然后呢::

13Y：呃，那你咋？他很主动呢，刚头一次认识，就请你吃饭了。

→14X：食堂，吃食堂。

15Y：啊，

第三位置修正直观地显示交际双方是如何对叙述者的经历故事进行合作处理的。这一案例中，当 X 监控到 13Y 中 Y 的回应不是自己所期待的，14X 中 X 修正了 12X 中的陈述，强调是二人只是在食堂吃顿便饭而已。

例 5－24（语境：研究生 B 和 A 在宿舍聊天）

1B：喂！我跟你说，我买的面包啊，保质期是今天啊，我本来以为终于可以吃到新鲜面包了。我买完之后注意了一下保质期，跟我上一包面包同样，上一包面包就是今天过期，然后这个，最近前一天才买的，也是今天过期，太疯了！

2A：它面包保质期本来时间就短啊！

→3B：没有，第一次买的时候是 10 月 20 号产的，这次买的还是 10 月 20 号产的，明白了吧？(hhhh)

4A：明白了，啊！还是上一批啊！

5B：是啊!!

这段叙事中，1B 中 B 叙述了自己接连买了两包要过期面包的事情，而 B 监控到 2A 中 A 的反应十分淡然，远低于 B 的期待，于是 3B 中 B 修正了自己 1B 中的叙述，强调了两包面包是同一批的，这样 4A 中 A 终于给出了 B 所期待的回应。

以上所述的第三位置修正也可能会随具体叙述语境的差异，有一些变体形式。

例 5－25（语境：研究生同学 A 和 B 在咖啡馆聊天）

97A：(…) 对，我想往上海考，那还好一点，完了当时我们老师说，说你学得真挺好，八级谁也过不了，这么多年那个院儿的人都过不了，我就能过，主要就指你出菜呢！老师说就考一个自己的学校吧，这样＝

98B：＝就能确保你能上＝

→99A：＝确保给他创一个名气什么的，

→100B：对对。

这一案例中第一位置表述 97A 并无不清晰之处，只是 B 基于自己的理解在 98B 对于 97A 的嵌入并非 A 所规划的，于是在第三位置 A 修正了第二位置 B 对自己话语的预期表述。这虽然与 Schegloff 关注的说话人在第三位置对自己原来第 1 位置话语修正的模式不尽相同，但它所反映的会话叙事中交际双方对彼此话语理解的监控和调整是一致的。

而在下面例 5 – 26 中，讲述者发现听话人的回应不符合自己的预期后，未马上着手修正自己或对方的话语，而是顺应对方的意义表达意愿，在对方的交际意愿达成后再引导对方给予自己期待的回应。

例 5 – 26（语境：研究生 A 在向同学 B 讲述自己在美国参观游览的经历）

15A：我买了一件衣服，买衣服，然后，付钱嘛，它，付钱嘛要用那个卡付，那卡突然掉下来了，你知道，我们谁↑也没找到 =

16B：= 这么奇怪！

→17A：你知道那卡（hhh）

18B：（hhh）你说，那就是很奇怪，我一想霍桑，就觉得很神秘，很阴暗 =

19A：= 那天那个［天气就是 –

20B：待在角落里］，然后穿越死亡，穿越永生的那种感觉（0.2），那样的 –

21A：那天那个天气就是阴森的。

22B：是吗？那↑就奇怪，然后一想%Emerson%就感觉应该是明亮阳光下，有草地，然后有人读书，旁边有树有花那种感觉 –

→23A：没有，你没问那个卡在哪儿吗？

24B：啊？你说，

A 在话轮 17A 本来是要继续交代故事的结局，但 18B 中 B 未表示任何倾听的兴趣，仍沉浸在对 15A 中 A 所述内容的回应上。这时，A 并未在第三位置，即 19A 轮次修正自己或对方的话语表述，而是顺应了 B 的意义陈述意愿，给予了 B 所期待的回应。而直到 23A 的轮次，即第七位置，A 直接否定了 B 继续沿神秘论方向阐释的努力，直接提醒对方是否想知道卡最终在哪里找到。这时，24B 中 B 终于给予了 A 所期待的回应。这类的话语协商其实比前述第三位置修正更加充分地展示了交际双方在彼此监控的同时，又彼此顺应、合作完成经验意义阐释的主体间性建构过程。

4. 互文、异声现象

会话叙事中的互文与异声现象主要反映在以下 5 种情形中：

（1）同一语境下同一次交际活动中主叙事与回应叙事之间在主题甚至话语表述上的一致性。像前文例 5－19 所分析的 X 的恋爱故事与回应故事——Y 的恋爱故事之间互为映照。这样的互文效应成为交际双方理解对方故事的重要的主体间性意义资源。回应故事讲述过程中讲述者和受述者都会将前面已完成的主叙事作为意义建构的模板。

（2）同一段经验故事在不同语境下由同一讲述者的重复讲述，彼此之间自然存在互文效应。像前面也已经讨论过，Y 的恋爱故事在作为 X 故事的回应故事讲述前，还曾在一位知情听话人引导的条件下由 Y 给予过简短叙述（例 4－18）。由于这两次叙事发生时 X 都是在场的受述者，那么前一次叙事自然成为第二次叙事的意义建构和理解的参照。

前两种情形之前都已做过详细讨论，本节不再展开分析。而另外的两种情况，却更应该引起注意。

（3）同一主题叙事在前后几次由相同参与者完成的交际活动中，彼此之间也存在一定的互文和异声效应。参见例 5－27：

例 5－27（语境：研究生同学 H 和 Z 在宿舍闲聊）

31H：然后她家这小孩，他们一直说是符合条件的，应该可以上，然后－刚才就－前两天我还问她，就说报上了没有，说报上了。刚才我就问她，说没报上。我就特别惊讶＝

32Z：＝啊，为啥呀？

→33H：所以就让我想到了，这个社会，人的这个水平，受教育不受教育的生活环境，这种父母对孩子的将来的＝

34Z：＝影响，是吧？

→35H：就是孩子的将来就把握在父母的认知水平上－

36Z：那肯定的。她为啥没报上，怎么就错过机会了？

37H：我就说嘛！报名应该从网上报 -

38Z：她不知道搁网上报 -

39H：不是，她知道从网上报，这些程序她都知道。但是呢 - 这个，这个，报名，应该在 TS 的校内网上。他们家没网。

40Z：啊！

（之后叙述部分略）

这一案例中，H 向 Z 讲述自己观察到的邻居家给小孩子报名上幼儿园时，由于网上报名操作不当而失去机会的事情。33H 和 35H 中 H 阐述了自己关于父母教育孩子的能力对孩子的成长至关重要的看法。

例 5 - 28（语境：研究生同学 H 和 Z 在宿舍闲聊）

11H：就这中间（.）当时，是我鼓励了他，有点儿，他眼睛稍微那啥（0.2）我就鼓励他，然后，进去了，进去（.）后来出来的时候，他说："那，叔叔为啥不让我进哪？"我说："他逗你玩↓。"他说："妈妈，'逗'是啥意思呀？"

12Z：嗯，

→19H：我说："你当时做得挺好的，你应付，就是 - 你做得挺好的。你那个，没有被他所吓倒。"就是那个，大概是这样的。所以，我觉得就是（.）父母对孩子的这个（0.2）细致的，那个交流 -

20Z：你看，你就是很敏锐。这就是对孩子是个很好的影响，对吧？（…）

这是在例 5 - 27 所示的故事讲述活动完成几天之后，H 向 Z 讲述的另一则关于儿童教育的故事。例 5 - 28 中交际双方对故事意义的阐释与例 5 - 27 中具有完全一致的倾向，因此，故事例5 - 27 的讲述其实已构成了二人建构和阐释故事 5 - 28 的共同知识背景的一部分，可以视作故事例 5 - 28 意义建构和阐释的主体间性意义资源。

（4）第三人称转述叙事与原来的第一人称叙事存在互文效应。

本书语料库中搜集的自发性叙事中未包含第三人称转述叙事的来源性故事讲述语料。但目前的转述叙事中不乏显示原有故事讲述印记的异声现象。

例5－29（语境：研究生同学A和C在宿舍讨论刚参加过的翻译专业会议）

1A：S老师今天讲到教育，就是说怎么培养学生，就是，一定得非常优秀，要不然学生不服你，这一点我挺服S老师的，然后第二点是对学生的那种奉献，就相当于学徒似的，就像以前，比如，老铁匠教小铁匠怎么打铁－

2C：啊，对，所以，我真的是我特别钦佩S老师的就是她这一点，我当时，真的，她在说，你听她给你们讲没有？讲一个研二学生给发改委做翻译的时候。一个研二的学生给发改委做［翻译的时候，

3A：没讲过啊。］

4C：嗯，翻得不好，被人家当场把译文给撕了。然后，当时，那个学生回来以后，就跟SSQ老师，就跟SSQ老师可能就哭诉吧，然后老师就，当时就说，当时就，老师也是恨铁不成钢，老师当时就说："我的感觉就是我的学生就像自己的孩子一样，就是我可以自己骂，自己打自己骂都可以，但是别人来说，我就受不了。但是，当时，我看到她跟我这样说的时候，我就说：'你活该，你，谁让你那么笨'"，她就那样说，她当时也心里特别难过。

5A：哎，不让你出错的办法就是用拳头砸你一次。

6C：对，我当时就特别感动，我真的被这个老师的那种，那种－她说："所以说我现在要对你们一再地要求严格，以防你们以后再去被别人这样。"

7A：所以，我一定好好写一篇翻译日志，我今天终于知道翻译日志是干吗用的。

8C：嗯嗯。

9A：再不胡乱搞。

10C：hhhh

11A：哎，人最讨厌的事情就是悔之晚矣，什么什么的。

12C：不晚，不晚，我们现在都不晚。

像这一案例中，C向A讲述了SSQ老师转述自己学生因翻译失误被人家撕掉译文的经历故事。这段转述故事中存在着复杂的异声现象，其间有那位翻译出错的研究生的意义表达（2C、4C），有老师对自己听到那位

研究生故事时感受和思考的意义表达（4C），当然还有现在的讲述者对自己听到老师讲述时的感受的意义表达（6C）以及当下受述者对故事感受的意义表达（7A、9A）。那么交际参与者 A 和 C 需要结合在场的交际对象的意义阐释倾向以及不在场的那位学生和老师的意义建构倾向，认真识别这些不同的“声音”，识别他们的不同倾向，才能建立对这段经历故事意义的主体间性共识。

（5）第一人称叙事与转述话语间的互文与异声。

仔细观察下述 A 对自己学习经历叙述中的一小段话语，我们仍能发现其中复杂的异声现象。

例 5 – 30（语境：研究生 A 在向同学 B 讲述自己的求学经历）

97A：（…）对，我想往上海考，那还好一点，完了当时我们老师说，说你学得真挺好，八级谁也过不了，这么多年那个院儿的人都过不了，我就能过，主要就指你出菜呢！老师说就考一个自己的学校吧，这样 =

显然，这里存在一个故事话语与当年教师话语间的互文效应，而过去的“我”与现在的“我”的对话则使其间的异声变得更为复杂。其中，“对”代表今天的叙述者“我”在回忆过去经历时与自己的对话——叙述者表示对下面讲述内容的真实性的确认；而“我想往上海考，那还好一点”是过去的“我”的声音；随后，“你学得真挺好，八级谁也过不了”是作者引述的老师对过去的“我”的评价，“这么多年那个院儿的人都过不了，我就能过”则又是今天的叙述者对过去的“我”的评价声音；之后“主要就指你出菜呢”以及“就考一个自己的学校吧”又是被转述的老师的声音。

5. 社会文化观念

除了上面分析的各相关的事件参与者的声音之外，会话叙事中的异声还包含传统文化价值观念的声音（参见第四章第四节）。像前面例 5 – 29 中对老师话语的引用和评价都体现我们中国文化中的传统观念。

例 5 – 31（语境：研究生同学 A 和 C 在闲聊中谈到 S 老师）

4C：（…）然后老师就，当时就说，当时就，老师也是恨铁不成钢，老师当时就说：“我的感觉就是我的学生就像自己的孩子一样，就是我可以自己骂，自己打自己骂都可以，但是别人来说，我就受不了”（…）

5A：哎，不让你出错的办法就是用拳头砸你一次。

6C：对，我当时就特别感动，（…）

讲述者在转述故事时对老师的赞赏爱戴的情感立场和对失误学长的谴责立场明显的是受我们文化中尊师重道观念的影响。正是由于我们经常宣扬的师生如父子的文化观念的影响，讲述者才会在听到老师说“我的感觉就是我的学生就像自己的孩子一样……”而感动不已。也就是说，讲述者和受述者在合作完成这段故事讲述时都会同时感觉话语中隐含的传统文化的声音。

例 5－32（语境：A 在向同学 B 讲述自己的求职经历）

17A：然后来 D 大这头儿，投上了，给了我一个机会，也是过了好几个月，我那时都要（和别的学校）签协议了，其实，人就是命，第二天签协议，马上就打算签，结果来了一个电话，没看着电话，然后晚上老师值班，正好打电话打通了。

18B：你说那要是∶∶很可能就会错过，该着你－该着说是你的缘分。

19A：所以说嘛，就是啊。后来跟 TS 大学也是很有缘分。人就是一种缘分。

与上例的情形相似，这段叙事中来自传统文化的“命”和“缘分”的概念成为除讲述者和受述者之外参与经验意义交流的第三者声音。

（三）外部故事建构中主体间性意义的建构过程

Verhagen（2005）指出能够借助他人的知识和视角理解世界是人类文化的基本特征。为描述这一复杂的认知协作过程，Verhagen（2005）修订了 Langacker（1987）的主体性视角观察模式（见图 5－5），将 Langacker 识解关系中概念化主体进一步区分为识解者 1（说话人）和识解者 2（听话人），提出了主体间性的认知识解模式（见图 5－6）。

Langacker（1987）的主体性视角观察模式是指不同观察个体会将视野中的两个客体或者两个事件识解为不同的前景—背景关系或时空上的远近或先后关系（竖线表示识解关系）。Verhagen（2005）主张处于同一认知共同场中的概念识解者 1 会邀请概念识解者 2（比如，说话人和听话人）

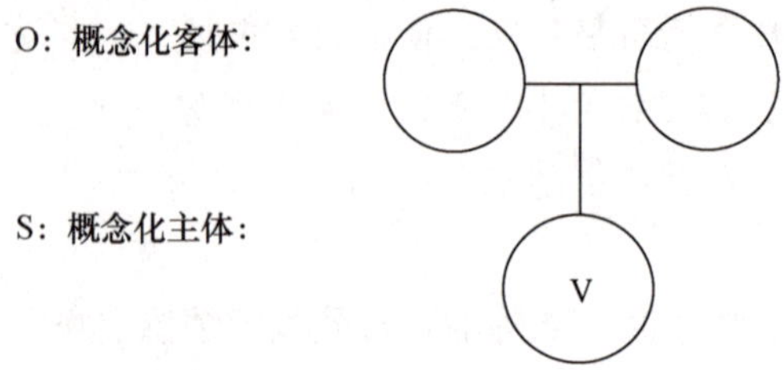

图 5 - 5　Langacker 的主体性识解关系构型（转引自 Verhagen，2005）

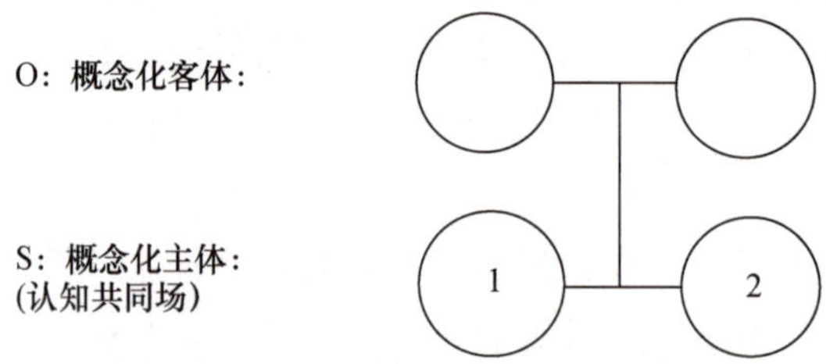

图 5 - 6　Verhagen 的主体间性识解关系构型（Verhagen，2005）

以某种特定的方式协同关注需要识解的客体或事件，从而更新彼此间的共同场。比如，A 说道：There are seats in this room，引导 B 注意座位和房间场景的关系，而 B 回应道：But they are uncomfortable，这时，B 的话语会引导 A 注意到关于座位和房间场景的新特征，双方都会在一定程度上更新原有的认识。

Verhagen（2005）的主体间性模式直观地描述了不同认知主体间的认知协作问题，无疑，比之前 Langacker（1987）的单纯的主体性模式更适合描述互动交际中交际主体/认知主体的社会认知协作的过程。关于主体间的认知协作，除上述图 5 - 6 描述的一般模式外，Verhagen（2005）还讨论了两种他所谓的罕见的极端情形：（1）最大客观化：指对于一些客观实体的识别时，主体性完全虚化，不同认知主体达成绝对一致的情况；（2）最大主观化：指交际者给予道歉、问候或认知情态的表达时，客体完全虚化，只有双方纯粹的主观意见的情况。

然而，我们认为，排除这两种极端情形之后，交际主体之间进行认知协作的情形也是不能一概而论的。针对不同的交际情形，双方的协作在求同存异的程度上仍会有不同的变化情况。参照会话叙事中双方话语交涉的

实例，本节简要概括出5种情形：①

1. 共振模型——立场和视角共振，视域叠加

本书语料中交际双方对同一件事表示相同看法的情形很多。② 真实日常会话交际中，特别是在讲求人际和谐的中国文化背景下，大家更为关注的是共同立场以及友好人际关系的建立，而不是客观事实。因此，交际者彼此间给予对方所期待回应的情形很多。而通过表述与对方一致的看法，交际者将自己置于与对方一致的观察立场，这时交际双方审视客体时会出现短暂的视域重叠融合情形（见图5－7）。参看下面的案例：

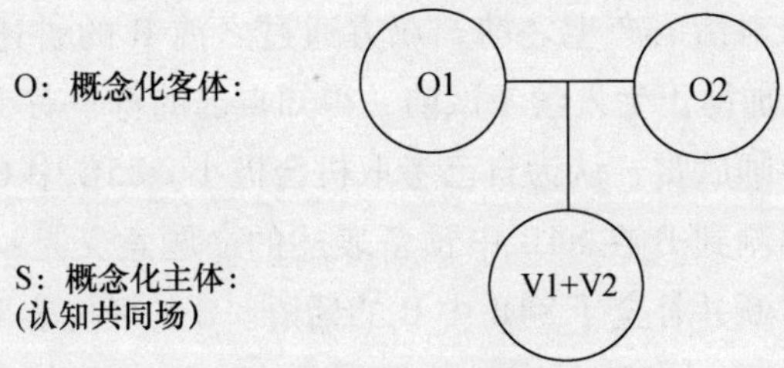

图5－7　共振模型

例5－33（语境：A在向同学B讲述自己在美国的游览经历）

25A：我觉得，因为你拿出来的时候，它肯定有静电↑，对吧？

26B：对呀。

这一毗邻派对话语产生之前，双方通过之前A的讲述已有的共同场信息是：A在和师兄参观所谓神秘的七角阁楼时，由于天冷，去买件衣服，结果付钱时银行卡突然掉下去了，一时间谁也没找到那卡。25A中A在分析故事情境中银行卡消失的原因，从他的视角他所持有的看法是：银行卡被往外拿的时候，自然产生了静电效应。A的话语引导B同样去观察

① Verhagen（2005）主要是从句法层面讨论了一些由转折、让步连接词连接起来的前后两个命题的概念语义间的主体间性意义。由于本研究分析的是实际会话交际中说话人和听话人对同一事件相似或相异看法的综合，而实际会话中不完整的片言和重复性话语都很常见，所以下文的分析会超越句法层次，以命题为单位。

② 这里所说的相同看法是指交际双方所表述的主观意见的相同，指的是双方主观立场的重叠，而不同于Verhagen中所描述的主体完全虚化的“最大客观化”情形。

银行卡与静电效应之间的关系，B 的回应“对呀”表明她也将自己置于与 A 相同的立场，对于 A 将静电效应置为事件的前景信息，并无异议。这样，两位观察者在对客体银行卡和静电效应之间逻辑关系的观察视野是完全融合的。交际双方由此也拉近了心理距离，并更新了认知共同场。

例 5 – 34（语境：博士导师在向学生 C 等讲述自己的考博经历）
84B：因为一般的人，可能就 –
85C：对对，有的可能考试都不考了。

这一毗邻派对话语产生之前，双方通过之前 B 的讲述已有的共同场信息是：B 在参加博士生入学考试前，得知自己的竞争对手非常强，而且科研能力很被导师欣赏，认为自己考取机会极小。85C 中 C 应该是根据已知共同场信息预测到 B 在 84B 中预备表述的命题意义是：一般的人就会放弃考试了，打断并补全了 84B 中 B 的话语。C 的回应表明 C 选择了与 B 一致的视角和立场，与 B 对当时的情景具有完全一致的看法。这时，C 与 B 对于当时情境中的一般人会做出放弃考试这个行为具有重叠的视域。通过这一派对的交流，双方都在原有共同场上增加了一条新的共有信息。

例 5 – 35（语境：A 在同学 B 讲述自己在美国的访学经历）
9A：而且说心里话，我是那种% outgoing%，但跟美国人一比，
10B：嗯嗯，还有点不太习惯？
11A：你就是一个黑头发的人，你还（…）
12B：嗯嗯。
13A：% You are expected to be，you know，silent%
14B：嗯。

这一组对话产生之前，双方通过之前 A 的讲述已有的共同场信息是：A 在美国访学时，老师在讲解诗歌时问大家是否知道一个单词（古语中某个词的过去式）的意义，那些美国学生都不知道答案，但 A 知道答案。这里 9A 和 11A 都是未完成话语，9A、11A 和 13A 其实都在讲一件事情，其命题含义是：我觉得自己当时回答问题不合适。而 10B、12B 和 14B 中

B 的回应表明 B 感同身受，持有与 A 相同的立场和相同的看法。通过这一组对话的交流，双方实现了视点、视域的融合。

以上三组会话所显示的视域融合的情形符合 Du Bois（2007）所说的立场三角的态势：说话人选择与对方一致立场向对方话语表述赞同意见，从而与对方建立主体间性同盟。

2. 拓展模型——立场和视角共振，视域拓展

拓展模型与上述共振模型相同点是交际双方采取相同的立场、相同的视角观察视域中的客体，不同的是听话人会依据类比逻辑，拓展要考察的客体情景，使交际双方的共识在更大视野中实现（见图 5－8）。本书语料中交际双方对同一件事表示相同看法，但又进一步拓展视野，试图达成更大范围共识的情形也很多。以下是典型案例：

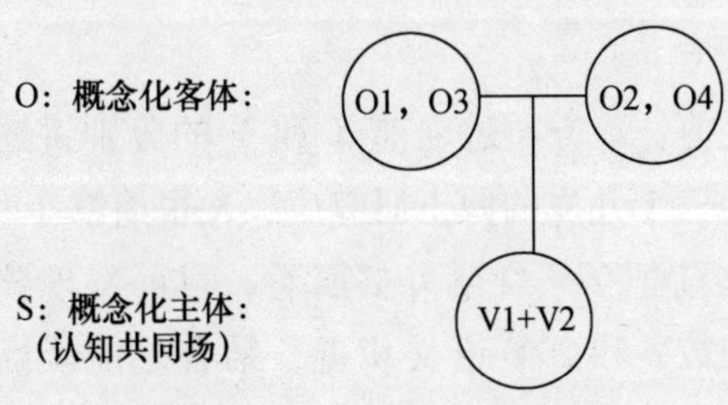

图 5－8 拓展模型

例 5－36（语境：A 在向同学 B 讲述自己的求职经历）

18B：你说那要是：：很可能就会错过，该着你－该着说是你的缘分。

19A：所以说嘛，就是啊。后来跟 TS 大学也是很有缘分。人就是一种缘分。

这一毗邻派对之前，双方通过之前 A 的讲述已有的共同场信息是：A 在研究生毕业前找工作时，正要和家乡的一所学校签约前一晚，接到心仪的学校的聘用通知。这时，听话人对此作出评论（18B），其命题意义是：你和该校有缘分，所以没有错过。B 的回应“所以说嘛，就是啊”（19A）表明他将自己置于与 A 相同的立场，但 B 又联想到更多的信息，补充说“后来跟 TS 大学也是很有缘分”，引导对方将观察视野进一步拓展，加上交际双方均为 TS 大学博士研究生这一共有背景信息，这样形成一种镜像

逻辑：A 和他心仪的学校有缘分，所以得到工作机会；A 和 TS 大学有缘分，所以到 TS 读博。这种立场、视角共振，但视域扩大的情形可以使双方的主体间性共同场更加稳固，并促使交际双方很好地建立情感同盟。

例 5－37（语境：Y 在向 X 等讲述自己教育孩子时遇到的困扰）

27Y：我的小孩跟我是什么都不交流。

28X：我就跟我妈什么都不说。我也爱她，就是不跟她，就是没有那个亲近感。

29Y：我孩子就是不跟我亲近。

30X：对，我也不跟她说。我也爱她，可是就是不跟她说就是没有那个亲近感。

这一段会话之前，双方通过之前 X 和 Y 的分别讲述已有的共同场信息是：X 和 Y 均为三十几岁的博士研究生，X 很遗憾小时候没能和父母生活在一起，而 Y 之前把孩子交给外婆照看，目前发现孩子不愿和自己亲近。这段会话中，27Y 和 29Y 语义相近，结合之前谈话的背景，这两句共同含有的命题意义是：（由于我之前对孩子照顾少）我的小孩跟我不交流。而 28X 和 30X 的命题意义，特别是 30X 中 X 对 Y 看法的直接肯定性回应，表明 X 与 Y 持有相同的立场和视角，都认为对孩子照顾少是孩子与大人不交流、不亲近的原因。但 X 又在引导 Y 注意到更多的客体信息：不被关注的孩子也会爱父母，就是难以习惯与他们亲近。实际上，Y 由于有类似的未在父母身边长大的经历，对 X 的孩子的感受深有体会，似乎是在为那个孩子代言，引导 X 在更大的视野内认识到问题的严重性。

3. 同化模型——立场和视角同一，视域同化

与前两种情形相似的是，在这一类型中交际双方采用同样的视角和立场。但与之前交际双方基于相似知识背景或巩固友谊的心理需要，将双方共同视角和立场扩大到极致，造成立场和视角共振的结果不同，在第三类情形中，受述者几乎完全放弃个人视角，试图进入对方视域，替交际对象描述对客体的观察结果。这时候不是双方视域重叠，而是一方直接采用了对方的视域（见图 5－9）。

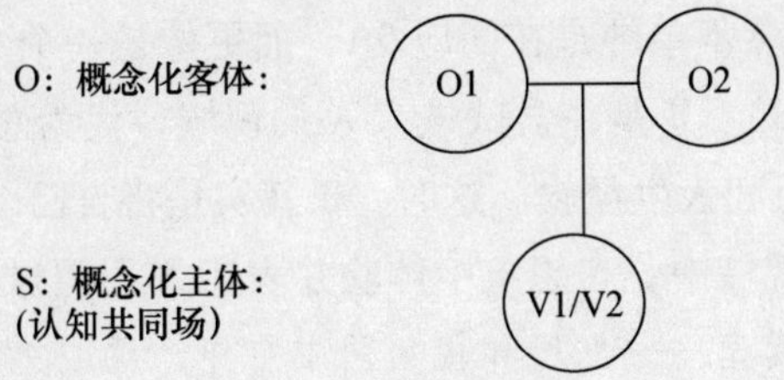

图 5－9　同化模型

例 5－38、例 5－39 是两个典型的案例：

例 5－38（语境：A 和同学 B 在咖啡馆闲聊）

10A：但是，% IT SO HAPPENS%

→11B：但也挺巧的，你看你到那儿，一下子，也不是一下子，试了试，但正当你觉得好像希望不大的时候，而我们也都想放弃的时候，哎，突然－

12A：一下就开了！

这实际是一种合作叙事的情形。B 本来是双方合作叙述事件的见证者，而 A 才是故事的主人公。11B 中 B 完全采用对方的视角，描述 A 当时的行动和想法，其基本命题意义是：机缘巧合，你突然（打开了锁）。而这一命题意义与上一话轮 10A 以及下一话轮 12A 的命题意义都完全相融。11B 中 B 的话语是完全放弃个人主观视角，将自己代入到对方的角色和视野之中的观察结果。这样的代入式讲述自然可以在构建主体间共同场以及巩固双方友谊方面具有重要的意义。

例 5－39（语境：A 和同学 B 在咖啡馆闲聊）

5A：其实我也觉得，我也想开了－

6B：其实是这样的，你说你不争吧，你看你这一路走过来，你不去争，该是你的那个好运，它还是你的。

这句话是在 A 向 B 讲述了自己在火车上一位老人劝诫自己遇到利益不要去争抢的故事，而在此之前 A 向 B 讲过自己一路辛苦求学的故事。

这里 6B 的话语显然不单纯是在回应 5A，而更像是一个“打包话轮”（参见 Hougaard，2008），B 是在尝试进入 A 的视域，代为总结 A 故事中所述的多年以来的经历和人生经验。这时，B 其实是将自己个人视角消融在其描述的主体 A 的视域中，在想象中体验并表述 A 回望过去经历的感受。

4. 协商折中模型——立场和视角同中有异，视域交叉

与前三类情形不同，协商折中模型中交际双方采取同中有异的立场和视角，表述对所观察客体的趋同但不一致的看法（见图 5－10）。以下是两个典型的案例：

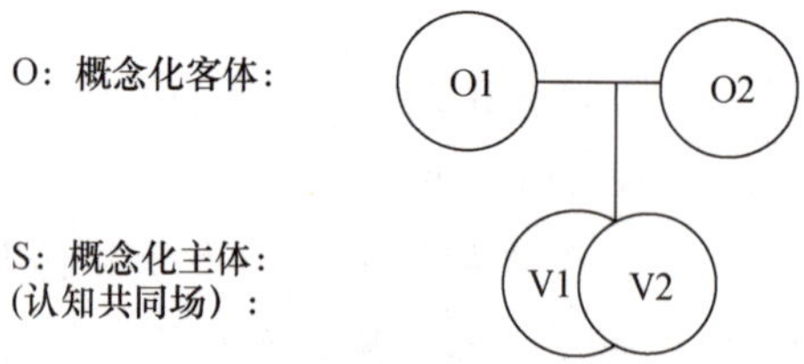

图 5－10　协商折中模型

例 5－40（语境：A 在向同学 B 讲述自己在美国的游览经历）

27A：（…）其实，我觉得是一种物理现象。

28B：对，对，对，但你如果你心里面有那个% idea%，你就会往那儿去想。

这一派对是前面例 5－33 之后发生的。27A 中 A 进一步阐释其关于银行卡消失是物理（静电）现象的论断。这时，B 先是给出了肯定性回应，但又补充了一点不同意见。结合前面叙述的语境，B 后面部分的命题意义大概相当于：如果有人当真迷信七角阁楼是中了魔咒的地方，就想到银行卡的消失是神秘古怪的，也不奇怪。这样，讲述者 A 与受述者 B 对同一客观现象的阐释就体现了各自的主观差异，双方在存在静电物理现象的影响这一点达成共识，但在是否容忍别人将其作神秘性阐释上有不同意见。也就是双方对同一现象有大体一致的视角和立场，但又保留差异，双方具有交叉但不重叠的视域。

前面讨论过的第三位置修正也属于这种模型。比如：

例 5－41（语境：X 在向学生 Y 讲述自己的恋爱经历）

12X：然后，晚上他就请我吃了个饭，然后呢::

13Y：呃，那你咋？他很主动呢，刚头一次认识，就请你吃饭了。

14X：食堂，吃食堂。

针对 X 刚结识的那个男生（后来的丈夫）当天就请 X 吃饭这一客观现象（12X），13Y 中 Y 阐释了自己的主观看法：他很主动，对 X 的追求很积极。14X 中 X 完善了 12X 的表述，修正了 14Y 的看法，其完整的命题意义大概是：晚上他是请我吃了个饭，但不是浪漫的追求，只是在食堂随便吃个饭而已。由此，X 和 Y 在二人视域的交叉地带达成共识。这种协商折中模型充分体现了不同主体之间彼此协调、合作，在中间地带建立共识的认知倾向。

5. 互补模型——立场和视点不同，视域不同，但互为补充

当交际双方立足于不同的立场和视角，对同一事件自然会具有明显不同的看法。这是在冲突话语、论辩话语中较为常见的情形。但本研究中熟人群体间的日常会话交际主要是为了彼此间加强了解，巩固友谊的目的，几乎没有任何交际双方立场迥异，难以相容的冲突性意见表达。这里所说的互补模型是指这样的主体间性建构类型：表面上交际主体视角不同，看法不同，但深层上仍是基于同一共同场的、针对相同客体的、互为补充的主体间性共识（图 5－11）。参见例 5－42：

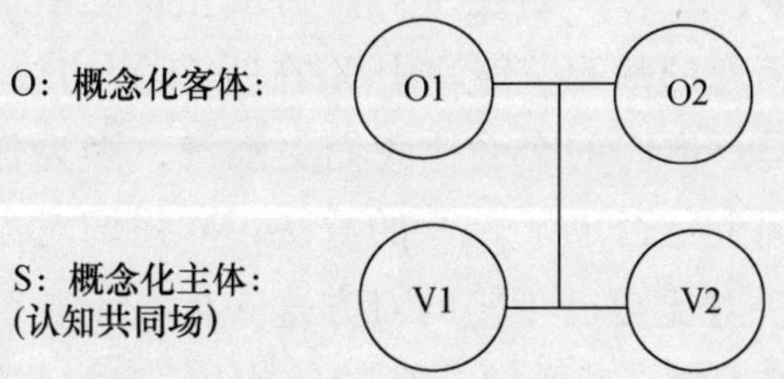

图 5－11　互补模型

例 5－42（语境：X 在向学生 Y 讲述自己的恋爱经历）

9Y：＝就感觉（.）挺熟悉的，你俩就是一见钟情。

10X：没，没。我那时候丑小鸭，他那时候也不咋样，谁也看不上谁－

这段会话之前通过X的讲述二人已建立的共同体信息包括：X到某高校探问考研的情况，向一位遇到的男生问路，两个人聊起来是老乡，一下子彼此觉得像老朋友一样很聊得来。由此，Y给出了她的推断：你俩刚认识就觉得很熟悉，就是一见钟情。但接下来10X中X直接否定了9Y的命题意义。X似乎不认为初相识就有好感算是“一见钟情”，在她看来，似乎只有具有俊美外表的人才会一下子吸引对方。因此，二人在这一点上的确有着不同的主体性认识。不过，实际上，X只是否定了Y关于二人一见钟情的措辞，并未否认二人刚认识就像老朋友的事实。因此，交际双方仍保有关于这一事实的共识，10X中X的话语只是更多补充了关于自己当年状态的信息，说明她在意的是彼此实实在在的好感，而不愿将自己的恋爱定义为不切实际的“一见钟情”而已。因此，9Y和10X中交际双方表面上从不同期待、不同视角对X恋爱经历的不同看法并不会削减二人原有共识，而是补充完善、调整二人已有的共识。

例5－43（语境：Y向同学X讲述自己的恋爱经历）

84X：多浪漫呀，你们那才是实实在在的！

85Y：不是，你们俩年龄小啊，这个年代，像你们俩这么纯真，是很难得的。

这段会话之前二人共享背景信息包括：X先讲述了她与男友偶遇相识并逐渐相恋的故事，之后Y讲述了与其男友相识之后通过信件彼此逐渐明了对方心意而相恋的故事。84X中X在听完Y的故事后做出了评论，其命题意义大致是：你们的恋爱比我们更浪漫，因为你们的交往单纯实在。85Y中Y表面上是否定了84X的看法，Y强调对方纯真恋爱经历的难得。而且Y似乎对比自己年轻的对方这一代有着自己的主观看法，认为这一代很少有追求纯真感觉的。但与上例的情况相似的是，85Y只是否定了对方对自己恋爱经历的赞赏视角，要强调表达的只是X在当今年代不追求物质利益更值得赞赏。由此，双方的认知共同体并未被削减，双方的主体间性立场反倒由于知晓了彼此更多信息得到补充完善。

比较而言，前三种交际双方基于相同视角的认知协作更有利于建立情感同盟，而后两种求同存异的认知协作策略却是交际双方增加、调整共识的关键路径。

第五节　小结

综合本章的讨论，会话叙事中意义的认知建构工作分为两大环节（见图5-12）。首先是讲述者主体性经验意义的故事化阶段：讲述者选择记忆中真实经历事件的构成要素按照时间和逻辑顺序组构为行动序列和故事情节，在心智空间建构成具有连贯性和反映主体性认识的故事；之后，讲述者借助受述者的协作将内部经验故事外化；故事的外化过程是交际双方社会交往活动的一部分，在社会交往实践和共享知识的平台上，交际双方积极谋求社会认知的协商建构；在就讲述者经验意义的互动协商中，双方会建立语境认知模型监控对方对自己话语的回应，计算双方的共有信息，贡献合适的话语产出；受述者会在逐渐累积的关于对方经验世界的知识基础上，重构对方的事件模型，并积极调用自身经验世界的相关事件模型，对叙述者的故事通过提问、修正等进行干预；来自受述者的介入信息会促使讲述者重新审视自己的经验，增加或强化一些以前未在内部故事前

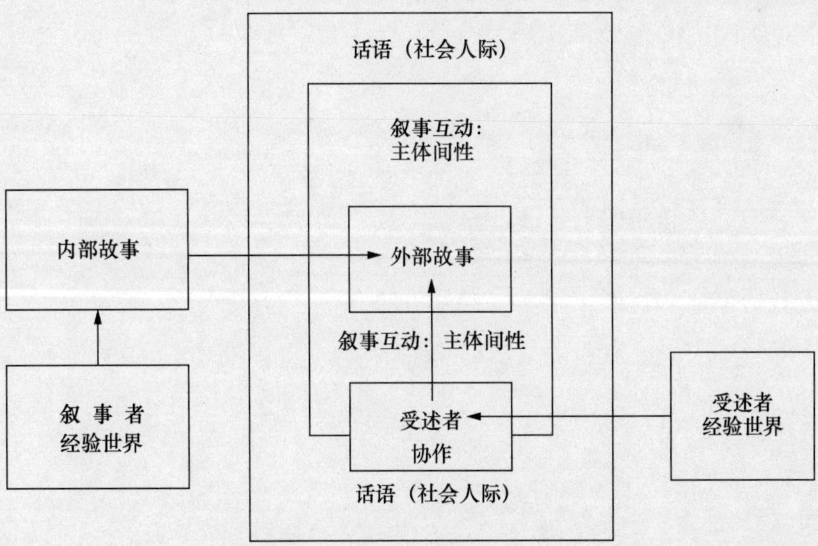

图5-12　会话叙事的意义建构过程

景的行动序列，在一定程度上补全、更新原有的经验事件模型，从而修正自我故事中的语义模糊和歧义，完善文本“缺口”，加深或更新对自己直接经验的认识。这样，在双方互动协商过程中，讲述者的经验性知识与受述者的阐释最终融合在一起，交际双方逐渐对讲述者的主体性经验达成共识，在主体间性基础上完成外部故事的意义建构。

第六章　自发性会话叙事中叙事话语意义的认知理解过程

本章分析的叙事话语意义的认知理解过程与前一章讨论的意义的认知建构过程其实是会话叙事中同一认知活动的两个侧面。如果我们的着眼点在于讲述者，那么，会话叙事是讲述者融合自己经验性认识和交际对象意义阐释倾向的意义建构过程；而如果我们的着眼点在于受述者，那么，会话叙事是受述者识解讲述者经验故事，并使之与自身经验融合，内化为间接经验的过程。本章聚焦于受述者工作为主导的认知理解部分，在简要讨论叙述话语意义识解的相关因素的基础上，着重分析受述者在外部故事建构过程中对讲述者故事的个体认知过程以及受述者最终将讲述者故事内化吸收的过程。

第一节　叙事意义识解的相关因素

意识和叙事之间有着难以分割的联系。叙事者的自我意识、自我知识在很大程度上是通过构建关于自我形象和自我世界的叙事来建立的（Fireman、McVay & Flanaganp，2003）。而反过来，意识也是叙事性构成的基本要素。正如 Fludernik（1996）指出的那样，以体验性为基础的叙事是借助人类体验者的意识活动来完成对经验的解析的；由此，叙事的理解工作也要依赖受述者/读者的意识活动，应用个人的讲述、观察、体验、反思等框架将文本叙事化和自然化才能完成。Herman（2009）也强调叙事以表征意识经验为主旨，明确地将意识列为叙事的基本要素之一，指出故事的关键属性是反映人的意识如何感知事件的影响，如何在故事世界中体验事件。

参照以上学者对意识在叙事中关键作用的解析，我们认为意识在叙事理解中具有能动性和创造性。受述者依赖其意识的能动性将叙事者的经验故事叙事化的过程也是代入他人的意识、体验他人的情感和故事的过程。叙事者的故事意义是经过受述者的意识的过滤才在受述者心智世界中获得表征的，而在这个过程中，受述者的主体性意义阐释倾向必然会渗透到叙述者故事的意义之中。换句话说，受述者理解叙事者故事的过程是一个主动建构过程，而非被动吸收过程。由此，我们认为，在会话叙事中受述者的主体性意识在其理解讲述者经验并将其内化的过程中扮演积极角色。

而如果说会话叙事中叙事者经验故事的意义需要借助受述者的主体性意识的加工才能被受述者吸收和理解，那么能够对受述者阐释视角和倾向发生影响的下列因素也最终会影响到受述者对讲述者故事意义的认知和理解。

（1）与讲述者故事相关的经验性知识。

如第五章第三节所述，故事理解的过程是建立相关事件模型和语境模型的过程。受述者在讲述者故事外化的过程中，需要建立关于讲述者所述故事的事件模型，那么，受述者是否具有与讲述者相近的知识背景（即图式）和相似的人生经历，是其能否构建出讲述者故事的事件模型的关键因素。会话叙事中，拥有相似或相关经验的受述者常常依据已有的经验性知识背景，参与讲述者故事意义的识解，甚至将相关、相似经验引入叙事语境中作为回应叙事，从而使交际双方完成对相似经验的社会认知。

（2）情感和道义立场倾向。

叙事理解中，受述者是否具有与讲述者相近的情感和道义立场倾向也会在很大程度上影响受述者对故事意义的阐释。

情感因素也是叙事理解的关键因素，比如，受述者是否对讲述者故事的情感因素产生同情和通感效应（Keen，2007）会对受述者理解并且内化对方故事产生重要影响。而道义立场的选择更是会影响受述者理解故事的视角和情感倾向。在文学叙事的理解中，当读者在人物、叙述者、隐含作者和真实读者这些不同的伦理视角中选择不同的立场，就会对故事有不同的理解（Phelan，2003）。在日常会话叙事中，意义阐释的情形是相似的。受述者选择与讲述者还是故事人物一致的立场，还是坚持局外人的情感和道义体验立场，会直接影响到其对讲述者故事的理解和内化结果。

此外，情感因素除了与受述者个人因素有关之外，也与社会文化因素有着千丝万缕的联系。Herman（2007）借鉴话语心理学的研究指出每种文化，甚至每种亚文化都有自己独特的情感观念，并因此对叙事具有不同的阐释倾向。而道义立场本身就是社会文化观念的一部分，在不同社会文化语境中，人们会自然形成不同的伦理、道义的关注点和意义阐释的主观倾向。

基于上述对影响受述者意义识解因素的讨论，我们假定受述者对讲述者故事意义的理解过程就是受述者主体性意识、主体性经验与讲述者经验故事的融合过程。首先，在讲述者故事外化过程中，受述者依靠主体性意识开始对讲述者故事进行感知和主体性阐释，融合交际信息与叙事信息，融合受述者相关经验与讲述者经验，并将融合结果保存在短期记忆中。其次，故事讲述后，受述者将讲述者的外部故事进一步内化，并结合自己的情感和道义立场倾向对其结构和意义做进一步调整，确定其序列性和逻辑性，将其组构为内部故事，融合为自身经验性知识的一部分。接下来，本章将详细讨论这两个过程。

第二节　外部故事建构中的个体认知过程

在第五章第三节二中，我们已讨论过外部故事建构中，受述者需要重构讲述者故事的事件模型，并随着叙事的进程而对其不断更新和调整。但心理事件模型的更新、调整过程究竟在受述者那里是怎样的认知操作，我们还知之甚少。本节将就这一个体认知过程进一步展开分析。

一　基本理论假设

如前所述，话语产生和理解中的事件模型概念（van Dijk，2007、2008a、2008b、2012）主要来自认知心理学者 Johnson - Laird（1983）等的心理模型概念，是指人们以即时的短时记忆为基础为表征现实而建构起来的与外部世界相似的内部情景模型，是完成推理和认知的知识结构。在会话叙事活动中，随着叙事互动的进程，外部故事不断完善，相应地投射在受述者心智世界中关于讲述者故事的心理事件模型也会随之不断更新。受述者依据外部故事重构的讲述者故事的心理事件模型显然不会等同于讲述者在会话叙事前所规划的内部经验故事，而应是一个受述者自身具有的相关经验性知识与通过语境模型获得的主体间性认识以及表征行动进展的新信息的不断整合、压缩的过程。

认知心理学与认知语言学研究同样关注人脑概念结构的认知操作，其研究成果具有一定的同源互补性。本书认为，心理事件模型更新中的信息整合与压缩的运作机制大体符合认知语言学家 Fauconnier 和 Turner 等的心理空间与概念整合理论对人类思维中信息整合与压缩过程的理想化模拟。

Fauconnier（1997、2005）、Coulson（2001）、Fauconnier 和 Turner（2002）、Turner（2003、2006a、2006b）、Hougaard（2008）等已把心理空间和概念整合发展成为关于话语理解和信息加工的综合性认知理论。其基本假设是：人们在思考、交谈过程中，为完成话语理解和产出会不断地构建关于各种心理模态的小的概念包（即心理空间），并将其存储于虚拟的思维世界中；而来自不同心理空间（即输入空间）的概念包可以在类属空间进行匹配与比较，并将匹配结果选择性地投射在合成空间，从而形成意义的整合与创新。

心理空间概念是该理论的基础概念，与本研究关注的心理模型概念有很大区别，但也有相同之处。与心理事件模型的目标是为真实世界建模并以真值条件为基本假定不同（Johnson - Laird，1983），心理空间更接近于对可能世界的描述，是理想化的认知模型（Fauconnier，1994）。而且，心理模型的建设是在话语产出和理解中不断更新、扩展的结果，体现为一种综合性知识结构，是由大大小小的类知识或抽象知识构成的知识网络（Johnson - Laird，1983）；心理空间以实现局部理解和行动为目的，是由某些关于时间、空间、逻辑关联、信念等的语言表达所投射的较为单一的概念包。但二者有一个关键的共同点是：心理模型与心理空间都是储存在人类思维中暂时性的、在线的话语信息的集合，都体现加工者的主观性认识。既然我们的思维能够对不同心理空间的信息通过整合与压缩完成信息的重组与再生，那么作为主观信息集的心理模型相互之间应该也可以有类似的认知操作。

其实，Turner（2003、2006a、2006b）所讨论的双域融合故事就不是心理空间层次上的融合，而是两个作为复合知识网络的故事之间的融合。Turner（2003）发现日常生活中的常见情况是：我们身处某一个现实故事展开的情境之中，而我们的记忆却会激活一个不同的故事。这时，我们的思维会发生巨大的跳跃，融合两个本来各自独立的故事并创造出第三个故事，这第三个故事会具有突现的结构和戏剧性的新意义。他说，比如，一位男士在参加一位朋友的婚礼，按照这个场合所需要的礼仪在进行正常的言语交际或其他行为，但他的脑海中却浮现出一周前与女友（当前不在场）去潜水游玩的情景；这时，这位男士可能会把两个故事融合在一起，想象是他和女朋友正在举行婚礼，而这个融合的故事可能会使这位男士对自己和女友的关系产生新的认识：他突然意识到他喜欢这个故事，并计划采取行动去把它变成现实；或者他突然意识到女朋友不会答应他的求婚，二人不会有结果。Turner（2003）将这种具有不同组织框架、来自不同认知域的融合故事称为双域融合故事。Turner 强调这种双域融合能力是人类的基本认知能力，即便是两岁的幼儿在听妈妈讲童话故事时，也会将听到的故事与自己的亲身经验融合，从而达到复杂的、新生的意义识解。

Turner（2006a）进一步研究双域融合现象，他强调人类通过双域融合，不但能进行意义的拓展和增生，还可进行概念的压缩（conceptual compression）。Turner（2006b）分析了 Pablo Picasso 的 Les Demoiselles d' Avignon（1907）中的 Squatter 这一人物形象，指出该人物的创作体现了一个压缩的整合，其脸部让我们觉得可以同时看到正面、侧面和背面的效果。与本研究直接相关的是，Hougaard（2008）在分析电台节目主持人与打进电话的听众就新闻事件进行的评议和对话时，指出节目主持人经常会采用打包话轮（packing - up turn）总结对方的话语信息。Hougaard 认为这是一种概念的压缩性整合。

基于以上讨论，本书假定在会话叙事中受述者对讲述者事件模型的更新和调整有两种整合路径：双域融合和概念压缩。融合是指受述者将对方讲述激发的对自身经验的记忆与讲述者经验故事的融合，当前进行的交际事件与讲述者故事的融合以及讲述者当前所述故事与相关前述故事的融合；压缩是指受述者对讲述者各种信息沿着时间、空间类比等显性脉络进行的信息打包操作。

二 双域融合过程

（一）个人相关经验事件模型与讲述者事件模型的合成

基于会话叙事的语料，处于心智世界的概念合成过程在叙事互动中常留下显性印记。首先，最明显的就是受述者在评述对方所述故事时，常常不是单纯基于会话叙事中已展现的信息，而是基于自身相关经验所投射的事件模型与讲述者经验故事的事件模型的融合结果。参见例 6 - 1：

例 6－1（语境：国内访问学者 Z 与前来看望自己的学生 X 在宿舍闲聊）

18X：啊，您在 R 大有认识的人吗？老师们－

19Z：没有了，就以前我跟你说有同学，她走了嘛！

→20X：哦，对，去加拿大了，是吗？

21Z：对对对，她移民了。

→22X：好像好多人移民加拿大呢！

23Z：嗯，她 95 年那个就 R 大硕士毕业就留校了，

24X：啊。

25Z：就待了这么多年。

26X：嗯。

27Z：然后，后来－

→28X：**时机一成熟都走，我发现。**

这段叙事的背景是：X 是刚考入 R 大的研一学生，Z 是 X 本科时的老师，目前与 X 在同一城市的某大学进修。X 周末过来看望 Z，二人在 Z 的宿舍闲聊。18X 和 19Z 中二人自然聊起 Z 曾在 R 大工作过的同学。X 应该是对 Z 曾提过有同学在那儿工作一事有些模糊印象。19Z 中 Z 刚刚给出故事的概要，20X 中 X 在回应 Z 的话语时，已经开始调用记忆中的相关信息，记起曾听 Z 提过 Z 的同学已离开 R 大的事情。这个简单的例子却反映日常话语交际的最重要的特征：人们在接受新信息时，往往都是优先将自己记忆中的相关信息与当前话语信息进行整合处理。

22X 中 X 的话语"好像好多人移民加拿大呢!"显然是说话人在将 Z 同学移民加拿大的事件与之前已积累的相关信息汇合后的计算结果。只是这里 X 所依据的相关见闻未在这段会话叙事中反映出来。这段叙事中合成特征和过程更为清晰的应该是 28X："时机一成熟都走，我发现。"[①] X 在这里表述的这一观点应该不是 X 对 Z 在 23Z、25Z 和 27Z 所述的同学的经历建立的事件模型：（1995 年硕士毕业留校→待了很多年→然后出国了）所能包容的信息，仍是 X 将其记忆中的某些相关经验信息与当前 Z

① X 的观点有些以偏概全。近些年出国热潮早已降温，但意识形态的问题不是本章研究的目标，姑且忽略。

讲述事件信息的合成结果。可是，X 的心智世界是我们无法进入的"黑箱"，到底是哪些记忆中的经验信息被这时回应 Z 话语的 X 所调用呢？如果我们比较下面 29Z—39Z 中 Z 的讲述和 40X—52X 中 X 讲述的回应故事，我们似乎可以推测后面的回应叙事至少是 X 对与 Z 讲述的故事一起加工处理的记忆中的相关故事之一。

29Z：嗯，她嘛！就是，她，她老公俩都是 R 大硕士。

30X：啊。

31Z：然后就觉得，她那孩子上 R 大附小，她觉得那个中国教育 - 她，她，她自己那么说，应该有各种原因吧！

32X：嗯。

33Z：她觉得那个中国的教育特别压抑孩子那个个性，

34X：嗯。

35Z：她干脆就出国了，她老公就是毕业之后就没进高校，进了公司了。

36X：嗯。

37Z：然后，她是一直在 R 大，然后，就觉得，正好她老公有国外工作机会，

38X：啊。

39Z：她就跟他一起走了，去去那个，什么，去加拿大了。她在那儿干的还挺好的。

→40X：哎，我就认识一个学长，特别搞笑。

41Z：嗯。

42X：他就是，每天就是一直都坚持运动嘛！

43Z：嗯。

44X：然后，健身什么的，意志力很强。

45Z：嗯。

46X：他想考%GRE%，狂背%GRE%单词，每天都想着出国。

47Z：嗯。

48X：还没女朋友呢，但人家的动力就是，我绝对不让我的孩子接受国内的教育（hhh）。

49Z：hhhhhhh

50X：所以，他每天这动力都很十足，

51Z：啊！（hhh）

52X：“我就要一定出国！”太搞笑了！（hhhh）

回应叙事中前后故事的讲述话语为我们留下了一些互动交际中受述者听到他人故事时将自身相关经验合成处理的显性印记。根据 Z 和 X 的各自讲述，我们尝试提炼她们各自故事所包含的因果事件模型如图 6 - 2 所示：

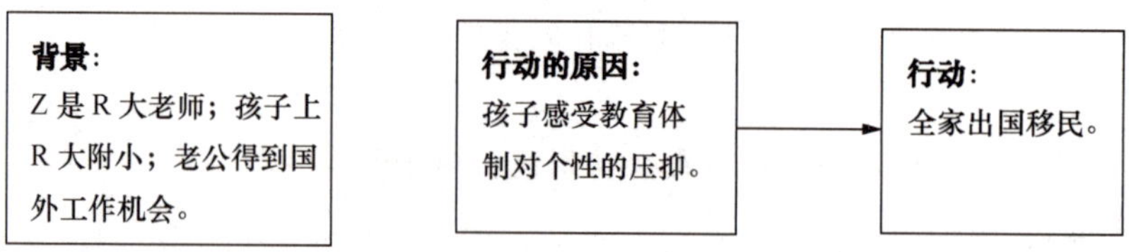

图 6 - 1　Z 同学出国的事件模型

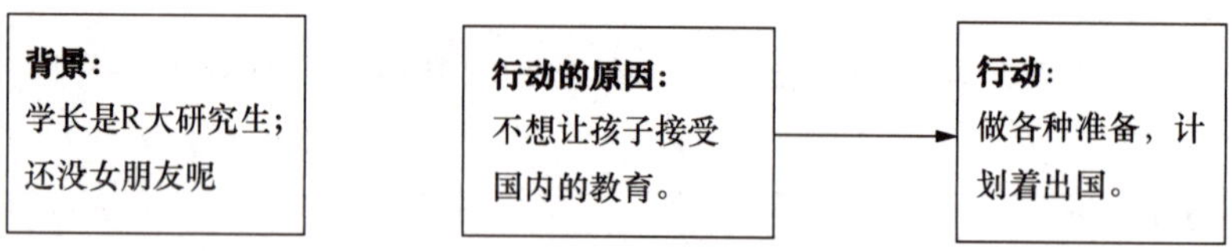

图 6 - 2　X 学长准备出国的事件模型

二人所述故事的主体逻辑是基本相同的：由于不想让孩子感受国内教育体制的压抑，主人公选择出国。我们发现 28X 中 X 对 Z 讲述的回应可能是基于 Z 前半段（19Z—27Z）所讲述的事件［硕士毕业留校→待了很多年→然后出国了］与记忆中 X 学长目前拼命准备出国的故事的整合结果。而 40X 中 X 对学长的评价：“特别搞笑”则是其对 Z 后半段讲述（29Z—39Z）与自己记忆中学长故事的融合认知结果。

两个故事中的元素匹配如下：

模型 1：行动：Z 的同学觉得国内教育体制压抑孩子的个性，因此，出国移民。

背景：出国前Z的同学在R大工作多年。

模型2：行动：X的学长担心未来孩子的教育问题，因此，预备出国。

背景：X的学长正在R大用心准备考试。

选择性投射：国内教育体制令人压抑。

出国需要长时间的准备和耐心等待机会。

新生意义：（X）时机一成熟都走。

学长很好笑，太早操心孩子的教育问题。

X对其学长“很好笑”的评价应该是之前未意识到的，当她把听到的Z的同学的故事［为解决孩子教育的实际问题而出国移民］与学长的故事［在尚无女友的情况下号称为所谓孩子的教育而准备出国］进行对比时，认识到学长似乎太早操心孩子的教育问题，他的出国动机很好笑。

其次，除受述者对讲述者故事与自身经验故事的整合性评价外，受述者对讲述者故事的介入性提问也往往是基于将听到的对方所述故事的事件模型与自己相关经验故事的事件模型合成操作的结果。

在前述第五章第三节中分析的X和Y交替讲述各自恋爱故事的过程中，她们对彼此故事讲述的预测性提问也同样是基于合成对方与自身经历事件模型的结果。二者的恋爱故事都包含一个事件发展模型。我们先把X故事讲述中涉及二人关系发展的主要行动部分摘列如下：

例6-2（语境：研究生同学X和Y在校园散步、聊天）

8X：没有，坐公交车到了，就在校园溜达，然后，正好碰到他，那时候（…）

12X：然后，晚上他就请我吃了个饭，然后呢::

16X：（…）再后来就是他要复试-

18X：就（是）让我给他帮忙练口语，写那个%introduction%之类的

20X：就完了，后来表示感激=

22X：（hhh）就进一步带我出去玩。

26X：然后就出去玩，我就觉得还行，然后就在:::我们去了，就去了那个城墙，

34X：就（是）在城墙，我感觉他也不错，他感觉我也不错。

如果我们把 X 当年与其男友的关系发展情况提炼一下的话，其中的主要事件序列为：X 问路，二人相识→男生请 X 吃饭→男生请 X 帮忙准备复试→男生请 X 出去玩儿→关系确定。X 由自身经验可能抽象出的事件模型是：

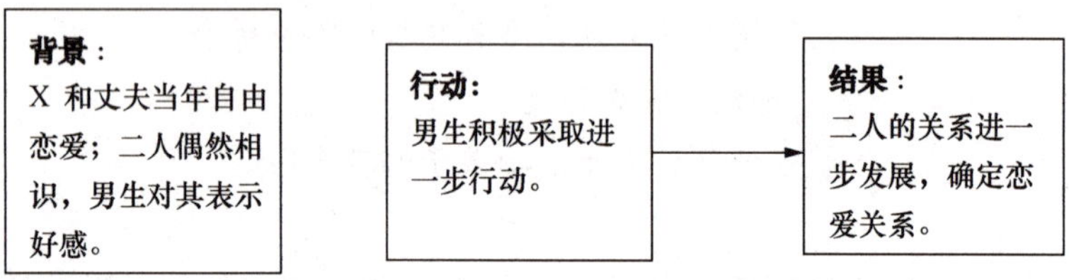

图 6－3　X 恋爱故事的事件模型

当 Y 回应 X 的故事，讲述自己的恋爱故事时，X 的预测性提问（如 64X 和 70X）应该是基于对 Y 的讲述信息以及之前已了解的背景信息和自身恋爱经历的合成操作的结果。

59Y：然后：：我也想不起来了，好像：：我上大一，呃，然后呢？寒假去看他去。

60X：嗯。

61Y：然后，就给他看一看我的日记。

62X：嗯，嗯嗯。

63Y：[日记里边有写到他。

→64X：日记里边有没有他对你] 的相思？

65Y：不，是我的日记给他看。然后，写到当时对他的一些好感，他就特感动。

66X：[嗯嗯。

67Y：这样子]。

68X：然后呢？

69Y：然后，也没什么呀。

→70X：感动，那，感动之后，有啥变化啊？

71Y：就（是）很感动，之后就继续通信哪，通信，原来我上大一，一学期我们一直通信，第一学期我一直称他 L 老师，

72X：啊。

73Y：他称 Y 同学，或什么什么的，

74X：嗯。

→75Y：后来，不知怎么，突然，谁开始的，通信的称呼就变了，

76X：嗯。

X 在 64X 中作出预测性提问前，X 先把已完成的讲述与之前自己对 Y 经历的了解整合，汇总 Y 的故事的背景信息：Y 和丈夫原是中学师生关系，后来自由恋爱；Y 大学第一个寒假去看望老师，给他看自己的日记，这是二人作为师生关系解除后的第一次有意义的相见。然后，更为重要的是，X 将自己与 Y 故事中的背景部分进行匹配和整合，其大致操作如下：

两个故事中的元素匹配：

模型 1：背景：X 和丈夫当年自由恋爱；二人偶然相识，男生对其表示好感。

模型 2：Y 和丈夫自由恋爱；Y 大学第一个寒假去看望老师，这是二人作为非师生关系的第一次有意义的相见。Y 给老师看自己的日记。

选择性投射：自由恋爱。

第一次有意义的相见。

男生对女生表示好感。

新生意义：日记里有没有他对你的相思？

显然，X 进行了错误的选择性投射，注意到二人故事的背景相似的一面，却忽略了差异，错误地以为一定是男生对女生率先表示好感。也基于此，64X 中 X 忽略掉是 Y 日记给那位男士看的信息，而发问说："日记里有没有他对你的相思？"显然，她所期待的正是男士率先向 Y 表达好感。

这时，X 的预测性提问得到了 Y 的修正（65Y）。X 也据此修正了自己对 Y 故事事件模型的设置，并期待故事的进一步发展。但是，69Y 中 Y 针对 68X 中 X 所表述的对 Y 故事中进一步行动的期待作出了否定回答："然后，也没什么呀？"这时，X 根据 Y 已完成的讲述所建构的事件模型大致如下：

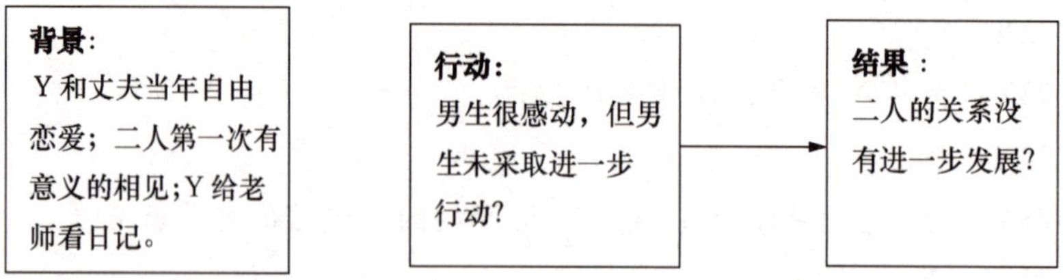

图6－4　受述者X对Y恋爱故事的事件模型的建构

面对69Y的否定回答，受述者X遵循类比逻辑在类属空间中仔细比对自身的事件模型［男生对女生表示好感后，会进一步采取行动，关系进一步发展］与所听到的Y故事的事件模型［男生很感动，之后没有进一步行动，关系没有变化］，X认识到对方的故事存在一个连贯性缺口，缺失了一个本该有的节点，因此，在合成空间里，受述者整合两个输入故事，试图完善讲述者故事。这样，在受述者心智空间中产生了一个与讲述者已有话语不同的、更为完善的新故事，这个新故事中的图景是：Y的爱人感动之后，有所行动，他们的关系发生了变化。因此，70X中X再一次提出预测性提问："感动，那，感动之后，有啥变化啊？"从接下来Y的讲述来看，这一次X的预测性提问被Y采纳，Y修订了自己关于自身恋爱经历的缓慢发展、自然变化的假定图景，在75Y中回答了70X的问题："后来，不知怎么，突然，谁开始的，通信的称呼就变了。"

不过，值得注意的是，虽然受述者所理解的讲述者故事常常是双域融合操作的结果，但如果当讲述者与受述者就未来共同面对的问题进行虚拟叙事时，或者受述者是讲述者叙述行为的见证者时，也会出现一种交际双方故事事件框架的镜像融合。如：

例6－3（语境：研究生同学Y和L在讨论未来的论文研究工作）

40Y：但是，我就算过，咱们即便是明年上个学期题开了，论文也特紧张，因为＝

41L：＝你还有两篇发表的呢！Y姐！

42Y：你算啊，咱们比如说，你四月份开了，考完之后呢，你中期什么时候中啊，是吧？

43L：你必须得明年年底。

44Y：那十二月份得中期。比如说你四月份开，开完肯定得有一个月

缓冲，休息，按我的这个节奏啊，完了就暑假了，暑假你拼命拼命地写，然后你十二月份中期了，然后你十二月份中期之后 =

45L：= 三月份 -

46Y：说是说六月份毕业，其实三月份就要写完。按道理说，你十二月份就要写完，然后修改完善吧，你知道那个盲审多重要啊！

在这类交际双方合作的虚拟叙事中，双方选择同一的主体间性立场，共同规划未来行动，双方会建立基本一致的事件发展模型。像在这一案例中，双方对未来工作共建了同一的事件模型：

背景：时间非常紧张。

行动 1：四月份开题，行动 2：十二月份中期，行动 3：三月份写完论文。

例 6 - 4 中的合作叙事情形与此相似。

例 6 - 4（语境：研究生同学 A 和 B 在咖啡馆闲聊）

6A：就是，怎么样呢?% I MEAN% 我觉得有时候就是不能让你们失望。比如，今天老师叫我去开车，然后我觉得这% is far beyond me%，有这种可能，你知道 -

7B：是这样的，你觉得这不是我的研究领域啊！(hhhh)

8A：对啊（h），是吧（h）?

9B：hhhh

10A：但是，% IT SO HAPPENS%

11B：但也挺巧的，你看你你到那儿，一下子，也不是一下子，试了试，但正当你觉得好像希望不大的时候，而我们也都想放弃的时候，哎，突然 -

12A：一下就开了！

13B：应该说幸运在，上帝在你身边。

14A：这就用 SPITZER 的话来说，在你阅读经典的时候，% there is a click. %

15B：嗯，应该是这样的。

这一案例中，讲述者 A 的叙述开始后（6A），由于 A 叙述的是几分钟前自己曾见证的事情，受述者 B 开始与 A 交替叙述这段经历，这时双方共有同一事件模型：

背景：A 被老师叫过去帮忙开车锁，A 尝试未果，预备放弃。

原因：幸运；结果：锁突然打开了。

（二）当前进行的交际事件与讲述者故事的融合

会话叙事活动是叙事、交际、认知三个维度同时进行的实践活动，各种叙事、交际手段归根结底实现为受述者对讲述者叙事逻辑和交际意图的识解，因此，受述者的认知活动还体现为受述者不时地将同时进行的交际活动和叙事活动信息的融合、汇总。也就是说，除上述交际双方经验事件模型的融合外，在会话叙事中，受述者还需对来自当前正在发生的交际行动的信息和交际者所讲述的故事信息进行双域融合处理。参见例 6－5：

例 6－5（语境：研究生同学 A 和 B 在餐厅咖啡馆闲聊）

11A：然后，她，特别严厉，她，我觉得就跟你给人的感觉不一样。

12B：对，对，你这么说，是对的。

13A：(hh)，她是不是严厉？

14B：嗯。

15A：就那天我那个同学，他在录像，那个同学已经跟 L 老师说了，说你看我可不可以录个像，然后 L 老师那意思是，说你要录，我还可以给你，那个，系里拿些钱什么的。对，当然系里面肯定也有录的，然后这个同学就出去上德语课了，我正好上完二外回来，就帮他录，结果她就看到我在那咔咔……

16A：hhh

17A：她说："你不许录！"后来就调查我，说外面的人不许录。后来，我说我们经过同意的，说好的，就感觉她，唉，有时候特别严厉。

→18B：啊，她就是那样子的，很严厉的。

19A：她跟你一年，是吧？

20B：对，我俩是一年的，而且我们两个吧，之前就认识。

21A：她导师是谁呀？

22B：她是那个，硕士的时候是 S，现在是 X。

这一案例中，18B 中 B 的话语同时回应了当前的交际事件信息和故事讲述事件信息，体现一种融合操作的结果。仔细审视一下，可以看出，B 在发出 18B 这一话语信息时，需要汇总之前的交际事件信息，建立交际事件模型。

节选这部分所涵盖的交际活动很简单：A 提及另外一个同学“她”，并评价说她很严厉（11A 和 13A）。对此，非常了解那位同学的 B 表示了赞同意见（12B 和 14B）。而为了证明这一点，A 讲述了一段自己与那位同学打交道的经历（15A 和 17A）。这时，B 建立的交际事件的模型应该大致如下：

背景：A 和 B 在餐厅喝咖啡闲聊。B 与那位严厉的同学很熟悉。
行动 1：A 向 B 求证那位同学是否一直很严厉。
行动 2：A 向 B 讲述那位同学如何严厉的故事。

而故事讲述话语 15A 和 17A 中故事事件模型大致如下：

背景：A 在帮同学录讲座，已征得系里老师的同意。
行动 1：她看到我在录像，试图禁止我；
行动 2：调查我，还是不允许我录；
行动 3：A 耐心解释。

为作出合适的回应，这时，B 进行了两个模型的合成操作：
两个故事元素的匹配如下：

交际事件：A 向 B 求证那位同学是否一直很严厉。
故事事件：那位同学对 A 说话很严厉。
选择性投射：那位同学对人说话一向严厉。
新生意义：无疑，她就是那样的。

因此 18B 中，B 的回应性话语“啊，她就是那样子的，很严厉的。”一方面满足了 A 的交际期待，另一方面也肯定了 A 所述故事的主旨。

其实，这类交际事件信息与故事反映的事件信息一般本身就具有互文性、一致性，所以，受述者对这类信息的融合性理解一般是没有偏差的。但在有些案例中，有趣的是，当讲述者回顾过去经历时，可能会与过去的自己对事情的看法已有所不同。这时，来自交际事件与故事事件的信息之间存在偏差，受述者的融合性认知操作就没那么容易了。参见例6－6：

例6－6（语境：研究生A在向同学B讲述自己的求学经历）

91A:%OK%然后，我就毕业之后嘛！我就那个，嗯，就是在那儿读了三年，

92B：你就直接在DL读的硕士？

93A：其实，我当时是应该往北外或上外考。

94B：哦。

95A：我当时就是坐井观天，我就是当时在家里面，不知道北京这头儿还有北外啥的。

→96B：其实，DL也不错了。

这段会话叙事中92B中B的回应似乎主要是针对故事事件，想确定91A中“那儿”是否就是之前A专升本时接受辅导学习的DL。但96B中B的回应更像是一个兼顾交际事件和故事事件的融合性操作。当时的交际事件新信息与故事事件的新信息是不一致的。当时的交际背景是，A通过讲述自己各阶段的学习经历向同学B表现加强彼此之间的了解、获得认同的意愿；同时，93A、95A的话语显示当前的交际事件新信息是：今天的A对自己当年考研学校的选择是持否定态度的。故事讲述的背景是，A之前已讲述了自己从中师到专科再到升本经过不断努力取得一系列学业进步的经历；91A、93A的话语显示故事事件的新信息是：A考上了研究生，继续在曾完成升本学习的DL读研。面对当时的交际事件，B需要对A不满自己所选择考研学校一事作出肯定回应，像A一样否定其读研学校的选择；面对当时的故事事件，了解A在学业上的艰辛经历的B认同A读研的选择，想对A又一次取得学业上的进步表达肯定意见。于是，B只好整合两方面信息，给出两端之间的折中意见：“其实，DL也不错了。”

（三）讲述者当前故事与之前讲述者所述相关故事的融合

除以上两个主要的融合类型外，会话叙事中也存在一些其他次要类型，比如，受述者对当前进行的讲述者故事与之前讲述者所述相关故事的

融合。参见例6－7：

例6－7（语境：研究生A在向同学B讲述自己的求学经历）

→83A：**我渴望老师那程度，你们谁也感受不到，**所以现在的学生，我告诉他们，说你们只要想学，今天晚上我陪你们一夜我都去，帮你们，所以下课之后，我记得……上次有个学生，让我说得不好意思，主动过来找我，读东西、让我帮他纠音什么的。

84B：啊。

85A：但我没什么抱怨，其实我已经很饿了。

86B：嗯。

87A：那，这样我不就拿完了这些嘛！

→88B：你自己的求学经历让你特别理解－

89A：我特别理解，这叫%empathy%，这是叫%empathy%，还不是%sympathy%

90B：嗯。

这段叙事与上述例6－6来自同一次交际活动。当前故事讲述的语境是：A之前一直在向同学B讲述自己的求学经历，为了佐证自己当年对老师指导的渴望，83A和85A中A讲述了自己目前作为老师尽心尽力辅导学生的一段故事。88B中B的评述话语："你自己的求学经历让你特别理解－"显然不是单纯针对这一故事事件，而是融合了B听到的A在88B之前的话轮所述的A从中师到大专到升本的艰辛求学的经历故事的结果，包括83A中所述的故事人物的相关行动。其融合性操作大致如下：

当前故事：

背景：A向现在的学生承诺随时愿意给予帮助和辅导；下课之后，A已经很饿了。

行动：下课之后，学过来找A纠音；A给予认真辅导。

前述故事：

背景：A通过自考获得专科和本科学历，难以得到老师的当面指导。

行动：A渴望获得老师的当面指导。

选择性投射：目前作为老师的 A 热心辅导学生。
A 在自考阶段十分渴望得到老师的指导。
新生意义：A 自己的求学经历使他特别理解学生需要帮助。

三 概念压缩过程

在会话叙事中，受述者赖以完成对讲述者故事事件准确理解的思维模式不止于上一节所讨论的双域融合操作，概念压缩过程也是受述者理解对方故事时进行信息处理的可靠方式。

Fauconnier 和 Turner（2002）曾指出从两个输入空间到整合空间的整合过程是通过时间、空间、类比、部分—整体、因果等关键关系的压缩实现的。这些关键关系连接输入空间中的相对应成分，建立起外在空间的关系（outer－space relations）：而通过压缩这些外在的空间关系，整合空间中就会形成内在空间的关系（inner－space relations）。本书关注的是这些复杂的认知操作是否会在即时的会话叙事交际活动中留下些许显性的印记。

Hougaard（2008）曾强调说在互动性话语交际中，认知操作是在"台上"而非"后台"完成的。Hougaard 分析了主持人 Laporte 在美国海湾战争前夕主持的一个热线电话节目中与打进电话的人交谈的语料。参见例 6－8，他注意到主持人往往在耐心听取打进电话的人对反战游行的看法后，打包对方的话语信息（18LL 和 20LL），从而使谈话趋于结束。他将这样的总结性话语命名为打包话轮（packing－up turn），强调"打包"就是概念压缩认知操作在话语交际中的显性表现。

例 6－8

→18LL：a lot of bright intelligence people of conscience who are

19GE：yeah.

→20LL：out there uh marching because they feel that they have to.

21GE：I' m glad you brought that up.

22LL：hh. Thank you for the call.

不过，Hougaard（2008）并未分析所谓信息打包是压缩了什么样的时空或逻辑关系。本节尝试分析在会话叙事中打包话轮所依循的关系链条。

（一）时间关系压缩

例 6 - 9（语境：X 在和同学 Y 散步、闲聊）

8X：没有，坐公交车到了，就在校园溜达，然后，正好碰到他，那时候（…）我说："这个同学，我就问一下外语系从哪个地方，哪栋楼？"（…）

12X：然后，晚上他就请我吃了个饭，然后呢：：

16X：（…）再后来就是他要复试 -

18X　就（是）让我给他帮忙练口语，写那个% introduction% 之类的

20X：就完了，后来表示感激 =

22X：（hhh）就进一步带我出去玩。

26X：然后就出去玩，我就觉得还行，然后就在：：：我们去了，就去了那个城墙，

34X：就（是）在城墙，我感觉他也不错，他感觉我也不错。

36X：然后，他就拉我，把我紧张得（hhhh）

→37Y：（hhh）他是你第一个？

41Y：你也是他第一个？

→49Y：啊，准备考研究生，你原来说过。他好幸运啊，就问个路，然后，他就拣着一个女朋友，多↑好！

50X：然后，就在城墙上拉手，我也紧张，他也紧张。

在这段叙事中，8X 中 X 讲到自己当年向一位男生问路，因此相识，后逐渐开始交往，直到 34X 和 36X 中 X 述及二人相约出去游玩，确定男女朋友关系。其间二人交往的主要行动按时间顺序可以概括为：

①问路相识；

②男生请 X 吃饭；

③男生请 X 帮忙准备复试；

④男生带 X 出去玩；

⑤城墙上二人确定对彼此的好感。

37Y 之后 Y 开始询问一些细节，在确保自己的理解无误后，49Y 中 Y 对 X 的恋爱故事按照故事开始、结束的时间顺序对不同时间段发生的行

动进行打包汇总："就问个路，然后，他就拣着一个女朋友"，并在压缩所有的恋爱经过后，发现 X 故事的新意义，评述说："他好幸运啊。"

（二）空间关系压缩

例 6－10（语境：X 与同学 Y 饭后散步时，偶遇 Alice）

3Y：YD 嘛。然后上周最后一次课 L 请我们喝茶，临走大家告别时 Alice 说下学期要去 ST 了，以后就见不着了，我说："你不还参加夏令营吗？我暑假不走，不定啥时候就在校园碰上呢！"结果，我前天在芝兰园碰上她，刚才这又碰上她。要不你看她挺兴奋，一直笑嘛！

→4X：啊，够巧的。

这里，从 3Y 的叙述来看，主要事件的背景是期末 Alice 和大家告别说以后不会见面了，而 Y 回应说还会在校园碰上。相关行动是：

（1）二人前天在芝兰园相遇；

（2）刚才在这（校园路上）又相遇。

4X 中 X 的回应"啊，够巧的。"虽然简短，却汇总了以上两个行动包含的主要信息，也可算作是一个打包话轮，是 X 在把两位主人公的接连发生的两次意外的相遇按照空间顺序进行压缩性操作的结果。

（三）类比关系压缩

类比关系压缩是非常常见的压缩性操作。像在例 6－11 中，R 大的研一学生 X 在与自己本科时候的老师 Z 聊天，X 先是讲述了自己准备考研以及与男友的交往经历，后来二人又聊到 Z 比较熟悉的另一位学生——X 的好友小 Q 也考研成功，并交到了理想男友的经历。

例 6－11（语境：国内访问同学者 Z 与前来看望自己的学生 X 在宿舍闲聊）

71X：我感觉就是复研的时候，

72Z：嗯。

73X：因为那时候完全靠自己啊，在那个世界。

74Z：嗯。

75X：他这一年不在北京，他是研一嘛，

76Z：嗯。

77X：在深圳，研究所。

78Z：哦。

79X：然后半年后才回来，才回 TS 这边来。

80Z：哦哦。

81X：等于说我三月份不是过来复试？

82Y：嗯。

83X：他们三月份北京这边儿开学了。

84Y：哦。

85X：是这样的，我过来他还过来了，

86Y：但是我复研那半年他在深圳，我们俩一次面都没有见过。

（以下略）

100X：对，她那个，小 Q 在家复习的。

101Z：嗯。

102X：嗯，她不在国企上班嘛！

103Z：对对对。

104X：然后后来她不就考上了嘛！

105Z：嗯。

106X：在家备考那就不一样了呢嘛！

107Z：嗯嗯。

108X：但是考上了嘛。她有男朋友啦！

（以下略）

之后，在 X 把自己和好友小 Q 考研及交男朋友的经历故事讲述完毕后，147Z 中，Z 对 X 的整段讲述进行了打包汇总：

147Z：挺好的，那你俩现在都一样，都相当于考上研了，然后也开始解决个人问题，开始确定下来，哈？还不错！

147Z 中 Z 对于两位学生最近一年的经历进行比对，发现了二人经历的高度相似性。Z 这里的概念压缩工作遵循的是类比逻辑。经过类比压缩，发现二人都解决了重要的学业和个人问题，Z 给出了满意的评价。

(四) 部分—整体关系压缩

在例6-12中，S和同事聊起自己上大学时专业课老师的情况，S先后描述了四位不称职的老师的授课情况，参见13S、15S和27S中S对其中两位老师的介绍：

例6-12（语境：教师S在办公室与同事T闲聊）

13S：然后我们还有一个，也是一个，就是，副主任，可能副主任级别的有几个，一个女的，据据说老公特别特别有钱，开工厂的。然后她的那个英文也挺好的哈，然后，就是她的那个发音特别好。然后她教我们那个，嗯，英英英国、美国那个短篇小说选读，

14T：嗯嗯嗯。

15S：然后一到选篇小说选读的时候，就说，我先给你们念两遍。然后就咔咔咔咔，她就给我们念两遍，念完之后，你们翻译交上来吧。然后，就这样交上去了，完事了，一学期的课（hhhh）。

27S：就是从那个不好，就是一般的学校调上来的。可能还是缺人啊？还是说我们那儿-我们，还是说，我们系缺人？还是他有人还是咋地？我就不知道了。就就是，我们那二外老师，他连一个句子都造不出来，他讲的东西全都写在一个小本里然后照着抄，他连看一眼再把这句话背到黑板上都做不到，就得这一边看一边写。(…)

→28T：这，这大学四年觉着，好像，那个，什么，你就是就没，没有遇到什么好老师。那太奇怪了！太颠覆我的，X大学在我，在我心目中的形象了！(…)

28T中T对S的四个故事进行了汇总压缩，由部分推及整体，对这个学校进行了负面评价：大学四年你就是没遇到什么好老师；X大学在我心目中的形象被颠覆了！当然，这种压缩性操作，带有很大主观性。很难说，这四位老师就反映了整所大学的面貌。

(五) 因果关系压缩

例6-13（语境：A在与同学闲聊中讲到自己的求学经历）

5A：做好毕业东西之后，就印了一页的那个简历，当时就喜欢K大，为什么？

6B：啊。

7A：因为看电视人（家）机器人嘛！北大清华肯定不考虑，觉着能突破一下去，留在这样的学校也挺好，因为工科的，包括化工大学什么的，都可以。

8B：嗯。

9A：然后，其实，当时也没有直接（去D大），就说在XY路这边投一下吧？也不知道叫XY路，当时。一下车，其实先看到D大，你知道它俩对着吗？

10B：对。

11A：一下车看到D大 -

12B：啊。

13A：然后在K大先投了一下，但那个老师没在那儿，给了一个%janitor%，他帮我转的。

14B：嗯。

15A：让他转的。然后在BH，也是回复，说很抱歉，今年人满了怎么怎么的。

16B：嗯。

17A：然后来D大这头儿，投上了，给了我一个机会，也是过了好几个月，我那时都要（和别的学校）签协议了，其实，人就是命，第二天签协议，马上就打算签，结果来了一个电话，没看着电话，然后晚上老师值班，正好打电话打通了。

→18B：你说那要是：：很可能就会错过，该着你 - 该着说是你的缘分。

这里A在向B讲述自己硕士毕业后找工作的经历。18B在回应1A—17A的故事讲述：A本来是奔K大来求职，但临时看到对面的D大，也在D大投了简历，最后A在D大求职成功，却又差点错过。因此，在压缩A的求职经历时，B遵循因果逻辑，认为A最终成功在D大得到工作机会是由于奇妙的“缘分”。

（六）视角压缩

视角压缩是叙事话语中的一种特殊类型的认知理解操作，是指受述者在理解混合在一起的多层次叙述时进行的不同故事事件、不同视角的压缩性操作。Dancygier（2012）讨论了文学叙事中人物的观察或想象的投射视角与主叙事的宏观视角压缩在一起的现象，将这一现象命名为视角压缩

（viewpoint compression）。比如，在下例中主人公在船上独自准备晚饭的主故事叙述与主人公想象中的与朋友 Vera 对话的情景融合在一起，读者要理解这段话语需要将两种不同视角的叙事压缩在一起。

例 6 – 14

He got the charcoal stove going，poured himself half a tumblerful of Chivas Regal and laid out food in tins. Vera watched him from her photograph on the bulkhead. She said："Oh，George – you eating chickenshit again?"

（*Foreign Land*，p. 298，转引自 Dancygier，2012）

本书会话叙事语料中也有类似的情形。比如，在下例中，1L 在对自己团队定期组织的讨论会活动的叙述中，嵌入了一段师妹对自己参加讨论会情况的叙述，而师妹又在她对参加讨论会的叙述中嵌入了一段她的室友嘲笑她的故事。这时，三个故事重叠在一起：［1L 参加 Seminar 的故事［2 师妹参加 seminar 的故事［3 师妹曾受室友嘲笑的故事］］］，受述者需要压缩三个故事，厘清之间的关系，才能获得正确理解。

例 6 – 15（语境：研究生 L 与同学在宿舍闲聊）

1L：我们这个% Seminar%，反正我很期待。的确是，就像我师妹所说，原来 X 师兄主持的时候，当那啥的时候，她每次就是（很紧张），X 师兄本来就一本正经嘛！然后，我师妹说，每次我室友就嘲笑我说，我一般% Seminar% 前两天，我就开始焦躁不安，我们室友就说怎么了，% I have only one question%？（hhh）

第三节　外部故事向内部故事的转化

本节尝试分析受述者将讲述者故事内化吸收的过程。不过，故事的内化过程是在心智黑箱中完成的，我们无法直接观察和把握，只能从故事讲述中受述者的反应看到一点点内化痕迹。而关于内化的结果，本书语料中的第三人称转述叙事给我们一些启示。此外，为了解内化过程是否受到受述者主体意识的影响，我们设计了一个简单的故事传播的准实验。

一　基本理论假设

正如Jahn（2003）内部故事和外部故事的循环假设所描述的，在故事讲述完成后，受述者会将外部经验故事保存在短期记忆中，使之融入自己的经验世界。因此，受述者对讲述者故事的认知理解最终实现为对故事的内化。

外部故事的内化恰是内部故事外化的逆向过程。内部故事外化始于讲述者将记忆中亲身经历的碎片化的行动和见闻表征为按照故事形态组织的话语，完成于讲述过程中与受述者通过话语协商合作建构的外部故事。外部故事的内化始于受述者对讲述者故事的感知和对理解过程中认知融合与压缩操作结果的短期记忆，完成于受述者将短期记忆中讲述者的故事事件连同自己的感受和理解进一步加工，并保存于长期记忆中。

如同真实经验被加工成内化故事需要经过序列化和故事化一样，受述者也会结合自己的情感和道义立场倾向对记忆中讲述者故事进行结构和意义的进一步调整，通过主体性意识的加工，进一步加入主体性阐释，重新确定其序列性和逻辑性，将其组构为新的内部故事。这个内部故事是充分体现受述者主体性意识和主体经验的内部故事，而不会等同于讲述前讲述者心智空间中的内部故事。

讲述者的内部故事经由外化过程为受述者感知，又内化为受述者的内部故事，反映出故事讲述的可逆性或者说故事的可传播性特征。

二　故事讲述中受述者对故事内化操作的痕迹

外部故事内化的第一个阶段发生在受述者感知讲述者故事的过程中。我们可以从会话叙事中双方互动的只言片语中窥见一些内化过程的痕迹。像第四章讨论过的经验取用和叙事通感现象都反映着受述者在接受他者故事过程中的深度体验，是内化过程的外显现象。一般来说，有叙述技巧的讲述者会使会话叙事中的受述者如同电影、电视的观众一样进行角色代入，深陷对方的故事世界。之前讨论过的师兄找支书签字的那则叙事算是较为典型的例子：

例6－16（语境：研究生L和同学Y在宿舍闲聊）

20L：都约好了，说是:::都约好了，早上九点啊，说是师兄和LY的一块找他签个字，在门口敲门，听他在里面打电话，就敲了一下门，在里面的还不回答，还打电话，完了我师兄说等了十分钟，他还在打，然后师兄就急了，又敲他的门。约好的嘛！是吧？我约好的第二天早上九点，写个东西，你说能花多长时间？

21Y：就是啊。

22L：而且，人家敲门，就给你暗示了嘛！

→23Y：你就快点结束呗，对呀！

在这段会话叙事中，虽然讲述者的故事已经是间接经验叙事，但她非常生动地叙述了师兄找支书签字，结果因对方只顾听电话，对其置之不理而气恼的情形，23Y 中受述者 Y 的话语“你就快点结束呗，对呀”显示 Y 在想象中也将自己置身于故事世界中，仿佛自己是现场的观察者一般，催促那位支书快点结束电话。

而即便是简单平常的叙事，如果讲述者所述情景是受述者非常熟悉并且常常遇到的，受述者也可能会在对讲述者叙事话语的评价中显露出内化理解的痕迹。参见例 6－17：

例 6－17（语境：研究生同学 A 和 B 在宿舍闲聊）

1A：哎，我跟你讲，我昨天那个同学来了，

2B：嗯。

3A：是那个，我大学，比我小两届，是 BZR，叫小白嘛！我宿舍还有个小黄，她叫小白。

4B：嗯。

5A：然后她是我们大学同学，就感觉她突然出现了，而且，哎呀，明显感觉变漂亮了，真的！

6B：嗯。

7A：想到我原来大学的时候，

→8B：你这个大学同学，我就说，不是你的小学妹吗？

9A：是小学妹啊。

10B：啊？

11A：但是她跟我一年的，她是 90 年的嘛！

12B：啊。

13A：然后就没有怎么觉得特别生疏，她也算思想比较成熟啦，也超

会做人的那种，所以，觉得还比较说得来，那会儿，是做志愿者的时候，在那个那个，女拳世锦赛，女拳世锦赛的时候在 QHD 办的嘛！就是跟她在一个组，就跟她比较说得来，每次在一起 -

→14B：哇，我就觉得如果有的时候看到同学，哇，变化好大，我会觉得，呃，好自卑。

15A：啊，我也觉得是啊，真化了妆，而且挺漂亮，而且突然出现，突然又走了，让我心里一顿落差。昨天晚上，我 -

这段叙事中 A 和 B 为研究生同学，彼此很熟悉。讲述者 A 提及自己大学同学突然来访，而且变得比之前漂亮（1A、3A、5A）。当 A 正要提及同学来访如何使她回忆起和她一起在大学时的生活情景（7A），受述者 B 似乎在将 A 的前述话语存入记忆中时发生了问题。她似乎未能理解对方为何将学妹和同学混为一谈，或者为何 A 会和学妹这么熟悉。8B 中 B 的提问“你这个大学同学，我就说，不是你的小学妹吗?”显露出 B 在内化 A 的讲述话语时出现的理解障碍。之后，A 在 9A 和 11A，特别是 13A 中对同学小白的描述以及对自己和小白的认识经过的叙述消解了受述者 B 的困惑。这时，14B 中 B 评述了 A 同学突然来访这件事：“哇，我就觉得如果有的时候看到同学，哇，变化好大，我会觉得，呃，好自卑。”B 的话语，特别是语气词的使用，显示 B 在进行角色代入时的反应：仿佛她眼前正有打扮漂亮的同学一样，她觉得惊讶，觉得自卑。B 的设身处地式的感受在 15A 中 A 的回馈话语里得到认同。

像上述受述者试图消化、感受对方的故事信息的情况，在会话叙事中是十分普遍的。一般情况下，在故事讲述后的评述中，受述者更会集中地通过提问和评论表述对方所述经历故事对自己已有相关知识、印象的冲击，并试图调和已有印象与新故事的信息不一致之处。这一过程较为充分地体现了受述者试图融合主体性经验与对方经验、尝试将新故事内化的努力。参见例 6 - 18：

例 6 - 18（语境：教师 S 在办公室与同事 T 闲聊）

27S：就是从那个不好，就是一般的学校调上来的，可能还是缺人啊？还是说我们那儿 - 我们，还是说，我们系缺人？还是他有人还是咋地？我就不知道了。就就是，我们那二外老师，他连一个句子都造不出来，他讲的东西全都写在一个小本里，然后照着抄，他连看一眼再把这句话背到黑板上都做不到，就得这一边看一边写。

→28T：（…）哎，那太奇怪了！那太颠覆我的，X 大学在我，在我心目中的形象了！是不是你们就那届那个领导不行，搞的这个很多，就很乱，怎么可能这样呢？

29S：但是我们领导，就是说，就是说我说的给我们讲英美概况和那个，什么，这个领导，我们还挺喜欢他，就是他人，人的性格还行，然后他的，可能自己本身本事也行吧 - 但是，就是常不给我们好好讲，但是我们一把手叫 SGL，就是，嗯，但是那时他都 60 来岁要退休了。他给我们讲语法就讲得特别好。

30T：啊。

31S：有好老师，但是，就是说，别的老师也不是说不行，但是就是说他的那个态度不好，就是说，普遍态度都不好。

→32T：哦，我以为是那个谁，SJZ，现在不是那个，在 X 大还是 XY 师大呀？

33S：我们都不认识。

→34T：他挺厉害的，搞研究。我以为你们那时候是那个，是他教呢！

35S：不是，不是。

→36T：那也，那要遇上那种的，你说，讲二外呢，自己又不懂，然后讲那课呢，又不给讲，就给，就给看，干脆就看那讲义，是吧？那算啥呀？

37S：就是这样的，就是这样讲的，就是这样，那个，念下来的。

在这一案例中，两个人是同一所大学的同事，在办公室聊起多年前 S 上大学时的任课老师的情况。S 讲述了记忆中几位老师上课非常不负责任的情况，节选这部分 27S 中她讲述了一位不称职的二外老师上课的情况。而 T 尽管对 S 曾就读的那所 X 大学不熟悉，甚至将 X 大学与 XY 大学分不清楚，但 T 应该是之前一直认为 X 或者 XY 大学都是好大学，一定是师资配备很好，教学管理很好的。因此，28T 中 T 直接表述说自己对 S 所述故事一时间难以接受："哎，那太奇怪了！那太颠覆我的，X 大学在我，在我心目中的形象了！"由于 S 所述与 T 印象中的 X 大学完全不符，T 无法将其与之前模糊但美好的 X 大印象匹配起来，28T 中 T 进一步提问："是不是你们就那届那个领导不行，搞的这个很多，就很乱，怎么可能这样呢?”试图调节旧印象与新信息之间的矛盾。T 的问题使讲述者在 29S 和 31S 中对自己的讲述作了进一步的阐释。但 T 仍然不死心，T 进一步拿出自己曾认为那里语言系老师都会很优秀的理由，与 S 进行核实。32T 和 34T 中 T 的话语表明她之前对 X 大学语言系好印象的部分依据是她原以为一位知名语言学者 SJZ 会是 X 大的语言系老师之一，以为 X 大的老师应该都是那个级别的，但 33S 和 35S 中 S 的回答使 T 明白自己是把 X 大和 XY 师大混淆了。36T 中 T 复述了之前 S 讲述的几个故事的大部分内容，说明这时 T 已更新自己对 X 大语言系的印象，接受了 S 的讲述。

综合上述的讨论，虽然我们无法从互动话语分析中获悉内化处理的心理加工过程，但受述者对讲述者故事的代入式理解和对故事中所包含的新信息与头脑中储存的相关旧信息进行的匹配式验证处理均显示受述者的确从一开始接收外部故事信息时就已启动对讲述者故事的内化处理。

三　记忆的不可靠性和内化过程中的主体性

关于外部故事内化的第二个阶段，即受述者如何在接收外部故事信息后对其进行进一步的加工并将其保存在记忆中，我们将基于转述叙事语料做推测性分析。转述叙事是关于讲述者间接经验的叙事，其信息来源主要是之前讲述者从别人那里听到的或读到的故事，恰好体现外部故事被内化后的特征。

遗憾的是，本书语料中转述叙事的讲述者之前作为受述者时的谈话情况没有碰巧被采集收录的。但参照来自会话或阅读的外部故事内化后再度被外化的转述故事，我们推测外部故事的内化结果具有以下三个特点：

（1）转述叙事者将外部故事资源内化时对经验片段进行选择性记忆或选择性注意，在构建内部故事时会对记忆中的片段重新组织，并进行主观的加工创作，按照自己的理解使之合理化。

例 6－19 是一则转述叙事的实例：

例 6－19（语境：A 和 B 为研究生同学，A 在向 B 复述他早年读到的一个故事）

→121A：我读了一个，我想是谁写的，我想想啊，反正那个名字叫什么%The Man under the Ground%，就是在那个地下室，不是地下室，下水道里边的一个黑人，在里面，就是警察侦查，他就在地下室里面，就下水道里怎么，怎么游啊，后来，游到了这么一个角落里面，然后上面呢，他看到一个那个袋子，还是什么，然后有一个% safe，money%，有什么珠宝什么的。

122B：啊。

→123A：等晚上到来的时候，就上去了，上去把那钱呢，都，哇，放到一个袋子里，然后拿下来，

124B：啊。

→125A：把所有的钱都贴到墙上啊，然后去欣赏什么的。

126B：哎呦。

127A：我现在都记得我看那个东西都着迷了，

128B：看你那么入迷，现在还能记得！

虽然这则叙事中曾被 A 内化的外部故事来源于阅读，而不是会话，但也约略反映了外部故事内化中的选择性记忆问题。在这段叙述中讲述者回忆了那篇故事的一些有趣的细节。本书作者在分析这篇故事时，检索发现这个故事其实是 Richard Wright（1987）的短篇小说集 *Eight Men*①中的一则故事，其确切名称是 The Man Who Lived Underground。这里讲述者 A 描述的是一段非常有趣的情节：一个黑人，为了躲避警察侦查，逃入下水道，结果发现很多钱币。这一片断其实是这个悲剧故事中唯一让人觉得有趣、轻松的情节。除此之外，故事中还有对黑人作家 Wright 所要表达的种族歧视问题、人性罪恶问题来说更为重要的情节，比如：保险箱看守人被警察审讯，最后自杀；主人公被错误指控杀死一位白人妇女，在最后回到地面在警局得知真凶已然找到时，却因为无法让警察相信他在地下世界的遭遇，被警察当作疯子枪杀。

为什么这段会话叙事中的讲述者 A 唯独对这个情节多年之后还有深刻印象，而其他情节却没有什么印象，我们不得而知。或许是当年阅读时讲述者年龄还小，更多关注趣味性，而忽视更深刻的主题；或者是由于这一点符合艰苦求学时期人们常爱做的幻想，本书未作进一步调查。但这一点确实提示我们受述者在对他者故事内化时是有所选择的。

① Wright Richard（1987）. *The Man Who Lived Underground. From Eight Men*：*Stories.* New York：Thunder's Mouth Press.

更为有趣的是，由于时间的流逝，讲述者的记忆并不准确，而且他对黑人行动的记忆似乎存在一些缺口。到底这个黑人怎么发现的保险箱和钱币，怎么拿到的钱币，A 应该是已经记不清楚。但与前面讨论的讲述者基于自身行动经历的内部故事构建情形相似，A 在基于对所阅读的这一故事的记忆构建内部故事时，为了使情节发展符合故事逻辑，A 进行了主体性的加工和创造。A 的叙述是：黑人在下水道的一个角落里看到上面有一个袋子，有保险箱、钱币、珠宝之类，然后等晚上到来的时候，他就上去把钱拿了下来，贴到墙上欣赏（121A、123A、125A）。

如果我们对比一下 Wright 那篇小说中的这一小段情节，实际情况是：美国黑人 Fred Daniels 为逃脱警察的指控躲进下水道里，找到了一小块栖身之地。某天晚上，循着令他好奇的打字机的声音他发现了一家商行的地下金库，看到了保险柜。通过挖洞，他进入到金库，注意到别人打开保险箱时的开启密码，然后等无人之时偷取了其中的钱币、戒指、钻石、手表。因为无法出去消费，他用偷来的这些东西装饰他的藏身之处，把钱币贴在墙面上，用钉子将戒指、手表等挂在墙上。

很显然，讲述者 A 对记忆中的不那么完整的片段按照自己的理解做了合理化的加工、处理。这一案例提示我们主体性意识对记忆中片段的加工是外部故事被内化处理的关键特征。

下例中的情形也与此相似，讲述者内化处理的外部故事也是来源于阅读，但这一情形中讲述者 X 的加工处理更为复杂。虽然讲述者对阅读材料与上一例中的讲述者相比有着更加鲜活的记忆，但原材料本身不是以叙事的形态组织的，而是分析讨论式的学术话语，是讲述者 X 在将其内化的过程中，按照叙事的形态对其做了加工处理。经本书作者联系讲述者 X 查证，X 叙述部分的原材料是 Kress 和 Leeuwen（2006）在其专著 *Reading Images: The Grammar of Visual Design* 中对背影角度视觉图像的一段讨论，原文如下（粗体为本书作者所加，标示和后面会话叙事中的相关信息）：

Equally complex and ambivalent is the back view. **One of the authors, at age 21, photographed his parents in a snow-covered park, just outside Brussels** (Figure 4.15) and, perhaps more importantly, it was this picture he chose to pin on the pinboard of his student room in Amsterdam, rather than one of the other, more frontal pictures he had taken on the same day. **At**

the time, his feelings for his parents were complex. Deep attachment mixed with only half – understood desire to distance himself from the world in which he was brought up. Perhaps the picture crystallized these confused emotions for him. On the one hand, it showed his parents turning their back on him, walking away from him (a reversal, of course, of the actual situation); on the other hand, it showed this gesture of "turning one's back", in a sense, "frontally", in a maximally "confronting" way. But to expose one's back to someone is also to make oneself vulnerable, and this implies a measure of trust, despite the abandonment which the gesture also signifies. **Perhaps the picture reminded him of a passage from a Dutch novel he liked at the time:**

Through the window he sees them walk away. "How much I love that man", he thinks, and how impossible he has made it for me to express that…His mother has linked arms with him. With hesitant steps she walks beside him on the frozen pavement. He keeps looking at them until they turn the corner, near the tall feathered poplars. (Wolkers, 1965)

原文为典型学术话语，节选这部分以其中作者之一曾拍摄的父母背景照片为例讨论背影的复杂的象征意义。文中介绍照片的背景时提及照片是作者之一 21 岁时在布鲁塞尔城外的一家公园为父母所拍摄的，指出摄影者选择将这张父母背影的照片（而不是同期拍摄的正面照片）钉在自己（在阿姆斯特丹上大学时）宿舍的记事板上，显示作者当时对父母具有复杂的情感。最后，文中指出，或许作者选择该照片的原因是他喜欢曾读过的一篇小说里的一段话。

简言之，这段原文一直是描述口吻，未有任何字眼提及拍照片与将照片钉在记事板上以及他读到的小说对他的影响几件事之间的时间顺序。但在下列会话叙事中，讲述者是基本上按照时间顺序讲述的，只不过她是边叙述边分析。

例 6 – 20（语境：X、Z 和 G 等在参加某个学术论坛的午休时间聚在一起聊天）

1X：昨天，我看了一幅图画，呃::: 那幅图画就是，*是那个% van*

Leeuwen%，

2Z：嗯。

→3X：**他上大学的时候，他是从:: 呃:: 他的家在:: 哦:: 布鲁塞尔，**

4G：嗯。

5X：对，噢:: 比利时，是吧？

6Z：嗯嗯。

→7X：**然后，他上大学的时候，他在他的门上，就在他的宿舍门上。**因为国外的大学都是一个人一个宿舍，

8Z：对。

→9X：**他在他的门上就贴了一张照片。**

10G：嗯。

11X：你猜那个照片是，是谁的照片？

12Z：难道是他特别崇拜的某个语言学家，还是某个 -

13X：是他父母的照片。

14Z：啊。

15X：**但他父母的照片呢，不是面对着他的，就是不是正面像，是背对着的。他的父母两个人在雪地里，呃，行走，然后背对着他，**

16Z：[啊

→17X：**然后]，呃，后来他在那个书里他就讲说，就是，呃，就是表达了一种，他很复杂的一种心理。**

18Z：嗯。

19X：**就是他又觉得:: 非常爱他的父母，很依恋他们，但同时呢，他又想跟他们保持一种距离，**

20G：哦。

21Z：啊，这样说太对了，就跟我女儿对我那样。

22X：对，就是大学生的那个，[理解能力 -

23Z：就是你只能在她需要你的时候] 出现，她需要感觉到你在身边，但并不需要你太多的，干涉。

→24X：对，所以就 - 哦：**他又说这个照片就让他又想起来了一个小说，他曾经读过的一个小说，它其中开头有一段话，大概的意思就是说，说当他转身的那一刹那，我突然意识到我有多么爱这个男人。**他说的这个

男人是他的父亲。

25Z：嗯。

26X：然后，但是呢，他又非常，很复杂的一种心情，就觉得又有一点舍不得，但又觉得这是一个新的开始，对他来说。

27Z：嗯。

28X：他现在特别需要这种，距离，他需要跟父母保持一种距离。

29Z：这个，就是啊。

30X：是这样。

［粗体和斜体为本书作者所加，粗体为叙事性话语，斜体为不可靠信息］

如果把上述会话叙事中的黑体部分择出来，联结在一起，不难看出，其中体现着一定程度的叙事性逻辑顺序：他是从布鲁塞尔来的，然后，他上大学的时候，在他的宿舍门上贴了一张父母背对他行走的照片。后来他在那个书里他就讲说，（那张照片）就是表达了一种，他很复杂的一种心理。就是他又觉得依恋父母，又想与他们保持距离。他说这个照片就让他又想起来了一个小说，它其中开头有一段话，大概的意思就是说，说当他转身的那一刹那，我突然意识到我有多么爱这个男人，但又觉得这是一个新的开始。

X对分析性文字的叙事化处理显示人们对外部经验性信息的处理加工能力，也说明叙事化手段是非常有效的意义建构方式。有趣的是，讲述者X对这段材料的叙事化处理也显示其对材料（情节）的主观性认知注意或主观选择。这部分材料是讲述者前一天刚刚读过的，但X的叙述仍有很多与原文不一致的信息。比如，X并未提及原文中很重要的一条信息：作者其实还拍摄了父母正面形象的照片，作者张贴父母的背影照片是特意的选择。这或许是由于其阅读时未注意到这一点，或者是在对材料进行加工时，认为这是无关的情节。

同时，X对原文中文字信息的叙事化处理也体现了认知加工中的主观创造性。原文中只说摄影者为作者之一，X将其明确过为Van Leeuwen。原文中提及布鲁塞尔城外的公园是照片的拍摄地，但X无法将记忆中的布鲁塞尔与照片联系起来，因此，借助想象X把布鲁塞尔处理为他的家乡所在地（虽然实际上这位作者是荷兰人），3X中X的大意是：他是从布鲁塞尔来的，他的家在布鲁塞尔。7X 和 9X 中 X 把原文中的作者拍摄照片时 21 岁和作者将照片钉在宿舍记事板上的信息处理为作者上大学时的时候，把照片挂在宿舍门上（可能是基于我们国内很多同学喜欢在门后贴东西的经验性知识）。讲述者 X 可能注意到受述者不太理解照片贴在门上的细节，还特别加了主观性的合理化解释："因为国外的大学都是一个人一个宿舍。"原文指出作者之一选择背影照片或许是由于其当时喜欢的一部小说中的一段话，24X 中 X 将其表述为小说"开头有一段话"。

以上两个案例的分析显示受述者将外部故事资源进行内化处理时会由于注意、记忆的选择性和主观的创造性而将自己的主体性认识加载于外部故事的信息，使之在一定程度上成为具有自己个人色彩的新故事。

（2）转述叙事者将外部故事资源内化时会结合自己的主观阐释倾向对故事意义进行再度调整，使之成为自己内部经历故事的一部分。参见例 6－21：

例 6－21（语境：研究生 L 与同学 Y 在宿舍闲聊）

→1L：我们这个% Seminar%，反正我很期待。的确是，就像我师妹所说，原来 X 师兄主持的时候，当那啥的时候，她每次就是（很紧张），X 师兄本来就一本正经嘛！然后，我师妹说，每次我室友就嘲笑我说，我一般% Seminar 前两天，我就开始焦躁不安，我们室友就说怎么了，% I have only one question%？（hhh）

2Y：hhhh

3L：因为需要问问题嘛！她一个小硕士嘛，让她挑博士的问题，她能挑出个啥呀？

4Y：对呀。

→5L：她就说，我原来可痛苦了，自从 S 师兄来了之后，S 大的那种风气带过来一点嘛！就是那种－会稍微玩一点，稍微轻松一点。

6Y：啊。

7L：比如说是完了之后去吃个饭啊，虽然是自发的，但感觉会好一点啊。

在这一案例中，1L 和 5L 中的下划线部分中 L 清晰地指出了转述叙事的信息来源（师妹），但师妹的故事话语已成为 L 对自己团队研讨会的直接经验的（1L、7L）一部分。很显然，L 转述师妹的故事不是为了说明师妹个人的特殊经历，而是借助师妹的故事来佐证自己对由 X 师兄主持的研讨会转为由 S 师兄主持后的欣喜和期待。而且，L 在转述师妹故事时，根据自己的情感倾向融合进了自己的主观性阐释。如 1L 中对 X 师兄的主观评价“X 师兄本来就一本正经嘛！”3L 中对师妹心情的代入性阐释：“因为需要问问题嘛！她一个小硕士嘛，让她挑博士的问题，她能挑出个啥呀？”5L 中对 S 师兄组织讨论会风格的解释“就是那种－会稍微玩一点，稍微轻松一点。”

例 6－22 中讲述者对间接经验叙事的内化加工似乎具有更大的力度。原来的故事来源被消解，甚至原有的故事结构也被打乱，而只作为讲述者个人故事的组织材料。

例 6－22（语境：研究生同学 Y 和 L 在宿舍闲聊）

1Y：其实想想吧，这个东西，他毕竟是亲人，是吧？还有，好比说，在咱们这一代上，比如说这个老二不行，那谁知道下一代呢？

2L：对。

3Y：哎，是吧？你要弄好之后，搞不好，他不行，他孩子行，还就帮了咱孩子呢！

4L：嗯。

→5Y：有这种可能，我有时候在想，你看，原来，我妈她们，我妈她们姐三个，当然我还有两个舅舅，但姐三个当中呢，好像当时就：：就我妈落在农村了，然后就觉得我们这家特别、特别特别弱似的。

6L：嗯嗯。

→7Y：因为我们以前像那个，原来因为我姥爷，因为我姥爷他就是原来就是做教书的嘛！你想那个年代教书的，上过大学的人，他不是大学，是师范学校，就挺书香门第那种，

8L：对对，是。

→9Y：然后赶上“文化大革命”的时候呢，然后，我妈就是那个赶紧要嫁贫农，因为我爸那边是贫农，就是为了“文化大革命”的缘故，然后，像我两个姨呀，包括我那两个姨夫，都是那个大学毕业，都是很好的那个背景的，然后我妈就只好要嫁贫农，（hh）让她自己根红（hh），然后呢，嫁到我们这边，然后我们这边就弱，但是这些孩子当中，我就感

觉，像我大姨家那个老大是挺厉害的，他是：：又日本留学，又干吗的，然后，后来工作也特别好，好像都当到山东某市的副市长。但是我二姨家的那个姐姐呢，只上了一个中专，然后我自己感觉从学历上来讲，是吧？就我肯定没比我那个姐姐差。

10L：嗯，高了 -

11Y：对吧？然后，比如说有的时候呢，没帮太多，但至少孩子学英语呀、教育呀什么的，那我也能帮得上她。是吧？

12L：你说这个很对。

13Y：你说咱们哪能保证咱下一代上总比人家强，人家总比咱差呢！

14L：是。

15Y：搞不好人家那孩子成了大富商，还就帮了咱呢。

16L：对。所以我就觉得的确要大气一点，不能太小气了。

这段叙事中，同为研究生的同学 Y 和 L 在闲聊中提到与丈夫的弟弟等相处的问题。为了论证兄弟之间要和气相处，Y 提出我们这一代条件好一些，多付出些，但下一代还可能会受益于人家的观点（1Y）。5Y、7Y 和 9Y 中 Y 以自己母亲姐妹三人的婚姻、生活状况以及她们各自后代的个人发展状况为例，试图说明这一点。然而，在讲述过程中，Y 提及的外祖父上过师范学校，姨妈嫁给大学生、母亲在“文化大革命”期间嫁给当年身份为贫农的父亲的事情（参见下划线部分）显然都发生在 Y 出生之前，应该是 Y 听母亲或其他人反复讲述才内化到记忆中的，而现在 Y 将这部分来自早年所接受的外部故事资源的信息融进自己的叙事中，却一点也没有提及这部分转述叙事的信息来源。这部分家族亲人的经历似乎已完全融入她个人的经历故事中，成为其个人故事的构成元素。

此外，情感因素应该也对讲述者选择和组织哪些来自外部故事的间接经验资源进入自己的个人经历内部故事产生一定的影响。像这一叙事中直接相关的事件其实只包括姨妈与自己母亲早年的境况以及讲述者自己目前的发展好于姨妈家姐姐这两点，那么 7Y 中讲述者对自己姥爷上过师范学校，可以称作所谓“书香门第”这段的讲述以及 9Y 中提及的自己表哥事业成功的那段表述与主题没有必然关联（表哥那段还与其观点略有冲突），讲述者选择讲述这些应该是为了彰显自己其实还有不错的家学渊源，为了建构自我的良好形象。

总之，这一案例中讲述者对内化的间接经验叙事的处理方法充分体现其对经验意义识解和建构的主体创造性。这就说明内化了的间接经验故事（外部故事）常常无痕迹地嵌入到直接经验叙事中，而其原有的事件结构和意义可能会被打乱重组，而讲述者的主观立场常常成为讲述者进行经验片段选择和组织的出发点。

（3）转述叙事者将外部故事资源内化时可能会将讲述者当时讲述故事时的情感、态度以及自己当时接受那个故事时的直接心理感受和对方所述的故事事件一起存储在记忆中，这样，内化了的外部故事就附加了接受这个外部故事时的直接体验。参见例6－23：

例6－23（语境：研究生同学A和C在宿舍讨论刚参加过的翻译专业会议）

→2C：啊，对，所以，我真的是我特别钦佩S老师的就是她这一点，我当时，真的，她在说，你听她给你们讲没有？讲一个研二学生给发改委做翻译的时候。一个研二的学生给发改委做［翻译的时候，

3A：没讲过啊。］

→4C：嗯，翻得不好，被人家当场把译文给撕了。然后，当时，那个学生回来以后，就跟SSQ老师，就跟SSQ老师，可能就哭诉吧，然后老师就，当时就说，当时就，老师也是恨铁不成钢，老师当时就说："我的感觉就是我的学生就像自己的孩子一样，就是我可以自己骂，自己打自己骂都可以，但是别人来说，我就受不了。但是，当时，我看到她跟我这样说的时候，我就说'你活该，你，谁让你那么笨'"，她就那样说，她当时也心里特别难过。

5A：哎，不让你出错的办法就是用拳头砸你一次。

→6C：对，我当时就特别感动，我真的被这个老师的那种，那种（精神所感动）－她说："所以说我现在要对你们一再地要求严格，以防你们以后再去被别人这样。"

这段叙事是同学C向A转述二人共同喜欢的S老师讲述过的一则研二学生翻译出错的故事。这其实是一则二次转述的故事，C是在转述S老师转述的那个学生的故事。但翻译失误故事的细节不是C讲述的重点，C只转述了一个概要（应该是S老师转述内容的节选）：一个研二的学生给

发改委做翻译的时候，翻得不好，被人家当场把译文给撕了（2C 和 4C），而她的重点是 S 老师转述这个故事时提及的 S 当时作为受述者听到学生失误故事时的感受："我的感觉就是我的学生就像自己的孩子一样，就是我可以自己骂，自己打自己骂都可以，但是别人来说，我就受不了"，"她当时也心里特别难过"（4C）。在转述 S 老师述说故事情况的同时，C 还将自己作为 S 老师所述故事受述者的心理感受融入其叙述中："我当时就特别感动，我真的被这个老师的那种，那种（精神所感动）"（6C）。这一案例更充分地体现了外部故事内化后与直接经验的全面融合，而在这个融合过程中，情感因素是讲述者组织、重构内部故事的关键。也就是说，最终受述者内化的故事是当时认知和情感加工的综合记录。

关于内化工作的很多细节，我们还难以把握，下一节的准实验分析可以呈现更多的可参考的信息。

四　由故事传播看内化过程中的主体加工

为更多了解外部故事内化过程中的主体认知加工情况，本研究还设计了一个简单的故事传播准实验。参加者为五名选修本人所教授的《社会语言学》课程的大四学生，均为女性。她们是课程十个研究小组中任意抽取的一个，与其他组被要求完成大学生日常话语交际风格、教师课堂话语风格的研究等任务相似，该组学生被要求进行故事传播活动，并比较各自语言风格的差异。因此，这五名学生对本研究的真实实验目的毫不知情。只是在任务完成后，本书作者请她们签署了将她们所述故事用于本研究的同意书。

准实验中外部故事的来源是一个 12 分钟的名为《兄弟》的微电影，语言为中文，故事情节完整，主要内容是哥哥为帮助弟弟成就音乐梦想而费尽辛苦，甚至失去右臂。情节贴近生活，不会给受试造成理解障碍。需要说明的是，《兄弟》与之前准实验所用素材《梨的故事》不同。《梨的故事》专为研究设计，故事没有对白，没有完整情节，所以常被研究者当作可以组建故事的外界刺激材料；《兄弟》中有完整情节、清晰的对话和影像处理技巧，是可以被观众视为完整的外部故事的输入材料。

主要的实验要求如下：

（1）第一名女生被要求观看这部微电影，直至已确定熟悉故事内容。其他四名同学均不被允许直接观看这段视频。

（2）采用口头单线传播的方式，要求第一名女生将故事讲述给第二位，第二位讲述给第三位，依此类推，直至第五个同学将故事讲述给本书作者。

故事的核心情节包括四个部分：①故事的发端：由于失去父母，哥哥承担了抚养、照顾弟弟的责任，哥哥承诺帮助弟弟实现音乐梦想。②故事的发展：二人长大后，哥哥费尽辛苦供弟弟去英国学音乐。③故事的高潮：弟弟参加钢琴大赛，通过初赛，获得决赛资格；哥哥为给弟弟攒学费，做替身演员，被打，失去一条手臂。④故事的结局：弟弟获得决赛冠军，回国探望哥哥，发现哥哥的伤情。

本书具体关注的是受述者在内化过程中是否会删减、合并或增加情节。通过对比分析五位同学所接受的输入故事和其讲述的输出故事，我们发现，在五位受试者故事讲述中核心情节较为稳定，上述四个部分几乎都有体现，但具体情节数量和形式有较大的变异。

比如，关于故事的发端，受试 1 的讲述几乎包括了电影中呈现的全部事件：哥哥在父母坟前向父母承诺照顾弟弟；有一天哥哥和弟弟讨论梦想，哥哥承诺帮助弟弟实现音乐梦想；哥哥为弟弟做饭，照顾他的生活起居；然后，某一天，哥哥给弟弟在桌子上画琴键，让弟弟练习。但受试 1 并未介绍最初两个兄弟失去父母时的年龄，实际上哥哥看上去也就八九岁，而弟弟差不多五六岁的样子。在受试 2 的讲述中，第一个事件是受试 1 所述的第一个和第二个事件的合并，哥哥在父母坟前向弟弟承诺会照顾他，并问他有什么愿望，哥哥说“我会好好照顾你的，有什么愿望就跟我说吧”；第二个事件是哥哥为弟弟在桌上画了琴键；但接下来，受试 2 由于不知道两人的年龄，忽视了哥哥照顾弟弟日常生活的情节，而修改为：在画好琴键后，哥哥就出去打工赚钱，供弟弟学音乐。在第三个受试的讲述中，哥哥更是从出场之初就是个强有力的男子汉形象，父母坟前哥哥的承诺被强化：哥哥就对弟弟说：“你有什么愿望或者什么要求都跟我说，我以后会好好照顾你的。”而在得知弟弟想学音乐后，哥哥为弟弟画好琴键，“然后哥哥就努力地工作，去做各种各样的工作，来供弟弟学琴”。第二位和第三位受试似乎都未注意如果哥哥已有能力打工赚钱，为什么还让弟弟练习画的琴键。第四位讲述者对这部分的改动不大，但似乎注意到了这一故事节点的空缺，她解释说哥哥要攒钱供他学音乐：“然后，弟弟在家练这个，桌子上画的琴键的同时，哥哥就出去努力地赚钱、工作，然后，攒钱为了让他学音乐。”第五位受试的讲述中，哥哥的承诺和能力进一步被强化，甚至有了些民间故事中英雄人物的话语特征：哥哥对弟弟说："我以后会好好照顾你的，你的一切的愿望，哦，心愿我都会满足你。"然后，画琴键和哥哥打工赚钱的事件被保留。

如果我们比较五位受试的讲述，发现在故事的开端，最让观众意外，最引人注目的事件（弟弟喜欢音乐，哥哥为其在桌子上画琴键）被保留的最完整，边缘事件比如：哥哥对已故父母的承诺，哥哥为弟弟做饭，照顾弟弟的生活最容易被舍弃。与电影主题密切相关的哥哥帮助弟弟实现音乐梦想的事件在故事传播中被逐渐强化，哥哥对弟弟的承诺被逐渐放大，哥哥的能力被逐渐强化，以至于在故事的发展部分，即兄弟二人长大后，哥哥打工供弟弟学音乐的事件被提前嵌入到故事的开端中。

又如，在故事的发展中，最让人感动的事件是，身兼多份工作的哥哥在某拍摄地打扫卫生，被临时叫过去代替替身演员演戏，结果哥哥为换得一点给弟弟的学费而被打残。五位受试对这一事件都给予了详细讲述，包括背景、行动、结果，甚至其间人物的对话。但如果仔细比较，细节部分又有很多变异。比如，其中的一个细节是，最初哄骗哥哥参与拍戏的是戏中扮演打手"大哥"的一位演员，哥哥代替出演的是一位知道戏很危险因而放弃出演的替身演员。第一位受试的讲述中，人物信息是准确的，只是讲述者在介绍哄骗哥哥演戏的那位演员时，用词有些不确定，她说："然后，那个人就说，跟导演就说，一堆痞子的那种，反正就是演员，跟导演说'那个，今天我们那个替身没有来呀，（…）'"之后一直用"那个人"来称呼后来招呼哥哥加入演戏的那位演员。在第二位的讲述中，讲述者就更加不确定那个人的身份，对哥哥要代替的是谁的工作也不太确定，称之为临时演员，她先说："那个（…）演员儿就跟导演说：'嗯，我们的临时演员前几场太危险了，他不想来了，再找人吧！'"之后也一直用"那个人"来称呼后来找到哥哥的那位演员。但第三位受试就把"那个人"与要求那位演员去找一位替身的导演混淆了，她把那位与哥哥接洽的演员与导演的形象重合在一起，并将替身演员说成演员，叙述道："然后导演就走向前去说：'哦，这儿有个挣钱的好机会，你要不要，你想不想挣钱？'""导演说：'去我们那儿演戏吧，做演员'"等。有趣的是，这位讲述者把对话部分也相应地修改为更符合导演身份的话语。第四位和第五位的讲述中导演作为哄骗哥哥参加演戏的情节越来越充实，第四位可能无法理解演员为什么要被真打，将其中导演请哥哥作演员修改为一个模糊表述“然后导演就跟他说是个表演的”，第五位的讲述中，为了进一步解释演员为何被真打，将导演说成了戏剧的现场导演，哥哥要接的工作变成了戏剧演员。

故事的高潮和结局部分的讲述中情节保持与变异的情况也大抵如此，在保持关键情节不变的情况下，细节的改变、增添、融合是常见的。值得注意的是，在故事传播中，当讲述者由于记忆出现盲点或理解的偏差，错误地建构一个与原故事的不同的细节时，这个变异了的细节会在接下来的讲述中被其他人进一步加工，直至完全合理化。由此，我们可以推测，受述者在接受外部故事信息时，不是被动地记忆所有细节，力求在内部故事中再现原故事的信息，而是主动建构自己对故事的主观识解。

五　同一外部故事内化的意义多样性问题

受述者对外部故事的主体性认知还体现在不同受述者会由于自身识解意义倾向和自身经验背景的不同而对同一外部叙事具有不同的意义阐释倾向，从而造成外部故事内化中意义的多样性识解问题。

比如，在例 6－24 会话叙事中，X、Z、G、Y 四人在聊天，Y 概括讲述了儿子现在和自己不亲近的事件。

例 6－24（语境：博士研究生 X. Z. G. Y 在参加学术论坛的午间休息时间聚在一起闲聊）

25Y：（从旁边座位挪过来）我的小孩初三了］我的小孩儿现在就是看不上我。

26X、Z、G：hhhhh

27Y：我的小孩跟我是什么都不交流。

→28X：我就跟我妈什么都不说。我也爱她，就是不跟她，就是没有那个亲近感。

29Y：我孩子就是不跟我亲近。

→30X：对，我也不跟她说。我也爱她，可是就是不跟她说就是没有那个亲近感。

故事并未展开，讲述者只是基本勾勒了事件的主体部分。

背景：我的小孩初三了。

事件的原因：我的小孩儿现在就是看不上我。

事件的结果：我的小孩跟我是什么都不交流；我孩子就是不跟我亲近。

由于Y的故事是作为X之前讲述自己从小在外婆家长大并因此与父母不亲近故事的回应叙事展开的，因此大家未等Y提供细节，已经开始纷纷表述自己的理解和看法了。最突出的是X在28X和30X中的回应，显然X是将自己置于与Y的儿子一致的、被父母忽视的孩子的立场，从这个立场在理解Y的叙述。

接下来，几个人一直讨论如何解决Y的问题，在下一段Y和Z为主的会话中，我们看到Z对于Y的故事似乎与X的理解不同：

50Y：我就愁等我回去以后，我孩子差不多要高考了，我就觉得完蛋了。

51Z：你现在孩子刚才说多大？三年级？

52Y：初三了。

→53Z：初三了，哦，可不是。

54Y：读四年级的时候才跟上我。

55Z：男孩、女孩？

56Y：男孩。

→57Z：哎哟，本来就是男孩，那，是。尽管，尽管我分析他情感上对你有，有依恋的话，但他至少那个知心话，可能就很难就跟你说太多了。

Z是几个人中最为年长的一个，她的孩子已经长大，也曾经历过孩子叛逆、不听话的时候，在53Z和57Z中她对Y的同情暗示在她内化Y的故事信息时是从一个母亲的立场，一个与Y一致的立场来看待Y面临的问题。接下来的讨论和会话叙事更清晰地反映了X和Z对Y故事的不同理解。

→80X：你就只要有时间，你要多跟他在一起，呃，做一些他喜欢做的事情。

81G：可以在假期嘛！

82Y：就得是假期今年。假期，九月份以前，我一直陪着他。

→83Z：那就好，那就好！

84Y：当老师有一个好就是有假期。

→85Z：那他虽然没说，我估计他心里也对你比以前要亲了，估计是。

86Y：这孩子可烦人了。

→87X：你要给他一个时间。

88Y：时间啊 -

→89X：因为你在我看来，觉得在他小时候，你就是抛弃了他，你凭什么要让他现在回到你身边？如果我是你的孩子，我也会有一样的反应：你就是抛弃了我，你现在又看我长大了，想把我，嗯，拉回去，不是那么简单的事情，一个人的爱，对，不是那么容易，就是说我爱你，我就真的爱你了。

80X 和 87X 中 X 的话语暗示 X 虽然也同情 Y 目前遇到的问题，但更多的还是认为 Y 有义务采取措施，弥补自己曾经对孩子照顾不够的亏欠，89X 中 X 更明确地指出她认为 Y 必须有所付出才会改变现状。89X 中 X 明显的是将自身经验与其对 Y 故事的理解融合在了一起，将自己与 Y 的孩子匹配，而将 Y 与自己的母亲匹配。

而看到目前 Y 很苦恼，Z 想到自己也曾经历孩子叛逆期时的痛苦，将同情投给了 Y，83Z 和 85Z 中 Z 有意地安慰 Y，指出问题不是那么严重。接下来，Y 回头细述自己当年如何把孩子交与母亲照顾时，仍然是只有 Z 不断表示积极的回应（91Z、93Z、95Z、97Z、101Z）、安慰（103Z），甚至是赞同（99Z）。而 X（94X、104X）似乎仍然是在坚持 Y 必须耐心付出时间和努力再求改变①。

90Y：八岁就给我妈了，差不多八岁。

→91Z：hhh

92Y：（hh）我妈说你给我生了一个孩儿。

→93Z：哦，（hh）

→94X：太逗了，[给他一些时间，

① G 对会话的投入和回应较少，因此，本书未分析她对故事的理解。

→95Z：那，上学什么的]，也都是姥姥管，你都不管他？这样子？

96Y：之前，我们家住的跟那个小学很近嘛！

→97Z：哦。

98Y：然后，我就给我妈了，我说，反正小的时候，我带也很麻烦，成天接送。

→99Z：对。

100Y：我们家离的小学又近，幼儿园那边又近，本来我原来说是初中都跟我妈读，我们家不是学区嘛！我妈说不行，不行。

→101Z：哦，(hh)

102Y：不帮我了，我带走了，(hh) 本来我都想把他一直放下，我妈说这样不行的，

→103Z：慢慢来，是吧？慢慢来。

→104X：给他一些时间。

从这一案例来看，处于同一外部故事讲述语境下的不同受述者，会由于自身主体性经验的不同而对同一故事具有不同的态度和理解。例 6－25 中，M 和 N 在观看同一段视频之后的聊天，也反映了同样的问题。虽然二人会话围绕的外部故事不是来自日常会话，而是一部微电影，但谈话双方理解外部故事时的不同立场和视角与日常会话中人们对相同会话叙事的不同反应是基本一致的。

例 6－25（语境：教师 M 和同事 N 在办公室聊天）

1M：哎呀，看的我不行了，受不了了，你觉得这故事怎么样？

2N：就是啊，很多事情只有失去了才知道是好的。所以啊，趁着父母现在身体好着呢，还是好好关心父母吧！我一会儿就给我妈打个电话，问个好去。

3M：你是说那个男孩儿，是吧？应该早些珍惜，那个，他妈妈对他的关爱，是吧？

4N：是啊。

5M：但是，我倒又觉得啊，你说，要是，她那个，就他小的时候，比如，他在那儿嗑瓜子儿，他妈那儿干活，说是挡着他看电视，他还挺不高兴，是吧？

6N：啊－

7M：但她那时候－当然这样想，有点那啥，因为他妈妈已经去世，挺可怜的，但是，当时他妈就应该教育他，我觉得。就应该让他知道父母不容易，就应该早一点的，就是说，他妈就应该让他意识到孩子对父母应该也有一些疼惜呀，爱护啊，这些东西，你说呢？

8N：是，也有－

9M：对吧？他妈就有一次在那椅子上，然后他妈说我要什么时候吃上你做的饭，怎么怎么的，有点呼吁，但还是有点弱吧？我觉得。我觉得，她早一点就应该让孩子认识到这一点。我就看那《爸爸去哪儿》，是吧？那你看，如果说，从很小的时候，你看《爸爸去哪儿》上，那个谁，那个，人家张亮不就培养孩子，那个天天就很知道关爱他吗？是不是？

10N：对呀，也有她的问题。你这是反方向思维嘛！

11M：我可能是看《爸爸去哪儿》看的，突然想到这儿。

这一会话的背景是，M 和 N 同为某高校女性教师，二人午间休息时在办公室看了一个 6 分钟的微电影，电影的名字叫《天堂午餐》，故事内容十分简单：儿子为母亲精心准备着午餐，这是他第一次下厨，切菜、洗菜、做饭，他一边做饭一边回忆起和母亲生活的点点滴滴，包括妈妈的希望："什么时候能吃上一顿你做的饭哪！"妈妈下班回来，看到孩子做的菜很感动，二人开心吃饭，但镜头切换，告诉观众坐在孩子对面的其实是妈妈的遗像。从上述会话中的讨论来看，尽管 M 和 N 两人同为母亲的不幸、孩子的遗憾所感动，但对故事的意义有着不同的解读，暗示她们在观看故事时有不同的内化结果。M 是一位四十几岁，孩子已经成人的教师，而 N 是刚毕业，还未结婚的年轻教师。由于自身身份不同，二人在观看同一故事时，似乎有不同的角色认同。2N 中 N 的话语显示她在观看视频时，认同的是那个孩子的身份，所关注的是孩子的想法。也正是基于这样的认同，她说她一会儿就要给父母去打电话。而 M 更多的是将认知重点放在母亲的遭遇上。7M 和 9M 中 M 的话语说明 M 认同的是母亲的角色，认为母亲原不该一个人承受太多，早该教育孩子关爱自己。当然，9M 和 11M 中 M 还特别指出自己是受到了曾观看的一个电视节目的影响。

这一案例进一步说明外部故事的接受者会基于自身生活经验（也包括接受其他外部故事的经验）的不同和接受立场的不同而对同一故事具

有不一样的认知。

其实，不论是简单平常的会话叙事，还是文学叙事，或者影视叙事，故事一旦外化，意义的解释权利就交给了接受者。任何故事的意义，不论是结构复杂的文学叙事，还是本书关注的结构简单的会话叙事，都一样具有可伸缩的意义阐释空间。这是因为，讲述再详细的故事也不可能交代所有的细节，那些讲述者/作者以为属于常识部分的语境、人物信息往往被省略掉；而这部分正是由故事的接受者基于自身的经验背景去补全建构的。那么，每个故事的接受者也同时是故事意义的再创造者。当然，不同的故事接受者会发现故事的不同意义。文学艺术的价值在于它的空筐性更强，可以承载更多的意义附加值。但本书关注的会话叙事，其价值在于故事接受者对讲述者故事意义的参与创造，可以随时得到故事讲述者，即作者的核实验证，而受述者参与创造的权利也会得到作者的充分认可。

而且，也正是由于受述者在接受他人外部故事时，常要借用自己的主体性经验，在与他人聊天、理解他人故事的同时，受述者也往往可以实现对自己的更深刻的理解。也就是说，在融合自身经验与对方经验的同时，我们对曾经历的相关事件的记忆被唤起，而讲述者阐释相似经验的视角也会启发受述者重新审视过去的自己。像本书之前分析过的一些回应叙事中，受述者就是受到之前讲述者故事的启发，发现了自身经验的新意义。

第四节　小结

会话叙事中的意义建构和意义阐释实质是上同一过程，会话叙事的意义建构最终实现为受述者对故事意义的建设性内化和重构。

综合本章讨论，我们认识到受述者从最初接收讲述者外部故事信息时对讲述者故事事件模型的建构到逐渐将对方故事内化的整个过程，都有其主体性意识和主体性经验的充分介入；受述者是话语意义的创建者和阐释者，而不是单纯的接受者。通过会话叙事活动中故事层面的认知理解活动，受述者最终实现的是与讲述者经验层次的交流与共享。综合本章的讨论，受述者的认知工作的具体路线可以概括如下（见图 6－5）。

受述者首先感知被外化了的讲述者故事，建构讲述者故事事件的模型，同时调用自己的主体性经验，从相关经验事件中抽象出受述者相关故事事件模型。之后，受述者对来自讲述者故事事件的信息和自身相关经验事件的信息进行双域融合或压缩性操作。与此同时，由于受述者对讲述者故事的感知活动本身是在社会交际语境下通过交际双方的叙事互动（外化过程）完成的，因此，会话叙事双方的交互性信息也会嵌入到受述者对双方事件模型的合成操作。总之，在全面融合双方的故事及交际信息后，受述者创造出第三个新故事。这个新故事是不同于讲述者故事的、加入了受述者主体性意识和主体性经验，也加入了交际信息的合成故事，这个故事存储在受述者短期记忆中，并逐渐经由受述者对其进一步加工，确定故事的边界，确定意义建构的方向，最终成为保存在长期记忆中的内部故事，并融入受述者的经验世界，成为其经验性知识的一部分。

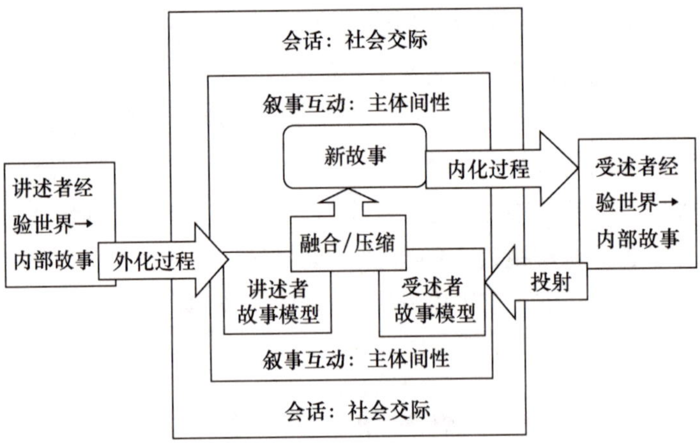

图 6－5　受述者对故事话语意义的认知过程

比较本章对会话叙事中认知理解工作与上一章对意义建构工作的分析，我们发现会话叙事在认知维度的活动受到互动交际框架的深刻影响。讲述者的内部经验故事中所包含的主体性经验最终通过交际双方的认知协作实现与受述者主体性经验的融合，而通过外部故事建构中受述者的介入性合作，讲述者也会在受述者阐释视角的影响下获得对自身经验意义的新认识。会话叙事中的意义建构和认知理解活动都突出地体现出社会性交互认知的特色。

第七章 结 论

第一节 研究发现

本书在融合认知叙事学、系统功能语言学、会话分析等相关理论的基础上，将自发性会话叙事界定为叙事、交际、认知三维活动的结合体，提出在会话叙事中存在着经验世界、故事世界、故事话语、元叙事话语和会话交际五个层次的意义空间，并在此基础上构建了自发性会话叙事的叙事—交际—认知三维活动分析模式。

本书通过现场录音采集了自然交际语境下 25 小时 47 分钟的日常会话叙事语料，建立了自发书话叙事的小型语料库。基于这些自然真实的语料，应用新的分析模式，我们对自发性会话叙事活动在三方面的活动特征进行了详细的考察，发现自发性会话叙事是互动叙事、复调交际和社会认知三维活动的结合体。

第一，叙事维度的活动充分体现了互动性、变异性和建构性特征：叙事话语的序列性和故事的内在逻辑性均不是单一线性的，而是因交际语境的不同呈现变异特征，叙事话语序列以及故事逻辑序列的最终形成是在交际进程中由交际双方动态建构的；故事讲述活动内嵌在会话交际中，交际语境构成故事话语的结构和意义框架；会话叙事中故事的可述性不是单纯由事件本身是否具有新奇性来决定，而是具有一个可协商建构的空间，平常事件会因其具有被受述者认可的交际价值而获得可述性意义；叙事者身份在会话叙事中也是交际双方顺应、合作甚至交换角色的结果。

第二，交际维度的活动显示复调性、建构性和社会实践性特征：围绕故事讲述活动交际双方在会话交际、元叙事、故事话语等多层次上进行话语互动和人际交流；叙事交际的参与者以多元角色身份承担不同层次上的交际任务，并间或在不同角色身份间进行越界转换；叙事交际自我的身份及其与他者的关系都体现建构性特征，交际双方在叙事中采取的语言同化策略以及受述者高度投入到对方的故事中时自然产生的心理同化效应都影响到交际双方人际关系的建构；交际双方在完成人际互动的同时，也完成宏观层面的社会文化实践活动，体现交际者的社会交往述求以及交际者的社会文化和道义信念。

第三，认知维度的意义建构和认知理解活动充分反映交际双方经验意义和主体性认识的交融，体现社会性交互认知特征。

叙事话语意义的认知建构活动包括内部故事建构和内部故事外化两个环节。首先，讲述者选择记忆中真实生活经历事件的构成要素，将其按照时间和逻辑顺序组构为行动序列和故事情节，在心智空间建构成具有连贯性和反映主体性认识的故事；之后，交际双方在基于语境模型的互动协商和彼此监控中完成内部故事向外部故事的转化过程，其间讲述者吸收受述者对故事的介入性阐释信息，完善、更新原有的经验事件模型，在社会实践和共享信息平台上建构与受述者的主体间性共识，使自身经验故事成为交际双方共享的社会认知成果。

认知理解活动包括受述者在外部故事建构中对讲述者故事的认知处理和受述者对讲述者故事的内化两个部分。受述者首先对来自讲述者经验事件的信息和自身相关经验事件的信息以及交际活动信息等进行双域融合或压缩性操作，创造出不同于讲述者故事的、加入了受述者主体性意识和主体性经验的合成故事；之后，这个合成故事经由受述者的进一步加工处理，在细化故事的边界和意义倾向后内化为保存在其长期记忆中的内部故事。

同时，我们注意到三个维度的活动在相互渗透、相互影响中共同构成会话叙事活动的整体。在会话叙事的进程中，三个维度的活动同时展开。每个维度的活动都以其他维度的活动为条件，彼此间相互渗透和影响。叙事活动以会话交际为语境，通过交际双方在意义建构和认知理解活动中的互动协商实现经验意义的故事化建构和交流；交际活动以叙事为媒介，通过主体间的认知协作建立情感同盟，从而完成建构叙事交际自我身份、改善人际关系等社会交往实践任务；认知活动以叙事为组织经验的方式，以主体间经验意义的交流活动为基础，实现认知主体反思自我经验，并建构社会性共享经验知识的目标。

会话叙事三个维度的活动彼此依赖，相互交融恰好呼应着语言本身在概念、人际和语篇三方面元功能的交叉与重叠现象。会话叙事活动中叙事、交际、认知三位一体的性质也为我们理解整个叙事类型的基本特征提供了经验依据。

第二节 主要贡献

本书的主要贡献体现在以下几个方面：

其一，本书参照系统功能语言学关于语言的概念、人际和语篇三大元功能的基本理念以及叙事学学者对叙事内在交际性和认知性特点的理论探讨，结合汉语自发性会话叙事的实例分析，率先对日常会话中自发性叙事在叙事、交际和认知三个维度的特性进行了界定，指出自发性会话叙事是互动叙事、复调交际和社会认知三维活动的结合体。这一自发性会话叙事基本特性的界定可以澄清人们对这一特殊实践活动类型的模糊概念。

其二，本书完善了 Ochs 和 Capps 会话叙事分析模式在叙事活动和交际活动方面的描述能力，并增加了认知维度的分析工具，构建了自发性会话叙事的叙事—交际—认知三维分析模式，并通过大量的实例分析，验证了该模式的描述和阐释能力。新的分析模式拓展了传统的会话叙事研究思路，也弥补了认知叙事学研究对会话叙事中意义建构和认知过程研究的不足，可以全面描述自发性会话叙事的活动特征。新的分析模式有望推动会话叙事研究的深入开展，并吸引认知叙事学学者对会话叙事这一特殊叙事类型的关注。

其三，本书发展了 Fludernik（1996）关于自发性会话叙事是所有叙事类型的原型的观点，提出自发性会话叙事的原型意义不仅在于其为文学叙事自然化过程提供基本经验参数，更在于其显性呈现所有叙事类型的叙事、交际与认知的三维特性。本书在这方面的探索可以为其他叙事类型的研究开启新的思路。本书所构建的叙事三维分析模式对叙事类谈话节目和文学叙事等其他叙事活动的分析具有一定的应用价值。

其四，本书是国内第一部关于会话叙事的专著，引进了国外会话叙事的研究路径，弥补了国内学界对会话叙事这一研究领域关注的不足，有望拓宽国内传统的叙事与话语分析的研究领域。

此外，本项研究建立了汉语自发性会话叙事的小型语料库，可为与其他语言会话叙事的比较研究以及汉语会话教材的编写研究提供帮助。

第三节　局限性及未来研究展望

由于时间和能力的限制以及最初进行研究设计时考虑的不足，本书还存在很多需要改进完善的空间。

首先，语料采集不够全面。本书选择了笔者所熟悉的大学师生等知识分子群体为受试。这一群体具有较好的逻辑思维能力和语言表达能力，其参与会话叙事时的叙事、交际和认知策略能够大体代表会话叙事的理想状态。但由于客观条件的限制，本书作者熟悉的这一社会交往群体以英语专业的师生为主，其中女性数量远超过男性数量，性别分布不均衡。这些受试的人口特征虽然对他们在会话叙事中所进行的叙事、交际和认知活动的基本特征影响不大，但对会话叙事所反映的社会实践活动特征可能会有一些影响。因此，本书基于这一受试群体的会话叙事语料所得到的研究成果还有待在扩充语料规模后做进一步的验证分析。也希望国内有更多学者加入到对自发性会话叙事特征的探索中，在基于大范围语料的共同探讨中达成对自发性会话叙事三维活动特征的更为深刻的认识。

其次，本书的研究设计也有进一步完善的空间。本书研究思路是以阐释性讨论和分析为主，定量分析和实验性分析为辅。但由于时间和条件的限制，本书所做准实验性研究的规模比较小，定量分析也还不够全面。为更好地理解会话叙事的多维活动特征，未来研究中笔者还将进一步探索如何更好地结合准实验研究和定量研究手段来弥补定性分析的不足。

最后，本书在以汉语会话叙事为例讨论自发性会话叙事的普遍特征的同时，也注意到汉语会话叙事相较于其他语言会话叙事的特色，比如，与英语会话叙事主要依靠时态标记建构故事的时间序列不同，汉语除时间短语外主要依靠完成体标记来标示故事的过去时间性；而且，我们的文化观念也对汉语会话叙事在叙事、交际和认知三个侧面的活动产生不同程度的影响。但由于篇幅限制，我们未对汉语会话叙事的特色进行专门研究，未来我们将尝试进行汉语自发性会话叙事的语类研究、汉语自发性会话叙事与其他语言的比较研究。

此外，由于篇幅限制，本书未能尝试将三维分析模式应用于叙事谈话节目或文学叙事等其他叙事类型的研究。以自发性会话叙事的活动特征为参照，叙事类谈话节目或文学叙事中同样存在着叙事、交际、认知三个维度的复合结构体。不过，其经验故事的意义建构和协商空间较小，而交际活动更多具有人为设计性，叙事手段、叙事技巧更为优越。未来我们将尝试验证本书的分析模式对其他叙事类型的描述能力，并尝试结合更加复杂的叙事类型，完善本书的分析模式。

第四节　结语

互动交际中的故事讲述是我们日常生活的一部分。我们当下的自我是互动叙事的产物，而我们曾经历的过往以及我们所憧憬的未来也都在互动叙事中展开。在讲述中，我们以故事模塑经验，赋予其意义和情感，在倾听中我们跨越自我，走向他者，建立共识。

本书对日常会话中叙事、交际和认知三维活动的全面分析将 Ochs 和 Capps 等对会话叙事作为日常社会交往方式的研究推向深入，通过经验性分析揭示了自发性会话叙事在叙事和交际价值之外的认知价值，也为 Fludernik（1996、2003）和 Herman（1999）关于会话叙事认知意义的理论探讨提供了经验数据方面的支持。Herman（1999、2004、2009）多次提出建立包容会话叙事、文学叙事等所有叙事类型的叙事活动分析模式的构想。本书所构建的三维分析模式是基于同样的出发点，希望本书对会话叙事作为互动叙事、复调交际和社会认知三维活动结合体特征的概括对其他叙事类型的研究具有启发意义。

本书所作探讨只是关于自发性会话叙事的探索性研究。作为一个尚未得到国内外学界充分重视的领域，自发性会话叙事仍有很多值得进一步深入探究的空间。会话叙事中，叙事话语意义的创建过程内嵌在日常会话交际活动中，经验意义的阐释和建构是由交际双方共同完成的。因此，自发性会话叙事是一个社会性知识建构的重要资源，具有重要的社会认知研究价值。同时，个人经历叙事又为讲述者提供一个审视自我，审视世界的直观路径。通过会话性经验叙事，我们可以探知围绕叙事交际双方所进行的社会交际活动，叙事心理活动。因而，自发性会话叙事又具有重要的社会学、心理学和交际研究价值。

总之，会话叙事活动因其显性呈现叙事、交际和认知三方面的特性，是一个重要的跨学科研究领域，具有多方面的研究价值。希望有更多国内外不同学科背景的学者从不同角度广泛、深入地探究会话叙事的特征、模式、类型、意义等。

附录1　研究参与同意书

本人经由研究者的说明，了解此研究的目的与意义，愿意参与其博士学位论文的研究，并同意以下事项：

1. 我愿意在此研究中提供自然会话语料，同意将我与研究者或其他人在聊天中所述的个人经历故事作为研究的例证。

2. 我明白研究者将对我的个人身份保密，并在文字叙述中删除足以辨识个人背景资料的内容。

3. 我同意聊天过程中全程录音，并同意研究者将录音内容逐字转写，在确认转写稿隐去我的背景信息后，同意研究者进行任何资料分析。

4. 研究进行中，研究者会对录音材料及文字转写材料妥善保管，避免外流。

5. 我同意研究者在论文中摘取逐字转述的文字片断，以使研究成果真实呈现。

6. 研究完成后，我可以得到部分研究成果。

7. 研究完成后，我所参与的录音语料可以在研究者的学术期刊或会议论文中继续使用，但不可作为任何其他用途。

研究参与者：________

研究者：____________

日期：______________

研究参与者个人信息：年龄________　学历________　性别________

职业________　与交际对象的关系________

附录2　录音语料及故事信息

序号	地点	长度	参与者人数及相互关系	话题	故事数量
1	宿舍	9′31″	2位；女性；研究生同班同学	幼儿园报名、失误	主故事1，内嵌1
2	宿舍	6′19″	2位；女性；研究生同班同学	保安逗孩子	主故事1，内嵌1
3	宿舍	2′29″	3位；女性；研究生同班同学	关于婚姻的趣事	主故事2，内嵌1，回应1
4	校园	11′51″	2位；女性；研究生同班同学	朋友及各自恋爱经历	主故事3，回应1
5	校园	2′32″	2位；女性；老朋友，1位研究生，1位大学老师	巧遇	主故事1，回应2
6	办公室	2′56″	2位；女性；同事，均为大学老师	带儿子去植物园	主故事2
7	办公室	5′48″	2位；女性；同事，均为大学老师	被学生气到	主故事1
8	宿舍	1Hr55′	2位；女性；研究生同班同学	家庭、毕业论文等	主故事35，内嵌4，回应4
9	咖啡厅	59′53″	2位；1位男性，1位女性；研究生同学	求学、出国、就业经历	主故事23，内嵌5，回应1
10	宿舍	30′	2位；女性；大学同学，目前在不同学校读研	怀旧、现在的同学	主故事6
11	宿舍	6′58″	3位；女性；研究生同学	中学老师、英语、奥数学习经历	主故事3，内嵌2，回应1
12	宿舍	13′28″	2位；女性；研究生同学	学术会议、老师、口译课	主故事3，回应2
13	宿舍	6′08″	3位；女性；研究生同学	大学时代的懒觉和早操、宿舍文化	主故事2，内嵌1，回应2
14	宿舍	5′	2位；女性；研究生同学	翻译、试译	主故事4

续表

序号	地点	长度	参与者人数及相互关系	话题	故事数量
15	宿舍	16′19″	2位；女性；研究生同学	同学来访、有本事的同学	主故事3，回应1
16	餐厅	9′34″	2位；女性；研究生同学	吃驴蹄、牛奶保鲜、面包过期	主故事2，回应1
17	宿舍	21′27″	2位；女性；研究生同学	对婚姻、家庭的看法	主故事6，回应1
18	咖啡厅	1Hr5′	2位；女性；师生	专业学习、同学、老师、考研	主故事26，内嵌3
19	报告厅	32′50″	3位；女性；研究生同学	孩子、论文、研究方向	主故事6，回应2
20	家	5′47″	2位；母女；大学老师和学生	梦	主故事2
21	家	11′14″	2位；母女；大学老师和学生	梦、中学同学、未来发展	主故事2，回应1
22	家	47′37″	2位；母女；大学老师和学生	与外国朋友聚餐、学习经历	主故事7
23	家	25′32″	2位；母女；大学老师和学生	辅导员、班长、课程、班主任等	主故事6，内嵌1
24	家	8′	2位；母女；大学老师和学生	招聘、学霸、勤奋的同学	主故事4
25	家	9′11″	2位；夫妻；公务员和大学老师	手机失而复得、孩子、电脑维修	主故事5，内嵌1
26	家	55′55″	3位；夫妻和孩子；公务员，大学老师和学生	同学、中期答辩、看病等	主故事8
27	家	17′59″	2位；父女；公务员和大学生	爷爷、大爷的经历故事	主故事9，回应2
28	咖啡厅	1Hr2′	2位；女性；研究生同学	研究方向、入学考试	主故事20，内嵌1，回应5
29	咖啡厅	1Hr2′	2位；女性；研究生同学	音乐节目、课程、论文、课题	主故事15，回应3
30	咖啡厅	1Hr5′	2位；女性；研究生同学	课题、论文、相亲	主故事9，内嵌1，回应1
31	咖啡厅	1Hr34′	2位；女性；研究生同学	房子、孩子、论文	主故事12，内嵌1，回应4

续表

序号	地点	长度	参与者人数及相互关系	话题	故事数量
32	餐馆	1Hr55′	4 位；女性；研究生同学	入学考试、研究方向、开题	主故事 8，回应 4
33	餐馆	2Hr24′	3 位；2 位女性，1 位男性；研究生同学	孩子、开题、找工作、师兄、师姐	主故事 17，回应 3
34	餐馆	15′25″	2 位；女性；师生，在京进修的老师与读研的学生	选课、老师、考研、同学	主故事 5，回应 4
35	宿舍	2Hr41′	2 位；女性；大学同学，多年朋友，教师	孩子、家庭、工作	主故事 55，内嵌 2，回应 10
36	餐厅	37′7″	3 位；2 位女性，1 位男性；大学同学，多年朋友	回忆大学时代	主故事 8，回应 1，内嵌 1
37	宿舍	26′30″	2 位；夫妻；公务员和大学老师	烫伤，改论文	主故事 2，内嵌 2
38	宿舍	8′50″	2 位；女性；姐妹；公务员和大学老师	孩子的学习、烫伤	主故事 2
39	家	29′35″	3 位；女性，1 位教师和两名学生	考博、研究经历	主故事 2，内嵌 2
40	宿舍	10′10″	2 位；女性；研究生同学	偶遇导师	主故事 3，内嵌 2
41	餐厅	14′55″	5 位；4 位女性，1 位男性；1 位教师，4 位研究生	大字报，小偷，演说，学生逃难，游行	主故事 7，内嵌 4
42	办公室	5′18″	2 位；女性；教师	大学时候的老师	主故事 4，回应 1
43	咖啡厅	1Hr2′	3 位；女性；2 位教师；1 位公务员	回忆中学和大学时的生活	主故事 9，内嵌 1，回应 2
44	宿舍	18′25″	2 位；女性；研究生同学	烫伤、论文	主故事 2，回应 1
45	宿舍	4′40″	2 位；母女；大学老师和学生	烫伤	主故事 1，回应 1
46	车上	9′10″	2 位；夫妻；公务员和大学老师	做梦开车	主故事 1，回应 2
47	家	2′14″	2 位；母女；大学老师和学生	做梦参加比赛	主故事 1
48	家	2′27″	2 位；母女；大学老师和学生	做梦打仗	主故事 1
49	家	4′03″	2 位；母女；大学老师和学生	梦境：火灾	主故事 3
50	旅馆	49′15″	2 位；女性；多年好友，大学老师	坎坷爱情经历	主故事 9，内嵌 1，回应 3

附录3 转写符号体例

符号	说明
[ ]	同时讲话
(hhh)	伴随话语的笑声，每一个（h）相当于一个字符的长度。（h）越多，延续的时间越长.
hhh	单独构成话轮的笑声，每一个 h 相当于一个字符的长度
……	写者不能从录音确定的话语内容
____	说话人语气强调的部分
(.)	很短的停顿
(0. 5)	某一时段的停顿，括号内数字表示停顿的时间（以秒为单位）
: :	声音的延续；分号越多，延续的时间越长
,	微升语调，表示话语的持续
。	降调，表示话语的结束
-	中断
=	无停顿的、契合的、由会话另一方所作的插入补全话语
(…)	某些非重要谈话被省略
↓	比邻近话语音调低
↑	比邻近话语音调高
% oh%	非汉语表达

参考文献

1. Abbott, H. P. (2002). *The Cambridge Introduction to Narrative.* Cambridge: Cambridge University Press.
2. Alber, J., Fludernik, M. (2010). *Postclassical Narratology: Approaches and Analyses.* Columbus: Ohio State University Press.
3. Bakhtin, M. M. (1981). *The Dialogic Imagination: Four Essays.* (Ed. M. Holquist; Trans. C. Emerson & M. Holquist). Austin: University of Texas Press.
4. Bakhtin, M. M. (1986). *Speech Genres and Other Late Essays.* (Trans. V. W. McGee). Austin: University of Texas Press.
5. Bamberg, M. (1997). Positioning between Structure and Performance. *Journal of Narrative and Life History*, 7, 335-342.
6. Bamberg, M. (2003). Positioning with Davie Hogan: Stories, Tellings, and identities. In C. Daiute & C. Lightfoot (Eds.), *Narrative Analysis: Studying the Development of Individuals in Society* (pp. 135-157). London: Sage.
7. Bamberg, M. (2011). Who am I? Narration and Its Contribution to Self and Identity. *Theory & Psychology*, 21 (1), 3-24.
8. Bamberg, M., De Fina, A. & Schiffrin, D. (Eds.). (2007). *Selves and Identities in Narrative and Discourse.* Amsterdam: John Benjamins.
9. Baroni, R. (2013). Tellability. In P. Hühn et al. (Eds.), *The Living Handbook of Narratology.* Hamburg: Hamburg University Press. URL = hup. sub. uni - hamburg. de/ lhn /index. php? title = Tellability & oldid = 2035 [view date: 20 Feb].
10. Barthes, R. (1975). An Introduction to the Structural Analysis of Narrative. (Trans. L. Duisit). *New Literary History*, 6 (2), 237-272.

11. Bateson, G. (1972) . *Steps to an Ecology of Mind: Collected Essays in Anthropology, Psychiatry, Evolution and Epistemology.* New York: Chandler.

12. Bauman, R. (1986) . *Story, Performance, and Event: Contextual Studies of Oral Narrative.* Cambridge: Cambridge University Press.

13. Booth, W. C. ([1961] 1983) . *The Rhetoric Of Fiction.* Chicago: University of Chicago Press.

14. Bremond, C. (1970) . Morphology of the French Folktale. *Semiotica*, 2, 247 – 276.

15. Bruner, J. (1986) . *Actual Minds, Possible Worlds.* Cambridge: Harvard University Press.

16. Bruner, J. (1991) . The Narrative Construction of Reality. *Critical Inquiry*, 18 (1), 1 – 21.

17. Bruner, J. S. (2001) . Self – making and World – making. In J. Brockmeier & D. Carbaugh (Eds.), *Narrative and Identity: Studies in Autobiography, Self and Culture* (pp. 25 – 38) . Amsterdam: John Benjamins .

18. Bucholtz, M. & Hall, K. (2005) . Identity and Interaction: A Sociocultural Linguistic Approach. *Discourse Studies*, 7 (4 – 5), 584 – 614.

19. Chafe, W. (Ed.) . (1980) . *The Pear Stories: Cognitive, Cultural, and Linguistic Aspects of Narrative Production.* Norwood, NJ: Ablex Publishing Corporation.

20. Chafe, W. (1990) . Some Things That Narratives Tell us about the Mind. In B. Britton & A. Pellegrini (Eds.), *Narrative Thought and Narrative Language* (pp. 79 – 98) . Hillsdale, NJ: Lawrence Erlbaum.

21. Chatman, S. (1980) . *Story and Discourse: Narrative Structure in Fiction and Film.* Ithaca: Cornell University Press.

22. Coates, J. (1996) . *Women Talk.* Oxford: Blackwell Publishers.

23. Coulson, S. (2001) . *Semantic Leaps.* Cambridge: Cambridge University Press.

24. Coste, D. (1989) . *Narrative as Communication.* Minneapolis: University of Minnesota Press.

25. Croft, W. (2009) . Toward a Social Cognitive Linguistics. In V. Evans & S.

Pourcel (Eds.), *New Directions in Cognitive Linguistics* (pp. 395 – 420). Amsterdam: John Benjamins.

26. Croft, W. & Cruse, D. A. (2006). *Cognitive Linguistics.* Beijing: Peking University Press.
27. Currie, M. (2007). *About Time: Narrative, Fiction and the Philosophy of Time.* Edinburgh: Edinburgh University Press.
28. Currie, M. (2013). The *Unexpected: Narrative Temporality and the Philosophy of Surprise.* Edinburgh: Edinburgh University Press.
29. Dancygier, B. (2012). *The Language of Stories: A Cognitive Approach.* Cambridge: Cambridge University Press.
30. Davis, M. S. (1975). Review of 'Frame Analysis: An Essay on the Organization of Experience' by Erving Goffman. *Contemporary Sociology*, 4 (6), 509 – 603.
31. De Beaugrande, R. & Dressler, W. (1981). *Introduction to Text Linguistics.* London: Longman.
32. De Fina, A. & Georgakopoulou, A. (2012). *Analyzing Narrative: Discourse and Sociolinguistic Perspectives.* Cambridge: Cambridge University Press.
33. Du Bois, J. W. (2007). The Stance Triangle. In R. Englebretson (Ed.), *Stancetaking in Discourse: Subjectivity, Evaluation, Interaction* (pp. 139 – 182). Amsterdam: John Benjamins.
34. Edwards, D. (2005). Moaning, Whinging and Laughing: The Subjective Side of Complaints. *Discourse Studies*, 7 (1), 5 – 29.
35. Eggins, S. & Slade, D. (1997). *Analysing Casual Conversation.* London: Cassell.
36. Emmott, C. (1997). *Narrative Comprehension: A Discourse Perspective.* Oxford: Oxford University Press.
37. Fauconnier, G. (1994). *Mental Spaces.* Cambridge: Cambridge University Press.
38. Fauconnier, G. (1997). *Mappings in Thought and Language.* Cambridge: Cambridge University Press.
39. Fauconnier, G. (2005). Compression and Emergent Structure. *Lan-*

guage & Linguistics, 6 (4), 523 –538.

40. Fauconnier, G. & Turner, M. (2002) . *The Way We Think.* New York: Basic Books.

41. Finegan, E. (1995) . Subjectivity and Subjectivisation: An Introduction . In D. Stein & S. Wright (Eds.), *Subjectivity and Subjectivisation: Linguistic Perspectives* (pp. 1 – 15) . Cambridge: Cambridge University Press.

42. Fireman, G. , McVay, T. & Flanagan, O. (Eds.) . (2003) . *Narrative and Consciousness: Literature, Psychology, and the Brain.* Oxford University Press.

43. Fisher, W. R. (1984) . Narration as a Human Communication Paradigm: The Case of Public moral Argument. *Communication Monographs*, 52, 347 –367.

44. Fludernik, M. (1996) . *Towards a 'Natural' Narratology.* London: Routledge.

45. Fludernik, M. (2003) . Natural narratology and Cognitive Parameters. In D. Herman (Ed.), *Narrative Theory and the Cognitive Sciences* (pp. 243 –270) . Stanford: CSLI Publications.

46. Fludernik M. (2005) . Histories of Narrative Theory (Ⅱ): From StructurAlism to the Present. In J. Phelan & p. J. Rabinowitz (Eds.), *A Companion to Narrative Theory* (pp. 36 –59) . Oxford: Blackwell.

47. Fludernik, M. (2009) . *An Introduction to Narratology.* London: Routledge.

48. Freeman, M. (2003) . Rethinking the Fictive, Reclaiming the Real: Autobiography, Narrative Time, and the Burden of Truth. In G. Fireman, T. McVay & O. Flanagan. (Eds.), *Narrative and Consciousness: Literature, Psychology, and the Brain* (pp. 115 – 128) . Oxford: Oxford University Press.

49. Gavins, J. (2007). *Text World Theory: An Introduction.* Edinburgh: Edinburgh University Press.

50. Genette, G. (1980). *Narrative Discourse: An Essay in Method.* (Trans. J. Lewin) . Ithaca: Cornell University Press.

51. Genette, G. (1983). *Narrative Discourse Revisited.* (Trans. J. Lewin) . Itha-

ca: Cornell University Press.

52. Georgakopoulou, A. (2007). *Small Stories, Interaction, and Identities.* Amsterdam: John Benjamins.

53. Giles, H., Coupland, N. & Coupland, J. (1991). Accommodation Theory: Communication, Context, and Consequence. In H. Giles, N. Coupland & J. Coupland (Eds.), *Contexts of Accommodation: Developments in Applied Linguistics* (pp. 1 – 68). Cambridge: Cambridge University Press.

54. Givón, T. (2005). *Context as Other Minds: The Pragmatics of Sociality, Cognition and Communication.* Amsterdam: John Benjamins.

55. Glenn, P. & Holt, E. (Eds.) (2013). *Studies of Laughter in Interaction.* London: Bloomsbury Academic.

56. Goffman, E. (1974). *Frame Analysis: An Essay on the Organization of Experience.* London: Harper and Row.

57. Goffman, E. (1981). *Forms of Talk.* Philadelphia: University of Pennsylvania Press.

58. Goodwin, C. (1986). Audience Diversity, Participation and Interpretation. *Text*, 6 (3), 283 – 316.

59. Goodwin, C. (2002). Time in Action. *Current Anthropology*, 43 (Supplement), 19 – 35.

60. Goodwin, M. H. (1990). *He – Said – She – Said: Talk as Social Organization among Black Children.* Bloomington: Indiana University Press.

61. Gubrium, J. F., Holstein, J. A. (2009). *Analyzing Narrative Reality.* Thousand Oaks: Sage.

62. Halliday, M. A. K. (1994). *An Introduction to Functional Grammar.* London: Edward Arnold.

63. Halliday, M. A. K. & Hasan, R. (1985). *Language, Context and Text: Aspects of Language in a Social Semiotics Perspective.* Victoria: Deakin University Press.

64. Halliday, M. A. K. & Matthiessen, C. M. I. M. (1999). *Construing Experience through Meaning: A Language – based Approach to Cognition.* London: Continuum.

65. Heath, S. B. (1983). *Ways with Words: Language, Life and Work in*

Communities and Classrooms. Cambridge: Cambridge University Press.

66. Herman, D. (1999). *Narratologies: New Perspectives on Narrative Analysis*. Columbus: Ohio State University Press.

67. Herman, D. (2002). *Story Logic: Problems and Possibilities of Narrative*. Lincoln: University of Nebraska Press.

68. Herman, D. (2003). *Narrative Theory and the Cognitive Sciences*. Stanford: CSLI Publications.

69. Herman, D. (2004). Toward a Transmedial Narratology. In M. – L. Ryan (Ed.), *Narrative Across Media: The Languages of Storytelling* (pp. 47 – 75). Lincoln: University of Nebraska Press.

70. Herman, D. (2007). Storytelling and the Sciences of Mind: Cognitive Narratology, Discursive Psychology, and Narratives in Face – to – Face Interaction. *Narrative*, 15 (3), 306 – 334.

71. Herman, D. (2009). *Basic Elements of Narrative*. Oxford: Wiley – Blackwell.

72. Herman, D. (2012). Cognitive Narratology. In P. Hühn et al. (Eds.), *The Living Handbook of Narratology*. Hamburg: Hamburg University Press. hup. sub. uni – hamburg. de/lhn /index. php? title = Cognitive Narratology& oldid =1541 [view date: 15 May].

73. Herman, D., Jahn, M., Ryan, M. – L. (Eds.). (2005). *Routledge Encyclopedia of Narrative Theory*. London: Routledge.

74. Hogan, P. C. (2013). *Affective Narratology: The Emotional Structure of Stories*. Lincoln: University of Nebraska Press.

75. Hougaard, A. (2008). Compression in Interaction. In T. Oakley & A. Hougaard (Eds.), *Mental Spaces in Discourse and Interaction* (pp. 179 – 208). Amsterdam: John Benjamins.

76. Hühn, P. Meister, J. C., Pier, J. & Schmid, W. (Eds.) (2009). *Handbook of Narratology*. New York: Walter de Gruyter Berlin. Hühn, P., Meister, J. C. Pier, J. Schmid, W.

77. Jahn, M. (1997). Frames, Preferences, and the Reading of Third – person Narratives: Toward a Cognitive Narratology. *Poetics Today*, 18, 441 – 468.

78. Jahn, M. (2003). " Awake! Open Your Eyes!" The Cognitive Logic of External and Internal Stories. In D. Herman (Ed.), *Narrative Theory and the Cognitive Sciences* (pp. 195 - 213.). Stanford: CSLI Publications.

79. Jefferson, G. (1978). Sequential Aspects of Storytelling in Conversation. In J. Schenkein (Ed.), *Studies in the Organization of Conversational Interaction* (pp. 219 - 248). New York: Academic Press.

80. Johnson - Laird, P. N. (1983). *Mental Models: Towards a Cognitive Science of Language, Inference and Consciousness.* Cambridge, MA: Harvard University Press.

81. Johnstone, B. (1993). Community and Contest: Midwestern Men and Women Creating Their Worlds in Conversational St0orytelling. In D. Tannen, (Ed.), *Gender and Conversational Interaction* (pp. 62 - 82). New York: Oxford University Press.

82. Johnstone, B. (1996). *The Linguistic Individual: Self Expression in Language and Linguistics.* New York: Oxford University Press.

83. Karatsu, M. (2012). *Conversational Storytelling among Japanese Women.* Amsterdam: John Benjamins.

84. Kaufman, G. F. & Libby, L. K. (2012). Changing Beliefs and Behavior Through Experience - taking. *Journal of Personality and Social Psychology*, 103 (1), 1 - 19.

85. Kecskes, I. (2010). A Socio - cognitive Approach to Pragmatics. *Journal of Foreign Languages*, 5 (9), 1 - 25.

86. Keen, S. (2007). *Empathy and the Novel.* Oxford: Oxford University Press.

87. Keen, S. (2013). Narrative empathy. In P. Hühn et al. (Eds.), *The Living Handbook of Narratology.* Hamburg: Hamburg University Press. hup. sub. uni - hamburg. de /lhn/ index. php? title = Narrative Empathy & oldid = 2044 [view date: 08 March].

88. Koike, C. (2009). Interaction in Storytelling in Japanese Conversations: An Analysis of Story Recipients' Questions (Doctoral disser tation). University of California.

89. Kress, G. R. & van Leeuwen, T. (2006). *Reading Images: The Grammar of Visual Design.* London: Routledge.

90. Kundera, M. (1995). *Testaments Betrayed – An Essay in Nine Parts.* London: Faber and Faber Limited.

91. Labov, W. (1972). *Language in the Inner City: Studies in the Black English Vernacular.* Philadelphia: University of Pennsylvania Press.

92. Labov, W. (1997). Some Further Steps in Narrative Analysis. *Journal of Narrative and Life History*, 7 (1–4), 395–415.

93. Labov, W. & Waletzky, J. (1967). Narrative Analysis: Oral Versions of Personal Experience. In J. Helm (Ed.), *Essays on the Verbal and Visual Arts* (pp. 12–44). Seattle: University of Washington Press.

94. Langacker, R. W. (1987). *Foundations of Cognitive Grammar* (Vol. 1): *Theoretical Prerequisites.* Stanford: Stanford University Press.

95. Langacker, R. W. (1991). *Foundations of Cognitive Grammar* (Vol. 2): *Descriptive Application.* Stanford: Stanford University Press.

96. Langellier, K. M. (2001). "You're Marked:" Breast Cancer, Tattoo, and the Narrative Performance of Identity. In J. Brockmeier & D. Carbaugh (Eds.), *Narrative and Identity: Studies in Autobiography, Self and Culture* (pp. 145–184). Amsterdam: John Benjamins.

97. Langellier, K. M. & Peterson, E. E. (2004). *Storytelling in Daily Life: Performing Narrative.* Philadelphia: Temple University Press.

98. Levinson, S. (1983). *Pragmatics.* Cambridge: Cambridge University Press.

99. Liddicoat, A. (2007). *An Introduction of Conversation Analysis.* London: Continuum.

100. Mandelbaum, J. (1987). Recipient – driven Storytelling in Conversation (Doctoral Dissertation). University of Texas at Austin.

101. Mandelbaum, J. (1993). Assigning Responsibility in Conversational Storytelling: The Interactional Construction of Reality. *Text*, 13, 247–266.

102. Martin, J. R. (1992). *English Text: System and Structure.* Amsterdam: John Benjamins.

103. Martin, J. R. & Rose, D. (2008). *Genre Relations: Mapping Culture.*

London: Equinox.

104. Martin, J. R. & White, P. R. R. (2005). *The Language of Evaluation: Appraisal in English.* Basingstoke: Palgrave /MacMillan.

105. Mateas, M. & Sengers, P. (1999). Narrative intelligence. *AAAI Fall Symposium on Narrative Intelligence*, North Falmouth, MA, USA. November 5 –7.

106. McAdams, D. P. (1993). *The Stories We Live by: Personal Myths and the Making of the Self.* New York: TheGuilford Press.

107. Miall, D. S. (2006). *Literary Reading: Empirical and Theoretical Studies.* New York: Peter Lang.

108. Minsky, M. (1975). A Framework for Representing Knowledge. In P. H. Winston, P. H. (Eds.), *The Psychology of Computer Vision* (pp. 211 –277). New York: McGraw – Hill.

109. Nelson, K. (1993). The Psychological and Social Origins of Autobio-Graphical Memory. *Psychological Science*, 4, 7 –14.

110. Niemelä, M. (2011). Resonance in Storytelling: Verbal, Prosodic and Embodied Practices of Stance Taking. (Dctoral dissertation). University of Oulu, Finland.

111. Norrick, N. R. (2000). *Conversational Narrative.* Amsterdam: John Benjamins.

112. Ochs, E. & Capps, L. (1996). Narrating the Self. *Annual Review of Anthropology*, 25, 19 –43.

113. Ochs, E. & Capps, L. (2001). *Living Narrative: Creating Lives in Everyday Storytelling.* Cambridge: Harvard University Press.

114. O´Connel, D. C. & Kowal, S. (2008). *Communicating with One Another: Toward a Psychology of Spontaneous Spoken Discourse.* New York: Springer.

115. Payne, M. (2006). *Narrative Therapy: An Introduction for Counsellors.* London: SAGE.

116. Phelan, J. (1996). *Narrative as Rhetoric: Technique, Audiences, Ethics, Ideology.* Columbus: Ohio State University Press.

117. Phelan, J. (2003). Dual focalization, Retrospective Fictional Autobiog-

raphy, and the Ethics of *Lolita*. In G. Fireman, T. McVay & O. Flanagan (Eds.), *Narrative and Consciousness: Literature, Psychology, and the Brain* (pp. 129 – 148). Oxford: Oxford University Press.

118. Phelan, J. (2005). *Living To Tell About It: A Rhetoric and Ethics of Character Narration.* Ithaca: Cornell University Press.

119. Polanyi, L. (1985). *Telling the American Story: A Structural and Cultural Analysis of Conversational Storytelling.* Norwood: Ablex.

120. Prince, G. (2003). *Dictionary of Narratology.* Lincoln: University of Nebraska Press.

121. Reid, I. (1992). *Narrative Exchanges.* London: Routledge.

122. Ricoeur, P. (1984). *Time and Narrative.* (Vol. 1). (Trans. K. McLaughlin & D. Pellauer.). Chicago: University of Chicago Press.

123. Riessman, C. K. (1993). *Narrative Analysis.* Newbury Park: Sage.

124. Riessman, C. K. (2002). Analysis of Personal Narratives. In J. F. Gubrium & J. A. Holstein (Eds.) *Handbook of Interview Research* (pp. 695 – 710). Thousand Oaks: Sage.

125. Ryan, M. – L. (2001). *Narrative as Virtual Reality: Immersion and Interactivity in Literature and Electronic Media.* Baltimore: Johns Hopkins.

126. Sacks, H. (1974). An Analysis of the Course of a Joke´Telling in Conversation. In R. Bauman & J. F. Sherzer (Eds.), *Explorations in the Ethnography of Speaking* (pp. 337 – 353). Cambridge: Cambridge University.

127. Sacks, H. (1984). Notes on Methodology. In J. M. Atkinson & J. Heritage (Eds.), *Structures of Social Action: Studies in Conversation Analysis* (pp. 21 – 27). Cambridge: Cambridge University Press.

128. Sacks, H. (1992). *Lectures on Conversation* (Ed. G. Jeffe rson). Oxford: Basil Blackwell.

129. Schachter, D. L. (1995). Memory Distortion: History and Current Status. In D. L. Schachter (Ed.), *Memory Distortion: How Minds, Brains, and Societies Reconstruct the Past* (pp. 1 – 43). Cambridge: Harvard University Press.

130. Schank, R. C. & Abelson, R. P. (1977) . *Scripts, Plans, Goals and Understanding. Hillsdale: Lawrence Erlbaum.*

131. Schegloff, E. A. (1982) . Discourse as an Interactional Achievement: Some Uses of uh – huh and other Things That Come between Sentences. In D. Tannen (Ed.), *Analysing Discourse: Text and Talk* (pp. 71 – 93) . Washington, D. C.: Georgetown University Press.

132. Schegloff, E. A, (1992) . Repair after Next Turn: The Last Structurally Provided Befense of Intersubjectivity in Conversation. *American Journal of Sociology*, 97 (5), 1295 – 1345.

133. Schegloff, E. A. (2007) . Sequence Organization in Interaction. Cambridge: Cambridge University Press.

134. Schiffrin, D. (1996) . Narrative as Self – Portrait: Sociolinguistic Con-Structions of Identity. *Language in Society*, 25, 167 – 203.

135. Schiffrin, D. (2006) . *In Other Words: Variation in Reference and Narrative.* Cambridge: Cambridge University Press.

136. Schiffrin, D., De Fina, A. & Nylund, A. (Eds.) (2010) . *Telling Stories: Language, Narrative, and Social Life.* Washington, D. C.: Georgetown University Press.

137. Scollon, S. & Scollon, R. (1981) . *Narrative, Literacy, and Face in Interethnic Communication.* New Jersey: Ablex.

138. Simpson, P. (1993) . *Language, Ideology, and Point of View.* London: Routledge.

139. Singh. P. & Barry, B. (2003) . Collecting Commonsense Experiences. http: // web. Media. Mit. Edu / ~ push/OMEX. pdf.

140. Siroma, M. (2012) . Resonance in Conversational Second Stories: a Dialogic Resource for Stance Taking. *Text & Talk*, 32 (4), 525 – 545.

141. Smith, C. S. (2003) . *Modes of Discourse: The Local Structure of Texts.* Cambridge: Cambridge University Press.

142. Smith, S. W. & Jucker. A. H. (2002) . Discourse Markers as Turns: Evidence for the Role of Interactional Sequence. In A. Fetzer & C. Meierkord. (Eds.), *Rethinking Sequentiality: Linguistics Meets Conversational Interaction* (pp. 151 – 178) . Amsterdam: John Benjamins.

143. Tannen, D. (2005). *Conversational Style: Analyzing Talk among Friends*. Oxford: Oxford University Press.

144. Tannen, D. ([1989] 2007). *Talking Voices: Repetition, Dialogue and Imagery in Conversational Discourse*. Cambridge: Cambridge University Press.

145. Taylor, J. (2002). *Cognitive Grammar*. Oxford: Oxford Uinersity Press.

146. Traugott, E. C. (2004). Exaptation and grammaticalization. In M. Akimoto (Ed.), *Linguistic Studies Based on Corpora* (pp. 133 – 156). Tokyo: Hituzi Syobo.

147. Tsui, A. (1994). *English Conversation*. Oxford: Oxford University Press.

148. Turner, M. (1996). *The Literary Mind: The Origins of Thought and Language*. Oxford: Oxford University Press.

149. Turner, M. (2003). Double – scope Stories. In D. Herman (Ed.), *Narrative Theory and the Cognitive Sciences* (pp. 117 – 142). Stanford: CSLI Publications.

150. Turner, M. (2006a). Compression and Representation. *Language and Literature*, 15 (1), 17 – 27.

151. Turner, M. (2006b). The art of Compression. In M. Turner (Ed.), *The Artful Mind: Cognitive Science and the Riddle of Human Creativity* (pp. 93 – 114). Oxford: Oxford University Press.

152. van Dijk, T. A. (1975). Action, Action Description, Narrative. *New Literary History*, 6, 273 – 294.

153. van Dijk, T. A. (1997). The Study of Discourse. In T. A. Van Dijk (Ed.), *Discourse as Structure and Process* (pp. 1 – 34). London: Sage Publications.

154. van Dijk, T. A. (2001). Multidisciplinary CDA: A Plea for Diversity. In R. Wodak & M. Meyer (Eds.), *Methods of Critical Discourse Analysis* (pp. 95 – 120). London: SAGE.

155. van Dijk, T. A. (2007). Comments on Context and Conversation. In N. Fairclough, G. Cortese & P. Ardizzone (Eds.), *Discourse and Contemporary Social Change* (pp. 281 – 316). Bern: Lang.

156. van Dijk, T. A. (2008a). *Discourse and Context: A Socio – cognitive Approach.* Cambridge: Cambridge University Press.

157. van Dijk, T. A. (2008b). Critical Discourse Analysis and Nominalization: Problem or pseudo – problem. *Discourse and Society*, 19 (6), 821 – 828.

158. van Dijk, T. A. (2009). Critical Discourse Studies: A Sociocognitive approach. In R. Wodak & M. Meyer (Eds.), *Methods of Critical Discourse Analysis* (pp. 62 – 86). London: Sage.

159. van Dijk, T. A. (2012). Discourse and Knowledge. In J. P. Gee & M. Handford (Eds.), *Handbook of Discourse Analysis* (pp. 587 – 603). London: Routledge.

160. Verhagen, A. (2005). *Construction of Intersubjectivity: Discourse, Syntax and Cognition.* New York: Oxford University Press.

161. Verschueren, J. (2000). Understanding Pragmatics. Beijing: Foreign Language Teaching and Research Press.

162. Wan, C. H & Kerstin, D. (2008). Towards a Narrative Mind: The Creation of Coherent Life Stories for believable virtual agents. In H. Prendinger, J. Lester & M. Ishizuka (Eds.), *Intelligent Virtual Agents* (pp. 59 – 72). Berlin: Springer.

163. Warren, M. (2006). *Features of Naturalness in Conversation.* Amsterdam: John Benjamins.

164. Werth, P. (1999). *Text Worlds: Representing Conceptual Space in Discourse.* London: Longman.

165. Wolfson, N. (1982). *CHP, The Conversational Historical Present in American English Narrative*, Cinnarminson: Foris Publications.

166. Wu, R. – J. (2004). *Stance in Tlk: A Conversation Analysis of Mandarin Final Particles.* Amsterdam: John Benjamins.

167. Xiao, Y. (2010). Discourse markers in Chinese Conversational Narrative (Doctoral dissertation). University of Hawaii at Manoa.

168. Young, K. G. (1987). *Taleworlds and Storyrealms: The Phenomenology of Narrative.* Dordrecht: Martinus Nijhoff.

169. Zaltev, J., Racine, T., Sinha, C. & Itkonen E. Eds (2008). *The*

Shared Mind: *Perspectives on Intersubjectivity*. Amsterdam: John Benjamins.

170. Saarbrücken Corpus of Spoken English (Scose). http://www. uni-saarland. de/lehrstuhl/engling/. scose. html

171. 曹莉：《国内电视谈话节目成功女主持人研究》，博士学位论文，华东师范大学，2010 年。

172. 代树兰：《电视访谈叙事性话语中主持人与嘉宾的话语角色》，《江西社会科学》2010 年第 5 期。

173. 方梅：《自然口语中弱化连词的话语标记功能》，《中国语文》2000 年第 5 期。

174. 哈贝马斯：《交往行动理论》第 1—2 卷，洪佩郁、蔺青译，重庆出版社 1994 年版。

175. 胡塞尔：《纯粹现象学通论》，中国人民大学出版社 2004 年版。

176. 胡壮麟、朱永生、张德禄、李战子：《系统功能语言学概论》，北京大学出版社 2005 年版。

177. 彭宣维：《语言过程与维度》，清华大学出版社 2002 年版。

178. 申丹：《20 世纪 90 年代以来叙事理论的新发展》，《当代外国文学》，2005 年第 1 期。

179. 申丹、王丽亚：《西方叙事学：经典与后经典》，北京大学出版社 2010 年版。

180. 唐伟胜：《范式与层面：国外叙事学研究综述——兼评国内叙事学研究现状》，《外国语》2003 年第 5 期。

181. 赵玉荣：《自然会话叙事中话语意义的建构与认知过程》，《外语教学》2013 年 4 期。

182. 赵玉荣：《自然会话叙事中主体间性的意义资源与认知识解模式》，《外语学刊》2014 年第 4 期。